华章经管

HZBOOKS | Economics Finance Business & Management

新文科·新经典

EXPERIMENTS IN MACROECONOMICS

宏观经济学

带你认识宏观经济现象的实验室研究之道

[美] 约翰·达菲（John Duffy）等著
贺京同　那艺　等译

机械工业出版社
China Machine Press

图书在版编目（CIP）数据

实验宏观经济学 /（美）约翰·达菲（John Duffy）等著；贺京同等译．—北京：机械工业出版社，2019.5

书名原文：Experiments in Macroeconomics

ISBN 978-7-111-62584-1

I. 实… II. ①约… ②贺… III. 宏观经济学 – 研究 IV. F015

中国版本图书馆 CIP 数据核字（2019）第 079454 号

本书版权登记号：图字 01-2019-1619

出版发行：机械工业出版社（北京市西城区百万庄大街 22 号 邮政编码：100037）

责任编辑：宋 燕　　责任校对：李秋荣

印　　刷：北京诚信伟业印刷有限公司　　版　　次：2019 年 5 月第 1 版第 1 次印刷

开　　本：170mm × 242mm 1/16　　印　　张：16.25

书　　号：ISBN 978-7-111-62584-1　　定　　价：99.00 元

凡购本书，如有缺页、倒页、脱页，由本社发行部调换

客服热线：（010）88379210 88379833　　投稿热线：（010）88379007

购书热线：（010）68326294　　读者信箱：hzjg@hzbook.com

译者序

▶ THE TRANSLATORS' WORDS ◀

《实验宏观经济学》是一部以宏观经济学的实验研究为主题的论著。在译者近年翻译的行为经济学和实验经济学的相关著作中，本书无疑展示了一个重要的新兴学科领域——实验宏观经济学。

实验经济学与行为经济学在理论假设与研究方法上泾渭分明，但同为现代经济学的学科前沿，自20世纪80年代以来得到了迅速发展，并于近十几年涌现出了多位可视为行为经济学家和实验经济学家的诺贝尔经济学奖获得者。行为经济学家突破了以同质理性人为假定的标准新古典理论框架，将经济学的分析前提推进至“现实人”的异质性认知层次，认为个体可能会出现系统性的偏离新古典均衡的“异象”。与之相对应，实验经济学家并不完全否认经济学研究中的理性人假设，并笃信均衡一定会实现，认为“异象”仅源于一些市场机制或交易环境因素，随着时间的推移与学习效应，最终市场一定会达到均衡，只是时间长短而已。

更具体地说，行为经济学家较强调基于个体心理特征来考察其偏好和判断对理性模型的系统性偏离，比如卡尼曼与特沃斯基著名的“亚洲病”问题实验、塞勒针对杯子和笔的估价实验等；实验经济学家则强调应在实验中重视时间因素的作用，认为只要时间充分，个体会经由学习效应推动市场走向理性均衡，比如史密斯的双向市场拍卖实验等，此时，经典理论仍是对市场均衡条件下人类行为的有效描述。由此可见，行为经济学和实验经济学都认为经典理论需要修正与调整，但对修正与调整方式的看法完全不同。

行为经济学和实验经济学在理论与实践方面的巨大成功，也推动了其在宏观经济学领域的对应学科——行为宏观经济学和实验宏观经济学的兴起及其在21世纪的迅速发展。纵览20世纪70年代以来的宏观经济学发展史，如果说新兴古典主义通过将理论构建于个体理性决策模型之上，解决了传统宏观经济学缺乏微观基础的窘境，那么新凯恩斯主义则在微观基础之中又加入垄断竞争、信息不对称等市场摩擦因素，从而使研究者得以对各种宏观调控政策的作用机理进行深入考察，而行为宏观经济学进一步将微观基础的构建推进至个体背离理性假定的异质性认知层次，以图恢复凯恩斯本人在分析宏观经济现象时对公众心理因素的强调。与之相随的是，实验宏观经济学将被试者直接置入微观基础之中，让他们扮演不同的决策者身份，如消费者、厂商、中央银行货币委员会等，从而可在受控的实验室内实际运行一个新兴古典主义或新凯恩斯主义模型。从具体的研究切入点来看，实验宏观经济学又可区分为“承继于实验经济学的实验宏观经济学”与“承继于行为经济学的实验宏观经济学”，前者侧重于基于实验方法来考察当时间充分时，怎样的市场条件可促使被试者通过学习而使交易结果收敛于宏观稳态，而后者侧重于基于实验科学等的方法来考察那些不能通过学习收敛于稳态的宏观“异象”，并试图做出行为经济学的解释。从严格意义上来讲，后者包含于行为宏观经济学，属于行为宏观经济学的实证部分。

然而，长久以来，宏观经济学一直被视为一门非实验性的科学，正如自然科学中的气象科学或天文学那样，仅能基于现实观测数据来检验其理论。在许多人看来，对宏观经济进行受控操作以图考察特定变量的作用是根本行不通的，因为历史只会出现一次且不会重演，而“可重复性”是任何科学实验所应必备的特征。然而，现代宏观经济学将理论建构于微观基础之上，却恰恰为引入实验方法提供了可能——由于决策由个人做出，宏观经济现象是个体行为的加总映射，因此，微观经济学成为宏观经济分析的逻辑起点，而受控的实验早已被微观经济学接纳为可与计量方法相比肩的主流实证手段。所以，基于实验室条件来评价宏观经济模型的假定与预测已充分具备了方法论上的可行性。

由此可见，当前广泛存在的实验室宏观经济研究恰是宏观经济学学科发展的自然结果，也是其解决自身方法论困境的尝试手段。首先，实验室方法的引入是对传统的宏观计量检验方法的补充。在对宏观经济模型的理论预测进行检验时，现有的计量研究手段无法对所有的混淆因素进行控制，这导致待考察变量的因果关系很难从现实数据中得到细致甄别，实验室方法却可以有效地解决变量的控制问题。其次，原有的基于历史统计数据的实证研究无法直接反映微观主体的内在认知进程，如预期形成等，使得许多新提出的理论假设及其推论无从得到检验，而实验方法恰恰可为此提供更直接的数据生成来源，以弥补传统统计方法之不足。最后，传统的宏观计量检验方法只能基于历史数据来对各种新的政策提案或机制设计进行评估和预判，但如果现实决策环境有别于历史情形，那么基于历史数据的推演可能无法有效地用于新时期的政策预判与前瞻。小型的受控实验室恰恰可以为研究者提供一个安全的政策“培养皿”，以方便考察各种宏观干预措施的潜在效果，这也避免了直接执行新的政策时可能遭遇的巨大社会风险。正因为如此，越来越多的宏观经济研究开始接受实验室方法，涵盖了消费与储蓄、通货膨胀与失业、经济增长、货币与财政政策等诸多宏观经济问题领域。

为此，我们为读者隆重推荐本书。本书是“至今为止一部旨在认识宏观经济现象的实验室研究之著作”。书中各章乃是该领域主要学者基于不同的宏观经济模型框架，针对消费行为、预期形成、货币经济学和中央银行政策等主要宏观经济学议题展开的实验室研究。通过本书，读者可以深入了解如何在实验室中运行一个宏观经济模型，以及如何基于实验室方法获取传统意义的宏观经济学实证无法获悉的洞见。

本书共分为 8 章。根据各章内容，全书的体系结构可概述为以下四大部分。

第一部分为第 1 章“实验室中的宏观经济学”，是对实验室实验宏观经济学的学科界定与性质描述，同时也是对全书内容的提纲式说明。

第二部分为第 2 章“宏观经济学与金融学中的预期实验”。该章以预期的实验研究为切入点，概述了实验宏观经济学的两大常用实验设计，即学习型预测实验和学习型最优决策实验，相当于全书的方法论总纲。其中，在学习型预测实验中，被试者的唯一任务是对特定变量进行预测，然后，再由计算机助其算出最优选择。而在学习型最优决策实验中，被试者的任务是直接决定如何进行最优选择，因此他们的预测是隐而不见的。由于宏观经济模型一般要比微观经济模型复杂得多，因此，将被试者的实验任务区分为预测任务和最优化任务是一种很方便的手段，这极大地提高了在实验室下运行宏观模型的可行性。

第三部分为第3~5章，可视为针对特定宏观经济问题的实验研究。其中：第3章“动态随机一般均衡实验中冲击的持续性”，是在实验中运行了一个DSGE模型，探讨外生冲击下的产出、通货膨胀率和利率的持续性问题。第4章“在学习型预测宏观经济实验中的预测误差信息与异质性预期”也通过运行一个DSGE模型，探讨了信息反馈机制如何影响预期形成。第5章“消费对未来价格和利率响应的实验”则运行了一个简单的生命周期模型，探讨了当未来经济环境发生变化时，消费者会对其最优选择路径做出怎样的调整。

第四部分为第6~8章，可视为针对特定宏观经济政策的实验研究。鉴于近年的研究进展，这几章主要围绕货币政策问题展开。其中，第6章“关于货币政策与中央银行行为的实验”对货币政策的有效性提供了来自实验室的证据，展示了由货币幻觉、自适应学习以及策略不确定性导致的货币非中性，这些研究有助于研究者对各种政策规则和中央银行策略的透明度进行评估。由此，第7章“中央银行沟通策略的优化演进：来自实验室的证据”进一步讨论了中央银行沟通对于通货膨胀以及通货膨胀预期的影响。随后，第8章“搜寻模型下货币重要性与货币中性的实验证据”则在实验室中运行了一个搜寻模型，以此考察货币供给变化对价格的影响，发现当货币供给翻倍后价格水平也翻倍，这与传统货币数量论的预测一致，但当货币供给缩减时，价格并未相应地下降。这一实验结论对于中央银行如何实施数量型货币政策具有重要启发意义。

本书从方法、问题与政策3个层面，以重要的实验研究为实例，向读者系统地展示了实验宏观经济学的最新进展与研究全貌。阅读本书，将有助于我们更好地理解与把握实验室方法对宏观经济学学科发展的深刻意义，从而为我国宏观经济问题研究与政策设计评价提供新的思路与方法借鉴。

本书由著名实验宏观经济学家、美国加利福尼亚大学尔湾分校经济学系教授约翰·达菲编著。达菲教授于1992年在加利福尼亚大学洛杉矶分校获得经济学博士学位，曾在匹兹堡大学、卡内基梅隆大学、莫纳什大学、美国圣路易斯联邦储备银行等著名学术机构任职或访学，多年来在《美国经济评论》（*American Economic Review*）、《经济学》（*Economic Journal*）《博弈与经济行为》（*Games and Economic Behavior*）等国际知名学术刊物上发表论文数十篇，是《新帕尔格雷夫经济学大辞典》（第2版）中“实验宏观经济学”词条的撰写人，并参与了《实验经济学手册》（第2卷）、《计算经济学手册》（第2、4卷）等书的编写，是当前实验宏观经济学领域最为活跃的领军学者之一。

本书的翻译工作由贺京同教授主持完成。第1章由贺京同、那艺翻译；第2章由那艺翻译；第3章由贺京同翻译；第4、5章由贺京同、付婷婷翻译；第6、8章由贺京同、祝永庆、靳晓婷翻译；第7章由贺京同、赵子沐翻译。最后，由贺京同对全书的译文进行了全面的校订。虽然我们付出了艰辛的努力，但难免才识有限，翻译过程中可能存在一些不当甚至错误之处，还请读者谅解并指正。

在翻译出版过程中，我们得到了机械工业出版社华章公司的大力支持与帮助，在此由衷地表示感谢。

本书还得到了国家社科基金重大项目（项目批准号：12&ZD088）、教育部人文社会科学研究规划基金项目（项目批准号：19YJA790025）以及中国特色社会主义经济建设协同创新中心的大力支持，在此致以谢忱。

贺京同

己亥春正月于南开园

作者简介

ABOUT THE AUTHOR

约翰·达菲

著名实验宏观经济学家、美国加利福尼亚大学尔湾分校经济学系教授。

达菲教授于1992年在加利福尼亚大学洛杉矶分校获得经济学博士学位，曾在匹兹堡大学、卡内基梅隆大学、莫纳什大学、美国圣路易斯联邦储备银行等著名学术机构任职或访学，多年来在《美国经济评论》《经济学》《博弈与经济行为》等国际知名学术刊物上发表论文数十篇，是《新帕尔格雷夫经济学大辞典》（第2版）中“实验宏观经济学”词条的撰写人，并参与了《实验经济学手册》（第2卷）、《计算经济学手册》（第2、4卷）等书的编写，是当前实验宏观经济学领域中最为活跃的领军学者之一。

译者简介

► ABOUT THE TRANSLATORS ◄

贺京同

博士，南开大学英才教授，经济学院教授、博士生导师，南开大学行为经济学研究中心主任、研究员，中国特色社会主义经济建设协同创新中心研究员，美国明尼苏达大学双城校区访问学者，美国布朗大学高级访问学者。主要研究领域为行为经济学理论、实验宏观经济学、行为金融学、宏观经济分析与预测，是国内较早从事行为经济学方面研究的学者之一，翻译和主持翻译了与行为经济学相关的著作10多部。曾在《经济研究》《中国社会科学》《新华文摘》《光明日报（理论版）》《数量经济技术经济研究》等学术刊物上发表论文80余篇，主持国家社科基金重大项目、国家社科基金重点项目、国家自然科学基金面上项目、教育部人文社会科学重点研究基地项目等研究课题10余项，主讲课程包括“高级行为经济学”“高级宏观经济学”和“数理经济学”等。

那　艺

博士，南开大学经济学院助理研究员，南开行为经济学研究中心副主任、研究员。主要研究领域为行为宏观经济学。曾在《中国社会科学》《经济研究》《光明日报（理论版）》等学术刊物上发表论文多篇，主持国家自然科学基金青年项目、国家社科基金重大项目子课题、教育部中央高校专项基金项目等研究课题多项，主讲课程包括“行为经济学”“中级宏观经济学”“行为金融理论与应用”等。

目录

CONTENTS

第1章

▶ CHAPTER 1 ◀

实验室中的宏观经济学

◆ 摘　要：本章讨论如何使用实验室方法来处理宏观经济问题，同时，还将对全书各章内容进行概述。

◆ 关键词：实验经济学；宏观经济学

1.1 引言

人们常断言宏观经济学是一门非实验学科——我们仅能运用历史上的时间序列数据来评价宏观经济理论，而仅有的相关“实验”是那些由政策制定者实施的“自然”实验，或是偶发的宏观经济事件。[1]然而，随着受控的实验室实验成为研究微观经济学的主流经验方法，研究者近年已将目光转向如何使用这套实验室方法，来评价宏观经济模型和理论中的假定与预测。[2]

宏观经济学实验的兴起在很大程度上得益于现代宏观经济学研究对微观基础的细致建模，这使得实验室检验成为可能。推动实验发展的另一个原因是，为了检验那些具备微观基础的宏观经济模型及其假定，我们缺乏必要的实地（field）数据。此外，还有一类相关问题也成为实验研究的推动因素，即当环境中存在多个均衡时，应该选取其中哪个均衡。在实验室中运行一个宏观经济模型时，为了使模型的结构及激励信息能够快速、透明地传递给被试者，就免不了要对模型进行许多简化。但是，通过实验室控制，人们可以对那些困扰宏观计量学家的因果关系做出判断，而这些计量学家无法从模型中确切地知道他们对环境的表述是否正确。比如，若想评价个体是否会形成理性预期，那么，能了解真实的数据生成过程就太有帮助了！迄今为止，宏观经济学实验已为理解如下问题提供了线索：个体如何形成对未来的内生变量的预期；如何在多均衡环境下解决协调问题（比如银行挤兑问题）；各种财政和货币政策干预如何影响通货膨胀和产出等宏观经济变量。

对于使用实验室方法来处理宏观经济问题，持怀疑态度的人提出的反对意见是，很难把这些低赏金激励的，（尤其是）针对少数学生被试者的小型实验室实验一般化为由众多受到高度激励的经济参与者通过互动决策而形成的宏观经济现象。但是，我们有很好的理由认为，在小型实验室中观测到的行为确实可以推广至实地情境，因为，我们经常在实地数据和实验室数据中发现相似的行为模式。比如，在关于生命周期消费/储蓄行为的实验室实验中，被试者往往无法实现消费平滑，这违背了持久收入假说的预测；与之对应的是，我们常观察到被试者的消费对当期收入过度敏感，这一现象在涉及实地数据的研究中得到了很好的证实（比如，可参见 Carbone and Hey，2004）。在本书若干章节中，我们可见到其他一些关于实地与实验室数据相契合的例子。还有研究显示，在实验室研究中，那些“老练”被试者（对实验任务有更多生活体验的被试者）的行为往往与那些由大学生被试者构成的便利样本中的行为差异不大（比如，可参见 Fréchette，2011）。而在关于宏观经济政策干预的研究中，我们也有充足的理由认为，首先，应在小型实验室中考察各种宏观经济政策干预带来的影响（并且可能是难以预料的结果），继而，再将这些政策进行必要的调整，然后，才可推广至更大范围的实地情形。最后，我们还发现在其他一些看似与实验无关的领域中，研究者也会借助受控的实验室方法作为更好地理解总体现象的窗口。比如，实验天体物理学家通过使用自定义工具来进行受控实验，以期更好地理解星系结构以及星际空间的特征；实验进化论研究者将实验方法用于多代繁殖的细菌，以便于对进化理论进行评价；实验政治科学家将实验方法用于真人被试者，以此来评测投票选举理论。

虽然将实验室证据推广至实地必须谨慎对待，但是本书仍然展现了宏观经济学这一新方法的引人入胜之处。可以认为，本书各章是对使用实验室方法来处理宏观经济问题的各类研究及综述的首次汇总。本书的目的在于通过这些例证来说明哪些宏观经济问题可在实验室中予以研究，并据此推动宏观经济学家将受控的实验室实验纳入研究工具箱。我希望在不远的将来，实验室方法能够与计算实验或宏观计量方法一样，成为另一个验证宏观经济模型的经验方法。

1.2 各章概览

第 2 章“宏观经济学与金融学中的预期实验”由蒂齐亚纳·阿森扎（Tiziana

Assenza)、包特（Te Bao)、卡斯·霍姆斯（Cars Hommes）和多梅尼科·马萨罗（Domenico Massaro）撰写。本章提供了一个全面的实验概览，这些实验主要探究个体怎样对未来的宏观经济变量形成预期。在现代宏观经济模型中，预期形成是一个至关重要的问题，因为模型中的内生经济变量通常在一定程度上由个体的前瞻预期所决定。Assenza 等人指出，在较早的实验中，数据生成过程相对于被试者的预期来说是外生的，而在近来的实验中，数据的生成过程在一定程度上取决于被试者的预期，这导致被试者的信念与他的决策结果是相互影响的。他们还进一步强调了学习型预期实验（learn-to-forecast）和学习型最优决策实验（learn-to-optimize）在方法论上的区别。在学习型预期实验中，被试者唯一的任务目标是正确预测出内生变量的值，而根据每名被试者的预测，计算机程序就可以解出每个个体的最优选择数量。与之相对应的是，在学习型最优决策实验中，被试者的任务是尽己所能来决定选择的数量，因此，其对内生变量的预测就不是直接可见的。学习型预期与学习型最优决策在实验设计上的区别最初可见于 Marimon 和 Sunder（1994）的研究，是一种实验宏观研究与生俱来的关于方法论的分歧。由于宏观经济学模型（与微观经济学模型不同）有可能会非常复杂，因此，将被试者面临的实验任务分解为预测任务和最优化任务就是很有帮助的。此外，Assenza 等人还报告了一些将两种实验设计相结合的实验。最后，Assenza 等人还讨论了他们最近的研究成果，其中，他们将学习型预期的实验设计用于新凯恩斯动态随机一般均衡（dynamic stochastic general equilibrium, DSGE）模型，从而分析货币政策规则对于稳定私人部门预期的作用。

第 3 章“动态随机一般均衡实验中冲击的持续性”由查尔斯·N. 纳赛尔（Charles N. Noussair)、达米扬·普法伊费尔（Damjan Pfajfar）和雅诺什·日罗什（Janos Zsiros）撰写。本章也在实验室条件下运行了一个 DSGE 模型，但是，其中使用的是学习型最优决策的实验设计，所探讨的是对产出、通货膨胀率和利率的冲击持续性。本章作者承认，在运行一个实验时，要想与理论上的新凯恩斯 DSGE 模型保持“完全一致”是很困难的，但是，他们的工作仍然极具开拓性，因为，他们采取的创造性方案能够使垄断竞争厂商的作用和调整价格的菜单成本在实验中体现出来。在他们的实验中，被试者被划分为消费者和生产者，并且在其中一个实验局中，还会有某些被试者像中央银行一样负责决定利率。他们通过开启（或关闭）有关垄断竞争厂商和菜单成本摩擦的设置，从而评估这些因素对宏观经济冲击持续性的边际影响。此外，他们还考察了低摩擦的经济环境，其中，厂商不具备垄断定价能力，并且价格调整也没有菜单成本，因此，唯一的摩擦来自被试者的有限理性，被试者扮演消费者或厂商，必须对劳动和产出的供给与需求做出决策。本章的主要发现有垄断竞争厂商的存在确实会使对产出的冲击呈现更强的持续性，但对通货膨胀率的冲击不存在这种持续影响；此外，引入菜单成本并不会使货币政策对产出或通货膨胀率的冲击表现出更强的持续性，但是，当中央银行是由被试者而非机器扮演时，政策冲击的持续性会有所增强。

第4章“在学习型预期宏观经济实验中的预测误差信息与异质性预期”由鲁芭·彼得森（Luba Petersen）撰写，所探讨的是新凯恩斯DSGE情形下的信息反馈如何影响预期形成，其中，被试者的实验任务是预测通货膨胀率和产出缺口。本章作者设计、运行并汇报了两个学习型预期实验。在基准实验局中，被试者可以查知通货膨胀率和产出缺口的历史信息、历史预测值以及历史各期宏观经济冲击的实现值，但是预测误差必须通过比较预测值与实现值才能获知。与基准局相对应，还有一个直接提供预测误差信息（FEI）的实验局。其中，当被试者需要在电脑屏幕上输入对通货膨胀率和产出缺口的预测值时，屏幕上不仅会显示这些变量的上一期历史值，而且上一期的预测误差也会显示在屏幕上。本章作者的主要发现是，与基准实验局相比，在FEI实验局中，被试者的预测误差分布更接近零，这意味着提供最近的预测误差会显著地改善被试者对通货膨胀率与产出缺口的预测。此外，在FEI局中，由于被试者的注意力集中于最小化预测误差，因此，对宏观经济冲击的关注较低。这导致与基准实验局相比，FEI实验局经济中的预期具有更低的异质性，经济波动也较平缓。作者还介绍了一种固定进度的误差修正模型（constant gain error correction model）。该模型与其他几种涉及理性预期假定的模型相比，拟合实验数据的效果最佳。与此同时，本章还提供了清晰的证据表明历史信息的发布方式意义重大。此外，本章也对如何在实验室中更好地开展学习型预期实验做出了方法论上的贡献。

第5章“消费对未来价格和利率响应的实验”由沃尔夫冈·J. 卢汉（Wolfgang J. Luhan）、米歇尔·W. M. 鲁斯（Michael W. M. Roos）和约翰·斯卡勒（Johann Scharler）撰写。他们通过实验手段探讨了，当宣布未来价格和（或）利率的变化时，消费者是否会做出反应以及怎样反应。他们专门选定生命周期消费规划问题下的贴现效用模型展开研究，因为，在所有的DSGE模型、实物周期模型或新凯恩斯模型中，贴现效用模型均被作为家庭行为的基础。为了研究的方便，他们在设定消费规划问题时并未涉及不确定性，但消费者被要求制定出整个生命期（设为5期）的消费路径（而不是简单地逐期决定当期的消费量）。这种要求被试者制定完整消费路径的方法代表了一种新的学习型最优决策实验设计。他们指出，最优的生命期消费路径与未来各期的价格和利率都有关。他们在实验中主要实施的干预机制是，在5期生命期的起始阶段中，向被试者宣布一个将会发生于生命期中期（时期3）的外生价格及利率变化（在其他实验设定下，要么价格不发生变化，要么利率不发生变化，要么二者的变化可完全相互抵消）。基于贴现效用模型，不但可以在生命期第1期预测出这些公布的价格或利率变化会对消费产生怎样的前瞻效应（anticipated effect），还可预测出当价格或利率在第 3 期真实发生变化时，又会对消费产生怎样的影响效应（impact effect），并且，这两种效应的作用方向恰好相反。本章作者报告称，当价格和利率均不发生变化时，大部分被试者的消费路径都偏离了最优路径，但在经历了多次实验之后，消费路径将逐渐向最优路径靠拢。他们还发现，被试者会对已知的未来价格和利率变化产生反应，从而改变自身的消费规划，而改变的方式与预测的最优调整路径在方向上（虽然不是定量上）是相似的。然而，消费路径中的大部分调整是由影响效应导致的，且调整的幅度要远大于预测的最优调整路径。与之相反的是，由前瞻效应导致的调整微乎其微。这一实验发现提供了一个更加细致入微的方式来解释消费对当前经济环境的过度敏感特性，而这一特性在许多基于实地数据的研究中都得到了报告。

第 6 章“关于货币政策与中央银行行为的实验”由卡米尔·科尔南（Camille Cornand）和弗兰克·海涅曼（Frank Heinemann）撰写，是有关中央银行行为与货币政策的一篇实验综述。本章作者认为，对于中央银行家而言，在将各种政策大范围应用于现实宏观经济之前，若能在小型实验室中对这些政策进行“平台实验”，将是很有帮助的，而且，在这一过程中可规避许多代价高昂的失误。在本章中，作者首先对货币政策的有效性（即“非中性”）提供了来自实验室的证据，向我们展示了由货币幻觉（对名义值的锚定）、自适应学习行为以及策略不确定性导致的货币非中性。这些关于货币政策有效性的行为解释虽在实验室中得到了证实，但常被基于纯粹理性选择框架的研究者所忽视。其次，本章作者还讨论了由真人被试者充当中央银行家的实验室研究。他们报告称，实验室条件下的中央银行家尽管对自身声誉有所顾虑，但仍会受一些随意动机的驱使，不过他们倾向于使用直觉推断法来稳定经济，这一实验结果与基于实地数据的估计结论是相似的，而且，现实中的货币政策委员会也总能做出比个人更好的决策。通过在实验室研究中实施控制，我们就可以对各种政策规则和中央银行策略的透明度及沟通状况进行评估。这类研究证实，因为私人个体往往会以一种非贝叶斯的方式来更新信念，故政策的执行和沟通细节会影响政策的有效性，而政策制定者应当考虑政策以及政策的公布方式对私人部门的影响。本章还展示了实验室实验对于解决均衡选择问题的可行之处，这类问题常出现在关于投机性货币冲击或银行挤兑的协调博弈模型之中。最后，他们还很热心地列举了一些中央银行家会感兴趣的且可在实验室中处理的开放性问题。

第 7 章“中央银行沟通策略的优化演进：来自实验室的证据”由亚斯米娜·阿里福维奇（Jasmina Arifovic）撰写。本章基于基德兰德—普雷斯科特式的经济模型（Kydland-Prescott，1977）讨论了中央银行沟通对于通货膨胀以及通货膨胀预期的影响。在此种经济环境下，相机抉择的货币政策（即对当期条件的最优反应）虽然具有时间一致性，但是一种次优策略。因为当中央银行对每一期的通货膨胀率与失业率进行最优取舍时，如果私人部门是理性预期的，能够完全预测中央银行在每一期的任何政策举动，那么其结果是失业率并不会下降，而仅是通货膨胀率上升。而动态最优的（但其实是时间不一致的）拉姆齐政策（Ramsey policy）是预先在所有时期都锁定于一个不变的货币政策，这将消除在相机抉择的货币政策下才会出现的通货膨胀率偏差。本章作者还研究了如下问题，即当政策制定者缺乏锁定于某一政策的能力时，如果他可在私人部门形成通货膨胀预期之前发布关于潜在政策动向的不受约束的廉价信息，是否会比次优的相机抉择式的纳什均衡政策规则做得更好。作者使用了一种个体进化式学习（individual evolutionary learning）算法来对中央银行进行建模。其中，中央银行不但可对通货膨胀政策进行选择，还可对公布的廉价信息进行选择。私人部门或由大量试图正确猜测实际通货膨胀率的真人被试者组成，或由真人被试者与计算机被试者共同构成，且二者的比例是内生变化的。其中，计算机被试者的程序设定是，它只会（天真地）推测通货膨胀率与中央银行的公告目标完全一致。于是，在上述的学习型预期实验设计中，根据其模型方程的设定，私人部门（包括真人与计算机被试者）的通货膨胀率预测将决定实际实现的通货膨胀率与失业率。本章作者报告称，实验中的通货膨胀率及通货膨胀预期介于纳什均衡预测与拉姆齐均衡预测之间，这意味着廉价信息确实是一种有效的政策工具。此外，当私人部门完全由真人被试者组成时，出现的通货膨胀率将会较高。而当存在计算机被试者时，由于他们完全相信中央银行公布的通货膨胀目标，因此，政策可以起效的范围也就更大，通货膨胀率也将较低，但波动性有所增加。本章首次展示了在中央银行决策影响下的人—机被试者之间的互动，并且提供了一种评估中央银行沟通策略的新平台。

第 8 章“搜寻模型下货币重要性与货币中性的实验证据”由约翰·达菲和丹妮拉·普泽洛（Daniela Puzzello）撰写，他们的实验涉及的是 Lagos 和 Wright(2005）关于交易行为的搜寻模型，其中，或者提供固定数量的“代币”或纸币，或者不提供任何交易媒介。他们在实验室中构造了一种无限期重复的经济环境，其中，被试者在每期被随机匹配成对。每对被试者被随机指定为消费者和生产者。每对被试者都将就生产者为消费者生产的非易存储品数量讨价还价。而在提供货币的实验环境下，他们还对消费者需向生产者支付的货币量讨价还价。由于从消费中获得的效用高于生产成本，因此，交易是有利可图的。在上述分散式的配对实验之后，每名被试者均有机会继续参与一个集中式的配对实验，将重新平衡资金持有量，并且，该配对还可以作为一种数量和价格的协调机制。本章作者使用了一种基于组内的学习型最优决策实验设计，以考察纸币的存在或消失是否会影响交易行为与福利水平。他们报告称，在那些开始时就提供一定量纸币的经济类型下，福利水平要高于突然（并且无预先提醒）撤走纸币后的福利水平。然而，在那些开始时就未提供纸币的经济类型下，交易量与福利水平都较低，即便突然引入纸币也不会产生显著变化。他们还利用组内设计考察了货币供给的变化对价格的影响。他们报告称，与货币数量论相一致的是，当货币供给翻倍后，价格水平也由此翻倍，并且，没有产生实际影响（即货币是中性的）。然而，在反向的实验中，即当货币供给缩减一半时，价格却并未出现相应的下降，因此，产生了一定的实际影响。本章的研究首次探讨了纸币量的变化对同一被试者群体的影响，这不同于常见的基于组间被试者的实验设计。

总而言之，受控的实验室实验虽然在微观经济学中已得到长久的使用，但是，它对于宏观经济学仍是一个相对较新的研究方法。要想了解如何将现有的研究法用于一个新领域，最好的方式莫过于从相关实例中学习，而本书各章正是由实验宏观经济学领域的领军人物所撰写，从而可为感兴趣的学者提供一条绝佳的研究路线。尽管本书是第一本以实验宏观经济学为主题的著作，但我希望它不是最后一本。我对参与编撰本书的各位作者以及为本书各章及时提供高质量意见的审阅者深表感激。此外，我还要感谢丛书的编者 R. Mark Issac 和 Douglas A. Norton，他们从一开始就对出版一部实验宏观经济学著作给予了热心支持。最后，我还要对 Emerald 出版社的 Sarah Roughley 致以谢忱，她的努力使本书得以顺利出版。

注　释

1. 比如，Friedman（1953，第 10 页）写道："遗憾的是，我们很难运用实验来对社会科学中的特定预测进行验证，尽管这些实验明显排除了被认为是最重要的干扰因素。一般来讲，我们必须依赖那些由真实发生的'实验'所提供的证据。"考虑到宏观经济学与众不同的特性，Farmer（1999）也认为"与许多自然科学不同，我们无法对宏观经济学进行实验"。
2. 参见 Duffy（2014）关于实验宏观经济学的一篇更加全面的综述。

参考文献

Carbone, E., & Hey, J. D. (2004). The effect of unemployment on consumption: An experimental analysis. *Economic Journal*, *114*, 660–683.

Duffy, J. (2014). Macroeconomics: A survey of laboratory research. In J. H. Kagel & A. E. Roth (Eds.), *Handbook of experimental economics* (Vol. 2). Princeton, NJ: Princeton University Press (forthcoming).

Farmer, R. E. A. (1999). *Macroeconomics*. New York, NY: South-Western College Publishing.

Fréchette, G. R. (2011). *Laboratory experiments: Professionals versus students*. Working Paper. Department of Economics, NYU, SSRN. Retrieved from http://ssrn.com/abstract=1939219

Friedman, M. (1953). *Essays in positive economics*. Chicago, IL: Chicago University Press.

Kydland, F. E., & Prescott, E. C. (1977). Rules rather than discretion: The inconsistency of optimal plans. *Journal of Political Economy*, *85*, 473–492.

Lagos, R., & Wright, R. (2005). A unified framework for monetary theory and policy analysis. *Journal of Political Economy*, *113*, 463–484.

Marimon, R., & Sunder, S. (1994). Expectations and learning under alternative monetary regimes: An experimental approach. *Economic Theory*, *4*, 131–162.

第2章

▶ CHAPTER 2 ◀

宏观经济学与金融学中的预期实验

◆ **摘　要**：在金融学、宏观经济学、货币经济学和财政政策等研究领域中，预期都是一个关键性问题。在过去10年中，已有大量实验室实验迅速涌现，它们就个体的预期形成、个体预测规则的相互影响以及由此导致的总体宏观行为进行了研究。本章的目的在于为宏观经济学和金融学中针对预期的实验室实验提供一个全面的文献回顾。我们尤其从个体与总体两个层面讨论了预期在什么限度内可视为理性，以及在什么限度内又可基于简单的直觉推断法加以描述。

◆ **关键词**：预期反馈；自我实现式信念；直觉推断法转换模型；实验经济学

2.1 引言

在现代宏观经济学和金融学中，对预期形成进行建模是广泛存在的，其中，个体面临的是不确定性条件下的跨期决策问题。比如，当家庭成员决定是否购买一套新公寓以及如何通过按揭贷款来支付时，他们就需要对未来的利率和房价形成预期。类似地，基金经理人需要形成对未来股票价格的预期，以此搭配出最优的投资组合。在形成预期的基础上，个体就可做出经济决策，进而通过市场出清过程，最终决定总体变量的实现值，而这些变量正是个体力图预测的。因此，市场/经济体可被建模为一个**预期反馈系统**（expectation feedback system），其中个体根据可得信息和各变量的历史实现值来形成预期，而总体变量的未来实现值又取决于对它们的预期。因此，对个体预期形成过程进行建模就是至关重要的。

经济学家对预期形成的问题持有多种观点。自 Muth(1961) 和 Lucas(1972) 的开创性研究开始，理性预期假说就成为对预期形成进行建模的主流方法。理性预期假说假定，个体可使用所有的可得信息，并在平均意义上能够对未来的经济变量做出无偏的预测，即不存在系统性的预测误差。当所有的个体都形成理性预期时，经济将达到一个理性预期均衡，这通过将理性预期假说的条件置入经济模型中即可求解。在动态经济模型下，理性预期假说意味着预期被假定是与模型预测相一致的。理性预期假说的应用十分广泛，因为它形式简洁，且对自由参数的个数有严格限制。但它常受到如下批评，即它过于要求个体拥有关于经济运行规律的知识，并且还需具备高超的计算能力。

另一个替代性的行为观点认为，个体是有限理性的。这一观点可追溯至 Simon (1957)，并于近年来在 Shiller(2000)、Akerlof 和 Shiller(2009)、Colander 等(2009)，De Grauwe(2009)、De Grauwe(2012)、Hommes(2013)、Kirman(2010) 等人的研究中得到进一步提倡。提出该观点的重要原因是，从实际市场参与者中观测到的预期形成似乎并不理性。比如，Shiller(1990) 以及 Case、Shiller 和 Thompson(2012) 的研究发现，在房地产市场繁荣时期，美国房地产市场的投资者预测房价会以一个极高的速度上涨，这与根据基本面因素的合理预测并不相符。同时，投资者还会预测长期高速上涨，而这显然不可持续，并且市场也很快随之出现崩溃。对此，一个替代性的自适应学习理论被建立起来（Evans and Honkapohja，2001；Sargent，1993），并且，还有许多经验研究假定个体具有异质性预期（Branch，2004；Brock and Hommes，1997；Harrison and Kreps，1978；Hommes，2011；Xiong and Yan，2010）。基于有限理性的研究方法，有时可得到市场会收敛于理性预期均衡的结论，即此时个体可通过学习来发现均衡。但是，很多时候市场只会收敛于非理性预期均衡（Bullard，1994），或是出现市场泡沫的破裂，比如，当进化式的选择行为导致个体使用趋势外推法来作为预测策略时，就会出现这一情况（Anufriev and Hommes，2012；Brock and Hommes，1998）。与关于有限理性的文献相并行的是，Soros(2003，2009) 使用“自反性”（reflexivity）这一术语来描述真实金融市场上的交易行为。其中，当对价格的平均预期上涨时，真实实现的价格也将上涨，且个体倾向于忽视与资产基本面价值有关的信息，而代之以一种追随趋势的预期方式，并以此来决定其投机性需求，这将导致市场具有内在的不稳定倾向。理解个体形成预期的方式不仅是学术讨论的有趣话题，同时也是政策设计必须考虑的相关问题。比如，如果个体能够形成理性预期，并且可迅速达到理性预期均衡，那么政策制定者就无须考虑政策的滞后效应。与此相反的是，如果个体是以一种自适应方式来调整预期，那么政策制定者就需要着力关心个体对政策效应的学习速度，因为这关系到应如何决定出台政策的最佳时机。

尽管预期形成在现代动态宏观经济学建模中占据着至关重要的位置，但有关个体预期的经验数据少之又少。虽然，我们有时可获得关于未来宏观经济变量预期值（比如通货膨胀率）的调查数据，但是，这些调查通常是向受访者支付一定酬劳而获得的，因此，受访者缺乏认真作答的动机。而当难以获取关于预期的数据时，对动态宏观经济学模型的经验研究将面临“检验联合假设”的困境：当某个模型被拒绝时，我们无法弄清错误出自模型的因果结构，还是预期形成规则。在本章中，我们将回顾动态宏观经济学和资产定价环境下关于真人被试者预期形成的实验室实验。来自实验室的数据具有如下优势：

（1）个体的预期可被明确地诱导出来，并且，是在适当的激励下做出的，这使得预期信息可被直接观测到。

（2）虽然利用经验数据难以获得关于实际宏观经济的“真实模型”，也难以确定理性预期均衡，但是用来实验的经济模型是实验者完全了解的，并且也是可控的。

（3）我们很难从大量的或高频的观测数据中得到关于宏观经济变量的预期数据，但是，在实验室条件下，我们可以在较短时间内引导个体对若干时期做出预期。

本章概述了3类诱导预期/预测的宏观经济学实验：[1]

（1）个体基于实地数据或是随机生成的数据（如随机游走）来对时间序列进行预测。这类实验试图考查个体能否对外生时间序列做出理性预期，所得到的实验结果是混合式的。某些研究发现，个体是能够形成最优预测的（比如，运用一种天真型预期方式来预测随机游走过程），而另一些研究却发现，有限理性模型（比如，“状态转换信念”模型）能够更好地解释个体的预测行为。

（2）**学习型预期实验**（learning-to-forecast experiments），这类实验设计可追溯至Marimon和Sunder(1993，1994，1995）的系列论文。该设计的核心特征是，被试者在实验中扮演一种专职预测者，他们的唯一任务就是提交对某一经济变量的预期值，如市场价格。通过收集所有被试者的预测值，实验者就可以运用计算机程序计算出被试者在此种预期条件下的最优数量选择（诸如产量、交易量和储蓄量）。比如，程序可以基于效用和利润最大化来设计，这继而可以决定出总体变量的值，如通过市场出清来得到价格。与第一类实验不同的是，学习型预期实验中的时间序列是个体预期的函数。学习型预期实验是带有反馈机制的实验。我们将在后面论述，从这类文献中得到的一般结论是，当市场是一种**负反馈系统**（negative feedback system）时，即当平均的预期值（如价格）较高而经济变量的实现值较低时（如蛛网市场模型），个体将逐渐学会选择理性预期均衡。而当市场是一种**正反馈系统**（positive feedback system）时，即当平均的预期值较高而经济变量的实现值也较高时（比如一个投机性的资产市场），个体将难以学会选择理性预期均衡。

（3）对学习型预期实验与**学习型最优决策实验**（learning-to-optimize experiments）的比较研究，其中在后一种实验设计下，被试者将直接提交他们的数量选择。比较得到的主要结论证明了学习型预期实验中的主要结果是稳健的，即在学习型最优决策实验设计下，个体行为仍然存在着如下倾向：在负反馈市场下会朝着理性预期均衡收敛，在正反馈市场下却会偏离这一均衡。而且，如果在学习型最优决策实验设计下运行一个学习型预期实验，则可以发现总体市场结果会更加偏离理性预期均衡。具体而言，在负反馈市场中向理性预期均衡的收敛变得更慢（需要经过很多时期），而在正反馈市场中将经历更为严重的荣衰周期。

在实验经济学中，与上述研究相并行的是另一类微观经济学和博弈论研究，涉及博弈中的信念/预期诱导。由于在许多博弈理论模型中，人们在选择自身行动之前需要对对手的行动形成信念/预期，因此，当个体的选择偏离了对对手的最优反应时，我们就务必探知这是因为他们未能对对手行动形成正确信念，还是因为未能根据他们的信念做出最优决策。在这一领域的重要研究包括：Nyarko 和 Schotter（2002），Rustrom 和 Wilcox（2009），Blanco、Engelmann、Koch 和 Normann（2010），以及 Gaechter 和 Renner（2010），还可参见 Schotter 和 Trevino（2014）最近所做的一篇综述。这些研究的主要结论是，对信念的诱导为我们提供了大量关于个体决策过程的有用信息，但是，这种诱导也会干扰个体的决策过程。与博弈论下的信念诱导实验不同的是，在学习型预期实验中的被试者需要对总体市场结果形成预期，因为他们无法识别自己的直接对手是谁。在博弈论实验中，要想诱导出个体的预期，就必须询问个体的决策或行动。而在许多学习型预期实验中，只需询问个体的预测即可。此外，许多宏观经济学模型还假定市场是完全竞争的，且个体不具备市场力量。由于在学习型预期实验中，被试者的报酬根据他们的预测准确性而定，并不取决于他们的利润或数量选择，因此，他们就缺乏利用自身市场力量来操纵价格的动机。另外，宏观经济学实验的人员规模也较大（每一个实验市场由 6 ~ 12 人组成），只有这样才能模拟一个竞争性的市场环境，博弈论实验需要的人员规模则较小（每个实验组由2 ~ 6 人组成）。最后，许多宏观经济学实验的另一个特性是，被试者对实验中的经济系统仅掌握定性信息，比如，仅知道市场是正反馈还是负反馈的，对于该经济系统的运行规律却缺乏详细的定量知识。

本章的结构安排如下。首先为“对外生过程和实地数据的预测”，这一节回顾了针对实地数据和外生随机过程的预测实验，其中，外生随机过程的实现值不会受到预期的影响。其次为“学习型预期”，这一节回顾了带有预期反馈系统的学习型预期实验，其中总体变量的实现值取决于一组被试者的预期。再次为“学习型最优决策”，这一节对学习型预期实验与学习型最优决策实验做了对比。最后一节为“结论”，对全章进行了总结。

2.2　对外生过程和实地数据的预测

早期的关于个体预测行为的实验室实验主要关注个体对外生时间序列的预测，这些时间序列既可以是真实世界中的市场数据，也可以由简单的随机过程生成。在这类实验设定下，不存在由预期导致的反馈。这与天气预报是类似的，预报本身并不会影响降雨概率，也不会影响大气运动的规律。取自真实世界的数据具有一大优点，即它具有明显的真实性，并且也与现实的经济预测有关。但是，当要求被试者对这类数据进行预测时，我们很难立即对理性预期做出定义，因为，在真实世界中，时间序列的数据生成过程是难以了解的。而与之相反的是，如果，被试者预测的时间序列产生自实验者熟知的（简单）外生随机过程，那么，我们就能更轻易地测度被试者对理性预期的偏离，因为，理性预期与模型预测相一致。在本节中，我们回顾了实验经济学文献中的一些早期贡献，它们探讨了个体对外生过程进行预测时的行为特征。

对现场数据的预测

最早的一项研究贡献可追溯至 20 世纪 70 年代末的 Richard Schmalensee(1976)，而该研究又以 Fisher(1962) 的更早工作为基础。Schmalensee 在文中描述了一项实验研究，考查的是被试者如何对平减后的英国小麦价格进行预期。他尤其关注了预测行为的转折点效应。每位参与者可以看到时间序列中的 25 个实现值，并且被告知该时间序列反映的是一段政治平稳期内的小麦实际年度价格。被试者还可以看到该时间序列的图表以及 5 年平均值（1～5，2～6，…，21～25）。每名被试者必须对下一个 5 年（26～30）的平均值做出最佳预测。[2]该论文旨在考查，时间序列中的转折点是否就是预期发生重要变化的点。为了进行这一分析，Schmalensee 考虑了几种不同的预期形成规则，包括追随趋势规则（trend following rule）、自适应预期规则（adaptive expectation）等，以探讨个体在转折点附近的行为是否存在差别。他发现，自适应预期模型要比外推式预期模型更好地反映被试者的预测行为。与 Fisher（1962）类似的是，Schmalensee 发现时间序列中的转折点对于实验参与者来说是很特别的时间点。他还在其分析中引入了一个参数，用以反映自适应预期模型中的反应速度（目的在于检验该参数是否在转折点发生了变化）。他发现，在转折点处，该参数的值出现了下降。

最近以来，Bernasconi、Kirchkamp 和 Paruolo(2009）进行了一项实验室实验，其中通过采用15个欧洲国家的真实时间序列来考查被试者对财政政策变量的预期。他们对真实时间序列进行了VAR估计，以作为与实验结果进行比较的基准。在实验中，参与者可以看到基于真实年度数据绘制的图形，包括总税收（T_t)、总公共支出(G_t)、公共债务（B_t）以及债务水平的变化（$\Delta B_t = B_t - B_{t-1}$）（均表示为这些变量占GDP的比值)。被试者还被告知，他们看到的数据取自欧洲国家，但并不知道取自哪个国家或哪段时期。在实验开始时，被试者首先看到时间序列的前7个实现值(对于样本中的大部分国家来说，均为1970~1976年这段时期)，接下来，他们需要对时间序列的整个剩余时期的实现值（直至1998年）进行预测。在第一轮实验结束时，每名参与者就被随机指派为对另一个国家进行预测。研究者设计了3个不同的实验局。第一个是所谓的基准实验局，其中，要求参与者同时对T_t和G_t进行预测。第二个称为“中性”实验局，其中，要求预测的时间序列与基准设定相同，但时间序列的全部经济背景都未展示，仅被标记为时间序列“A”和“B”。中性实验局对于考查参与者是否理解基准设定下的经济背景很有帮助，同时，也便于研究者考查当参与者了解经济背景时，预测水平能否提高。第三个称为“对照”实验局，其中，被试者仅对T_t进行预测。这可以帮助研究者了解，让被试者同时预测两组变量是否超出了他们的能力范围，而仅要求预测一组能否提高其预测表现。研究者把实验数据中呈现的预测模式与VAR估计的基准结果做了比较分析。结果发现，被试者违背了理性预期假说，并且他们的预期模式遵循一种“多变量自适应模型”（augmented-adaptive model)，其含义是，被试者并非总是遵从一种纯粹的单变量自适应预期模式，而会将其他（财政）变量也纳入其自适应更新规则中。研究者还发现，在中性实验局中，被试者的预测准确度较低，这意味着被试者对经济背景的了解可提升其预测表现。

对外生随机时间序列的预测

已有大量实验考察了个体如何对外生随机过程产生的时间序列进行预测。其中，由 Dwyer、Williams、Battalio 和 Mason(1993）所做的研究可能是最简单的一例，其中时间序列由一个简单的随机游走过程产生，即

$$x_t = x_{t-1} + \varepsilon_t \tag{2-1}$$

ε_t是独立同分布的随机冲击。实验要求被试者预测不同“事件”产生的时间序列，并允许被试者看到这些序列的往期实现值，以帮助被试者去了解这些时间序列的外生生成过程。此外，被试者还被告知，他们的预测对于数据的实现值“不存在任何

影响”。Dwyer 等人发现，参与者并未表现出系统性偏差，并且能够有效利用可得信息。他们还总结称，被试者的预测可被合理地描述为带有正负随机误差的理性预期，这意味着他们的研究支持理性预期假设。对于随机游走过程来说，理性预测与天真型预测相同，即理性预测值应与上一期的观测值相等。看来，被试者从随机游走过程的时间序列中学会了这种简单的天真型预测方式，恰恰与理性预测是相符的。

Hey(1994) 也进行了一项实验室实验，其中要求被试者预测一个随机的 AR(1) 时间序列，即[3]

$$x_t = 50 + \rho(x_{t-1} - 50) + \varepsilon_t \tag{2-2}$$

由此可见，无论在什么情况下，这一随机过程的均值都是 50，持续性系数 ρ 却可以做出各种改变，而 ε_t 是独立同分布的随机冲击，服从于均值为 0、方差为 5 的正态分布。在实验中的任何时点上，被试者都可以选择以何种形式来观察时间序列的往期值，既可以是表格，也可以是图形，或者二者兼具，还包括对时间窗口的选择。该文主要分析了个体是否会使用理性预期或自适应预期。与 Dwyer 等人（1993）的结论不同，Hey 并未发现个体能够很好地做出理性预期，而是发现“被试者试图理性地做出行为，但表现出的往往是一种自适应的形式”。为此，Hey 估计了一个一般形式的预期规则，并对系数做 F 检验。这样，被试者就可被分为自适应预期规则、理性预期规则以及混合预期规则 3 类使用者。使用各类规则的被试者占比随着被要求预测的时间序列不同而不同（包括序列 1、2、3）。

在 Beckman 和 Downs(2009) 所做的实验中，同样要求被试者对式（2-1）所示的随机游走过程进行预测，但噪声 ε_t 的水平是可变的。每名参与者都将参加 4 局实验，每局中的噪声服从于不同密度的均匀分布，而参与者必须在每种噪声水平下各做出 100 次预测。在收集到实验数据后，两位学者就将这些数据与费城联储银行针对职业预测师的调查数据进行了对比。其主要发现是，无论是实验数据还是调查数据，当随机游走过程的方差增大时，人们的预测也愈发偏离理论上的正确预测策略（天真型预测）。事实上，当随机误差的标准差增加 1% 时，基于理性预期规则的预测标准差应当增加 0.9%。

Bloomfield 和 Hales(2002) 也进行了一项实验，其中向 MBA 学员展示了一些由随机游走过程产生的时间序列。两位学者运用这些数据考查了一个“状态转换信念模型”（regime shifting belief model），该模型是由 Barberis、Shleifer 和 Vishny(1998) 提出的。其观点是，个体会根据时间序列以往的趋势反转次数来评估未来发生反转的可能性。Bloomfield 和 Hales 的实验结果支持了这一模型。其中，被试者似乎并未意识到随机游走的时间序列是随机生成的，因此，当他们经历的趋势反转越多时，也就更倾向于认为未来的反转将越多。然而，Asparouhova、Hertzel 和 Lemmon(2009)

发现的证据却与“状态转换信念”模型的相违背，而是支持 Rabin(2002) 提出的“小数法则”。小数法则的含义是，当序列的趋势持续时间较长时，被试者倾向于认为这一趋势将会反转。

Kelley 和 Friedman(2002) 在一个关于橙汁期货价格的预测实验中考查了被试者的学习行为，其中，被试者必须对一个平稳线性随机过程的两个独立变量的系数进行学习。他们发现，学习的结果很接近于客观值，但存在轻微的过度反应趋势。此外，学习过程明显慢于自适应学习过程。在不同的实验设定下，存在两个显著的效应：当背景噪声很剧烈时，学习过程表现出过度反应的倾向；当存在不对称的变量系数时，学习过程又表现出反应不足的倾向。

Becker、Leitner 和 Leopold-Wildburger(2009) 进行了一项实验，其中，被试者必须对 3 个涉及状态转换的时间序列进行预测。首先，实验者生成了一个由整数值组成的平稳随机时间序列。随后，状态转换被引入其中，方法是在不同的时段加入一个常数均值。该文主要关注的是，如何运用必然/似然直觉推断法模型（bound & likelihood heuristics）来解释被试者的平均预测，该模型是由 Becker 和 Leopold-Wildburger(1996) 提出的。根据这一模型，时间序列中的两个特征对于预测来说至关重要，其一是序列中的转折点，其二是序列的平均方差。他们发现，当发生了一次状态转换后，个体的预测将表现出更大的方差，并且，在个体观测到这种结构变化后的一段时期内，他的预测准确度也会下降。对此，基于直觉推断法模型要比基于理性预期假说的拟合结果稍好一些。为了在平均水平上解释被试者的预测，研究者在 3 种实验设定下都运用了必然/似然直觉推断法和理性预期假说。他们发现，如果状态转换后的几个紧邻时期被被试者认为是一种过渡期，那么，运用必然/似然直觉推断法就能够解释被试者的预测行为，即便涉及的时间序列受到多次状态转换的影响也是如此。实际上，个体通常会对以往发生变换的时期存有记忆。

Beshears、Choi、Fuster、Laibson 和 Madrian(2013) 要求被试者预测一个协整移动平均过程（an integrated moving average，ARIMA)，其中存在短期的动量冲击和长期的均值回归，而被试者需要基于不同的时间段进行预测。研究者发现，被试者难以准确地捕捉到均值回归的程度，尤其在较慢的动态过程下更是如此。

2.3 学习型预期

在本节中，我们将考查针对真人被试者的学习型预期实验。学习型预期的实验设计最初见于 Marimon 和 Sunder(1993，1994，1995) 以及 Mariomn 等人（1993）的系列论文中，其中涉及动态代际交叠模型。关于这类实验较早的研究综述可见于

Hommes(2011）的论文中。在这类实验中，被试者必须对某一价格进行预测，而价格的实现值又内生地依赖于他们的平均预测。与前一节内容的核心区别是，本节涉及的实验包含预期反馈机制。被试者是在一个自我相关的系统中进行预测：他们的个人预测影响着并且共同决定着总体行为，这又进一步引发了个人预测的自我更新。这类实验的主要目标是，在一个自我相关的动态经济系统中探讨个体是怎样形成预期的，这些预期如何交互影响，以及在整体层面上又会表现出何种预期模式。个体是否会协同于一个共识性的预测，价格是否会收敛于理性预期均衡，还是会出现其他的学习型均衡？

正如 Muth 在其关于理性预期的经典论文中所言，对个体预期汇总后的关键特征，取决于不同个体的预期对理性预期的偏差是否相关。以下文字引自 Muth(1961，321 页，着重标明部分)：

> 允许预期中存在截面差异是很轻易的事，因为，只要某一厂商对理性预期的偏离与其他厂商的偏离是弱相关的，那么，在对这些预期进行汇总时，由偏差带来的总体效应就是微不足道的。仅当各厂商的偏差是高度相关的并且系统性地依赖于其他解释变量，我们才需要做出必要的修正。

运用实验室实验，我们就很容易在一个受控的自我相关环境下考查个体预期之间的相关性。事实证明，预期反馈的方式是至关重要的，无论是正反馈还是负反馈。从一般情况来看，在负反馈市场中，市场价格会迅速收敛于理性预期均衡，而在正反馈市场中却难以收敛至这一均衡。

资产定价实验

本节将回顾两个高度相关的学习型预期实验，它们是由 Hommes、Sonnemans、Tuinstra 和 van de Velden(2005，2008）进行的，所关注的是一个投机性的资产市场。这些实验以动态资产定价模型为基础（比如 Campbell et al.，1997)，其中，投资者在两种资产上配置财富。一种资产是无风险的，可带来一个固定的总收益 R；另一种资产是有风险的，可在每一期带来一个不确定的股利收入 y_t，y_t服从独立同分布，均值为 $\bar{y}$。风险资产的价格由市场出清条件决定，并且，该资产的供给量被规范化为零。每位个体 i 在时期 t 对风险资产的需求可表达为$z_{i,t}$。该需求函数可通过对下一期的期望财富进行均值—方差最大化而得到：

$$\max U_{i,t+1}(z_{i,t}) = \max \bar{E}_{i,t}\left\{W_{i,t+1}(z_{i,t}) - \frac{a}{2}\bar{V}_{i,t}(W_{i,t+1}(z_{i,t}))\right\} \tag{2-3}$$

其中$E_{i,t}$和$V_{i,t}$是个体 i 对下一期财富的均值和方差的主观信念。于是，期望财富的最大化问题可被重新写作：

$$\max_{z_{i,t}}\left\{(p_{t+1}+y_{t+1}-Rp_t)-\frac{a\sigma^2 z_{i,t}^2}{2}\right\} \tag{2-4}$$

其中，我们假定所有个体对超额收益方差的信念是同质且不变的，即$V_{i,t}(p_{t+1}+y_{t+1}-Rp_t)=\sigma^2$，于是对风险资产的最优需求量可表达为

$$z_{i,t}^*=\frac{E_{i,t}p_{t+1}+\bar{y}-Rp_t}{a\sigma^2} \tag{2-5}$$

加入市场出清条件，为

$$\sum_i z_{i,t}^*=\sum_i\frac{E_{i,t}p_{t+1}+\bar{y}-Rp_t}{a\sigma^2}=z_t^s=0 \tag{2-6}$$

于是可求得市场出清价格为

$$p_{t+1}=\frac{1}{R}(\bar{p}_{t+1}^e+\bar{y})+\varepsilon_t \tag{2-7}$$

其中$\bar{p}_{t+1}^e=\frac{\sum_i E_{i,t}p_{t+1}}{I}$为投资者的平均预测价格（在实验中，$I$被设为6），$\varepsilon_t\sim NID(0,1)$（服从独立同分布的正态分布）是一个附加于定价方程上的微小噪声项（比如，代表了一小部分噪声交易者）。在这两个实验中，参数的设定均为$R=1+r=\frac{21}{20}$（换言之，无风险利率为5%）且$\bar{y}=3$。因此，如果把理性预期条件代入上式，且不考虑均值为0的噪声项ε_t，则实验市场中的基本面价格为$p^f=\bar{y}/r=60$，即理性预期均衡价格。

在这两个实验中，被试者扮演的角色是养老基金的投资顾问，他们需要多次提交对$t+1$期的价格预测。而时期t的市场价格是被试者平均预测价格的函数。在Hommes等人2005年和2008年的两篇文章之间存在一个核心区别，即是否引入一个基于基本面的机器交易者，它总是预测价格会与基本面价格相等，并据此进行交易。基本面交易者是“对远离均衡的稳定力量”，它推动着价格向基本面价值回归。更确切地说，Hommes等人（2005）使用了如下一种定价规则：

$$p_{t+1}=\frac{1}{R}((1-n_t)\bar{p}_{t+1}^e+n_t p^f+\bar{y})+\varepsilon_t \tag{2-8}$$

其中，机器交易者影响价格的权重n_t由下式给定：

$$n_t=1-\exp\left(-\frac{1}{200}|p_{t-1}-p^f|\right) \tag{2-9}$$

当价格等于基本面价值$p^f=60$时，机器交易者的权重为0，而当价格愈发偏离基本面价值时，这一权重值将逐渐增大，且其上限为0.26。[4]

图 2-1 给出了 Hommes 等人（2005）3 组实验中所出现的市场价格和个体预测价格。从图中可见，市场价格与理性预期均衡$p^f=60$差异很大。且在同一实验设定下，可观察到 3 种不同类型的总体价格趋势，分别是：①价格缓慢地向基本面价格单调收敛（见图 2-1a）；②价格呈持续震荡情形（见图 2-1b）；③价格呈衰减式震荡（见图 2-1c）。而另一个显著特征是，尽管被试者并不掌握其他被试者的预测信息，且仅能通过观测价格的实现值来相互了解，但个体的预期值之间仍表现出强烈的协同性。

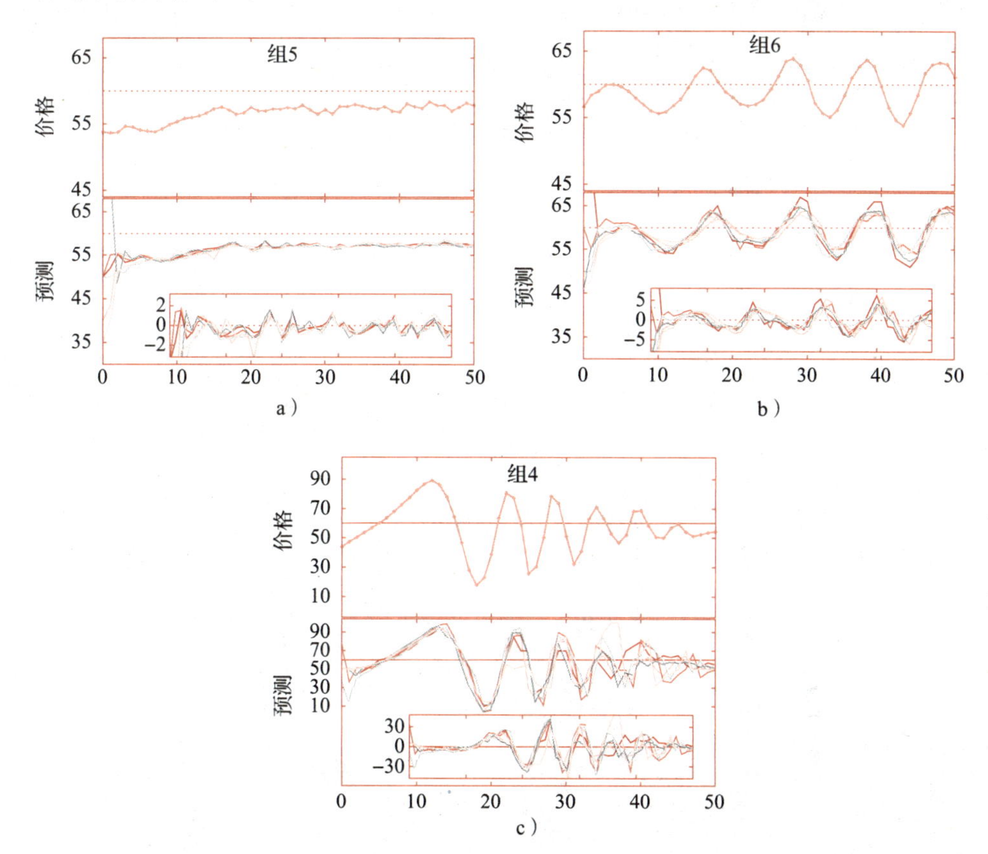

图 2-1　Hommes 等人（2005）3 组实验中的市场价格、个体预测和预测误差。其中，理性预期均衡（水平线）为$p^f=60$。可以观察到 3 类不同的价格趋势：①价格缓慢地向基本面价格单调收敛（见图 2-1a）；②价格的持续性震荡（见图 2-1b）；③价格的衰减式震荡（见图 2-1c）。其中，个体预期呈现强烈的协同性

在 Hommes 等人（2008）的另一个类似实验中，取消了基本面机器交易者，即价格的实现是由式（2-7）决定的，其中$\bar{p}^e_{t+1}=\frac{\sum_i E_{i,t}\,p_{t+1}}{I}$是实验中 6 名被试者的平均

预测价格。图 2-2 给出了 6 组实验中的总体价格趋势，此时市场上不存在机器交易者。由此可以发现，市场价格会冲到一个极高水平，并且，在暴跌前甚至超出理性预期均衡价格的 10 倍。这种泡沫的起因是，个体追随价格趋势导致彼此的预期形成了极强的协同性。

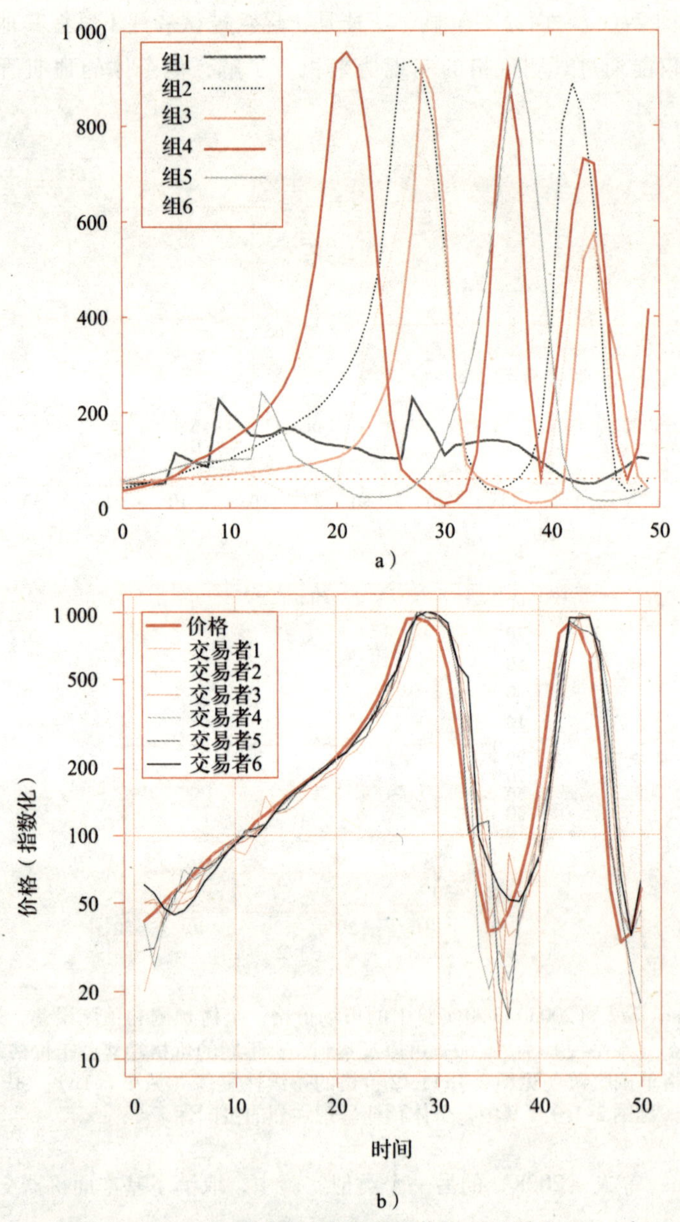

图 2-2 Hommes 等人（2008）6 组不同实验中的市场价格（见图 2-2a）。由于不存在基于基本面的机器交易者，市场中出现了大幅度的价格泡沫和暴跌情形，这是由个体预测的强烈协同导致的（见图 2-2b）

直觉推断法转换模型

在关于资产定价的学习型预期实验中，价格明显地偏离基准的理性预期价格。那么，是否存在一个较好的预期理论，能够拟合这些实验室数据呢？要想解释观测到的各种价格模式（包括收敛、持续性震荡、衰减式震荡以及剧烈的泡沫和崩盘），预期的异质性也许是一个关键的解释角度。为此，Anufriev 和 Hommes（2012）构建了一个直觉推断法转换模型（heuristics switching model），它是对 Brock 和 Hommes（1997，1998）的异质性预期分析框架的拓展，从而实现了对实验数据的拟合。该模型假定，个体可从一份包含多种简单“拇指规则”的清单中选取某一规则来进行预测，如天真型预期规则、自适应预期规则、追随趋势规则等，选取规则的标准取决于该规则在最近的预测成功度。因此，在各规则之间存在着某种进化式的选择，即最近表现较优的直觉推断法会吸引更多的人在未来选取它。Hommes 等人（2005）以及 Heemeijer、Hommes、Sonnemans 和 Tuinstra（2009）对个体的预测规则进行了线性估计，发现仅涉及一或两个时间滞后项的简单预测规则对个体的预测拟合效果很好。基于这些估计，他们就可将各种预测规则进行分类，比如自适应预期规则或追随趋势规则等。据此，Anufriev 和 Hommes（2012）对直觉推断法转换模型进行了拟合，其中仅涉及4个直觉推断法，它们分别是：

- 自适应预期规则（adaptive expectations，ADA）：$p^e_{t+1,1}=p^e_t+0.65(p_{t-1}-p^e_{t,1})$
- 弱追随趋势规则（weak trend rule，WTR）：$p^e_{t+1,2}=p_{t-1}+0.4(p_{t-1}-p_{t-2})$
- 强追随趋势规则（strong trend rule，STR）：$p^e_{t+1,3}=p_{t-1}+1.3(p_{t-1}-p_{t-2})$
- 学习—锚定—调整规则（learning，anchoring and adjustment heuristic，LA&A）：$p^e_{t+1,4}=0.5(p^{av}_{t-1}+p_{t-1})+(p_{t-1}-p_{t-2})$

学习—锚定—调整规则是由 Tversky 和 Kahneman（1974）提出的，其中p^{av}_{t-1}是指直至时期$t-1$的所有往期市场价格的样本均值。学习—锚定—调整规则与简单的追随趋势规则之间的关键差别就在于个体进行价格外推的**锚定点**是不同的。对于简单的追随趋势规则来说，锚定点仅仅是上一期的观测价格。这种简单的规则很便于给出对价格趋势的预测，但是，当趋势发生反转时，这种预测规则对数据的拟合表现就会很差。与之不同的是，学习—锚定—调整规则使用了上一期观测价格p_{t-1}和长期样本均值p^{av}_{t-1}，并对这二者求取平均值，以作为平均价格水平的代理变量。由于长期样本均值的权重只有50%，因此，当价格的运行偏离于它的基本面或长期价值时，运用学习—锚定—调整规则就能预测出转折点。

根据学习型预期实验的目的，在直觉推断法转换模型中，各种直觉推断法

$h \in \{1, 2, 3, 4\}$的预测表现可用它在每一时期t的预测误差平方来测度，即

$$U_{t,h} = -(p_t - p_{t,h}^e)^2 + \eta U_{t-1,h} \tag{2-10}$$

其中$\eta \in [0, 1]$为度量记忆的参数。又令$n_{h,t}$表示使用直觉推断法h的个体占比，因此$\sum_h n_{h,t} = 1$。而赋予预测规则h的权重以一种异步式的（asynchronous）离散选择模型来更新：

$$n_{t,h} = \delta n_{t-1,h} + (1-\delta)\frac{\exp(\beta U_{t-1,h})}{\sum_{i=1}^{4}\exp(\beta U_{t-1,i})} \tag{2-11}$$

其中，$\beta \geqslant 0$是选择的强度参数。β值越大，意味着个体向最近表现较优的直觉推断法的转换更快。而$\delta \in [0, 1]$是惯性参数。如果将基准参数设为$\beta = 0.4$，$\eta = 0.7$，$\delta = 0.9$，则可以发现该模型对 Hommes 等人（2005）实验数据的 3 种价格模式都模拟得很好。图 2-3 显示了预先一期的关于市场价格的实际预测值和模拟预测值，其中，模拟值是基于 Anufriev 和 Hommes(2012）的直觉推断法转换模型得到的。这些模拟的结果显示，前面提到的向理性预期均衡的收敛模式是那些使用稳定化的自适应预期规则的被试者相互协同所致。而在持续性震荡的市场中，被试者对各种预期规则的进化式选择会导致大部分人最终协同于学习—锚定—调整规则，其中有几乎 90% 的被试者选择了这一规则。在衰减式震荡的市场中，占据优势的预期规则是随时间推移而改变的。在起始阶段中，大部分被试者使用的是强追随趋势规则，而在中间阶段中，占优的预期规则变成学习—锚定—调整规则，到了最末几期，大部分被试者最终转向于稳定化的自适应预期规则。

而对于 Hommes 等人（2008）在实验中发现的价格泡沫，还存在一个替代性的理论可解释为何泡沫会如此巨大。正如 Tirole(1982）一样，Hommes 等人（2008）讨论了存在“理性泡沫”的可能性，其中，价格与利率保持着相同的增长率。但他们发现，在大部分实验市场中（6 个中的 4 个），价格的增长率要远高于利率（$r = R - 1$）的增长率。对此，Hüsler 等人（2013）探讨了该实验中的泡沫能否被描述为一种“超级指数函数化的泡沫”，即价格是以加速的比率增长。他们讨论了两种可能性：

（1）价格的增长率是该价格与基本面价格之差的增函数，即$\log\left(\frac{\bar{p}_t}{\bar{p}_{t-1}}\right) = a + b\bar{p}_{t-1}$，其中$\bar{p}_{t-1} = p_t - p^f$。这意味着如果价格偏差很大，将会使投资者过于乐观或悲观，于是预期价格偏差的增长要快于利率。

（2）价格的增长率是其上一期增长率的增函数，即$\log\left(\frac{\bar{p}_t}{\bar{p}_{t-1}}\right) = c + d\log\left(\frac{\bar{p}_{t-1}}{\bar{p}_{t-2}}\right)$。这意味着导致投资者出现过度乐观或悲观的因素是回报率而不再是价格水平。据此，Hüsler 等人进行了计量估计并发现，第一种价格增长方式可对实验数据做出更好的描述。

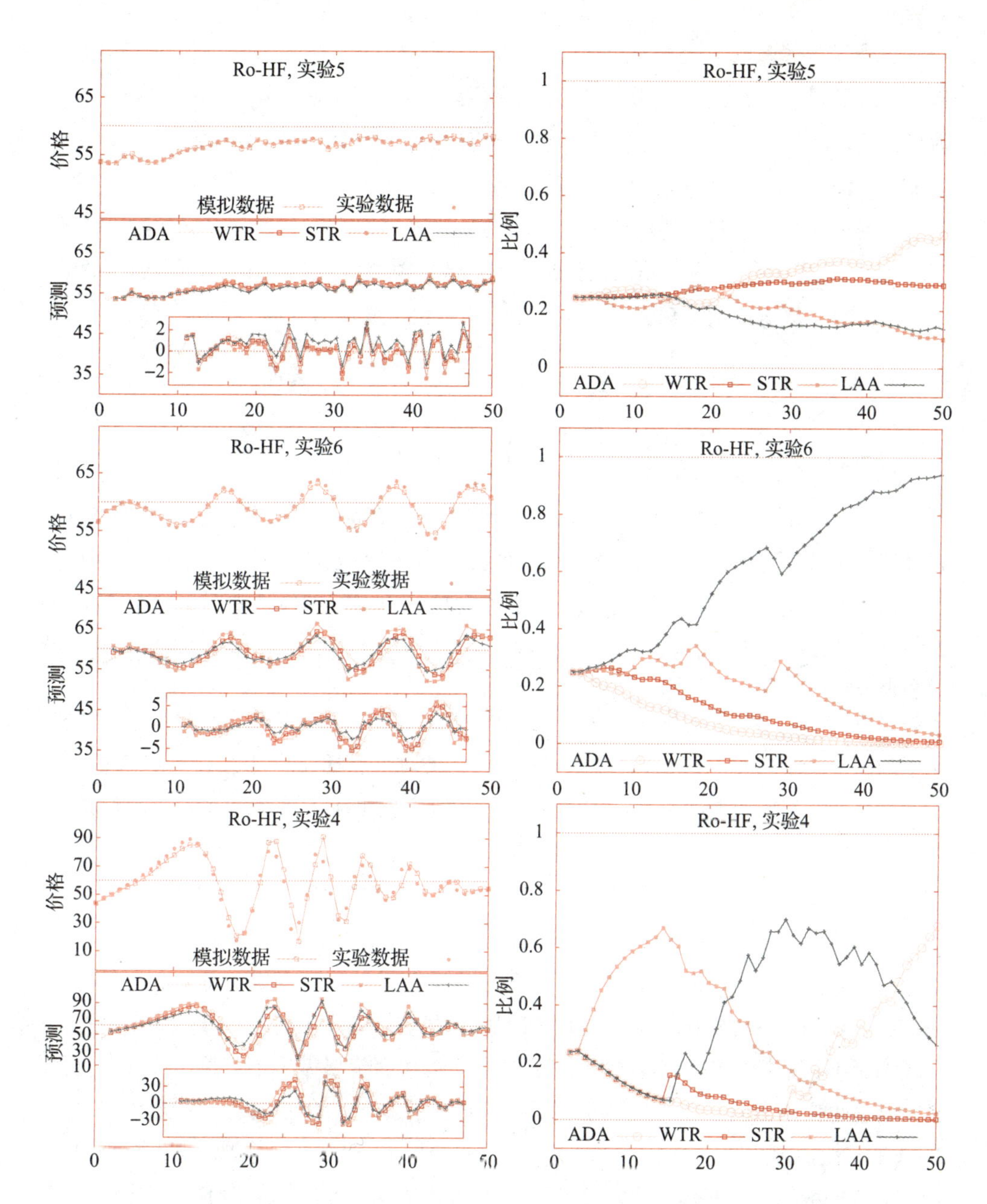

图 2-3　左半区：每一图的上半部，Anufriev 和 Hommes(2012) 针对某一典型市场的每种实验局中的实际市场价格（圆点表示）与使用直觉推断法变换模型模拟的市场价格（空心方块表示）；每一图的下半部，基于直觉推断法变换模型的 4 种预期规则而分别模拟的预期价格（主图）及方差（子图），其中，ADA 代表自适应预期规则，WTR 代表弱追随趋势规则，STR 代表强追随趋势规则，LAA 代表学习—锚定—调整规则。右半区：基于 Anufriev 和 Hommes(2012) 的直觉推断法变换模型而模拟出的使用每种直觉推断法的个体比例（其中，空心圆代表 ADA，空心方块代表 WTR，方块代表 STR，+代表 LAA）

正反馈与负反馈

前面提到的资产定价实验是以**正反馈预期机制**（positive expectations feedback）为特征的，其含义是，平均预期值或个体预期值的上升会导致市场价格的实现值相应上升。Heemeijer 等人（2009）考查了不同的预期反馈结构会怎样影响个体预期行为与市场整体结果，方法是**仅改变**市场环境中代表预期反馈项的符号，而对其他条件保持不变。其中，市场价格实现值是 6 位被试者预期价格$p^e_{i,t}$的平均值的线性映射。于是，在**负反馈**与**正反馈**系统下的（未知的）价格生成规则分别为[5]

$$p_t = 60 - \frac{20}{21}\left[\left(\sum_{h=1}^{6}\frac{1}{6}p^e_{ht}\right) - 60\right] + \varepsilon_t \quad 负反馈系统 \tag{2-12}$$

$$p_t = 60 + \frac{20}{21}\left[\left(\sum_{h=1}^{6}\frac{1}{6}p^e_{ht}\right) - 60\right] + \varepsilon_t \quad 正反馈系统 \tag{2-13}$$

其中ε_t代表对价格规则的（微弱的）外生随机冲击。在式（2-12）、式（2-13）中的正反馈与负反馈系统拥有相同且唯一的理性预期均衡稳态$p^* = 60$，并且它们**仅在**预期反馈项的符号上是相反的。这两个式子均为接近单位根的线性映射，其中斜率为$\frac{20}{21} \approx -0.95$resp. $+20/21$。[6]图 2-4（上半部）显示了在负反馈与正反馈机制下函数图形的巨大差别。尽管在两种机制下存在相同的唯一理性均衡固定点，但在正反馈机制下的图形几乎与 45°线重合，这意味着图形上的每个点都几乎是稳态点。在这种接近单位根的正反馈机制下，尤其是上述的资产定价模型下，每个点在本质上都是一个**趋于自我实现的均衡**（almost self-fulfilling equilibrium）。那么，在学习型预期实验中，被试者是否会协同于这个唯一的可完美自我实现的基本面价格水平呢？

图 2-4（下半区）给出了在两组典型实验中的市场价格实现值以及 6 名被试者对价格的预期值。其中，总体价格在正反馈与负反馈机制下表现极为不同。在负反馈机制下，市场价格可较快地（在 10 个时期内）稳定于理性预期稳态价格 60。但在正反馈情形下，市场价格并不收敛，而是围绕其基本面价格做上下震荡。此外，个体预期行为也大不相同：在正反馈机制下，个体的预期行为很快就会出现协同，只需 2 ~ 3 期。但协同的结果发生了“错误”，并非收敛于理性预期均衡价格，而是约为 30，并且价格随后就开始发生震荡。与之不同的是，在负反馈情形下，个体预期行为的协同却较为缓慢，要经历约 10 个时期才实现。但正因为在预期中存在更多异质性，才确保了市场价格的实现值快速收敛于理性预期均衡价格 60（在 5 ~ 6 期之内），并导致个体预期也将协同于正确的理性预期均衡价格。

Muth(1961) 在其关于理性预期的原创性文章中考虑了一个带有负反馈预期机制的蛛网模型，即“生猪市场周期”模型（“hog-cycle” model）。现有的关于蛛网模型的学习型预期实验均表明，在负反馈预期机制下，最初 10 个时期的个体预期在理性预期值 60 附近表现出明显的异质性，但并未出现偏离理性预期均衡的系统性预期偏差（这与本章“写作动机导言”中引用的 Muth 的观察结果相一致）。反之，在带有正反馈预期机制的学习型预期实验中，却发现个体预期在 2 ~ 3 期内就出现了强烈的协同，并且均偏离了理性的基本面预期值。其结果是，在带有正反馈预期机制的市场中，市场价格的实现值会持续性地偏离理性的基本面价格。于是，个体预期将协同于一个趋于自我实现的均衡，但与完美的可自我实现的理性预期均衡非常不同。[7] 此外，在一个关于卢卡斯资产定价模型的实验室实验中，人们也观察到了被试者协同于一个趋于自我实现的均衡（Asparouhova，Bossaerts，Eguia and Zame，2014；Asparouhova，Bossaerts，Roy and Zame，2013）。

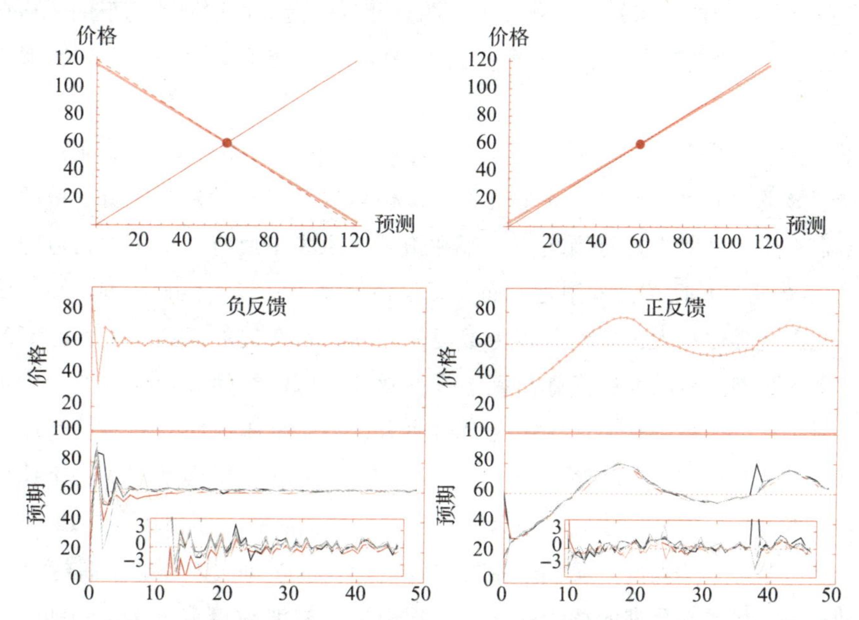

图 2-4 负反馈（左半区）与正反馈（右半区）实验。两种线性反馈图形（上半区）拥有相同的唯一理性预期均衡价格，即固定点 60。其中，正反馈图形几乎与 45°线重合，因此拥有无数个趋于自我实现的稳态均衡。在图的下半区，分别为市场价格的实现值（下半区图的上部），6 位被试者的预期值（图的中部）以及个体误差（图的底部）。在负反馈预期机制下，市场价格的实现值快速收敛于理性预期均衡价格 60。在所有的正反馈市场中，个体均协同于“错误”的价格预期，这导致市场价格的实现值持续地偏离理性预期均衡价格 60

Bao、Hommes、Sonnemans 和 Tuinstra（2012）将 Heemeijer 等人（2009）和 Hey（1994）的研究相结合，在正反馈和负反馈实验中引入了对基本面价格的永久性大幅冲击。[8] 更确切地说，他们所选择的冲击使正反馈与负反馈情形下的基本面均衡价格 p_t^* 按照如下方式变动：

$$p_t^* = 56,\quad 0 \leqslant t \leqslant 21$$
$$p_t^* = 41,\quad 22 \leqslant t \leqslant 43 \qquad (2\text{-}14)$$
$$p_t^* = 62,\quad 44 \leqslant t \leqslant 65$$

这些实验的目的在于考查，当经济遭遇一个未预期到的较大冲击时，不同的预期反馈模式会怎样影响对新的稳态均衡价格的学习速度。

图 2-5 给出了正反馈与负反馈机制下的平均价格走势（上区）、每组实验中的市场价格实现值（中区），并在正反馈与负反馈实验中分别选取一组数据以作为个体预期行为的举例（下区）。如图 2-5 所示，总体价格行为在正反馈与负反馈情形下表现出了显著差异。其中，负反馈市场似乎更为稳定，当每发生一次大幅冲击后，价格均会快速收敛于新的（未知）均衡水平。与之相反的是，正反馈市场下的价格调整却显得迟滞，只会朝着基本面价格的方向缓慢收敛，并且随后还出现了较大幅度的超调。

图 2-6 展示了整体价格行为的其他一些显著特征。其中，图 2-6a 显示了在两种反馈情形下，各组实验中（共 8 组）的价格实现值与理性预期均衡价格的距离中值。在负反馈机制下，每当出现大幅冲击后，距离中值将立即扩大，但随后即快速（5～6 期内）回落至零附近。而在正反馈机制下，当发生大幅冲击后，距离中值也会出现类似扩大，但回落较为缓慢，并且也不会收敛至零。此外，图 2-6b 显示了个体预期的异质性程度随时间怎样变化，用每组个体预期标准差的中值来表示。对于负反馈机制来说，在每次大幅冲击过后，个体预期的异质性程度都会快速降低，并在3～4 个时期内收敛至零（附近）。而在正反馈机制下，个体也会在大幅冲击后协同他们的预期，但会协同于一个“错误的”非理性预期均衡价格。在负反馈机制下，预期的异质性会维持更长时间，即在每次大幅冲击后持续约 10 个时期。正是异质性预期的持续存在，才逐渐使价格波动稳定下来，并随着价格收敛于理性预期基本面之后，个体预期最终也协同于这一正确的理性预期均衡价格。

我们可将上述实验结果总结为，一方面在正反馈市场机制下，个体会快速协同于一个普遍认可的预期值，但这一预期值是“错误的”非基本面价格，从而导致市场的价格趋势会非常不同于完美的理性预期均衡价格。另一方面，在负反馈市场机制下，个体预期的协同过程要慢得多，因此个体的预期异质性会持续更久，但市场价格收敛得更快。换言之，正反馈市场的特征是预期协同较快但价格发现较慢，负反馈市场表现为预期协同较慢、异质性更为持久，但价格发现更快。另需留意的是，在正反馈市场下，个体会协同于一个趋于自我实现的非理性预期基本面价格，并且各成员的预期偏误也较小。因此，正反馈市场的另一个特征是，个体会协同于一个趋于自我实现的均衡，但该均衡价格与完美的理性自我实现均衡非常不同。[9]

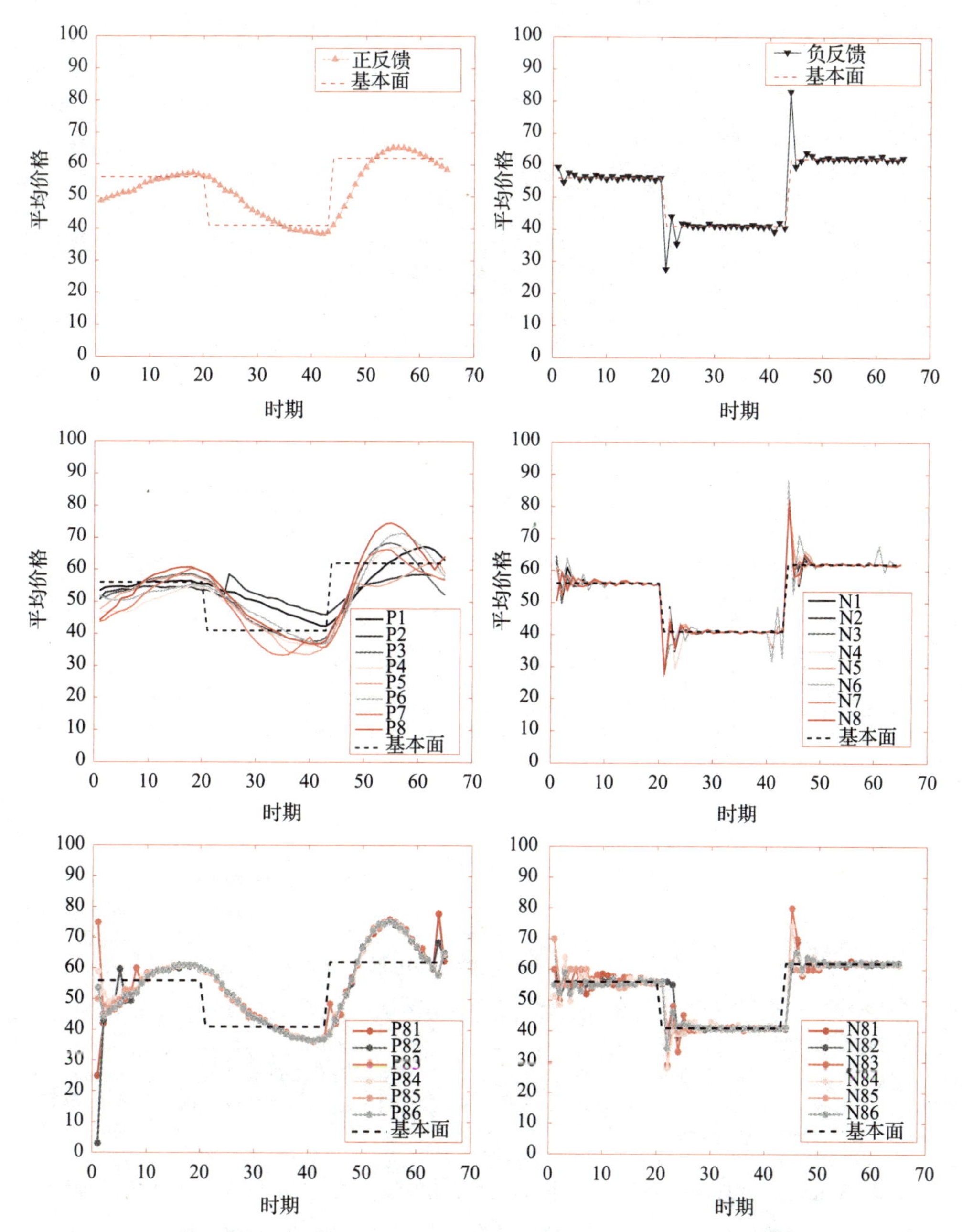

图 2-5 正反馈（左半区）与负反馈（右半区）实验数据。其中，上区：市场价格的实现值在 8 组实验中的平均值；中区：8 组实验中的市场价格；下区：P8 组（左）与 N8 组（右）各 6 位被试者的价格预期以及基本面价格（点线表示）

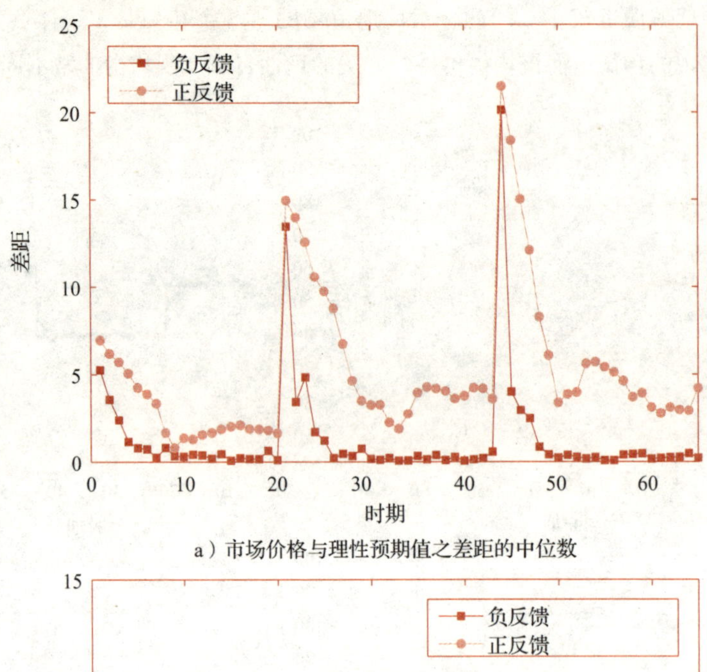

a）市场价格与理性预期值之差距的中位数

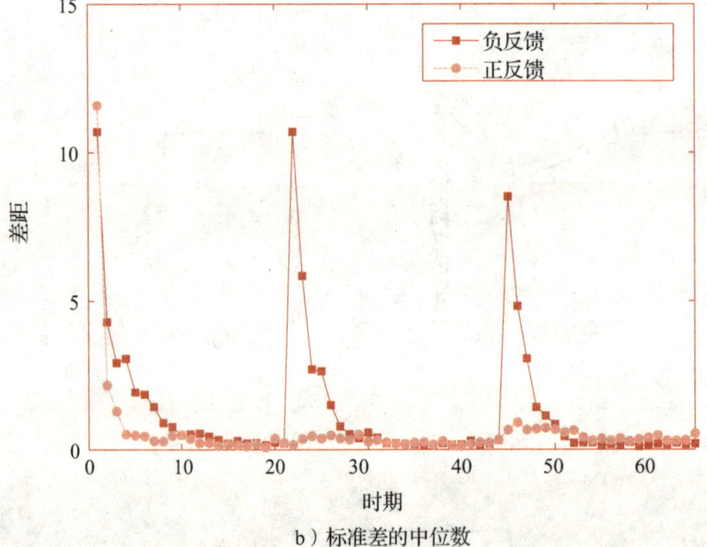

b）标准差的中位数

图 2-6 受大幅冲击后的正反馈/负反馈市场。各分图显示了价格的发现过程（图 2-6a）与个体预期的协同过程（图 2-6b）。其中，图 2-6a 给出了实际价格与理性预期基本面价格的绝对距离中值，而图 2-6b 给出了个体预期的标准差中值。从中可见，在正反馈市场中，个体预期的协同速度很快，但协同于一个“错误的”非理性预期均衡价格

与 Anufriev 和 Hommes(2012) 相类似，Bao 等人（2012）也基于 4 种预期规则而对他们的实验数据拟合了一个直觉推断法变换模型。[10] 这些预期规则分别为

自适应预期规则：

$$p_{t+1,1}^{e} = p_{t}^{e} + 0.85(p_{t} - p_{t,1}^{e}) \tag{2-15}$$

反向预期规则（contrarian rule）：[11]

$$p^e_{t+1,2} = p_t - 0.3(p_t - p_{t-1}) \tag{2-16}$$

追随趋势规则：

$$p^e_{t+1,2} = p_t + 0.9(p_t - p_{t-1}) \tag{2-17}$$

上述 3 个规则的系数均为 Bao 等人（2012）估计的个体线性规则的中值。而第四个规则是一个学习—锚定—调整直觉推断法（Tversky and Kahneman，1974）：

$$p^e_{t+1,4} = 0.5(p^{av}_t + p_t) + (p_t - p_{t-1}) \tag{2-18}$$

与前面相同，此处也假定被试者会根据每种预期规则的相对表现而进行变换。

图 2-7 显示了市场价格实现值与提前一期做出的市场模拟价格（左半区），以及直觉推断法模型中 4 种预期规则的使用比例变化（右半区），所基于的数据分别选自负反馈市场下的某一实验组（上半区）以及正反馈市场下的某一实验组（下半区）。

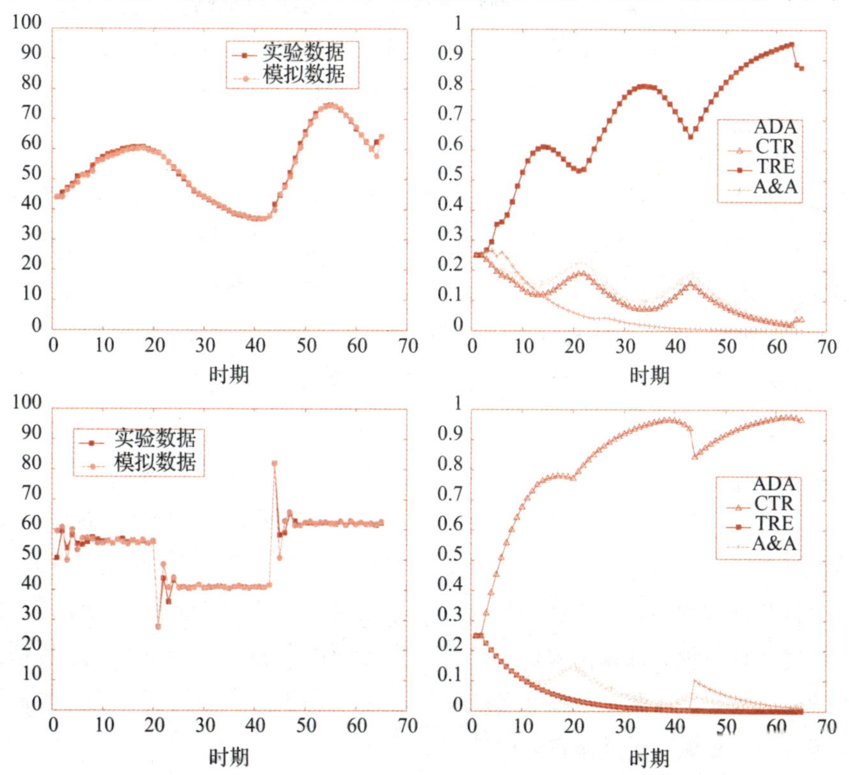

图 2-7　来自某一实验组的价格数据以及基于直觉推断法变换模型的模拟价格，其中左上图为正反馈市场（P8 实验组），左下图为负反馈市场（N8 实验组）。从图 2-8 中可见，实验数据（以方块表示）与提前一期做出的模拟价格（圆圈表示）几乎可相互重合。而右半区显示了 4 种市场直觉推断法的使用比例变化，其中右上图为正反馈市场，右下图为负反馈市场。由此可见，追随趋势规则在正反馈市场中占据了主流，而在负反馈市场中占据优势地位的是反向预期规则。模型中的相关参数与 Anufriev 和 Hommes（2012）的设定相一致，为：$\beta=0.4$，$\eta=0.7$，$\delta=0.9$

从图 2-7 中可见，直觉推断法转换模型对正反馈与负反馈市场上的总体行为均拟合得很好，并且提供了一个直观的关于不同市场总体行为相异的行为解释（behavioral explanation）。其中，在负反馈市场上，追随趋势策略表现很差，而反向预期策略却会迅速占据市场主流（在 20 个时期内即可超出 70% 的比例），并促使市场价格在每次大幅冲击后迅速向理性预期均衡价格收敛。与之相反，在正反馈市场上，追随趋势策略却表现得较好并占据了市场的主流（在 10 个时期后即超出 50% 的比例）。由于追随趋势策略占据优势地位，市场价格一直偏离理性预期稳态，并出现过度反应和持续的价格波动。

于是，对于上述不同实验中的总体行为差异，我们就可解释为：**在正反馈环境下，追随趋势规则会更成功，**但放大了价格震荡，并导致对基准理性均衡价格的持续偏离，而在负反馈环境下，追随趋势规则会被反向预期规则所驱除。此外，个体预期在正反馈环境下协同于追随趋势规则以及一个趋于自我实现的均衡，将会对市场价格的实现值造成巨大的总体影响，使之显著偏离完美的自我实现理性预期均衡。

代际交叠经济

在本小节中，我们将回顾关于代际交叠经济的主要实验结论。Marimon 和 Sunder（1993，1994，1995）以及 Marimon 等人（1993）在他们的系列论文中率先使用了学习型最优决策与学习型预期的实验设计，用以研究实验室条件下的动态宏观经济学模型，其基础正是代际交叠经济的分析框架。[12]

在 Marimon 和 Sunder(1993) 所考虑的代际交叠经济实验中，参与者身处一个货币经济当中，其中，赤字水平保持不变，且以铸币税的方式维持。该实验在本质上是一个学习型最优决策实验，因为被试者必须提交他们的供给计划，被试者的预期准确性决定其实验报酬，以使这个持续有限期数代际交叠经济实现在无限期下的均衡。该模型具有两个稳态，分别是低通货膨胀稳态与高通货膨胀稳态，如图 2-8 所示。当个体是理性预期时，均衡路径将收敛于高通货膨胀稳态，而当个体是自适应学习时，经济将收敛于低通货膨胀稳态。在所涉及的各种实验情形下，个体均协同于低通货膨胀稳态。因此，这些实验支撑了如下一种观点，即根据可观测的数据显示，经济参与者更倾向于遵循自适应学习。

Marimon 等人（1993）设计了一个用于实验的代际交叠经济，其中含有一个理性预期式的二期循环式均衡（period-2 cycle）以及太阳黑子[⊖]均衡。他们使用的是学习型预期设计，试图研究在实验室中是否会出现二期循环式均衡或太阳黑子均衡。正

⊖ 在经济学中，术语太阳黑子通常是指外在随机变量，即不影响经济基础（如禀赋、偏好或技术）的随机变量。——译者注

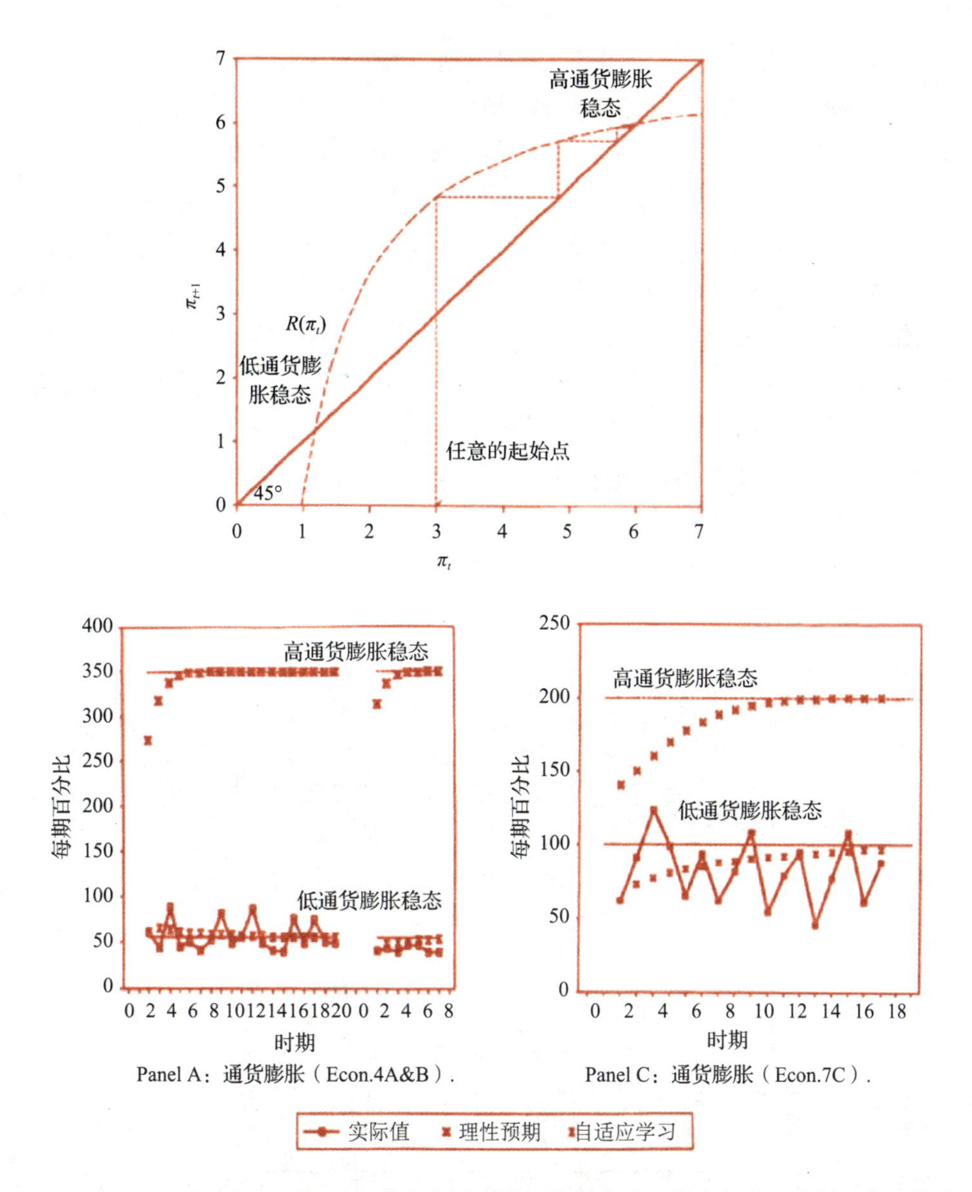

图 2-8　Marimon 和 Sunder（1993）关于代际交叠经济的实验，其中存在一个低通货膨胀稳态，以及一个高通货膨胀稳态。在理性预期下，均衡路径收敛于高通货膨胀稳态，当个体是自适应学习时，均衡将收敛于低通货膨胀稳态。实验数据与自适应学习规则保持一致（选自 Marimon and Sunder，Figs. 1 and 3，Panels A and C，*Econometrica* 1993。已获计量经济协会授权重印。）

如 Woodford(1990）所指，太阳黑子均衡对于个体来说具有可学习性，因此，我们不能先验地认定它不可能出现。Marimon 等人（1993）发现，在他们的实验型经济中，二期循环式均衡并不会自发出现，但当存在一个外生的太阳黑子信号时，个体就可能协同于一个（近似的）二期循环式均衡，这在图 2-9 中有所体现。其中，在该代际交叠经济的前 17 期，每一代被试者的人数为 3 或 4，而在第 17 期之后，每一代被试者的人数被设定为 4。其结果是，该代际交叠经济在前 17 个时期出现了一个振幅较大的二期循环式的理性预期均衡，但在第 17 期之后这一均衡的振幅将变小。由于在前 17 期中，每一代被试者人数是外生变化的，这促使被试者协同于一个（近似的）二期循环式均衡。而当第 17 期之后不再存在这种外生变化，二期循环式周期却仍然保留了下来。据此，我们可以认为，该代际交叠经济实验展示了这样一种可能性，即个体会协同于一个受预期驱动的价格波动型均衡，但是，其前提是被试者受到了一系列与实际周期有关的外生太阳黑子信号。

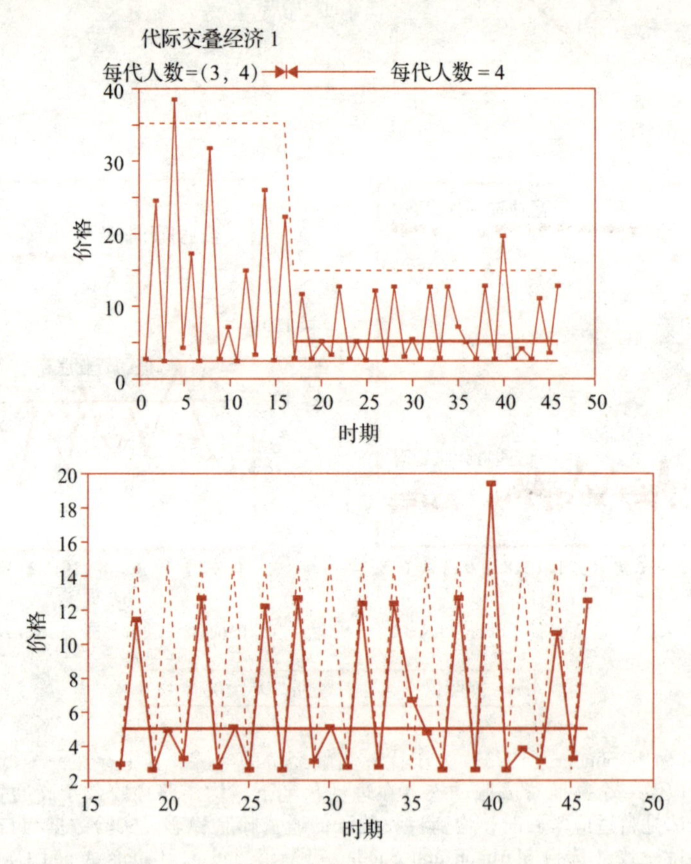

图 2-9　Marimon 等人（1993）关于代际交叠经济的实验，其中存在一个受外生太阳黑子信号驱动的二期循环式理性预期均衡。在前 17 个时期中，每一代被试者的人数在 3 ~ 4 变化；在第 17 期之后，每一代被试者的人数设定为 4。在前 17 个时期中，该代际交叠经济会协同于一个与太阳黑子信号有关的振幅较大的二期循环式均衡。而当外生信号在第 17 期后消失，经济仍可保持于二期循环式均衡，但振幅较小。（选自 Marimon, Spear and Sunder, Fig. 3, Economy 1, and Fig. 4, *Journal of Economic Theory*, 1993。已获爱思唯尔（Elsevier）授权重印。）

Marimon和Sunder(1994)进一步考查了他们早期实验结果的稳健性，并研究了当政策设定发生变化时会产生何种效应。他们发现，在一个存在重复的事先声明政策结构变化的实验室经济中，受预期驱动的波动持续性会受制于太阳黑子与经济中的预期机制。

Marimon和Sunder(1995)还考查了Friedman的货币政策主张，即采用一个（简单的）固定货币增长规则是否有助于稳定价格（通货膨胀率）。他们发现，在实验数据中观测到的价格波动更可能起因于个体对自适应学习规则的使用，而非改变货币政策规则所致。此外，通货膨胀率波动在两种不同货币规则下的表现也大略相同。

Bernasconi和Kirchkamp(2000)建立了一个非常类似的实验，但是，与Marimon和Sunder不同的是，他们发现：①被试者并未使用一阶自适应学习规则；②被试者会出于预防性动机而过度储蓄；③Friedman的论断可被印证。但需指出的是，在Marimon和Sunder(1995)与Bernasconi和Kirchkamp(2000)的实验之间，存在3个不可忽视的不同之处。首先，在后者的实验中，被试者不但要对价格进行预期，而且要决定如何储蓄，因此，这是一个兼具学习型预期与学习型最优决策的实验设计；其次，被试者并不仅是形成一个类似点预测的预期，而是可以在正式提交预测前测试不同预测在未来各期产生的结果；最后，货币政策通过文字说明加以区分，并由被试者投票决定执行哪一种。在这种实验设定下，Bernasconi和Kirchkamp得以对被试者的预期形成过程进行分析，而这一过程是独立于储蓄行为的。与Marimon和Sunder不同的是，他们发现所执行的两种货币政策并不是等价的，而是在通货膨胀率水平与波动性两个方面均表现出极大差异。尤其是他们在实验中发现了支持Friedman观点的证据，因为在真实赤字情形下的通货膨胀率波动性要比在简单货币增长规则下表现得更为强烈。

Heemeijer等人（2012）进行了一次个体学习型预期实验，所基于的是标准的代际交叠模型框架，并涉及两种货币政策结构，分别为低货币增长规则和高货币增长规则，同时被试者需要对通货膨胀率做出预期。这是一个结构较为复杂的学习型预期实验，其中：

$$\pi_t = \theta \frac{S(\pi_t^e)}{S(\pi_{t+1}^e)} \tag{2-19}$$

S是一个（非单调性的）储蓄函数，并且，通货膨胀率π_t的实现值取决于单一被试者对时期t和时期$t+1$的通货膨胀率预期。作者发现，实验参与者的预期能力表现出显著差异，无论是在同一实验局下还是在不同的实验情境下均是如此。而且，理性预期假说无法解释实验结果。作者发现在本质上存在3种个体预期行为：其一，某些被试者能够做出准确预期，从而对通货膨胀率发挥稳定作用；其二，某些被试者在经历起始阶段的剧烈波动后会开始学习，从而使通货膨胀率得到稳定；其三，还有些被试者根本无法学会如何对通货膨胀率做出较为正确的预期。Heemeijer 等人（2012）的代际交叠模型实验的结果表明，当被试者学习如何稳定通货膨胀率时，他们使用的预期规则或平均预期与所谓的固定收益算法模型（如自适应预期）相一致。通过进一步分析实验数据，他们还发现被试者会根据每种预期规则的表现而对不同规则进行切换。因此，即便被试者并未使用最小二乘学习法则，他们也会通过学习来提升自身的预期能力，从而使其选择最终接近于理性预期稳态均衡。

新凯恩斯动态随机一般均衡

本小节将回顾基于新凯恩斯宏观经济环境的学习型预期实验。在新凯恩斯模型的基本形式中，首先是一条 IS 曲线，由家庭消费支出的跨期最优行为推导而来，代表着经济的需求面；其次是一条菲利普斯曲线，由垄断竞争型的厂商在名义价格黏性下的跨期最优行为推导而来，代表着经济的供给面。IS 曲线与菲利普斯曲线可分别表达如下：

$$y_t = E_t^* y_{t+1} - \varphi(i_t - E_t^* \pi_{t+1}) + g_t \tag{2-20}$$

$$\pi_t = \lambda y_t + \beta E_t^* \pi_{t+1} + u_t \tag{2-21}$$

其中，y_t代表产出缺口，i_t代表利率，π_t代表通货膨胀率，g_t和u_t为外生冲击。预期项$E_t^* y_{t+1}$和$E_t^* \pi_{t+1}$分别代表对未来产出缺口与通货膨胀率的主观预期值（但可能不是理性预期）。[13]此外，为了使模型封闭，还需引入一个关于名义利率的政策规则方程。

针对新凯恩斯模型的实验以考察两个重要问题为目的，分别是：

- 个体预期形成过程的特征，以及这一过程在较为复杂的情境下会如何影响整体经济的动态路径，其中通货膨胀率与产出值均取决于个体对**这两个**变量的预期。
- 不同的货币政策在实验中对于稳定经济的有效性，其中在式（2-20）和式（2-21）中的预期项$E_t^* y_{t+1}$和$E_t^* \pi_{t+1}$用被试者的平均（或中值）预期值来代表。

本小节将讨论由 Pfajfar 和 Zakelj（2011）（及另一篇相关论文 Pfajfar and Zakelj，2014），Assenza、Heemeijer、Hommes 和 Massaro（2011）（以及由 Assenza、Heemeijer、Hommes 和 Massaro（2014）修订并拓展的另一篇论文），Kryvtsov 和 Petersen（2013）所展示的学习型预期实验。这些实验就前面提到的问题展开了研究，所涉及的实验型

经济符合式（2-20）和式（2-21）的描述。此外，我们还对 Adam(2007）的学习型预期实验做了简单介绍。[14]

由式（2-20）的总需求方程与式（2-21）的总供给方程所描述的小型新凯恩斯模型被广泛用于各种政策分析，这得益于该模型可复制现实经济中的若干典型事实。然而，通过实验来运行这一模型却要复杂得多，因为，被试者必须对通货膨胀率与产出缺口这两个变量进行提前两期的预测。为了简化被试者的认知任务，Pfajfar 和 Zakelj(2011）仅要求被试者对通货膨胀率做出预期，并假定$E_t^* y_{t+1} = y_{t-1}$。[15]这种设计情形意味着被试者对产出缺口抱有天真型预期，或是一种极端的预期惯性。对于这一问题，Assenza 等人（2011）的解决方法是从不同组的被试者导出对这些内生变量的预期值，其中，一组仅预测通货膨胀率，而另一组仅预测产出缺口。在更近的由 Kryvtsov 和 Petersen(2013）进行的实验中，则要求被试者同时对通货膨胀率和产出缺口做出预期。

个体预期的形成问题。在 Assenza 等人（2011）以及 Pfajfar 和 Zakelj(2011）的实验中，被试者可获取的信息包括通货膨胀率的实现值、产出缺口以及截至时期 $t-1$ 的利率。被试者还了解其自身的过往预期，但他们无法观测到其他个体的预期情况。

从总体上看，Assenza 等人（2011）和 Assenza、Heemeijer 等人（2014）发现，这种具有同质性理性预期的新凯恩斯模型很难对实验结果进行描述。研究者发现，个体预期之间存在异质性，而基于个体预期值的时间序列可估计出一个简单的**一阶直觉推断法预期规则（first-order heuristics）**。[16]在 Assenza 等人（2011）的分析中出现的一个典型事实是，个体在学习过程中会从一个直觉推断法变换到另一个。对此，他们基于 Anufriev 和 Hommes(2012）提出的直觉推断法转换模型，对实验中观测到的个体预期行为与整体宏观结果做了解释。Assenza 等人（2011）和 Assenza、Heemeijer 等人（2014）使用了与 Anufriev 和 Hommes 相同的直觉推断法种类（相关细节见于前面提及的“资产定价实验”，在此不做赘述）。他们发现，直觉推断法转换模型可以解释在实验中观测到的各种宏观经济模式是如何经由异质性预期的自组织过程而产生的，这一过程受各种直觉推断法的过往表现而驱动，所描述的宏观经济模式包括向目标均衡的收敛、通货膨胀型或通货紧缩型螺旋、持续性震荡、衰减式震荡收敛等。其中，向目标均衡的收敛可由自适应预期的协同来解释，而通货膨胀型或通货紧缩型螺旋主要起因于个体使用了强外推型的追随趋势规则，持续性震荡是由于个体协同于锚定—调整规则，而衰减式震荡收敛是因为初始占据优势地位的（弱）追随趋势规则最终被自适应预期规则所取代。

Pfajfar 和 Zakelj(2014）基于他们 2011 年文章中的个体通货膨胀率预期数据而进

行了分析。[17]他们使用了12种不同的预期形成模型来对个体预期数据进行拟合，发现在被试者的预期策略之间存在显著的异质性。他们提出了一个新的检验理性预期的方法，可以对个体的预期形成规则与其实际行动规则（law of motion）之间的一致性进行考察，其中，明确预设可以存在异质性预期。换言之，该检验允许存在如下一种可能性，即一名理性个体的可见的行动规则可能与同质的理性预期假定暗示的行动规则出现偏离，并且，由于存在异质性预期而导致新增了若干状态变量。基于这一检验，Pfajfar和Zakelj(2014）发现有30%～45%的被试者无法拒绝理性预期假设。此外，有20%～25%的被试者可用自适应学习算法来描述他们的预期策略。作者还发现了简单直觉推断的存在证据。大致有25%～35%的被试者可用追随趋势规则来描述，而另有10%～15%的被试者可用自适应预期或某种黏性信息模型来描述。最后，Pfajfar和Zakelj(2014）还发现了个体在不同预期规则之间进行转换的证据。他们研究了所谓的“无限制”转换，其方法是，对所有预期形成模型在每一期都进行重新估计，并对每名个体都选出他在每期的最佳表现模型，结果发现在不同模型之间的转换可更好地描述被试者的行为。

由Adam(2007）所提出的实验设置与本小节所描述的新凯恩斯模型十分接近。作者构建了一个黏性价格环境，其中，通货膨胀率与产出均取决于预期通货膨胀率。与Pfajfar和Zakelj(2011）以及Assenza等人（2011）的实验相同，在本实验中被试者的可得信息也主要包括截至$t-1$期的各内生变量的往期实现值。而在每个实验型经济中，由5名被试者构成的小组被要求提前一期和两期对通货膨胀率做出预期，并且这一过程持续45～55个时期。实验结果显示，通货膨胀率出现了一种围绕其稳态值波动的周期性模式。尽管对通货膨胀率的理性预期应当以产出的滞后值作为基础，但Adam发现在大部分实验局中，“代表性被试者”的预期（每一给定时期由所有被试者输入的预期均值）是基于一种简单的AR(1）模型。他指出，这一行为可导致出现一种**受限的感知均衡**（restricted perception equilibrium），其中，自回归通货膨胀率模型的表现要优于理性预期模型。Adam进一步指出，个体对预期规则的错误设定是通货膨胀率和产出持续性的原因之一，这可以解释为何会观测到持续性的通货膨胀率周期波动。

Kryvtsov和Petersen(2013）主要关注的是预期机制对宏观经济稳定的重要程度。Kryvtsov和Petersen的实验设置与本小节前面提到的各种实验的主要区别是，被试者可接触的信息集不尽相同。实际上，Kryvtsov和Petersen为被试者提供关于唯一外生冲击过程的完全信息，即IS方程中的g_t项，[18]以及该实验经济模型的完全信息。此外，被试者仅需花费少量时间即可获取以往结果与冲击的历史信息以及模型的细节描述。在该实验设计中，可通过历史冲击项（即IS方程中的g_t）的数据回归估计预测结果，进而可基于反事实分析法来定量化研究预期对稳定宏观经济的作用。Kryvtsov 和 Petersen 指出，使用一种带有较弱形式的自适应预期模型（其中，对通货膨胀率与产出缺口在 $t-1$ 期的实现值赋予非常高的权重），就可以对实验中观测到的总体波动的幅度及时间变化做出最优拟合。

货币政策的有效性问题。建构于新凯恩斯框架内的学习型预期实验为我们提供了一种分析方法，可用于考察不同货币政策对于稳定通货膨胀率波动的有效性，其中被试者对各种内生变量的预期可能是非理性的并且存在异质性。

Pfajfar 和 Zakelj(2011）使用一个前瞻式的利率规则来封闭式（2-20）和式（2-21）所述的新凯恩斯模型，为

$$i_t = \phi_\pi(E_t^* \pi_{t+1} - \overline{\pi}) + \overline{\pi}$$

其中，当被试者对通货膨胀率的预期值偏离目标通货膨胀率 $\overline{\pi}$（设为 3%）时，货币当局将对此做出反应。对此，作者通过在不同实验情景下改变 ϕ_π 的值，即可体现出政策反应强度的变化。此外，Pfajfar 和 Zakelj(2011）还考虑了一种同期性的政策规则，其形式为

$$i_t = \phi_\pi(\pi_t - \overline{\pi}) + \overline{\pi}$$

其中，当本期通货膨胀率偏离了目标通货膨胀率时，中央银行即做出反应。我们在表 2-1 中对 Pfajfar 和 Zakelj(2011）的这两种实验设置做了小结。

表 2-1　Pfajfar 和 Zakelj(2011）的实验设置

实验设置	反应系数
1. 前瞻式货币规则	$\phi_\pi = 1.5$
2. 前瞻式货币规则	$\phi_\pi = 1.35$
3. 前瞻式货币规则	$\phi_\pi = 4$
4. 同期性规则	$\phi_\pi = 1.5$

图 2-10 给出了 Pfajfar 和 Zakelj(2011）的实验结果。

我们可以从 Pfajfar 和 Zakelj(2011）的每个实验局中均观察到通货膨胀率与产出缺口围绕稳态值的周期性波动。在不同的前瞻式政策规则下，如果反应系数被设为 $\phi_\pi = 4$（即实验局 3)，则通货膨胀率的变化幅度将小于反应系数设为 $\phi_\pi = 1.35$（即实验局 2）和设为 $\phi_\pi = 1.5$（即实验局 1）的情形。作者宣称，在实验局 1 与 2 之间不存在统计学意义上的差异。而当把实验局 4 与 1 进行对比时，Pfajfar 和 Zakelj 发现在同期性货币规则下的通货膨胀率波动要明显小于前瞻式货币规则下的波动，尽管二者都选用了相同的反应系数 $\phi_\pi = 1.5$。这一实验结果直观地启发我们，在同期性货币规则下的利率可变性一般较小。

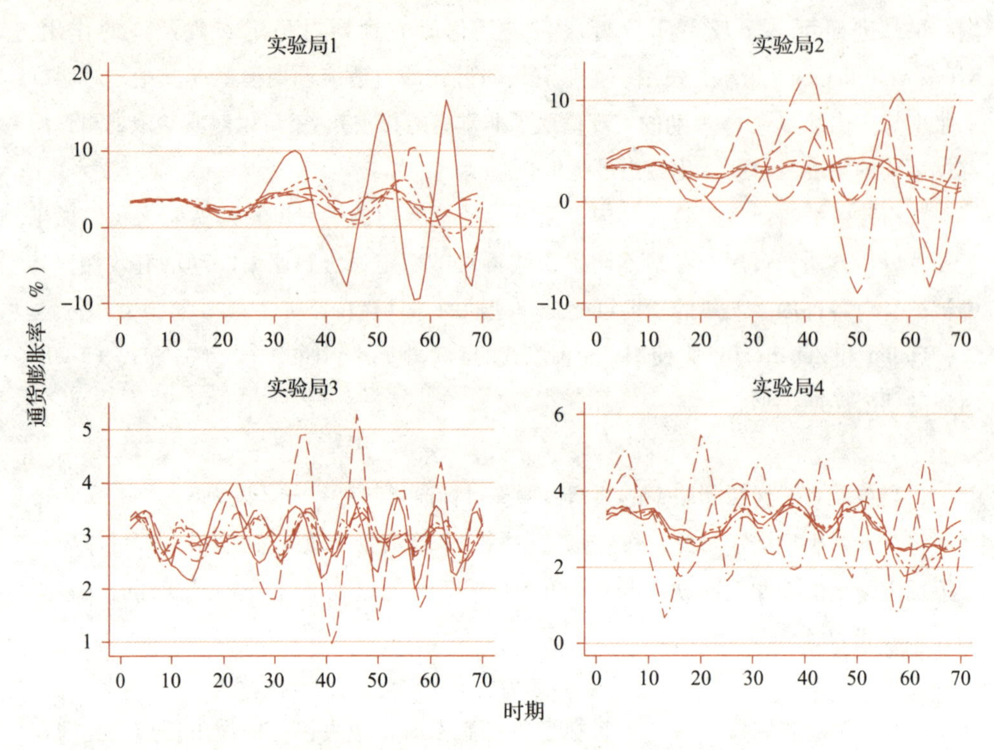

图 2-10　Pfajfar 和 Zakelj(2011) 实验中的通货膨胀率实现值。其中，各条曲线分别代表 24 个实验型经济

Assenza、Heemeijer 等人（2014）在实验中使用了多种同期利率规则，其基本形式与 Pfajfar 和 Zakelj(2011) 相同，为

$$i_t = \phi_\pi(\pi_t - \overline{\pi}) + \overline{\pi}$$

但 Assenza 等将目标通货膨胀率设为 $\overline{\pi}=2\%$，并关注 $\phi_\pi=1$ 的情形，这意味着中央银行并未遵循泰勒规则，因此，货币政策无法发挥稳定经济的作用。Assenza 等将这一情形与 $\phi_\pi=1.5$ 的情形做了对比，其中，后一情形下的中央银行是遵循泰勒规则的，因为此时满足 $\phi_\pi>1$。此外，由于 $\overline{\pi}=2\%$ 可能会成为被试者的预期焦点，因此，Assenza 等又考虑了 $\overline{\pi}=3.5\%$ 的情形，以考查遵循泰勒规则的货币政策在不同通货膨胀率目标制下的稳健性。我们在表 2-2 中对 Assenza、Heemeijer 等人（2014）的实验局设计做了总结。

表 2-2　Assenza、Heemeijer 等人（2014）的实验局

实验局	货币政策参数	目标通货膨胀率
a. 同期货币规则	$\phi_\pi=1$	$\overline{\pi}=2\%$
b. 同期货币规则	$\phi_\pi=1.5$	$\overline{\pi}=2\%$
c. 同期货币规则	$\phi_\pi=1.5$	$\overline{\pi}=3.5\%$

图 2-11 则给出了 Assenza、Heemeijer 等人（2014）的实验结果。

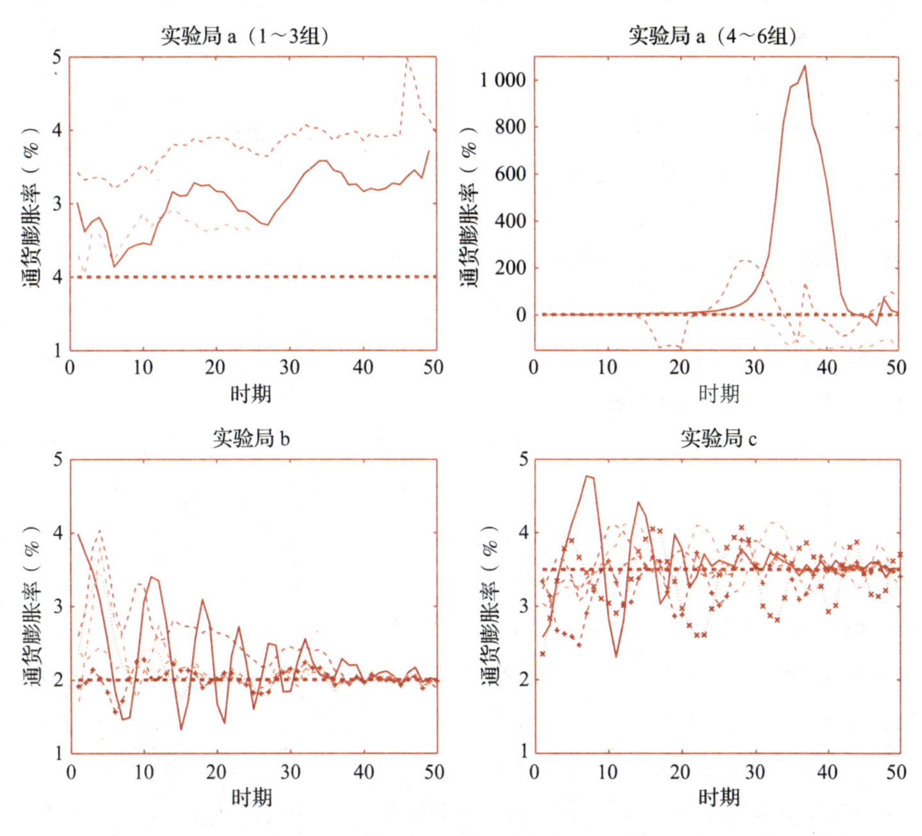

图 2-11 Assenza、Heemeijer 等人（2014）实验中的通货膨胀率实现值。其中，各条细线分别代表 18 个实验型经济。粗虚线显示的是目标通货膨胀率

Assenza、Heemeijer 等人（2014）的实验证据显示，如果货币政策可对通货膨胀率偏离目标值做出激烈的反应（实验局 b 和 c），那么它就能稳定宏观经济的波动，并引导经济归于预设的通货膨胀率目标。至于通货膨胀率目标究竟设置为哪个值，似乎并不会影响货币政策对经济的稳定能力。另外，他们还发现，若利率对通货膨胀率的波动仅能做出较弱的反应，那么经济将收敛于一个偏离基本面的均衡（实验局 a，1～3 组），或是出现爆炸式波动（实验局 a，4～6 组）。

总体而言，Assenza 等人（2011）和 Assenza、Heemeijer 等人（2014）的实验结果与 Pfajfar 和 Zakelj(2011）是一致的。其中，Pfajfar 和 Zakelj(2011）在实验局 4 中使用的同期性政策规则与 Assenza 等人（2011）和 Assenza、Heemeijer 等人（2014）使用的规则相同，且反应系数设为 $\phi_{\pi}=1.5$。对这两个实验的结果进行定性比较，可以发现在 Pfajfar 和 Zakelj(2011）的实验中通货膨胀率出现持续的震荡，而在 Assenza 等人（2011）的实验中通货膨胀率似乎出现了向目标值的收敛，至少在实验

的最末几期确实如此。在这两个实验中看到的不同行为可能缘于实验设计上的差异。在 Pfajfar 和 Zakelj(2011) 的实验中，仅要求被试者做出通货膨胀率预期，而对未来产出缺口的预期被假定为可由滞后一期的产出缺口来代表，即$E_t^* y_{t+1} = y_{t-1}$。但在 Assenza 等人（2011）的实验中，要求被试者对未来的通货膨胀率与产出缺口都做出预期，这与新凯恩斯模型的要求相一致。此外，Pfajfar 和 Zakelj(2011) 还假设外生冲击g_t和u_t满足 AR(1) 过程，而 Assenza 等人（2011）假定冲击是独立同分布的，这意味着满足理性预期的基本面均衡也是一个独立同分布过程，并且在总体变量中观察到的任何波动均受到个体预期的内生驱动。因此，在 Assenza 等人（2011）的实验结果中可看到，如果政策规则可对通货膨胀率偏离目标值做出大于 1∶1 的反应，那么就可平抑那些内生的受预期驱动的总体变量波动。

此外，无论是 Pfajfar 和 Zakelj(2011) 还是 Assenza、Heemeijer 等人（2014），均进一步考查了预期、货币政策与宏观经济稳定性之间的关系。通过使用面板数据回归，Pfajfar 和 Zakelj(2011) 指出，当使用趋势外推规则的被试者比例越高时，通货膨胀率的波动性也越大。与之相对应的是，当有更多的被试者使用自适应预期规则时，实验中的经济将出现趋于稳定的迹象。另外，回归结果还显示，货币政策还会影响每种实验局下被试者使用预期规则的组合。Pfajfar 和 Zakelj 发现，在实验局 3 中，使用非稳定的趋势外推策略的人数比例最低，并且通货膨胀率的波动性也最小，而在该局中给定的预期正反馈性也是最低的。有趣的是，Assenza、Heemeijer 等人（2014）的直觉推断法变换模型可为此提供有用的见解。该模型试图解释，为何在一个由异质性预期个体形成的自组织过程中会涌现出多种宏观经济模式。他们发现，宏观经济的稳定性是由于个体能够协同于一个强式的趋势外推规则，而朝向均衡的收敛是因为个体会协同于自适应预期。另外，他们还指出激烈的政策规则会弱化经济系统的正反馈性，这使得个体不再能够协同于一个趋于自我实现的非稳定的追随趋势策略。

Kryvtsov 和 Petersen(2013) 假定了如下一种政策规则形式：

$$i_t = \phi_\pi E_{t-1}^* \pi_t + \phi_y E_{t-1}^* y_t$$

其中，在实验的基准局中，反应系数被假定为$\phi_\pi = 1.5$，$\phi_y = 0.5$，而在涉及激烈的货币政策规则的实验局中，反应系数被假定为$\phi_\pi = 3$，$\phi_y = 1$。他们发现，在后者中，通货膨胀率和产出缺口主要表现为稳定的周期性特征，并且通货膨胀率、产出缺口的波动性与持续性都较弱。[19] Kryvtsov 和 Petersen 设计实验的考察目标是，当系统性的货币政策可以带来宏观经济稳定时，预期在其中所起到的作用。他们发现，尽管在个体预期中存在一些非理性的成分，但在实验中货币政策对于稳定经济的效果是强有力的，这进一步支撑了 Pfajfar 和 Zakelj(2011) 以及 Assenza 等人（2011）的实验结果。此外他们还宣称，近乎一半的经济周期稳定性可由货币政策来解释。

2.4　学习型最优决策

“学习型最优决策实验”是指这样一类实验，其中，被试者需要直接提交他们的经济决策（如消费、交易、生产等），无须提交对市场价格的预期。该类实验见于文献的历史要比学习型预期实验更为久远。关于这种实验方法的若干例子可见：Smith 等人（1988）；Lim、Prescott 和 Sunder（1994），Arifovic（1996），Noussair、Plott 和 Riezman（2007），以及 Crockett 和 Duffy（2013）。此外，已有许多文献对这一实验方法做了回顾（Noussair and Tucker，2013）。在本小节中，我们将主要关注若干同时涉及学习型预期与学习型最优决策的实验，并对这些实验进行比较（它们所基于的实验市场模型是一致的）。[20]这些实验有助于回答如下稳健性问题：“如果被试者还要直接做出数量决策（而不是只进行预期），那么，学习型预期实验的结果是否会发生变化?”

对于学习型预期与学习型最优决策实验，可能存在两个导致它们出现不同实验结果的原因：一是实验的任务特征；二是实验的收益结构。前者主要是指：①学习型预期实验中的被试者可借助计算机来进行计算，这可能会促进被试者对理性预期均衡的学习；②由于价格的决定方程在本质上也是关于产量决策的函数，因此，对于学习型最优决策实验中的被试者来说，他们更容易理解自己的决策会如何影响价格，这将有助于被试者学会理性决策。对于后者而言，在学习型预期实验中，被试者的收益主要取决于预期准确性，但是，在学习型最优决策实验中则取决于数量决策的盈利能力。我们推测，当被试者的收益取决于他们的预期准确性而不是盈利能力时，实验中的市场价格会更为接近理性预期均衡，其原因有二：

第一，如果被试者的收益取决于他们的预期准确性，那么，他们做出与理性预期均衡一致的预期将是这种“预期型博弈”中唯一的对称性纳什均衡（在这种博弈中，当每名被试者都做出与理性预期均衡一致的预期时，他们的收益将会最大化）。而当他们的收益取决于他们在实验中的盈利性时，被试者将可能通过偏离理性预期均衡而获利更多。比如，在一个有限人数的蛛网市场中，被试者如果选择的是串谋均衡而不是理性预期均衡（竞争性均衡），那么，他们将获得更高收益。

第二，一些研究显示，在资本市场实验中，个体情绪会影响其最优化决策以及价格的稳定性（Breaban and Noussair，2013）。而被试者的情绪在很大程度上又受其过往交易行为（数量选择）的收益与损失的影响。此外，预期的准确性似乎对个体的情绪状态影响较小。因此，当被试者的收益取决于预期的准确性时，他们的收益对情绪就不应有太大影响，由此市场价格也更稳定。

基于实验的结果，对于前述问题的回答如下：

1. 在其他条件保持不变的前提下，学习型预期与学习型最优决策实验中的总体价格行为确实存在差异。

2. 学习型最优决策实验中的市场行为对理性预期均衡的偏离要大于学习型预期实验中的市场行为。具体地说，当市场是负反馈的，学习型最优决策实验中的市场价格要比学习型预期实验中的市场价格花费更长的时间才能收敛于理性预期均衡。而当市场是正反馈的，学习型最优决策实验中的资产价格要比学习型预期实验中的资产价格出现更为巨大的泡沫—崩溃模式。

总之，学习型预期实验要比学习型最优决策实验中的市场总体结果更为接近理性预期均衡。对于那些乐于在理性预期基准框架下考察动态宏观模型的研究者来说，这意味着他们应当更多地使用学习型预期实验设计。另需留意的是，学习型最优决策实验中所出现的对理性预期均衡的更大偏离，很可能是因为被试者在形成预期之后难以继续完成最优选择。由于已有大量文献对预期形成过程中的有限理性做了考察，因此，接下来的一个不错的研究方向是，如何在给定个体预期的前提下对其解决最优决策问题的方式进行有限理性建模。

蛛网市场模型

本小节将对 Bao、Duffy 和 Hommes(2013) 的实验进行讨论。该实验所基于的模型是传统的“蛛网型”经济，由 Muth(1961) 在提出其著名的理性预期假说时所建立。在本小节所涉的实验之前，已有关于蛛网市场的纯粹的学习型预期实验（Hommes, Sonnemans and van de Velden, 2000; Hommes, Sonnemans, Tuinstra and van de Velden, 2007）。但是，这些实验中使用的均为非线性模型，而在本小节的实验中所使用的模型与 Heemeijer 等人（2009）在负反馈机制实验中使用的模型相类似。Heemeijer 等人（2009）发现，在如蛛网市场这样的负反馈市场中，价格会快速收敛于理性预期均衡。因此，在 Bao 等人（2013）的文章中，一个主要的研究目标就是考察当被试者不再提交价格预测而是提交产量决策时，这一实验结果是否还能维持。本实验所涉及的是一个关于易腐商品的市场模型。令 p_t 代表商品在时期 t 的价格。D 代表对该商品的线性需求，随 p_t 增加而递减，有 $D(p_t)=a-bp_t$，其中设 $a=63$，$b=21/20$。被试者在实验中扮演厂商顾问者的角色，对产品产量提出建议。其中，厂商 h 在时期 t 的供给量被定义为 $S_{h,t}$。又令 $p^e_{h,t}$ 代表厂商 h 在时期 t 对价格的预期，于是，供给函数可被写作 $S(p^e_{h,t})$。这样一来，厂商的预期利润最大化问题可表达为

$$\max \pi^e_{h,t} = \max[p^e_{h,t} q_{h,t} - c(q_{h,t})] \tag{2-22}$$

其中，每家厂商均具有一个二次型的成本函数，为 $c(q)=\frac{Hq^2}{2}$，此处 H 代表市场中的厂商数量。对这一预期利润表达式求取一阶条件，可轻易得到：

$$S^*(p^e_{h,t})=\frac{p^e_{h,t}}{H} \tag{2-23}$$

而商品的总供给等于每家厂商供给量之和。如果每家厂商都基于式（2-23）来决定供给量，那么，市场的总供给量将等于平均价格预期，即 $\sum_h S^*(p^e_{h,t})=\overline{p^e_t}$。

而商品的市场价格由市场出清条件决定（供给等于需求）：

$$p_t=D^{-1}\left(\sum_h S_{h,t}\right)+\varepsilon_t \tag{2-24}$$

将预设的参数值代入该式，可得到价格的决定方程为：

$$p_t=\max\left\{\frac{20}{21}(63-\bar{p}^e_t)+\varepsilon_t,0\right\} \tag{2-25}$$

其中，$\varepsilon_t\sim N(0,1)$。利用理性预期假定条件，可知$p^e_t=E\,P_t=E\left(\max\left\{\frac{20}{21}(63-\bar{p}^e_t)+\varepsilon_t,0\right\}\right)$，且留意到$\varepsilon_t$的期望值为 0，于是该模型中的理性预期均衡价格为$p^e=p^*=30.73$，$p_t=30.73+\varepsilon_t$。而理性预期均衡处的最优商品供给量为 5.12。

该实验共设置 5 种实验局，我们在此处只关注前 3 种。

1. 实验局 1：学习型最优预期实验。被试者（厂商）仅需对每一期的商品价格进行预期，即 $p^e_{h,t}$。而他们的潜在产量决策 $S(p^e_{h,t})$ 将由实验计算机程序根据式（2-23）来算出。被试者的收益将根据其预期误差 $|p_t-p^e_{h,t}|$ 来决定。预期误差越大，其收益将越小。

2. 实验局 2：学习型最优决策实验。被试者（厂商）直接做出产量决策$S_{h,t}$，并且不提供计算机的辅助。每名被试者的收益将根据他在每一期获取的利润来决定，即式（2-22）所示的收益减去成本。[21]

3. 实验局 3：学习型最优预期 + 学习型最优决策实验。每名被试者在每一期需要同时做出价格预期$p^e_{h,t}$和产量决策$S_{h,t}$。此时，市场价格仍由厂商提交的产量决策来决定，这与实验局 2 相同。但被试者的收益由学习型预期实验和学习型最优决策实验下的收益函数共同决定，其中对这两个收益函数做等权重的线性加权。

如果被试者能够形成理性预期，那么，上述 3 种设置下的实验结果就会完全一致。回顾以往关于蛛网市场的学习型预期实验，我们可知在这类市场上会出现朝向理性预期均衡的可靠收敛。但是，在某种程度上我们又可以认为，市场在实验局 1 向理性预期均衡的收敛速度要快于实验局 2，因为被试者在实验局 1 下可借助计算机程序来计算条件最优产量，而在实验局 2 下却无此便利。但我们还可以认为，由于人们在日常经济活动中通常需要做出数量决策而较少涉及预期，因此，产量决策任务对他们而言可能更为熟悉和容易。在某种程度上，被试者所面对的现实情形可能更接近实验局 3 所涉及的理性预期模型，其中要求被试者首先形成预期，然后再做出产量决策。所以，从理论角度来看，他们此时会学习得较慢，因为同时进行两项实验任务会使他们花费更多的时间来思考经济如何运行。

因此，如果考查市场价格收敛于理性预期均衡所花费的期数，那么在实验局 1 下应当收敛最快，而在实验局 3 下收敛最慢。图 2-12 展示了 3 种实验局的平均市场价格。可以看到，市场价格在实验局 1 下最为稳定，而在实验局 3 下最不稳定。在实验局 3 下，市场价格偏离理性预期均衡的程度最大，并且也花费了更长的时间才使市场平均价格水平接近于理性预期均衡。作者指出，在时期 1 即发生了价格的收敛行为。在该期中，市场价格与理性预期均衡价格之间的差距已缩小到 5 以下，并且在随后各时期一直保持这一势头。如果一个市场从未收敛，那么收敛前的时期数将

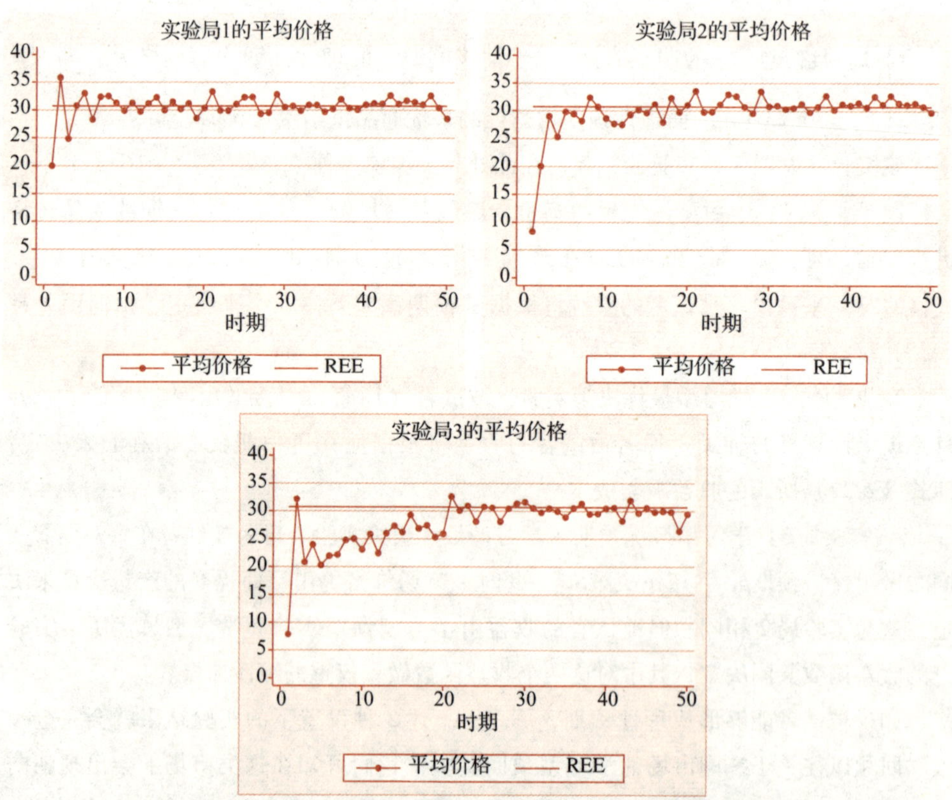

图 2-12 Bao 等人（2013）关于学习型预期与学习型最优决策 3 种实验局下的市场价格与理性预期均衡（REE）价格

计作 50。结果显示，在实验局 1 下，收敛前的时期中位数只有 3，在实验局 2 下为 13，而在实验局 3 下为 50。结合前面的讨论，我们可以认为，在学习型预期实验下确实出现了最快的收敛速度，因为被试者得到了计算机的辅助。而当决策问题变得更为复杂时，被试者似乎产生了认知超载，这将导致市场寻找理性预期均衡的速度变慢。作者借鉴了 Rubinstein（2007）的方法，利用决策时间作为认知超载程度的代理变量。他们发现，实验局 3 下的被试者确实花费了明显更长的时间才能做出每项决策。

资产定价市场

除了 Bao 等人（2013）的实验之外，Bao、Hommes 和 Makarewicz（2014）也构建了一个类似的实验，其中涉及若干可互相对比的实验设置，包括：学习型预期（实验局 1）、学习型最优决策（实验局 2）、预期 + 最优决策（实验局 3）。该实验是与 Hommes 等人（2005，2008）相类似的资本市场实验，并且采取的是 Heemeijer 等人（2009）的正反馈实验机制。[22]他们这一实验的目的仍在于考查以往在学习型预期实验中看到的正反馈市场上的价格偏离现象，是否在学习型最优决策实验局和预期 + 最优决策实验局下仍保持稳健。

在涉及学习型预期的实验局 1 下，被试者需提交关于价格的预期$p^e_{i,t+1}$，并且其收益取决于预期准确性。这一实验设置实际上是对 Heemeijer 等人（2009）的正反馈市场设置的复制，其中的价格形成规则为

$$p_{t+1} = 66 + \frac{20}{21}(\bar{p}^e_{t+1} - 66) + \varepsilon_t \tag{2-26}$$

其中，66 代表基本面价格（$\bar{y}=3.3$，$r=0.05$），$\bar{p}^e_t = \frac{1}{6}\sum_{i=1}^{6} \bar{p}^e_{t+1}$，代表被试者对价格$p_{t+1}$的平均预期，$\varepsilon_t$是一个微弱的独立同分布的噪声项。[23]而在涉及学习型最优决策的实验局 2 下，被试者需直接提交他们试图买进/卖出的资产数量$z_{i,t}$，并且其收益取决于资产交易中的获利情况。于是，价格的调整形式变为

$$p_{t+1} = p_t + \frac{20}{21}\sum_{i=1}^{6} z_{i,t} + \varepsilon_t \tag{2-27}$$

其中，$z_{i,t}$代表被试者 i 的资产需求（可从 -5 到 +5 进行资产量的选择）。最后，在实验局 3 下，被试者需同时提交价格预期和资产交易量，而他的收益以相同的概率取决于其预期准确性或在资产交易中的获利。由于学习型预期实验帮助我们发现了市场价格中的多种泡沫—崩溃模式，因此一个自然的问题是，这些泡沫—崩溃模式是否仍存在于学习型最优决策设置和预期 + 最优决策设置之中？从实验的结果来看，

这些泡沫—崩溃模式不仅稳健地存在着，而且在学习型最优决策和预期+最优决策设置中表现得更为剧烈。

图2-13显示了在3种实验局设置下，一个典型市场上的价格趋势。由此可见，在实验局1下的市场价格最为稳定，并且呈现稳步而缓慢地上升。在实验局2下，市场价格出现了某种温和的震荡情形。而在实验局3下，市场价格居然爬升至100以上（6个市场中的3个），这在其他两个实验局中是不存在的。在催生出最大泡沫的市场中，价格飙至215的高点，这要超出该项资产基本面价格（理性预期均衡）的3倍多！另外在实验局1下，资产价格偏离理性预期均衡价格的相对绝对偏差为10.8%，而在实验局2下为23%，在实验局3下为36%，此处的相关绝对偏差计算方法由Stöckl等人（2010）所定义。

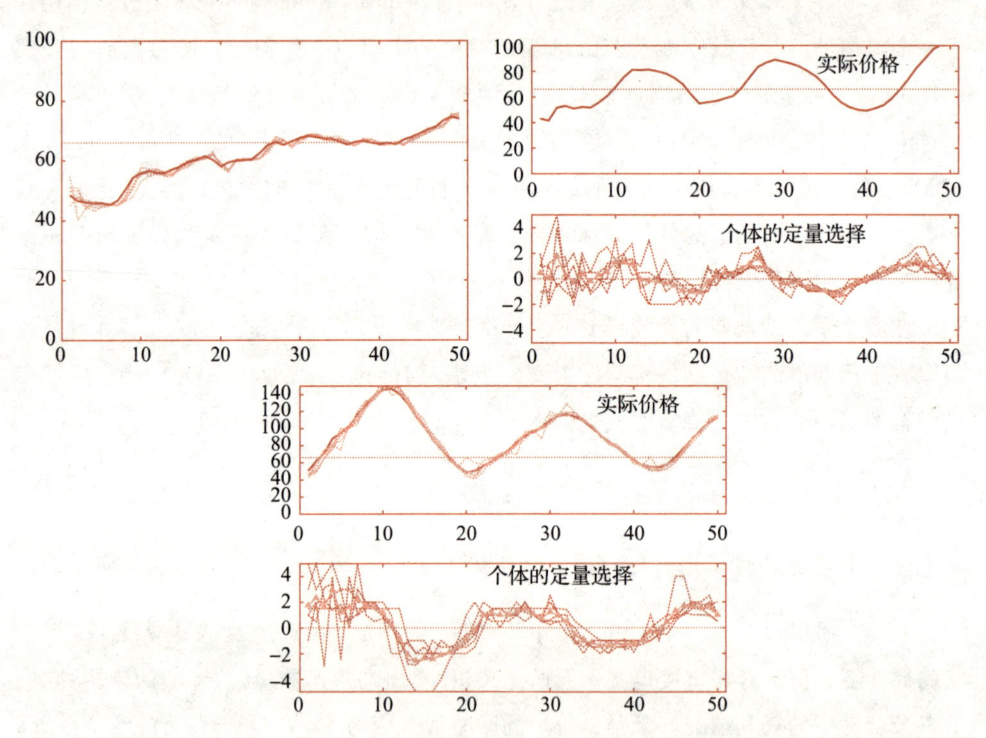

图2-13 在Bao等人（2014）的某一典型市场下（市场1）的价格数据（以小方块表示）、可用的个体预期数据（以实线表示），以及3种实验局的理性预期均衡价格（以虚线表示）

上述实验研究的结果证实，在Hommes等人（2005，2008）以及Heemeijer等人（2009）的正反馈学习型预期实验中观测到的市场价格对理性预期均衡价格的偏离模式，在不同实验设计下仍能保持稳健。其中，学习型预期实验局的实验结果最为接近理性预期均衡。

除了上述实验之外，还有其他若干学习型最优决策实验也要求被试者形成其预期。比如，Haruvy、Lahav 和 Noussair(2007) 研究了带有双向拍卖交易机制的资产市场，其设置与 Smith、Suchanek 和 Williams(1988) 相同。其中，被试者交易一种可存续 15 期的资产，其基本面价格取决于该资产在剩余各期的（预期）分红。关于这种资产市场的典型实验发现是，被试者无法在资产的基本面价格上进行交易。市场价格表现出一种泡沫—崩溃模式，首先超越基本面价值，随后将步入崩溃，直至实验结束，此时基本面价格为零。Haruvy 等人（2007）要求被试者在每一期开始时都提交他们对未来各期的价格预期（即在时期 1 开始时需对时期 1 ~ 15 的各期价格都做预期，在时期 2 开始时需对时期 2 ~ 15 的各期价格进行预期，如此下去）。他们发现，被试者并未做出与资产基本面价值相一致的预期。当被试者首次参与这种市场实验时，他们倾向于认为价格在过去的趋势将会持续。而当他们在实验中变得愈加老练之后，他们将能够预测到实验结束阶段的价格会下降，但仍会高估价格开始下降前的期数。Peterson(1993) 在一个类似的实验市场中要求被试者提前一期形成预期。他也发现被试者无法形成理性预期，但有证据表明被试者在各期之间进行了学习。最近，Akiyama、Hanaki 和 Ishikawa(2014) 构建了一个仅涉及预期的实验设置，其中，邀请了有经验与缺乏经验的两类被试者，让他们在一个类似的由多人组成的实验市场中对价格进行提前一期的预测。他们发现，在最初的价格预期中，老练的被试者的预期要比缺乏经验的被试者更为接近基本面价格，但这种差异在实验的最后几期会变小。

垄断竞争条件下的价格—产量实验

Assenza、Grazzini 等人（2014）展示了一个 50 轮的学习型最优决策市场实验的结果，其中，厂商需要重复决定某一种易腐商品的价格与产量。设计该实验的目的是为了考查当被试者扮演垄断竞争情形下的厂商时，他们会怎样设定价格与产量。具体而言，实验中的市场是由 $N=10$ 名厂商所构成的市场，其中，每名厂商 i 在每一期都面临如下形式的需求曲线：

$$q_i = \alpha - \beta p_i + \theta \bar{p}$$

其中，q_i 代表市场对厂商 i 生产的商品的需求，p_i 为厂商 i 设定的价格，并且 $\bar{p} = \frac{1}{N}\sum_{i=1}^{N} p_i$，代表市场平均价格。所有的厂商都面临着不变的边际成本 c。[24]被试者仅被告知了有关市场结构的定性信息，而不清楚商品需求函数的具体形式。Assenza、Grazzini 等人（2014）希望了解的是，实验中的被试者在事先不知晓需求函数与生产集的情形下，是否还能收敛于垄断竞争均衡结果。此外，他们还分析了被试者在面对各种内部条件提供的信号时，会使用怎样的价格—产量设定策略，其中，内部条件是指厂商利润、超额需求/供给以及由整体价格水平所反映的市场环境等。Assenza等人实施了两种实验局，区别在于被试者可得的信息集。其中，在实验局1下，被试者可观察到市场平均价格、自己的价格、产品量、销售量、利润以及到时期 $t-1$ 为止的**超额供给量**（excess supply）。在实验局2下，被试者拥有相同的信息结构，但是，除此之外还可观察到**超额需求量**（excess demand），也就是在他们现有的价格—产量决策和市场平均价格水平上所无法满足的需求量部分。通过对实验局1和2进行对比，我们就可以评价不同信息集以及不同市场结构对被试者的影响。最后，考虑到对市场价格的预期是厂商决定产量和卖价的重要因素，因此，作者还要求被试者对市场平均价格做出预期。

Assenza等人报告称，从总体来看，两种实验局下的市场平均价格和产量都出现了向垄断竞争均衡（附近）的收敛。图2-14展示了在垄断竞争均衡与实现的市场价格与产量之间的绝对偏差。

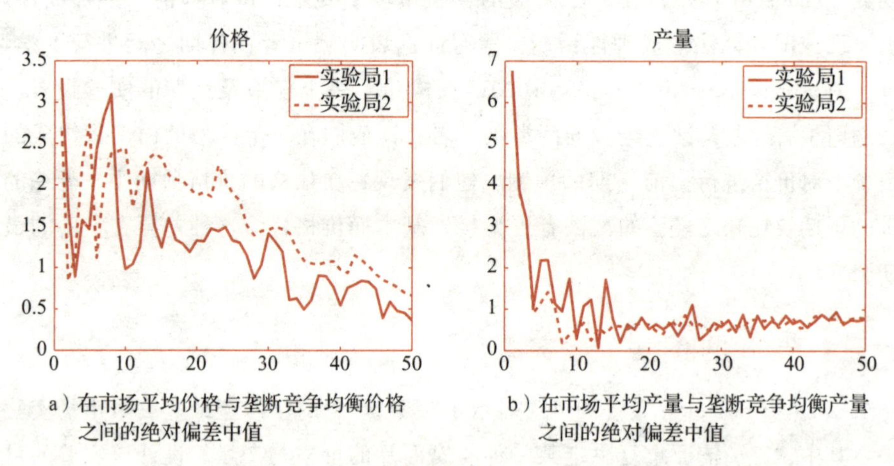

a）在市场平均价格与垄断竞争均衡价格之间的绝对偏差中值

b）在市场平均产量与垄断竞争均衡产量之间的绝对偏差中值

图 2-14

就价格的收敛而论，作者指出在两个实验局中存在着显著差异，其中，在实验局1下观察到了程度更高的收敛。但是，产量的收敛程度在两个实验局中并不存在显著的差异。虽然，平均价格和产量均呈现出向均衡的收敛态势，但是，Assenza、Heemeijer等人（2014）发现在个体的价格与产量决策之间存在固有的异质性。图2-15显示了个体在每种实验局下的4个实验市场中，每一期决策的标准差中值。标准差较小，意味着被试者之间存在更高程度的协同行为。

对于价格与产量这二者而言，作者指出个体决策在实验局2下的协同性要比在实验局1下具有更强的统计学显著性。为了能更深入地理解整体市场行为并对个体价格与产量设定做出解释，作者又对如下几个行为模型做了估计：

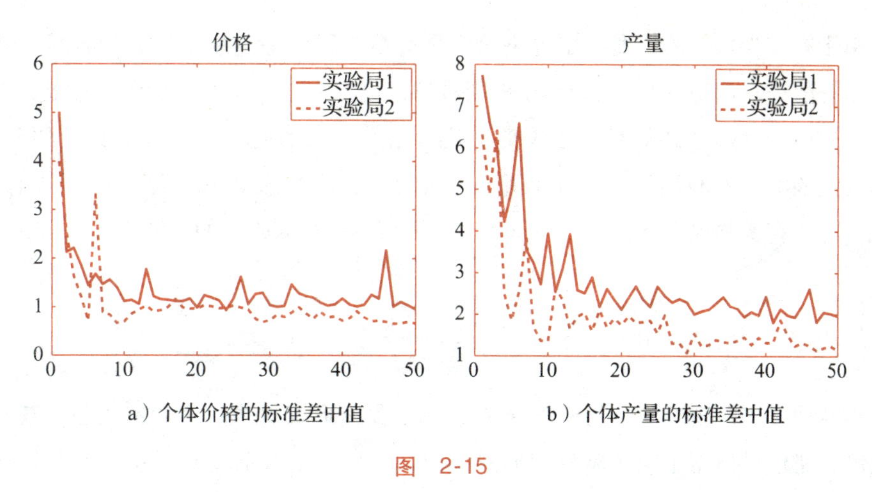

a）个体价格的标准差中值　　b）个体产量的标准差中值

图 2-15

$$\bar{p}^{e}_{i,t} = c + \alpha_1 \bar{p}_{t-1} + \alpha_2 \bar{p}^{e}_{i,t-1} + \alpha_3 \bar{p}_{t-2} + \varepsilon_t$$

$$p_{i,t} = c + \beta_1 p_{i,t-1} + \beta_2 \bar{p}^{e}_{i,t} + \beta_3 \Pi_{i,t-1} + \beta_4 S_{i,t-1} + u_t$$

其中，$\bar{p}$ 代表整体价格的实现值，变量$\bar{p}^{e}_{i}$代表个体对整体价格的预测，变量p_i代表个体价格，S_i代表个体的过度供给/需求，而q_i是指个体产量。变量Π_i是一个关于利润反馈的代理变量，定义为$\Pi_i = \Delta p_i \cdot \mathrm{sign}(\Delta \pi_i)$，其中$\pi_i$代表个体利润，Δ 是一阶差分运算因子。Assenza 等基于对价格设定规则的估计结果而区分了 3 种行为策略：①市场追随者，这部分被试者的$\beta_3 = \beta_4 = 0$；②利润调整者，这部分被试者的$\beta_3 > 0$但$\beta_4 = 0$；③需求调整者，这部分被试者的$\beta_3 = 0$ 但$\beta_4 > 0$。从总体上看，46% 的被试者是市场追随者，28% 是利润调整者，而 26% 是需求调整者。

作者利用模拟的方法考查了每种行为类型对市场造成的影响。他们的主要发现可被总结如下：①利润调整者在推动实验型市场向垄断竞争均衡的收敛过程中发挥了核心作用；②价格设定规则的前三项，又被称作锚定项，对于决定（长期）均衡价格及其稳定性是非常重要的；③需求调整者对价格的调整方向可使超额供给得以减小，这表明他们力图使损失达到最小化。

尽管厂商在实验局 2 下表现出了更高水平的协同行为，但从图 2-14 可以看到，在该实验局下，市场价格与垄断竞争均衡价格之间的差异也较大。Assenza 等人指出，在这两个实验局下的不同市场行为，是由厂商所面对的信息集不同所造成的。尤其是实验局 1 下的有限信息集，促使被试者尝试通过不同定价来“摸索”需求曲线的形式。为了验证这一看法，作者基于被试者的尝试定价行为，构造了一个可反映个体摸索程度的代理变量，并以此证实了他们的推断。由于在实验局 2 下的个体摸索程度较低，厂商在定价决策时更依赖于市场价格所传递的信息。其结果是，在厂商之间出现了较高程度的协同行为，也放缓了市场向垄断竞争均衡收敛的速度。实际上，由于有相当比例的厂商在定价决策中具有惯性行为（包括市场追随者以及缺乏探索精神的需求调整者），利润调整者很难将市场推向垄断竞争均衡。事实上，在这一过程中，利润调整者如果过于偏离平均价格，那么他们将只能赚取较低的利润，哪怕他们能够沿着利润函数的正斜率向上推进，也仅能使市场陷于某种次优状态，这就解释了在实验局2下出现的典型事实，即市场向均衡收敛的程度较低。

2.5 结论

本章回顾了宏观经济学与金融学领域关于预期形成问题的实验室实验。基于这些文献，我们可根据不同实验设计而总结出3个重要的实验发现，这些实验设计涉及：①使用外生的时间序列还是内生的预期反馈机制；②使用正反馈机制还是负反馈机制；③使用学习型最优决策实验还是学习型预期实验。

据我们所知，对于外生地预测一个给定的时间序列和在一个内生的预期反馈环境下预测时间序列，目前为止尚不存在系统的比较研究。但是，下面谈到的这个研究具有一定的启发性。在Hey(1994）的实验设计下，被试者须对一个外生的随机AR(1）过程进行预测，为$x_t = 50 + \rho(x_{t-1} - 50) + \varepsilon_t$，其均值为50，且持续性系数$\rho = +0.9$。基于个体的预期序列，Hey估计出了一个简单的趋势外推规则，其形式为：

$$x_t^e = \alpha_1 x_{t-1} + \alpha_2(x_{t-1} - x_{t-2}) \tag{2-28}$$

并且，发现对于大部分被试者而言，他们的系数α_1显著不为1。系数α_2对于不同被试者也是不同的，而且，它被假定既可为正值也可为负值。结果发现，大约有1/3的被试者的这一系数显著不为0，为正值或负值的情况均有，对此，Hey列举了-0.27和$+0.21$的例子。[25]这意味着对于一个简单的外生AR(1）过程来说，被试者学到了一个简单的趋势外推策略，但是，他们对该策略的系数符号抱有不同看法。一些被试者是追随趋势者，另一些则是逆风而行的反向预期者。Heemeijer等人（2009）实施了一个带有内生预期反馈机制的学习型预期实验，其中的反馈机制满足线性形式：

$$x_t = 60 + \rho(\bar{x}_t^e - 60) + \varepsilon_t \tag{2-29}$$

此处的$\bar{x}_t^e$代表一组个体的平均预期，ε_t代表一个（微弱）的噪声项，而该线性反馈机制的斜率系数，要么为正值（$\rho = 0.95$），要么为负值（$\rho = -0.95$）。Heemeijer等人(2009）还根据个体的预期序列对一阶线性预期规则做了估计。在正反馈机制下，他们发现大部分被试者具有正的趋势系数值，范围在0.27～0.94。显然，在一个自我参照的正反馈系统中，被试者学会了如何协同于一个（强式的）趋势外推规则。而在负反馈机制下，他们发现趋势系数值在大部分情形下是不显著的，并且，在很少的几个显著的情形下，其值也为负。

这将我们引至第二个重要发现，即在正反馈与负反馈预期系统下，整体行为具有重大差异。在宏观经济学与金融学领域中一个经常被提及的核心论点是，预期在整体水平上应当是理性的，因为从平均意义上看个体层面的预期偏差在整体层面将会相互抵消。然而，来自实验室实验的证据表明，这一观点仅在负反馈预期系统下才是符合的，在正反馈系统下并非如此。学习型预期实验显示，在正反馈系统下，（微弱的）个体偏差可能会变得强烈相关起来，这导致个体预期或许会协同于那些与理性预期均衡完全不同的价格水平，并且价格不会收敛，而是围绕基本面持续震荡下去。令人惊奇的是，在正反馈系统下出现的震荡式价格具有一个小于 1 的斜率系数，如 0.95。大部分自适应学习算法，包括简单的天真型预期规则，都会预测在正反馈情形下出现向均衡的收敛，然而，实验结果却显示整体层面的价格会出现持续震荡。为了对此做出一个符合直觉的解释，我们再次提醒读者可回顾图 2-4 所示的正反馈情形：这是一个接近单位根的线性反馈机制，图形几乎与对角线相互重合，这意味着图上的每一点都近乎是一个稳态。其结果是，在任何时点上，任何价格预期都是趋近于自我实现的均衡。于是，被试者可以轻易地协同于某种动态价格模式，并与那个唯一的带有微弱预期偏差的理性预期稳态完全不同。

当要求被试者提前两期做出预期时，这就与宏观经济学和金融学领域的动态均衡模型相一致，如新凯恩斯 DSGE 模型和资产定价模型等。对此，学习型预期实验的形式如下（参见式（2-7））：

$$x_t = 60 + \rho(\bar{x}^e_{t+1} - 60) + \varepsilon_t \tag{2-30}$$

其中$\bar{x}^e_{t+1}$是指一组个体提前两期的平均预期值。在这一实验安排下，价格波动变得更加剧烈，并且出现了起伏巨大的泡沫与崩溃（见图 2-2）。在这种动态均衡框架下，系数 ρ 经常可视为一个接近于 1 的贴现因子，于是系统将展现一种强式正反馈。

最后，让我们讨论一下学习型预期与学习型最优决策设计之间的差异。在许多基于学习型预期设计的实验研究中，均会观察到带有泡沫和崩溃情形的价格震荡。这种实验设计意味着：当模型中给定个体的主观预期时，其消费、储蓄和投资决策都被假定是最优的。近来的一些基于学习型最优决策设计的实验研究显示，市场向理性预期均衡的收敛可能会更慢，而在正反馈机制下的不稳定性也更强烈。对于实验室中的被试者来说，学习型最优决策似乎要比学习型预期更难以做到。这些实验证据要求我们应进一步放松在效用、利润和最优投资组合等方面的理性假定，并尝试在宏观经济学和金融学领域中进行更贴近现实的关于有限理性和异质性决策的建模。

当前，仍有许多工作尚待完成，这些工作是，如何对实验室经济反馈系统中的个体预期和整体行为进行经验证实。例如，一个重要的问题是，这些实验结果对于更大规模的群体来说是否仍能保持稳健？如果整体水平的预期会持续偏离理性预期均衡，那么，这一事实将具有重要的政策含义。政策分析经常是基于理性预期模型进行的，但是，如果理性预期模型无法在简单的实验室环境下通过经验检验，那么，我们还能相信宏观经济学和金融学领域内的那些基于理性范式的政策分析吗？本章的回顾表明，对于一个由异质性的有限理性个体构成的自我参照系统，我们在政策上可以拥有一个潜在的管理该系统的成功策略。为了使宏观层面或金融领域内的预期反馈系统得到稳定，我们在政策上可于该系统内再植入一个负反馈系统，以使得原有的正反馈系统受到弱化，这样一来，个体将不太容易协同于那些会干扰稳定的追随趋势行为，而整个系统将更可能协同于具有稳定作用的自适应预期策略。

注 释

1. 参见 Duffy(2008)关于宏观经济学实验的回顾。
2. 被试者还需要提供他对自己所做预测的置信区间，且当他的预测落于置信区间之外时，他将承担更高的成本（即更低的收益）。
3. 其中安排了一个具有结构性变化的实验局，即把系数从 0.1 改为 0.8。
4. 机器交易者可被看作基本面交易者，当价格低于基本面价格时就买进，否则将卖出。当价格更加偏离理性预期均衡时，这类交易者的权重 n_t 将上升，因此价格不会出现“爆炸式”波动。对于这一权重的上升，一个直观的解释是，当价格越发偏离理性预期均衡时，这种偏离也就越难持续。于是，更多的基本面交易者将会参与买卖，因为他们认为价格向均值回归的可能性正在提高。
5. 我们的正反馈和负反馈学习型预期实验可被看作某种重复猜谜博弈或是选美竞猜博弈，由 Nagel（1995）引入。Sutan 和 Willinger（2009）以及 Williams（1987）研究了带有负反馈机制的选美竞猜博弈（即参与者的行为是策略性互替的）。在策略性环境下，正反馈机制类似于一种策略性互补，而负反馈机制类似于策略性互替。Fehr 和 Tyran（2005，2008）显示，当策略性环境属于一种策略性互替而非策略性互补时，市场价格在受到外生冲击后会更快地收敛于新的基本面价格。Potters 和 Sutens（2009）也显示，当环境是策略性互补而非策略性互替时，一个群体将更容易达成完全合作。
6. 在两种实验局下，斜率的绝对值均为 0.95，这意味着当预期是天真型的，预期反馈系统在这两种情形下均将保持稳定。Leitner 和 Schmidt（2007）开展了一个学习型预期实验，其中，研究的是一个实验型的外汇交易市场，并且是一个斜率为 +1 的正反馈系统。在所有市场中，汇率的实现值与（微弱的）噪声冲击高度相关。与 Heemeijer 等人（2009）相似的是，他们也利用被试者的预期序列来对各种线性预期规则进行估计，结果发现了几种会放大波动的预期规则，包括自适应、天真型和追随趋势等。Sonnemans 和 Tuinstra（2010）显示，反馈机制的强度对于正反馈实验中能否保持稳定性非常重要，其中，当反馈强度为 +0.67 时，实验中将出现向基本面的迅速收敛。

7. 参见 Hommes（2013，2014）对正反馈系统下个体协同于接近自我实现均衡的更多讨论，以及其与 Soro 提出的自反性的关系。
8. Hommes 等人（2000）构建了一类学习型预期实验，其中，涉及的是在蛛网模型下对基本面价格施以大幅的永久性冲击。近来，Bao 和 Duffy（2014）构建了涉及个体和群体两种情形的学习型预期实验，其中，被试者具有关于整个经济模型的完美信息。
9. Wagener（2014）利用相同的实验数据做了研究，发现无论在负反馈还是正反馈设置下，均存在较弱的个体理性（即非偏的预期误差不存在自相关性），但较强的个体理性（即价格收敛于同质性的理性预期均衡价格）仅存在于负反馈系统中。
10. Anufriev、Hommes 和 Philipse（2013）针对 Heemeijier 等人（2009）的正反馈及负反馈预期机制实验而拟合了一个直觉推断法变换模型，其中，所涉的是自适应预期与追随趋势规则。
11. Anufriev 和 Hommes（2012）基于他们模型中的两个不同的追随趋势规则（一个是弱式的追随趋势，一个是强式的）来描述带有正反馈机制的资产定价实验。由于 Bao 等人（2012）的实验局是负反馈的，因此，可将其中一个追随趋势规则替换为反向预期规则，即把系数设为负值（为 -0.3），这样就可以考查负反馈市场中的（短期）价格上下震荡特征。
12. Marimon 等人（1993）还是对太阳黑子均衡进行实验研究的先驱，其后又被 Duffy 和 Fisher（2005）所继承。
13. 关于新凯恩斯模型的细致推导可参见 Woodford（2003）等著述。
14. 其他关于学习型预期实验的重要研究还包括 Arifovic 和 Sargent（2003）以及 Cornand 和 M'baye（2013），这些研究在 Cornand 和 Heinemann（2014）的一篇关于货币政策和中央银行行为的实验回顾中做了详细讨论。
15. Pfajfar 和 Zakelj（2014）在分析中使用的数据是在他们以前的实验研究中收集的（Pfajfar and Zakelj，2011）。
16. 共有 216 名被试者参加了 Assenza 等人（2011）的实验，该实验共分为 18 个实验型经济，每个经济中有 12 名被试者（其中 6 名被试者预测通货膨胀率，另 6 名预测产出缺口）。每名参与者均需提交连续 50 期的预测值。
17. 共有 216 名被试者参加了 Pfajfar 和 Zakelj（2011）的实验，该实验共分为 24 个独立的组，每组由 9 名被试者构成。每名参与者需提交连续 70 期的通货膨胀率预测值。
18. 在 Kryvtsov 和 Petersen（2013）的研究中，每期的成本推动型冲击 $u_t=0$。
19. Kryvtsov 和 Petersen（2013）要求被试者对通货膨胀率与产出缺口都做出预期，并且假定外生的驱动过程服从一个 AR(1)过程。

20. 还可参见 Roos 和 Luhan（2013）关于学习型最优决策和学习型预期的实验研究，其中，涉及的是一个具有垄断厂商和工会的实验型宏观经济。
21. 需注意的是，实验局 1 与实验局 2 的差别可能是实验任务和收益结构的双重差异相叠加而导致的。为了更好地区分每种差异的单独影响，在 Bao 等人（2013）的实验中设计了另一种实验局（实验局 5），其中，被试者需要做出预期，但其收益取决于利润。在该实验局下出现的结果恰好介于实验局 1 与 2 之间。似乎实验的任务特征及收益结构对于不同实验局之间的差异具有均等的重要影响。
22. Bostian 和 Holt（2013）研发了一种基于网络的实验软件，用于学习型最优决策的课堂实验，可考查当基本面价值不变时的资产泡沫行为。
23. 注意，这是一个提前一期的学习型预期实验，与 Hommes 等人（2005，2008）的提前两期的资产定价实验完全不同。其原因是，在对应的学习型最优决策实验中，提前一期的收益表是二维的，受产量与获益值的共同影响。但对于一个提前两期的学习型预期实验来说，与之对应的学习型最优决策实验下的收益表是三维的，因为此时涉及一个额外的时间滞后项。因此，Bao 等人（2014）的学习型预期实验局无法与 Hommes 等人（2005，2008）的实验进行直接对比，但与 Heemeijer 等人（2009）的正反馈实验局更适合对比，因为，后者的实验要比 Hommes 等人（2005，2008）更为稳定。在 Heemeijer 等人的许多实验市场中，资产价格并未出现严重的泡沫与崩溃，而是展现出温和的递增趋势，并且明显超出了理性预期均衡。
24. Davis 和 Korenok（2011）构建了一个类似的实验型垄断竞争市场，通过考察价格区间与信息摩擦来解释市场对名义价格冲击的真实反应。
25. Hey（1994）并未报告所有的估计值。

致　谢

我们感谢编辑 John Duffy 和两位匿名评审人对本章较早版本的细致且有益的评论。我们还要感谢如下研究项目的经费支持：EU FP7 项目“关于系统非稳定性的复杂性研究计划”（CRISIS，批准号：No. 288501）；“宏观风险评估与新预警信号下的稳定政策”（Rastanews，批准号：No. 320278）；“关于稳健性政策设计的整合性宏观金融建模”（MACFINROBODS，批准号：No. 612796）；以及 INET－CIGI 研究项目“异质性预期与金融危机”（HExFiCs，批准号：No. INO1200026）。

参考文献

Adam, K. (2007). Experimental evidence on the persistence of output and inflation. *Economic Journal, 117*, 603–635.

Akerlof, G. A., & Shiller, R. J. (2009). *Animal spirits: How human psychology drives the economy, and why it matters for global capitalism*. Princeton, NJ: Princeton University Press.

Akiyama, E., Hanaki, N., & Ishikawa, R. (2014). How do experienced traders respond to inflows of inexperienced traders? An experimental analysis. *Journal of Economic Dynamics and Control, 45*, 1–18.

Anufriev, M., & Hommes, C. H. (2012). Evolutionary selection of individual expectations and aggregate outcomes in asset pricing experiments. *American Economic Journal: Microeconomics, 4*(4), 35–64.

Anufriev, M., Hommes, C. H., & Philipse, R. (2013). Evolutionary selection of expectations in positive and negative feedback markets. *Journal of Evolutionary Economics, 23*, 663–688.

Arifovic, J. (1996). The behavior of the exchange rate in the genetic algorithm and experimental economies. *Journal of Political Economy, 104*, 510–541.

Arifovic, J., & Sargent, T. (2003). Laboratory experiments with an expectational Phillips curve. In D. Altig & B. Smith (Eds.), *The origins and evolution of central banking: Volume to inaugurate the institute on central banking of the federal reserve bank of Cleveland* (pp. 23–56). United Kingdom: Cambridge University Press.

Asparouhova, E., Bossaerts, P., Eguia, J., & Zame, W. (2014). *Asset prices and asymmetric reasoning*. Working Paper No. 14/640. Department of Economics, University of Bristol, UK.

Asparouhova, E., Bossaerts, P., Roy, N., & Zame, W. (2013). *'Lucas' in the laboratory*. National Bureau of Economic Research Working Paper No. w19068.

Asparouhova, E., Hertzel, M., & Lemmon, M. (2009). Inference from streaks in random outcomes: Experimental evidence on beliefs in regime shifting and the law of small numbers. *Management Science, 55*(11), 1766–1782.

Assenza, T., Grazzini, J., Hommes, C. H., & Massaro, D. (2014). PQ strategies in monopolistic competition: Some insights from the lab. *Journal of Economic Dynamics and Control*. doi:10.1016/j.jedc.2014.08.017

Assenza, T., Heemeijer, P., Hommes, C. H., & Massaro, D. (2011). *Individual expectations and aggregate macro behavior*. CeNDEF Working Paper No. 2011-01. University of Amsterdam.

Assenza, T., Heemeijer, P., Hommes, C. H., & Massaro, D. (2014). *Managing self-organization of expectations through monetary policy: A macro experiment*. CeNDEF Working Paper No. 14-07. University of Amsterdam.

Bao, T., & Duffy, J. (2014). *Adaptive vs. educative learning: Theory and evidence*. SOM Research Report, University of Groningen.

Bao, T., Duffy, J., & Hommes, C. H. (2013). Learning, forecasting and optimizing: An experimental study. *European Economic Review, 61*, 186–204.

Bao, T., Hommes, C. H., & Makarewicz, T. A. (2014). *Bubble formation and (In) efficient markets in learning-to-forecast and-optimize experiments*. CeNDEF Working Paper (No. 14–01). Universiteit van Amsterdam.

Bao, T., Hommes, C. H., Sonnemans, J., & Tuinstra, J. (2012). Individual expectations, limited rationality and aggregate outcomes. *Journal of Economic Dynamics and Control, 36*,

1101–1120.

Barberis, N., Shleifer, A., & Vishny, R. (1998). A model of investor sentiment. *Journal of Financial Economics*, *49*(3), 307–343.

Becker, O., Leitner, J., & Leopold-Wildburger, U. (2009). Expectations formation and regime switches. *Experimental Economics*, *12*, 350–364.

Becker, O., & Leopold-Wildburger, U. (1996). Some new lotka-volterra-experiments, In *Operations Research Proceedings 1995* (pp. 482–486). Berlin: Springer.

Beckman, S. R., & Downs, D. H. (2009). Forecasters as imperfect information processors: Experimental and survey evidence. *Journal of Economic Behaviour and Organization*, *32*, 89–100.

Bernasconi, M., & Kirchkamp, O. (2000). Why do monetary policies matter? An experimental study of saving and inflation in an overlapping generations model. *Journal of Monetary Economics*, *46*(2), 315–343.

Bernasconi, M., Kirchkamp, O., & Paruolo, P. (2009). Do fiscal variables affect fiscal expectations? Experiments with real world and lab data. *Journal of Economic Behaviour and Organization*, *70*, 253–265.

Beshears, J., Choi, J. J., Fuster, A., Laibson, D., & Madrian, B. C. (2013). *What goes up must come down? Experimental evidence on intuitive forecasting*. American Economic Review 103, Paper and Proceedings, pp. 570–574.

Blanco, M., Engelmann, D., Koch, A. K., & Normann, H. T. (2010). Belief elicitation in experiments: Is there a hedging problem? *Experimental Economics*, *13*(4), 412–438.

Bloomfield, R., & Hales, J. (2002). Predicting the next step of a random walk: Experimental evidence of regime-shifting beliefs. *Journal of Financial Economics*, *65*, 397–414.

Bostian, A. J. A., & Holt, C. A. (2013). Price bubbles with discounting: A web-based classroom experiment. *Journal of Economic Education*, *40*, 27–37.

Branch, W. A. (2004). The theory of rationally heterogeneous expectations: Evidence from survey data on inflation expectations. *Economic Journal*, *114*, 592–621.

Breaban, A., & Noussair, C. N. (2013). *Emotional State and Market Behavior*. CENTER Working Paper No. 2013–031. University of Tilburg.

Brock, W. A., & Hommes, C. H. (1997). A rational route to randomness. *Econometrica*, *65*, 1059–1095.

Brock, W. A., & Hommes, C. H. (1998). Heterogeneous beliefs and routes to chaos in a simple asset pricing model. *Journal of Economic Dynamics & Control*, *22*, 1235–1274.

Bullard, J. (1994). Learning equilibria. *Journal of Economic Theory*, *64*, 468–485.

Campbell, J. Y., Lo, A. W., MacKinlay, A. C., & Lo, A. Y. (1997). *The econometrics of financial markets*. Princeton, NJ: Princeton University press.

Case, K. E., Shiller, R. J., & Thompson, A. (2012). *What have they been thinking? Home buyer behavior in hot and cold markets*. Working Paper No. w18400. National Bureau of Economic Research.

Colander, D., Goldberg, M., Haas, A., Juselius, K., Kirman, A., Lux, T., & Sloth, B. (2009). The financial crisis and the systemic failure of the economics profession. *Critical Review*, *21*(2–3), 249–267.

Crockett, S., & Duffy, J. (2013). *An experimental test of the Lucas asset pricing model*. Working Paper No. 504. Department of Economics, University of Pittsburgh.

Cornand, C., & Heinemann, F. (2014). Experiments on monetary policy and central banking. In R. M. Isaac, D. Norton, & J. Duffy (Eds.), *Experiments in macroeconomics* (Vol. 17, pp. 167–227). Research in Experimental Economics. Bingley, UK: Emerald Group Publishing Limited.

Cornand, C., & M'baye, C. K. (2013). *Does inflation targeting matter? An experimental investi-*

gation. Working paper GATE 2013–30.

Davis, D., & Korenok, O. (2011). Nominal price shocks in monopolistically competitive markets: An experimental analysis. *Journal of Monetary Economics*, *58*, 578–589.

DeGrauwe. (2009). What's wrong with modern macroeconomics. Top-down versus bottom-up macroeconomics. *CESifo Economic Studies*, *56*(4), 465–497. doi:10.1093/cesifo/ifq014

DeGrauwe, P. (2012). *Lectures on behavioral macroeconomics*: Princeton, NJ: Princeton University Press.

Duffy, J. (2008). "Experimental macroeconomics", entry. In S. Durlauf & L. Blume (Eds.), *The new Palgrave dictionary of economics* (2nd ed.). New York, NY: Palgrave Macmillan.

Duffy, J., & Fisher, E. O. (2005). Sunspots in the laboratory. *American Economic Review*, *95*, 510–529.

Dwyer, G. P., Williams, A. W., Battalio, R. C., & Mason, T. I. (1993). Tests of rational expectations in a stark setting. *Economic Journal*, *103*, 586–601.

Evans, G. W., & Honkapohja, S. (2001). *Learning and expectations in macroeconomics*. Princeton, NJ: Princeton University Press.

Fehr, E., & Tyran, J. R. (2005). Individual irrationality and aggregate outcomes. *Journal of Economic Perspectives*, *19*, 43–66.

Fehr, E., & Tyran, J. R. (2008). Limited rationality and strategic interaction: The impact of the strategic environment on nominal inertia. *Econometrica*, *76*(2), 353–394.

Fisher, F. M. (1962). *A priori information and time series analysis*. Amsterdam: North-Holland.

Gaechter, S., & Renner, E. (2010). The effects of (incentivized) belief elicitation in public goods experiments. *Experimental Economics*, *13*(3), 364–377.

Harrison, J. M., & Kreps, D. M. (1978). Speculative investor behavior in a stock market with heterogeneous expectations. *The Quarterly Journal of Economics*, *92*(2), 323–336.

Haruvy, E., Lahav, Y., & Noussair, C. N. (2007). Traders' expectations in asset markets: Experimental evidence. *American Economic Review*, *97*(5), 1901–1920.

Heemeijer, P., Hommes, C. H., Sonnemans, J., & Tuinstra, J. (2009). Price stability and volatility in markets with positive and negative expectations feedback. *Journal of Economic Dynamics and Control*, *33*, 1052–1072.

Heemeijer, P., Hommes, C., Sonnemans, J., & Tuinstra, J. (2012). An experimental study on expectations and learning in overlapping generations models. *Studies in Nonlinear Dynamics & Econometrics*, *16*(4).

Hey, J. (1994). Expectations formation: Rational or adaptive or ...? *Journal of Economic Behavior & Organization*, *25*, 329–349.

Hommes, C., Sonnemans, J., & van de Velden, H. (2000). Expectation formation in a cobweb economy: Some one person experiments. In *Interaction and market structure*. Berlin: Springer.

Hommes, C., Sonnemans, J., Tuinstra, J., & Van de Velden, H. (2007). Learning in cobweb experiments. *Macroeconomic Dynamics*, *11*(S1), 8–33.

Hommes, C. H. (2011). The heterogeneous expectations hypothesis: Some evidence for the lab. *Journal of Economic Dynamics and Control*, *35*, 1–24.

Hommes, C. H. (2013). *Behavioral rationality and heterogeneous expectations in complex economic systems*. Cambridge, MA: Cambridge University Press.

Hommes, C. H. (2013). Reflexivity, expectations feedback and almost self-fulfilling equilibria: Economic theory, empirical evidence and laboratory experiments. *Journal of Economic Methodology*, *20*, 406–419.

Hommes, C. H. (2014). Behaviorally rational expectations and almost self-fulfilling equilibria.

Review of Behavioral Economics, *1*, 75–97.

Hommes, C. H., Sonnemans, J., & van de Velden, H. (2000). Expectation formation in a cobweb economy: Some one person experiments. In D. Delli Gatti, M. Gallegati, & A. P. Kirman (Eds.), *Interaction and market structure* (pp. 253–266). Berlin: Springer Verlag.

Hommes, C. H., Sonnemans, J. H., Tuinstra, J., & van de Velden, H. (2005). Coordination of expectations in asset pricing experiments. *Review of Financial Studies*, *18*(3), 955–980.

Hommes, C. H., Sonnemans, J. H., Tuinstra, J., & van de Velden, H. (2008). Expectations and bubbles in asset pricing experiments. *Journal of Economic Behavior and Organization*, *67*, 116–133.

Hüsler, A., Sornette, D., & Hommes, C. H. (2013). Super-exponential bubbles in lab experiments: Evidence for anchoring over-optimistic expectations on price. *Journal of Economic Behavior and Organization*, *92*, C304–C316.

Kelley, H., & Friedman, D. (2002). Learning to forecast price. *Economic Inquiry*, *40*, 556–573.

Kirman, A. (2010). *Complex economics: Individual and collective rationality*. Oxford: Routledge.

Leitner, J., & Schmidt, R. (2007). Expectations formation in an experimental foreign exchange market. *Central European Journal of Operations Research*, *15*, 167–184.

Lim, S. S., Prescott, E. C., & Sunder, S. (1994). Stationary solution to the overlapping generations model of fiat money: Experimental evidence. *Empirical Economics*, *19*, 255–277.

Lucas, R. (1972). Expectations and the neutrality of money. *Journal of Economic Theory*, *4*, 103–124.

Marimon, R., & Sunder, S. (1993). Indeterminacy of equilibria in a hyperinflationary world: Experimental evidence. *Econometrica*, *61*(5), 1073–1107.

Marimon, R., & Sunder, S. (1994). Expectations and learning under alternative monetary regimes: An experimental approach. *Economic Theory*, *4*, 131–162.

Marimon, R., & Sunder, S. (1995). Does a constant money growth rule help stabilize inflation? *Carnegie-Rochester Conference Series on Public Policy*, *43*, 111–156.

Marimon, R., Spear, S. E., & Sunder, S. (1993). Expectationally driven market volatility: An experimental study. *Journal of Economic Theory*, *61*, 74–103.

Muth, J. E. (1961). Rational expectations and the theory of price movements. *Econometrica*, *29*, 315–335.

Nagel, R. (1995). Unraveling in guessing games: An experimental study. *American Economic Review*, *85*, 1313–1326.

Noussair, C., Plott, C., & Riezman, R. (2007). Production, trade, prices, exchange rates and equilibration in large experimental economies. *European Economic Review*, *51*(1), 49–76.

Noussair, C. N., & Tucker, S. (2013). Experimental research on asset pricing. *Journal of Economic Surveys*, *27*(3), 554–569.

Nyarko, Y., & Schotter, A. (2002). An experimental study of belief learning using elicited beliefs. *Econometrica*, *70*(3), 971–1005.

Peterson, S. P. (1993). Forecasting dynamics and convergence to market fundamentals: Evidence from experimental asset markets. *Journal of Economic Behavior and Organization*, *22*(3), 269–284.

Pfajfar, D., & Zakelj, B. (2011). *Inflation expectations and monetary policy design: Evidence from the laboratory*. CentER Discussion Paper 2011–091, Tilburg University.

Pfajfar, D., & Zakelj, B. (2014). Experimental evidence on inflation expectation formation. *Journal of Economic Dynamics and Control*, *44*, 147–168.

Potters, J., & Suetens, S. (2009). Cooperation in experimental games of strategic complements and substitutes. *Review of Economic Studies*, *76*(3), 1125–1147.

Rabin, M. (2002). Inference by believers in the law of small numbers. *Quarterly Journal of Economics*, *117*, 775–816.

Roos, M. W. M., & Luhan, W. J. (2013). Information, learning and expectations in an experimental model economy. *Economica*, *80*, 513–531.

Rubinstein, A. (2007). Instinctive and cognitive reasoning: A study of response times. *Economic Journal*, *117*, 1243–1259.

Rutström, E. E., & Wilcox, N. T. (2009). Stated beliefs versus inferred beliefs: A methodological inquiry and experimental test. *Games and Economic Behavior*, *67*(2), 616–632.

Sargent, T. J. (1993). *Bounded rationality in macroeconomics*. New York, NY: Oxford University Press Inc.

Schmalensee, R. (1976). An experimental study of expectation formation. *Econometrica*, *44*, 17–41.

Schotter, A., & Trevino, I. (2014). Belief elicitation in the lab. *Annual Review of Economics*, *6*, 103–128.

Simon, H. A. (1957). *Models of man: Social and rational-mathematical essays on rational human behavior in a social setting*. New York, NY: Wiley.

Shiller, R. J. (1990). Speculative prices and popular models. *Journal of Economic Perspectives*, *4*, 55–65.

Shiller, R. J. (2000). *Irrational exuberance*. Princeton, NJ: Princeton University Press.

Smith, V. L., Suchanek, G. L., & Williams, A. W. (1988). Bubbles, crashes and endogenous expectations in experimental spot asset markets. *Econometrica*, *56*, 1119–1151.

Sonnemans, J., & Tuinstra, J. (2010). Positive expectations feedback experiments and number guessing games as models of financial markets. *Journal of Economic Psychology*, *31*(6), 964–984.

Soros, G. (2003). *The alchemy of finance*. Hoboken, New Jersey: Wiley.

Soros, G. (2009). The crash of 2008 and what it means: The new paradigm for financial markets. Public Affairs.

Stöckl, T., Huber, J., & Kirchler, M. (2010). Bubble measures in experimental asset markets. *Experimental Economics*, *13*(3), 284–298.

Sutan, A., & Willinger, M. (2009). Guessing with negative feedback: An experiment. *Journal of Economic Dynamics and Control*, *33*, 1123–1133.

Tirole, J. (1982). On the possibility of speculation under rational expectations. *Econometrica*, *50*(5), 1163–1181.

Tversky, A., & Kahneman, D. (1974). Judgment under uncertainty: Heuristics and biases. *Science*, *185*, 1124–1131.

Wagener, F. O. O. (2014). Expectations in experiments. *Annual Review of Economics*, *6*, 421–443.

Williams, A. W. (1987). The formation of price forecasts in experimental markets. *Journal of Money, Credit and Banking*, *19*, 1–18.

Woodford, M. (1990). Learning to believe in sunspots. *Econometrica*, *58*, 277–307.

Woodford, M. (2003). *Interest and prices: Foundations of a theory of monetary policy*. Princeton, NJ: Princeton University Press.

Xiong, W., & Yan, H. (2010). Heterogeneous expectations and bond markets. *Review of Financial Studies*, *23*(4), 1433–1466.

第3章

▶ CHAPTER 3 ◀

动态随机一般均衡实验中冲击的持续性

◆ 摘　要：本章基于新凯恩斯动态随机一般均衡（DSGE）模型，构造了一个实验经济环境，并通过对偏好（tastes）[㊀]、生产率与利率政策施以冲击，进而测度冲击的持续性。研究发现：相较于垄断竞争的实验局，产品完全替代的实验局中产出冲击的持续性较弱；菜单成本加入与否，持续性并无显著变化；相较于自动的工具规则，在中央银行自由制定政策的情况下，冲击往往更加持久。

◆ 关键词：实验经济学；DSGE 经济；货币政策；菜单成本

3.1 引言

如今，新凯恩斯主义的动态随机一般均衡（DSGE）模型已经成为中央银行制定政策的标准范式（参见 Clarida，Gali and Gertler，1999）。价格摩擦（price frictions）是使实证数据中的产出冲击、生产率冲击和利率冲击具备持续性的必要条件（例如，Christiano，Eichenbaum，and Evans，2005；Clarida et al.，1999；Rotemberg and Woodford，1997；Smets and Wouters，2007）。假设垄断竞争市场中的厂商具有菜单成本，是构造价格摩擦的一种途径（Ball & Mankiw，1995；Barro，1972；Mankiw，1985；Rotemberg，1982）。具体而言，垄断竞争条件下厂商在价格制定上拥有一定的自主

㊀ 关于“偏好”一词，此处存在 taste 和 preference 的混用，含义相同，故不做区分。——译者注

权，可以通过决定价格改变的时间和幅度谋求利润。在理性预期的代表性家庭和代表性厂商决策遵循最优化原则的条件下，这种设定与实证数据相互契合。

本章基于DSGE模型构建了一个实验室内的经济环境，并在其中引入生产率冲击、偏好（preferences）冲击与利率政策冲击。实证研究中发现的典型事实引出了大量的相关研究。最先得到关注的问题是，价格摩擦的两种不同来源如何影响冲击的持续性（Chari，Kehoe and McGrattan，2000；Jeanne，1998）。其中，价格摩擦的两种来源分别为：①垄断的存在（相较于完全竞争而言）；②产品市场上的菜单成本。我们尤其想要研究实证中的典型事实能否在实验室经济环境中复制。基于向量自回归（vector autoregression，VAR）的实证研究表明，通货膨胀对政策创新的响应较弱，而产出对其响应较强且呈持续的驼峰型（参见Christiano，Eichenbaum and Evans，1997；Leeper，Sims，Zha，Hall and Bernanke，1996）。此外，消费、就业、利润、生产率的响应也呈驼峰型；实际工资的响应幅度则比较有限。以上结论的稳健性均通过检验。

为了与数据的矩（条件矩）相匹配，我们需要通过结构向量自回归（structural vector autoregression，SVAR）引入名义或实际刚性。常用的方法是在产品市场中加入垄断竞争与菜单成本：我们通过设计3种不同的实验局分离不同种类的刚性。**基准**（baseline）局加入了垄断竞争，而不存在菜单成本；**菜单成本**（menu cost）局中同时加入了垄断竞争与菜单成本[1]，而在**低摩擦**（low friction）局中，所有商品完全可替代且无菜单成本。这种设定能够很好地区分垄断竞争与菜单成本对冲击持续性的影响，同时，也允许行为主体的有限理性在决策过程中创造摩擦，进而带来冲击的持续性。在以上实验局中，消费者和生产者均由被试者扮演。此外，在第四种实验局——**中央银行行长**（human central banker）局中，利率由一部分扮演中央银行的被试者制定。[2]

在实验室内设计一个与新凯恩斯动态随机一般均衡模型（NK-DSGE）完全一致的模型几乎是不可能的。为保证实验的可操作性，需对模型进行调整或加入一些关于时间的假设，我们的改动均以实证文献和现实经济运行为依据。调整后的模型与标准NK-DSGE模型最主要的区别包括：经济中存在多种行为主体，在同一时期中各事件的发生具有明确的先后顺序，经济中需求结构的变化，垄断竞争的加入，短期中可能存在正储蓄，以及厂商所面临的需求的不确定性。由于以上调整，此实验并不能算作NK-DSGE模型在实验室环境下的完美再现和验证。然而，我们相信这无碍于为DSGE理论模型的发展勾勒出一条值得尝试的道路。

为了探讨冲击的持续性，我们分别采用了VAR(SVAR)方法以及Romer & Romer(2004)的分析方法。SVAR是一种在货币经济学研究中常见且高度灵活的技术工具，我们通过它可以在同一框架下考虑所有冲击的影响。基于它，我们建立了一个包含产出、通货膨胀和利率的三变量 VAR 模型。同时，因为实验中不同类型的冲击相互分离，无须进一步识别，故而与 Romer & Romer 的方法高度契合。基于该方法，我们又建立了一个包含产出和通货膨胀，并把实际冲击作为外生变量的两变量 VAR 模型。[3]通过两种方法得到的主要结果包括：完全竞争的实验局相比垄断竞争的局，产出冲击的持续性要弱很多。所有的实验局中货币政策冲击的影响都不甚明显。SVAR 分析显示，基准局和菜单成本局中产出冲击均具有持续性，通货膨胀冲击则不然；可见，菜单成本并不构成 SVAR 分析中冲击持续性的显著影响因素。Romer & Romer 方法则显示，偏好冲击对通货膨胀产生持续的影响，还对产出缺口产生持续的驼峰型影响；引入菜单成本会在一定程度上增强偏好冲击对通货膨胀影响的持续性。此外，我们还得到了一些与冲击持续性无关的研究成果，可参见（Noussair，Pfajfar and Zsiros，2013a，2013b）的相关论文。

3.2 实验设计

实验中构造的经济环境在宏观经济学中常规的 DSGE 模型的基础上做出了些许调整，反映出我们在经济条件复杂性与被试者可操作性之间的权衡。其中，有些改动与每期事件的发生顺序相关。例如，在标准的 DSGE 模型中，每一期的事件并没有明确的先后顺序，但是，实验中的决策必须有先有后。又如，DSGE 文献中大多约束每期储蓄为零，而我们的实验中允许短期内储蓄为正，并给予实验中的每个行为主体一笔初始财富。[4]

实验中的被试者均为荷兰蒂尔堡大学（Tilburg University）在校大学生。实验共有 16 场，每场唯一对应 4 种实验局之一，即每种实验局重复进行 4 场。中央银行行长局对应的每场实验包含 9 名参与者，其余 3 局均为 6 名。全部参与者的平均报酬为 43.99 欧元，不存在一人参加多场实验的情况。我们的实验程序是用 Z-Tree 平台编写的（Fischbacher，2007）。

接下来介绍基准实验局的设计，“实验局”小节将会以基准实验局为标准，说明另外 3 局在设计上的异同。

消费者

经济中共包括 6 名行为主体，3 名扮演消费者（$I=3$），3 名扮演厂商（$J=3$）。消费者与厂商分别用下标 i 和 j 表示。每名消费者的目标函数形式如下：

$$u_{it}(c_{i1t},c_{i2t},c_{i3t},(1-L_{it})) = \beta^t\left\{\sum_{j=1}^{3}\left(H_{ijt}\frac{c_{ijt}^{1-\theta}}{1-\theta}\right)-\alpha\frac{L_{it}^{1+\varepsilon}}{1+\varepsilon}\right\} \tag{3-1}$$

其中，c_{ijt}表示第 i 个消费者在 t 期对产品 j 的消费量，L_{it}表示第 i 个消费者在 t 期供给的劳动量。H_{ijt}表示消费者 i 在商品 j 上的偏好冲击，该冲击依不同时期、消费者和商品种类而不同。其变化路径如下式：

$$H_{ijt} = \mu_{ij} + \tau H_{ijt-1} + \varepsilon_{jt} \tag{3-2}$$

偏好冲击服从 AR(1) 过程，ε_{1t}、ε_{2t}和 ε_{3t}均为独立的白噪声过程，即 $\varepsilon_{jt} \sim N(0, \zeta)$。时间贴现率在每期均为 $1-\beta=1\%$，且每种商品的边际效用增益随着消费量增加而递减，劳动的边际效用损失亦然。因为从消费者出发，不同厂商生产的产品是不完全替代的，所以，产品市场中存在垄断竞争。每一期都存在偏好冲击，其随着 i 和 j 的变化而波动。

消费者的预算约束为

$$\sum_{j=1}^{3} c_{ijt}p_{jt} + B_{it} = w_{it}L_{it} + (1+i_{t-1})B_{it-1} + \frac{1}{I}\Pi_{t-1}^{N} \tag{3-3}$$

其中，c_{ijt}表示被试者 i 在 t 期对商品 j 的消费量，p_{jt}表示 t 期商品 j 的价格，w_{it}表示被试者 i 在 t 期的单位工资，B_{it}是被试者 i 在 t 期的储蓄，Π_{t-1}^{N}是全部厂商在 $t-1$ 期名义利润的加总，转化为了家庭收入的一部分，这对应于 DSGE 模型中家庭拥有厂商的假设。在实验中每期末厂商的总利润平分给 3 名消费者。

生产者

在任意一期 t，厂商 j 的利润为

$$\Pi_{jt}^{R} = (p_{jt}y_{jt} - w_{jt}L_{jt})\frac{P_0}{P_t} \tag{3-4}$$

Π_{jt}^{R}代表厂商的实际利润，p_{jt}为价格，y_{jt}表示产品的销售量，w_{jt}表示工资，L_{jt}是 t 期厂商 j 雇用的劳动量。P_t 是 t 期的物价水平，P_0 则是初始期的物价水平，故 P_0/P_t 是将名义利润转化为实际利润的平减指数。扮演厂商的被试者的决策目标是实际利润最大化，其获得的实验报酬与实际利润成正比。

对于每一个厂商来说，可获得的生产技术由下式给定：

$$f_{jt}(L_{jt}) = A_tL_{jt} \tag{3-5}$$

其中

$$A_t = A + \upsilon A_{t-1} + \zeta_t \tag{3-6}$$

A_t 是服从 AR(1) 过程的技术冲击，ζ_t 是独立的白噪声过程 $\zeta_t \sim N(0, \delta)$。在每一期中，每一个厂商 j 要做出定产和定价两个决策：一方面要选择劳动使用量 L_{jt}进行生

产；另一方面要制定产品的出售价格 p_{jt}。

劳动市场和产品市场

因为标准 DSGE 模型假设劳动市场完全竞争，所以，我们设计了一个连续双向拍卖（continuous double auction）的交易机制（Plott and Gray，1990；Smith，1962）。有研究证明，即使行为主体数量很少，一个满足连续双向拍卖的市场也能够达到竞争均衡（Smith，1982）。在实验中，无论是劳动市场还是产品市场，交易均使用实验货币（experimental currency），简称 ECU。消费者的劳动供应成本是私人的非公开信息，生产者的当期产量信息亦然。依据先前的实验经济学文献，在存在信息不对称时，双向拍卖能够更快地达到竞争均衡（Smith，1994）。

由于消费者对特定产品存在偏好冲击 H_{ijt}，实验经济中的 3 种产品之间是不完全替代的关系，这实现了 DSGE 模型中的垄断竞争假设。同时，在独立运行的 3 个产品市场中，交易遵循价格公告规则（posted offer rules）。生产者在定价时可以观察到其竞争者的定价；消费者基于先到先得的原则购买产品[5]，交易完成后产品立即被消费。生产者需要将当期生产的产品全部投入市场。无论对于消费者还是生产者，都不可以将产品储存至下一期。

货币政策

经济中的名义利率取决于当期的通货膨胀，其遵循一个简单泰勒规则（Taylor rule）：

$$i_t = \pi^* + \kappa(\pi_{t-1} - \pi^*) + \rho_t \tag{3-7}$$

其中，ρ_t 服从独立同分布（i. i. d.），其他参数设定为 $\kappa = 1.5$，$\pi^* = 3\%$[6]，且存在零利率约束。

参数

实验中的参数取值如表 3-1 所示。若将实验中的每一期视作一个季度（3 个月），参数取值则可与现实相对应。低摩擦实验局（μ_{LF}）的参数 μ 与垄断竞争的实验局（μ_{ij}）有所不同。[7] ω 衡量菜单成本局中菜单成本。

表 3-1 参数设置

β	θ	ε	α	τ	υ	A	δ	ζ	π^*	μ_{ij}	μ_{LF}	ω
0.99	0.5	2	15	0.8	0.8	0.7	0.2	1	0.03	$\begin{pmatrix} 95 & 62 & 37.8 \\ 38.2 & 93 & 64 \\ 33 & 59.6 & 97 \end{pmatrix}$	120	0.025

每位消费者在每期拥有10单位的劳动禀赋。此外，第1期开始时，每位消费者会获得1 500 ECU的资金用于购买产品。生产者则无任何初始劳动或资金禀赋，但可以在每期开始时以零利率借入资金以购买劳动，可以认为生产者不受资金约束。

同一时期内事件的先后顺序

实验中的每一期都与DSGE模型中的一期t相对应。每期开始时，该期的生产率冲击将发生并能够被生产者观察到。而后劳动市场开放，开放时间为2分钟（每场实验在后期将缩短为1分钟）。劳动市场开放时，消费者可从屏幕上获得以下信息的历史变化情况：自身得到的工资、整个经济内的平均工资、自身的劳动供给、通货膨胀率、利率与产出缺口。生产者的屏幕上则会展示以下信息的历史变化路径：自身支付的工资、整体经济的平均工资、自身雇用的劳动量、通货膨胀率、利率与产出缺口。

劳动市场关闭后，依据每位生产者的生产函数，劳动自动转化为产出。随后，产品市场开放，生产者同时制定产品报价。报价反馈给消费者，消费者此时获得的信息包括：当期的预算、利率、产品带来的总价值[⊖]，每种产品的边际价值及定价。生产者在定价前知悉自己当期雇用的劳动量，产品产量、总成本和平均成本，利率，以及自身产品的销量和价格，购买劳动的支出，利润与一系列宏观经济数据的历史变化路径。消费者完成产品购买决策后，这一期也宣告结束。此时，消费者能够获知自己本期赢得的报酬以及在下一期可用的预算；生产者能够得知自己的利润、产量与销售额。

一场实验内的时间顺序与被试者的报酬

对应每种实验局我们分别进行4场实验，共计16场，每场用时在3小时45分钟到4小时45分钟之间。向被试者宣读实验说明需要至少45分钟，之后将有5期作为练习，与被试的报酬无关。随后将进行50~70期的正式实验，其结果决定被试者最终得到的报酬。实验的结束采用随机规则，结束期在50~70间正态分布。实验说明中告知被试者实验会在50期后随机择期结束。

扮演消费者的被试者在每场实验的总效用由式（3-1）算得，并按一定比例兑换为欧元作为报酬支付。产品带来的效用增益和劳动的效用损失直接呈现在被试者的

⊖ 本章从被试者的角度，多适用“价值”（valuation）的概念，直接对应扮演消费者的被试者得到的现金报酬。其与实验设计以及模型中的“效用”（utility）实质上意义相同。只是实验中没有向被试者介绍效用的概念，仅展示实际的现金报酬。——译者注

屏幕中，其与欧分的兑换比为100∶1。对于扮演消费者的被试者而言，交易货币ECU不能直接转化为报酬（参见Lian and Plott，1998，与本章相似，该文献在关于一般均衡的实验中使用了实验货币）。ECU可用来购买产品或储蓄，其价值体现于交易中介以及储藏价值的功能。每期储蓄所得利息由利率 i_t 决定。此外，一场实验结束时，消费者手中持有的ECU也将通过某种方式换算为欧元。[8]在一场实验中，扮演生产者的被试者在每期的利润（见式（3-4））加总后按比例兑换为欧元报酬。[9]

实验局

菜单成本局

"生产者"小节介绍的是基准局中的设定，菜单成本局大部分与之相同。唯一的不同在于，若生产者在第 t 期的定价不同于第 $t-1$ 期，需要支付如下成本：

$$M_{jt} = \omega p_{jt} y_{jt-1} \quad (3\text{-}8)$$

㊀

其中，p_{jt}代表生产者 j 在第 t 期的产品定价，y_{jt-1}则是其在前一期的产量。借鉴Nakamura和Steinsson(2008）的研究成果，我们将菜单成本的幅度设定为 $\omega = 0.025$。

低摩擦局

除消费者的偏好外，低摩擦局的设定均与基准局相同。低摩擦局中消费者在 t 期的报酬由下式决定：

$$u_{it}(c_{i1t}, c_{i2t}, c_{i3t}, (1 - L_{it})) = \beta^t \left\{ H_{ijt} \frac{\left(\sum_{j=1}^{3} c_{ijt} \right)^{1-\theta}}{1 - \theta} - \alpha \frac{L_{it}^{1+\varepsilon}}{1 + \varepsilon} \right\} \quad (3\text{-}9)$$

在每一期全部消费者的偏好冲击相同，表示为

$$H_t^{LF} = \mu_{LF} + \tau H_{t-1}^{LF} + \varepsilon_t \quad (3\text{-}10)$$

其中，ε_t 是一个独立的白噪声过程，并且 $\varepsilon_t \sim N(0, \zeta)$。该设定能够保证在消费者眼中3种产品间的完全替代性。

低摩擦局中设定参数的宗旨是保证消费者的福利尽可能接近基准局。[10]尽管低摩擦局中3个厂商的产品是完全替代的，但是仍沿用其他3种实验局的设定，每一种产品仍都隶属相互独立的价格公告市场。

中央银行行长局

在中央银行行长局中，除利率由3名扮演中央银行行长的被试者决定外，其余设定均与基准局相同。每期开始时，每位行长都需要报送一个非负的名义利率水平，

㊀ 此处原文为"$M_{jt} = \omega p_{j,t-1} y_{jt}$"，对照原文，疑有误。——译者注

三者的中间值即为当期名义利率。中央银行在每期的通货膨胀目标均为 3%，扮演行长的被试者的收益由如下损失函数（loss function）[㊀]决定：

$$\text{中央银行的收益}_{it} = \max\{a - b(\pi_t - \pi^*)^2, 0\} \tag{3-11}$$

其中，$a=100$，$b=1$，$\pi^*=3\%$。收益与欧元的转换比例为 100∶1。假设在某一期的通货膨胀率为 3%，则每一位扮演行长的被试者都将得到 100 × 1/100 = 1（欧元）的报酬。该收益函数能激励被试者努力实现目标通货膨胀水平。在每一期中，扮演中央银行行长的被试者能从屏幕上获知利率、通货膨胀率以及产出缺口的历史变化路径，以帮助他们做出决策。

3.3　预测

我们构建了一个包括产出缺口、通货膨胀和利率的三变量的两阶滞后 VAR 模型。基于实验数据，选择一个合适的识别方案（identification scheme）似乎并不容易。在过去的文献中，有 3 个备选方案引起了我们的注意，分别是**乔里斯基分解**（Choleski decomposition）、**长期约束**（long-run restrictions）与**信号约束**（sign restrictions）。但是，这些方法均各有利弊。如果使用乔里斯基分解来估计 VAR，我们将会陷入 Carlstrom、Fuerst 和 Paustian（2009）所指出的陷阱之中。他们指出：若在模型中的变量未表现出明确时间顺序的前提下使用乔里斯基分解，则脉冲响应函数（IRF）将会严重衰减。在我们的实验中，由于需求冲击、供给冲击与货币政策冲击对通货膨胀、产出缺口与名义利率的影响同时发生，这一点也一样适用。因此，乔里斯基分解并不是一个合适的识别方案。长期约束与信号约束同样也受到一些学者的批评（参见 Chari，Kehoe and McGrattan，2008；Faust and Leeper，1997）。特别地，由于有限序的 VAR 无法充当无限序 VAR 的合适替代，长期约束也将导致**横截面偏差**（truncation bias）的出现。然而，相比于乔里斯基分解中的时序错定，我们认为横截面偏差对估计结果的影响要小得多，故选用长期约束方法来计算和报告脉冲响应。施加的约束为：需求冲击对产出缺口与利率无长期影响，货币政策冲击对产出缺口无长期影响。当然，不施加约束条件的广义脉冲响应也得到了相似的结果（Pesaran and Shin，1998）。

使用实验数据估计 SVAR 之前，不妨先以基准局通过理性预期假设求解理论模型。在多行为主体的环境下，使用与实验完全相同的参数设定，并假设厂商在成本的基础上加成 20% 定价，进而求解模型并模拟。注意，之所以必须引入该假设，是

㊀ 损失函数就是衡量实际值与期望值差异所造成损失的函数。——译者注

因为我们创造垄断竞争的方式不同于一般理论文献。图 3-1 是模拟数据的脉冲响应函数。gap、inf 和 int 分别代表产出缺口、通货膨胀和利率，例如，“IRF（脉冲响应函数），inf，gap”就表示通货膨胀冲击对产出缺口的影响。

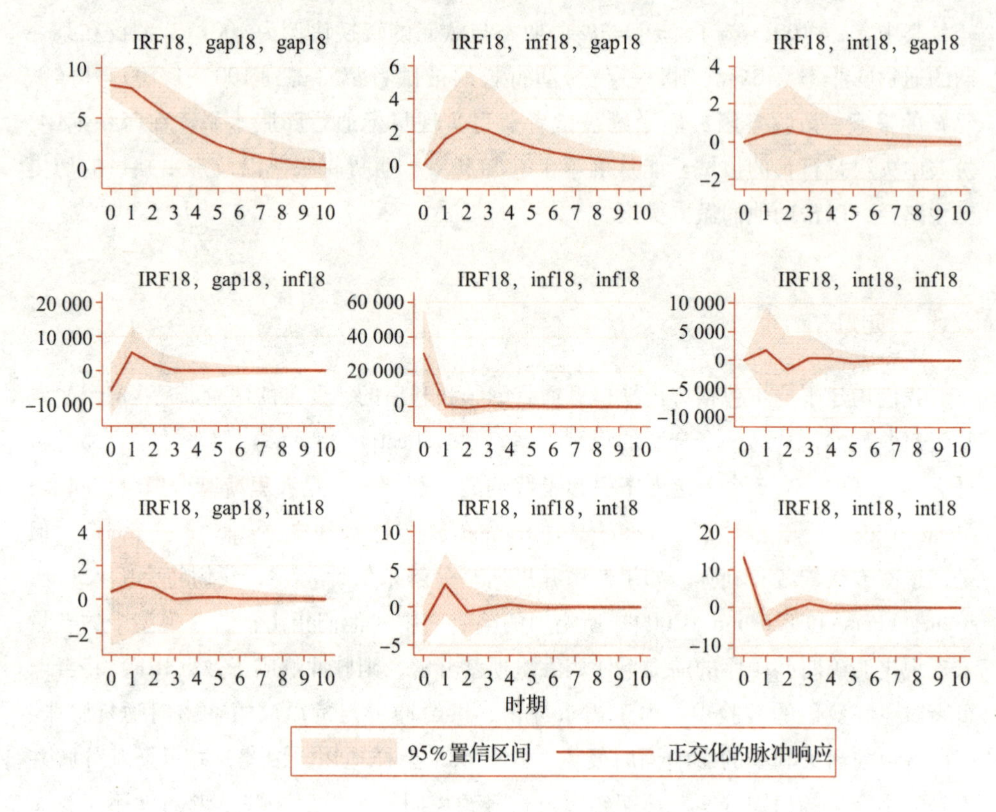

图 3-1 基准局的脉冲响应（模拟数据）

基于模拟数据的分析结果显示：产出缺口冲击会对自身产生正向且显著的影响，而对通货膨胀与利率的影响并不显著。产出缺口冲击对自身影响的显著性持续了 4 期，这也是模拟分析中唯一表现出持续性的一例。通货膨胀冲击和利率冲击对自身的影响虽然同样正向且显著，但都不具有任何持续性，且对自身以外的变量无显著影响。特别是货币政策冲击，对于产出缺口和通货膨胀几乎毫无影响。

因此我们预测：在基准实验局中，产出缺口冲击能够产生横跨多期的持续影响，而通货膨胀冲击与利率冲击的影响只局限在冲击发生的当期，并不具有持续性。参数结构相同的中央银行行长实验局也应满足上述预测。在低摩擦实验局的模拟结果（并未在此展示）中，除外生植入持续性的产出冲击外，其余所有的冲击均不具备持续性。[11]

3.4　实验结果

我们选取了两种方法来研究产出缺口、通货膨胀和利率对外生扰动的反应。在货币经济学领域的实证研究中，估计冲击持续性的最普遍的方法是构建结构向量自回归（SVAR）模型，并绘制脉冲响应函数图。由于在实验中多数冲击可以直接观察得到，可以通过 Romer 和 Romer(2004) 的方法完善我们的分析。

图 3-2 ~ 图 3-5 分别展示了 4 种实验局对应的各一场实验的脉冲响应函数，选取的依据是对同一局全部数据特征的代表性。全部 16 个场次的冲击持续性数据汇总于表 3A-1 中。

图 3-2 中不仅绘制出正交化的脉冲响应，还标注了使用自举法（bootstrap）计算出的 95% 置信区间。在图 3-2 中，标签的含义需要特别说明，例如标签（IRF X，inf X，gap X）就表示在第 X 组实验中，通货膨胀冲击对产出缺口的影响。

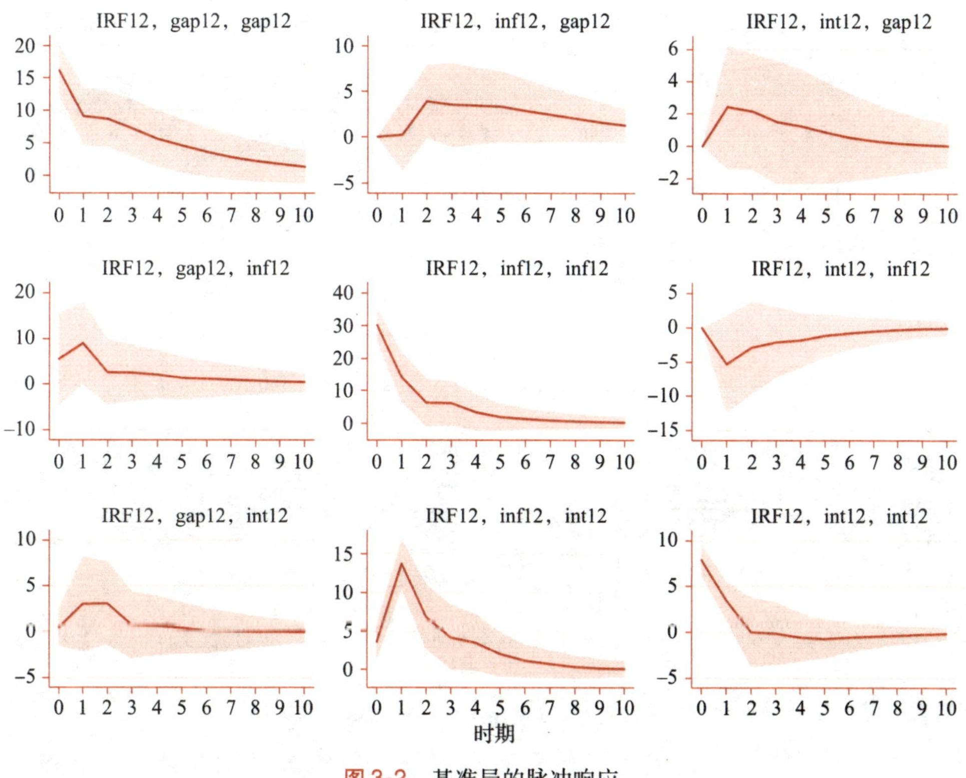

图 3-2　基准局的脉冲响应

通过 SVAR 分析可总结出大量普遍性的规律：产出缺口冲击能够引起自身的正向变动，而对通货膨胀产生的负向影响只能持续有限的几期。一次正向的产出冲击可视作一次生产率冲击，并能有效地激励最终产品市场的竞争行为。然而，产出冲击对利率的影响模糊不清，这是由于我们设定的泰勒规则仅对通货膨胀而非产出缺口做出反应。除对利率影响多数为正外，产出冲击的影响均与主要工业化经济体中的典型事实相一致（就美国而言，可参见 Christiano et al.，1997，2005）。

通货膨胀对通货膨胀冲击的反应在方向上保持一致，但持续性在不同的实验局中表现出显著差异：低摩擦实验局中几乎不具持续性，而在其他几局里（至少在部分场次中）又能持续一定期数。多数场次中产出缺口对通货膨胀冲击的反应在方向上一致，仅有两场反应方向相反且显著。同样地，利率对通货膨胀冲击的反应方向也大体一致，符合泰勒规则中稳定利率的目标设定，特别是中央银行行长局下的 4 场实验全部表现出这一特征。有关中央银行行长这种行为的深入研究可参见 Noussair 等人（2013b）的著作。

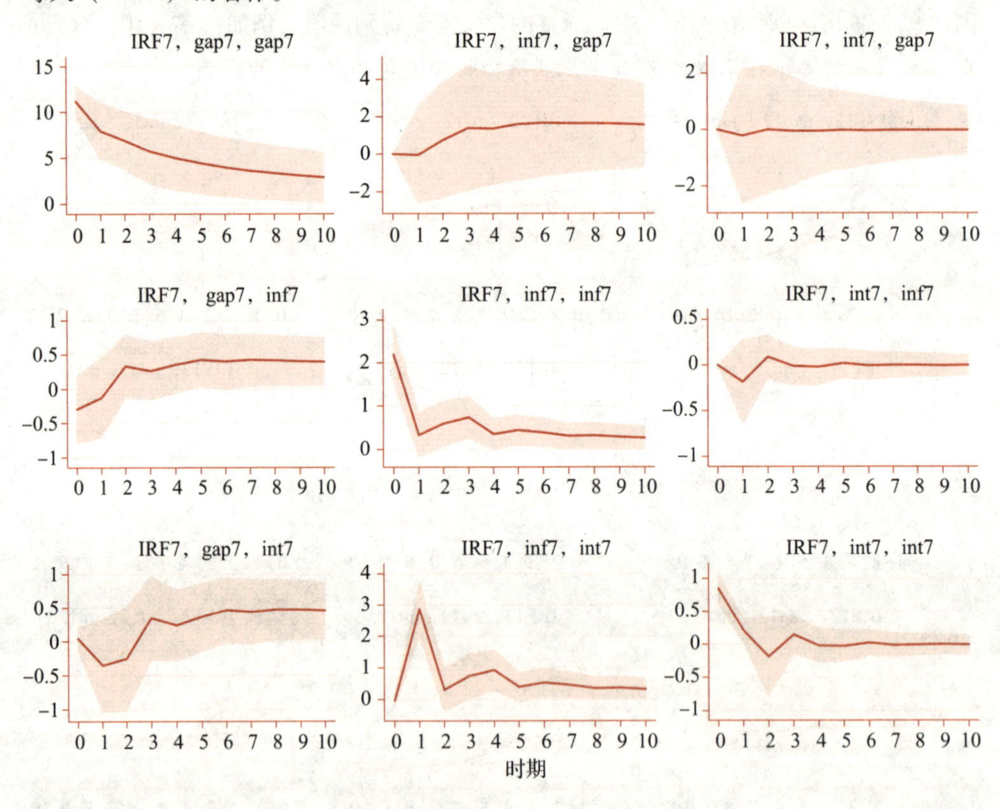

图 3-3 菜单成本局的脉冲响应

最后，我们要讨论是货币政策冲击。相较于其他几局依据式（3-11）的工具规则制定利率，中央银行行长局中的货币政策冲击存在本质不同。其中，货币政策冲击引致的利率变化在方向上非常相近，虽然在不同场次中冲击的持续性存在差异，但总体上都较其他局持久。值得注意的是，货币政策冲击不具备外生植入的持续性。我们设定的泰勒规则没有利率平滑性，而且扮演中央银行行长的被试者也不会因利率的波动而受损。

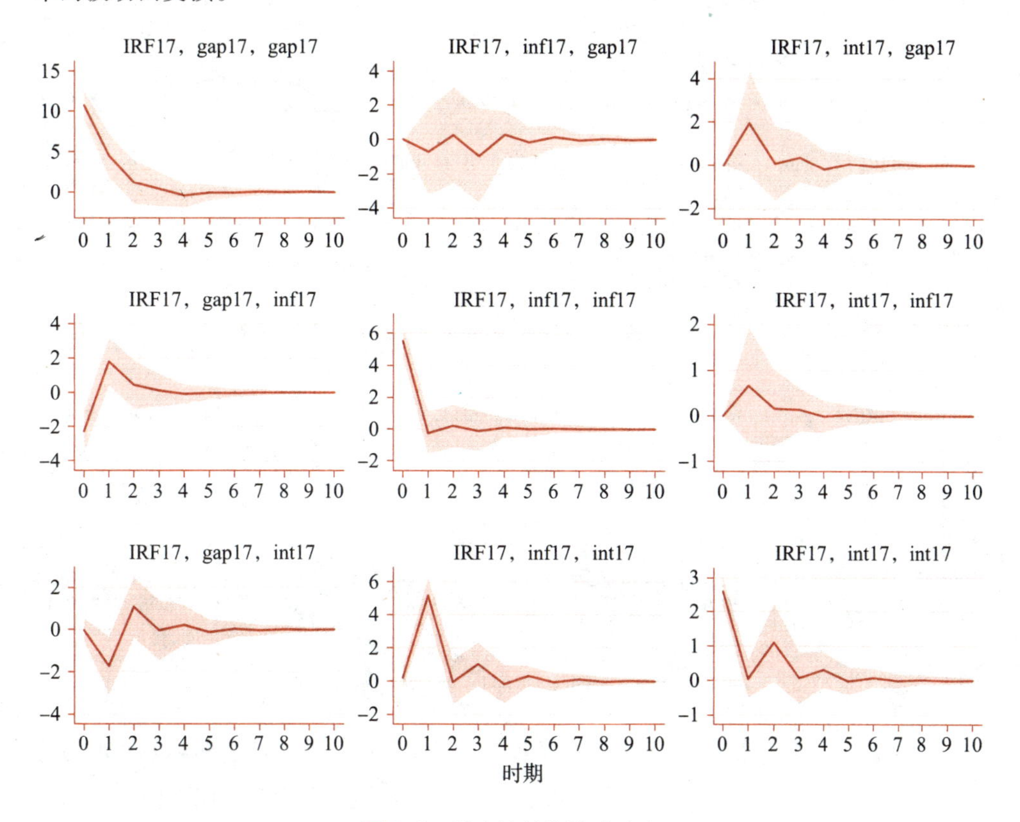

图 3-4　低摩擦局的脉冲响应

最近 30 年来，货币政策冲击对产出影响的持续性问题颇受关注，著述繁多。[12] 在所有实验局中，紧缩性货币政策冲击（即一次正的利率冲击）对产出缺口的影响均不持续，甚至一些情况下还扩大了缺口。依据设定，由于消费者能够通过储蓄积累财富，利率变化对消费者兼具替代效应与收入效应，故原则上利率升高能够提高产出。宏观经济学实证研究中的现实情况往往与此相反。我们的实验结果之所以与理论预期相背，可能是由于在实验经济中利率未进入供给部门。多数场次中紧缩货币政策会提高通货膨胀（并不显著），利用 VAR 研究货币政策传导机制的文献亦普遍发现了相似现象，一些学者（Eichenbaum，1992；Sims，1992）将其称作**价格之谜（prize puzzle）**。4 种实验局里低摩擦局中的货币政策冲击对通货膨胀和产出的影响最缺乏持续性。

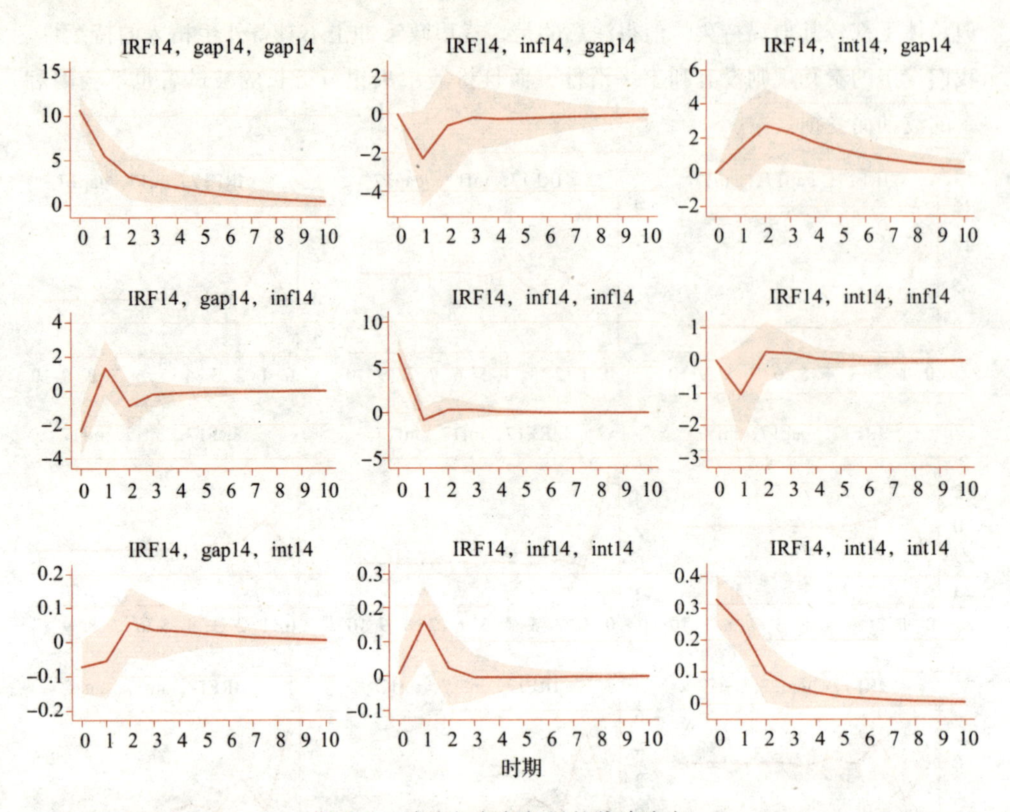

图 3-5　中央银行行长局的脉冲响应

图 3-2 ~ 图 3-5 显示，在菜单成本局和基准局中，产出缺口冲击和利率冲击的持续性非常接近；此外，低摩擦局中冲击的持续性较弱，几乎均在一期以内。为了比较不同实验局中冲击的持续性，我们设计了一个简单的检验方法：先计算出在产出缺口、通货膨胀与利率发生 1 单位标准差的冲击后，其自身偏离长期均衡值的期数，如表 3-2 所示；随后使用非参数检验（nonparametric tests），以场为单位比较不同实验局的持续期数。

表 3-2　冲击的持续性

实验局	时期数										
	产出缺口				通货膨胀				利率		
基准	10	3	10	6	0	0	0	1	1	0	0
菜单成本	10	10	4	2	1	6	1	0	0	1	1
低摩擦	1	2	2	1	0	0	0	0	0	0	0
中央银行行长	3	1	3	5	0	8	0	0	2	9	5

正如表 3-2 所示，除中央银行行长局外，货币政策冲击对利率的影响均未表现出

持续性。非参数检验下该实验局与另外三者的差异在5%的水平下显著。就通货膨胀冲击对其自身的影响而言，唯一的显著区别（5%的显著性水平）出现在菜单成本局和低摩擦局之间。而对于产出缺口来说，基准局和菜单成本局表现出的持续性远远高于另外两者。Kruskal-Wallis 检验显示，这种差异在5%的水平下显著。基准局与中央银行行长局之间也存在着显著不同（10%水平下）。模拟的估计结果显示（见图3-1），产出缺口对自身的影响将持续4~5期。由此可见，无论是中央银行行长局还是低摩擦局，产出缺口冲击的持续性均弱于理论预测，而在基准局和菜单成本局对应的多数场次中，持续性较理论预测更强。

不同冲击对利率、通货膨胀和产出缺口变动的决定作用，可通过对VAR估计做方差分解进行测度（见表3A-2）。从中我们发现，中央银行行长局与另外三者存在明显不同。另外，三局中通货膨胀冲击解释了绝大部分的利率波动，而在中央银行行长局中，利率波动更多地通过利率平滑得到解释。

此外，除了中央银行行长局的货币政策冲击，其余所有冲击均可直接观察到，故可应用Romer和Romer(2004）的分析框架来研究这些冲击的响应。据此，我们构建了一个产出和通货膨胀的一阶滞后两变量VAR模型，并将冲击作为外生变量引入；针对中央银行行长局，则构建了一个产出缺口、通货膨胀和利率的一阶滞后三变量VAR模型，并将生产率与偏好冲击作为外生变量。遗憾的是，利用该分析框架无法测度中央银行行长局下货币政策冲击的影响，因此无法一起探讨所有种类的冲击，所以，仅将其作为对SVAR分析的补充。依据Romer & Romer(2004）方法，我们计算出对一期内发生的以下3种冲击的脉冲响应：利率增长100基点[⊖]、生产率提高10%和偏好H提高1%。由于实验中的劳动雇佣决策是离散的，生产率冲击至少达到10%才能有效改变企业行为。与Romer & Romer(2004）的方法相一致，我们采用66%的置信区间。图3-6~图3-9分别选取每局对应的一组展示结果。

上述分析显示，就产出和通货膨胀的动态变化而言，偏好冲击比生产率冲击更加重要。其对产出和通货膨胀的驼峰型影响兼具显著性和持续性。偏好冲击对产出的影响不出预料均为正向，而对通货膨胀的影响则在基准局和低摩擦局中为负。偏好冲击对产出的影响至少持续7期（低摩擦局中），在基准局和菜单成本局甚至达到10期以上。相较于SVAR模型的结果，该方法下的冲击表现出更强的持续性，不过这一点仅体现于偏好冲击上。低摩擦局中偏好冲击对通货膨胀的影响在3期内显著；菜单成本局中的显著影响更持续了10期之久。相较而言，SVAR方法显示全部16场里只有2场有冲击对通货膨胀产生持续影响。这是二者在结果

⊖ 1基点等于0.01%，100基点即为1%。——译者注

上最主要的区别。此外，两种方法中货币政策冲击对产出和通货膨胀均无显著影响。在 Romer & Romer(2004) 的分析框架下，生产率冲击也并未对任何变量造成显著影响。

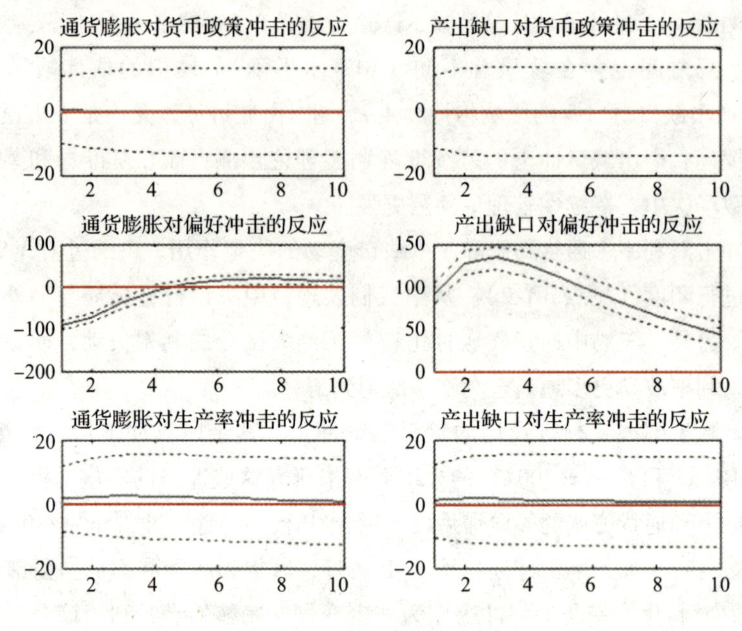

图 3-6 第 2 组：基准局

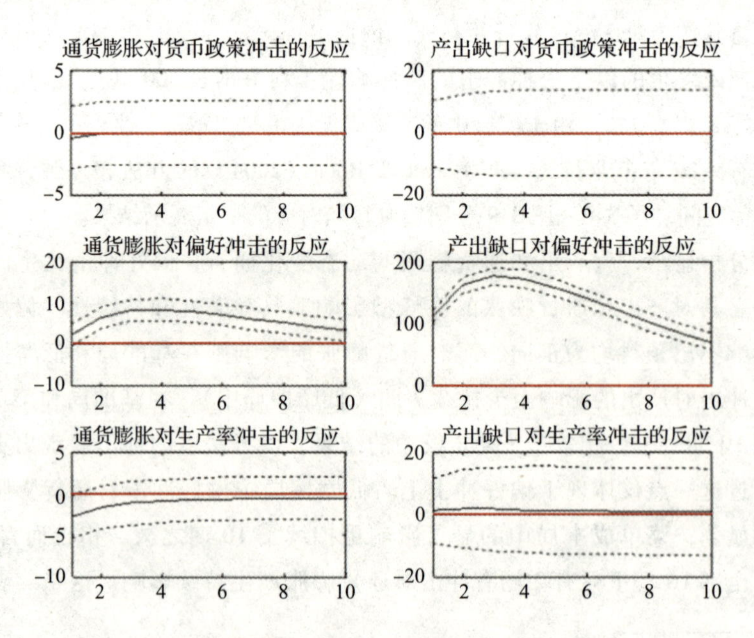

图 3-7 第 7 组：菜单成本局

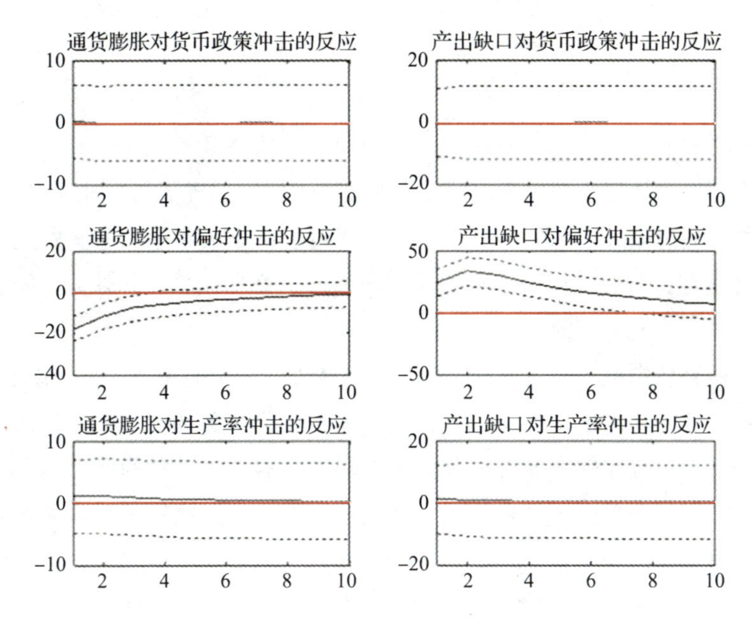

图 3-8　第 17 组：低摩擦实验局

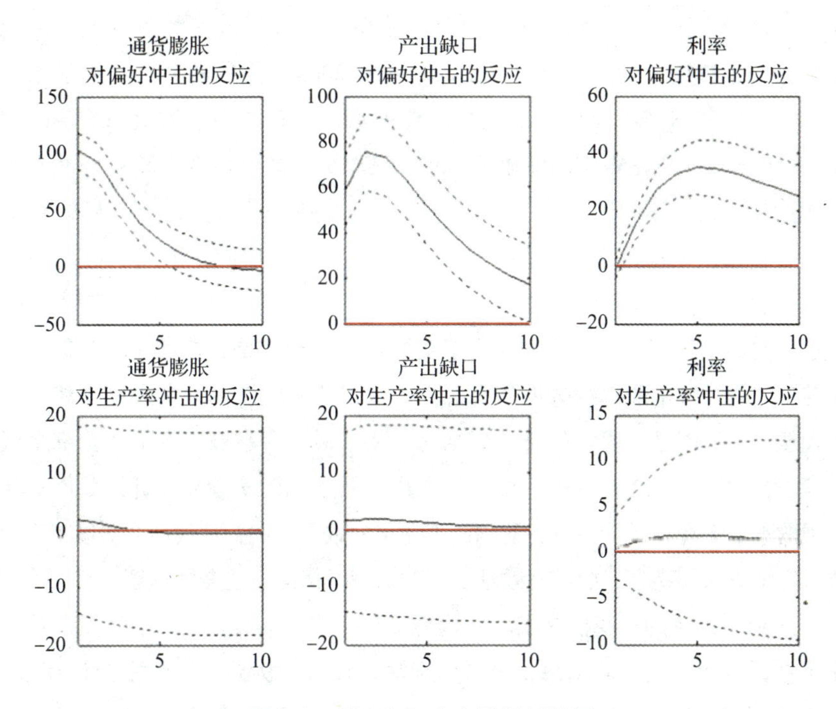

图 3-9　第 5 组：中央银行行长局

3.5 结论

本章中，我们在实验室内构建了一个由个体决策者构成的 DSGE 经济。通过实验，我们在不对主体行为施加任何假设的前提下，尽力实现了与标准新凯恩斯 DSGE 经济的近似。通过设计不同的实验局，我们探讨了菜单成本假设与垄断竞争是否构成摩擦（经济理论与现实保持一致的关键因素）的必要条件。此外，本实验还能检验主体行为是否构成摩擦的独立原因。

我们的研究特别关注产出市场摩擦和冲击持续性之间的关系。在新凯恩斯 DSGE 模型的理论中，除却冲击自身的持续性外，垄断竞争和名义刚性都是冲击具有持续性的必要条件。通过比较基准局和菜单成本局的实验结果，我们能够在其他因素不变的前提下，探讨菜单成本带来的额外摩擦的影响。通过比较基准局和低摩擦局的结果，则能够分离出垄断竞争的影响。研究发现，垄断竞争和主体行为的共同作用，增强了冲击对产出影响的持续性；是否加入价格摩擦[⊖]对持续性并无显著影响。然而，除了 Romer & Romer(2004）的分析框架下的偏好冲击，我们实验中没有任何一种冲击能对通货膨胀产生持续影响。此外，菜单成本并不能使货币政策冲击对产出或通货膨胀产生持续影响。尽管 Romer & Romer(2004）方法的分析结果显示偏好冲击是造成通货膨胀与产出缺口变动的最主要因素，但其结果总体上与 SVAR 方法相同。Romer & Romer 方法得到的结果还显示，菜单成本能够适度提高偏好冲击对通货膨胀影响的持续性。不同于另外三局采用的工具规则，中央银行行长局中利率由被试者设定，货币政策冲击也较另外三者更加持续。尽管如此，该局中产出缺口冲击的持续性却较另外三者更弱。

上述所有结论是否成立，关键取决于我们构建的经济是否能够良好运转，只有在一个运转良好的经济中取得的数据才有意义。这意味着经济的复杂程度不能超出被试者的处理能力。数据显示我们的研究满足这一要求，不存在被试者浪费全部金钱或者持续决策失当的情况。结合两种实证分析方法以及不同的实验局设计，我们对问题做出了直观的事后解释，尽管与事前的预测不完全一致。因此，从我们的角度来看，将实验与传统实证方法相结合，能够有效地加深对宏观经济运行机制的理解。

为了达到研究目的，我们在实验室内对 DSGE 的基本假设进行了适度调整。这些调整中哪些因素影响了实验结果，值得后续深入探讨。例如，实验中允许现金储蓄，而禁止产品留存。反过来，未来的研究中则可以考虑反其道而行，抑或将二者同时

⊖ 依据前文，特别是摘要和引言，疑有误，应为“菜单成本”。——译者注

禁止。我们选择了一种特定的方式实现产品市场的垄断竞争，而这绝不是唯一途径（参见 Fenig et al.，2013）。最后，相较我们选用的双向拍卖机制，劳动市场若采用**双边讨价还价**（bilateral bargaining）或**公告投标规则**（posted bid rules）可能也将影响被试者的行为。在后两种规则下，雇主率先公布工资水平，而后劳动者选择是否接受。

注　释

1. 菜单成本的一种替代方案是 Calvo 定价（Calvo,1983）。但是，与菜单成本假设相比，Calvo 定价得到的实证支持较少。
2. 有很多实验研究讨论了利率的决定问题（参见 Engle-Warnick & Turdaliev,2010）。他们与我们的研究在很多方面存在差异，其中，最根本的区别恐怕在于，他们的实验中并未同时涵盖由被试者扮演的消费者和生产者。另有一些关于生产的实验研究了投入产出市场的相互作用，可参见 Noussair,Plott 和 Riezman（2007），或 Fenig,Mileva 和 Petersen（2013）的著作。
3. 对于中央银行行长实验局而言，由于无法观察到货币政策冲击，应用该方法需要格外谨慎。
4. 后面将介绍每场实验结束时剩余的储蓄如何转化为消费。
5. 一旦产品市场开放，全部生产者的定价都将显示在消费者的屏幕上。随后，消费者就能根据自己的意愿进行购买。消费者点击一次则购买 1 单位的产品，产品依据购买的先后分配给消费者。当某一生产者生产的产品售空后，新的购买将被拒绝，并且，消费者的屏幕上会显示出“产品售罄”的提示。
6. 我们在实验中设定利率紧密围绕 0. 1% 水平。在基准实验局、菜单成本实验局和低摩擦实验局中，可以通过比较泰勒规则预示的利率与 0. 1% 水平的利率，从而识别货币政策冲击。
7. 除该参数之外的唯一区别在于偏好冲击（$H_{ij,t=0}$）的初始值。具体数据参见 Noussair 等人（2013a）的研究附录。
8. 为实现该目标，我们假设实验在效用贴现递减的情形下一直延续，进而计算消费者在拥有以上储蓄的情况下，通过最优的储蓄、劳动和商品购买决策（劳动和商品价格选用实验中的平均价格）所能获得的最大报酬。因此，消费者在一场实验中所获得的总报酬为，依据式(3-1)[⊖]计算得到报酬与上述剩余储蓄转换的报酬之和。而对于生产者而言，实验中实现的利润与欧元的换算比例为 100 : 1。
9. 尽管利润每一期末都从企业账户转移到消费者账户中，但仍可见于参与者的账面记录。利润将由 ECU 换算为欧元，支付给扮演厂商的参与者。这是为了营造与理论模型相同的激励与结构。

⊖ 原文为“（6）”，对照前文，疑有误。——译者注

10. 该校准以下述形式执行：假设消费者和厂商每期最大化自身效用（利润），保证经济中的利润水平为11%，进而模拟得出经济中的福利水平，并通过初始冲击参数保证两种实验局的福利相等。
11. 对于菜单成本实验局，同一种模拟方法并不适用。因为，在该局中预期数据对于价格的求解非常重要，然而，预期数据无法获得。
12. Romer & Romer（2004）展示了另外一种分析框架。他们同样利用 SVAR，并用货币政策冲击替代利率。我们可以在中央银行行长实验局以外的其他三局应用该方法。除了货币政策冲击对通货膨胀的影响外，这种新方法所得结果与 SVAR 方法非常类似。在该分析框架下，当触碰到零下界约束时，大幅冲击常导致脉冲响应的方向相反。又因为实验期数有限，我们无法沿用 Iwata 和 Wu（2006）在零下界约束生效的情况加入一个虚拟变量的方法。

致 谢

我们在此向以下个人和组织表示感谢：John Duffy、Shyam Sunder、Oleg Korenok、Steffan Ball、Ricardo Nunes、Michiel De Pooter、Wolfgang Luhan、联邦储备基金监察小组（Federal Reserve Board）的成员、第一届与第二届宏观经济学理论与实证年会（巴塞罗那）、2011 年计算经济学与金融学年会（旧金山）、2011 年中西部经济学年会（纳什维尔）、2011 年 SEA 年会（华盛顿）、DSGE 暨波兰中央银行年会（华沙）、2010 年美国北部 ESA 年会（图森）、WISE 实验经济学与金融国际会议（厦门）、第五届行为与实验经济学北欧年会（赫尔辛基）、2010 年国际 ESA 会议（哥本哈根）。我们还要感谢 Blaz Zakelj 在程序编写方面的帮助；Damjan Pfajfar 特此感谢玛丽·居里（Marie Curie）基金项目（项目编号：PIEF-GA-2009-254956—EXPMAC）的经费支持。

参考文献

Ball, L., & Mankiw, N. G. (1995). Relative-price changes as aggregate supply shocks. *The Quarterly Journal of Economics*, *110*(1), 161–193.

Barro, R. J. (1972). A theory of monopolistic price adjustment. *The Review of Economic Studies*, *39*(1), 17–26.

Calvo, G. A. (1983). Staggered prices in a utility-maximizing framework. *Journal of Monetary Economics*, *12*(3), 383–398.

Carlstrom, C. T., Fuerst, T. S., & Paustian, M. (2009). Monetary policy shocks, Choleski identification, and DNK models. *Journal of Monetary Economics*, *56*(7), 1014–1021.

Chari, V., Kehoe, P. J., & McGrattan, E. R. (2008). Are structural VARs with long-run restrictions useful in developing business cycle theory? *Journal of Monetary Economics*, 55(8), 1337–1352.

Chari, V. V., Kehoe, P. J., & McGrattan, E. R. (2000). Sticky price models of the business cycle: Can the contract multiplier solve the persistence problem? *Econometrica*, *68*(5), 1151–1179.

Christiano, L., Eichenbaum, M., & Evans, C. (2005). Nominal rigidities and the dynamic effects of a shock to monetary policy. *Journal of Political Economy*, *113*(1), 1–45.

Christiano, L. J., Eichenbaum, M., & Evans, C. L. (1997). Sticky price and limited participation models of money: A comparison. *European Economic Review*, *41*(6), 1201–1249.

Clarida, R., Galí, J., & Gertler, M. (1999). The science of monetary policy: A new Keynesian perspective. *Journal of Economic Literature*, *37*(4), 1661–1707.

Eichenbaum, M. (1992). Interpreting the macroeconomic time series facts: The effects of monetary policy: By Christopher Sims. *European Economic Review*, *36*(5), 1001–1011.

Engle-Warnick, J., & Turdaliev, N. (2010). An experimental test of Taylor-type rules with inexperienced central bankers. *Experimental Economics*, *13*(2), 146–166.

Faust, J., & Leeper, E. M. (1997). When do long-run identifying restrictions give reliable results? *Journal of Business & Economic Statistics*, *15*(3), 345–353.

Fenig, G., Mileva, M., & Petersen, L. (2013). *Asset trading and monetary policy in production economies*. Discussion Papers dp13-08, Department of Economics, Simon Fraser University.

Fischbacher, U. (2007). Z-Tree: Zurich toolbox for readymade economic experiments. *Experimental Economics*, *10*(2), 171–178.

Iwata, S., & Wu, S. (2006). Estimating monetary policy effects when interest rates are close to zero. *Journal of Monetary Economics*, *53*(7), 1395–1408.

Jeanne, O. (1998). Generating real persistent effects of monetary shocks: How much nominal rigidity do we really need? *European Economic Review*, *42*(6), 1009–1032.

Leeper, E. M., Sims, C. A., Zha, T., Hall, R. E., & Bernanke, B. S. (1996). What does monetary policy do? *Brookings Papers on Economic Activity*, *1996*(2), 1–78.

Lian, P., & Plott, C. R. (1998). General equilibrium, markets, macroeconomics and money in a laboratory experimental environment. *Economic Theory*, *12*(1), 21–75.

Mankiw, N. G. (1985). Small menu costs and large business cycles: A macroeconomic model of monopoly. *The Quarterly Journal of Economics*, *100*(2), 529–537.

Nakamura, E., & Steinsson, J. (2008). Five facts about prices: A reevaluation of menu cost models. *Quarterly Journal of Economics*, *123*(4), 1415–1464.

Noussair, C., Plott, C., & Riezman, R. (2007). Production, trade, prices, exchange rates and equilibration in large experimental economies. *European Economic Review*, *51*(1), 49–76.

Noussair, C. N., Pfajfar, D., & Zsiros, J. (2013a). Frictions in an experimental dynamic stochastic general equilibrium economy. Mimeo. Tilburg University.

Noussair, C. N., Pfajfar, D., & Zsiros, J. (2013b). Pricing decisions in an experimental dynamic stochastic general equilibrium economy. Mimeo. Tilburg University.

Pesaran, H. H., & Shin, Y. (1998). Generalized impulse response analysis in linear multivariate models. *Economics Letters*, *58*(1), 17–29.

Plott, C. R., & Gray, P. (1990). The multiple unit double auction. *Journal of Economic Behavior and Organization*, *13*(2), 245–258.

Romer, C. D., & Romer, D. H. (2004). A new measure of monetary shocks: Derivation and implications. *American Economic Review*, *94*(4), 1055–1084.

Rotemberg, J. J. (1982). Monopolistic price adjustment and aggregate output. *Review of Economic Studies*, *49*(4), 517–531.

Rotemberg, J. J., & Woodford, M. (1997). An optimization-based econometric framework for the evaluation of monetary policy. *NBER Macroeconomics Annual*, *12*, 297–346.

Sims, C. A. (1992). Interpreting the macroeconomic time series facts: The effects of monetary policy. *European Economic Review*, *36*(5), 975–1000.

Smets, F., & Wouters, R. (2007). Shocks and frictions in US business cycles: A Bayesian DSGE approach. *American Economic Review*, *97*(3), 586–606.

Smith, V. L. (1962). An experimental study of competitive market behavior. *The Journal of Political Economy*, *70*(2), 111–137.

Smith, V. L. (1982). Microeconomic systems as an experimental science. *The American Economic Review*, *72*(5), 923–955.

Smith, V. L. (1994). Economics in the laboratory. *Journal of Economic Perspectives*, *8*(1), 113–131.

附录3A

表 3A-1 冲击的持续性

冲击 \ 影响		时期数											
		产出缺口				通货膨胀				利率			
产出缺口	基准实验局	10	3	10	6	0	0	0	0	0	3	0	0
	菜单成本实验局	10	10	4	2	0	0	0	2	0	0	2	1
	低摩擦实验局	1	2	2	1	1	0	0	0	10	0	0	0
	中央银行行长实验局	3	1	3	5	10	0	0	0	8	0	0	4
通货膨胀	基准实验局	0	0	0	0	0	0	0	1	0	0	0	0
	菜单成本实验局	0	0	0	0	1	6	1	0	0	0	0	1
	低摩擦实验局	0	0	0	1	0	0	0	0	7	0	0	0
	中央银行行长实验局	0	0	0	0	0	8	0	0	9	0	0	0
利率	基准实验局	0	0	0	0	1	1	1	1	1	0	0	1
	菜单成本实验局	0	0	0	0	1	2	1	1	0	1	1	1
	低摩擦实验局	0	1	0	1	1	1	1	1	0	0	0	0
	中央银行行长实验局	0	5	0	0	10	10	1	1	9	5	2	2

表 3A-2 冲击的方差分解

冲击 \ 影响		第 5 期的方差分解（%）											
		产出缺口				通货膨胀				利率			
产出缺口	基准实验局	93	82	94	90	20	7	5	10	7	10	3	5
	菜单成本实验局	44	97	80	83	51	9	2	7	51	3	5	8
	低摩擦实验局	61	95	96	96	11	18	5	22	6	13	5	10
	中央银行行长实验局	55	94	97	87	6	6	12	16	2	28	10	6
通货膨胀	基准实验局	6	5	4	7	79	93	94	87	72	69	75	75
	菜单成本实验局	56	2	13	11	48	91	96	85	41	76	84	71
	低摩擦实验局	10	4	4	1	83	82	93	77	61	71	75	70
	中央银行行长实验局	34	3	2	3	77	91	84	82	55	32	44	12

（续）

冲击 \ 影响		第 5 期的方差分解（%）											
		产出缺口				通货膨胀				利率			
利率	基准实验局	1	13	2	3	1	0	1	3	21	21	22	20
	菜单成本实验局	0	1	7	6	1	0	2	8	8	21	11	21
	低摩擦实验局	29	1	0	3	6	0	2	1	33	16	20	20
	中央银行行长实验局	11	3	1	10	17	3	4	2	42	40	46	82

实验说明

本节为实验说明。在实验中，每一名被试者得到的实验说明相同。实验说明以纸质材料形式下发，并由实验组织者在每一场开始前宣读。此处展示的是中央银行行长实验局所使用的实验说明。

概述

你将参加一个有关市场决策行为的经济学实验。实验说明很简单，如果你能够完全理解、依其而行，并做出明智的决策，将会在实验结束时获得较为可观的现金报酬。虽然实验中的交易使用的是实验货币单位（简称 ECU），但是实验结束后支付给你的报酬是欧元。

实验将会持续至少 50 期。在整个实验过程中，你将扮演消费者、生产者或中央银行行长 3 种身份之一，且身份始终不变。如果你是一名消费者，可以通过出售劳动来获得收入，并购买产品进行消费；如果你是一名生产者，可以购买劳动用于生产，随后出售产品以获得利润；如果你是中央银行行长，则是通过制定合适的货币政策，使通货膨胀接近于给定的通货膨胀目标来获利。在实验说明的最上方，你会看到一条指令，给出你所扮演的角色。

有关消费者的特殊说明

出售劳动。在每一期开始时，你有机会出售自己的劳动，并获得以 ECU 表示的收入。你的电脑屏幕上将显示如下内容：

你通过为每 1 单位的劳动报价的方式，出售自己的劳动，其中将会用到位于屏幕上面一行中间位置的“劳动市场”（Labor market）表格。你有两种方式来出售劳动：

1. 你会收到生产者发布的劳动雇用出价：请观察“劳动市场”表中“购买需求”（Offers to buy）一列，高亮标注的即为厂商报出的工资水平。如果你愿意以该价格出售劳动，就单击红色的“出售”（Sell）按钮。

2. 你也可以向厂商报出自己的劳动售价，并等待有厂商接受。此时，请在“你的报价”（Your offer）一栏中输入期望的工资水平，然后选择“出售报价”（Offer to sell）将它提交到市场当中，你的报价随即显示在“出售报价”（Offer to sell）一栏，供生产者选择。但是，由于生产者有权利选择接受与否，你的售价有可能直到期末也未成交。

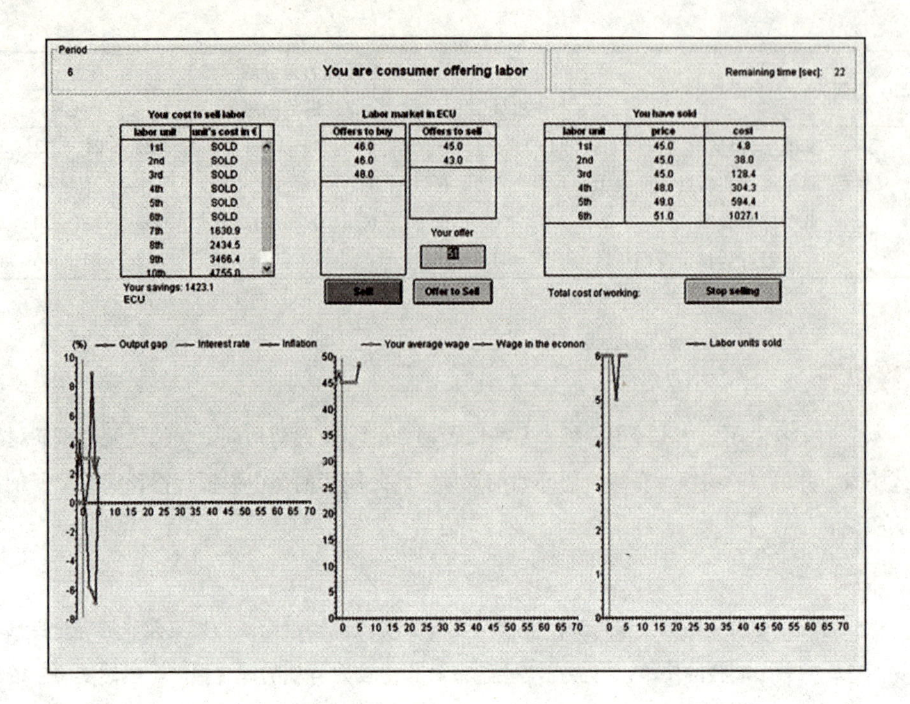

如果不想在当期继续出售劳动，单击“停止出售”（Stop selling）按钮。

出售每1单位劳动，你都需要付出以欧元计算的成本。在电脑屏幕左上角“出售劳动的成本”（Your cost to sell labor）表格中，可获知你此时出售1单位劳动所要付出的成本。换算比例是，1单位兑0.01欧分。比如，此处400单位的成本即相当于4欧分的现金损失。该表中的每一行对应你的1单位劳动。第1行即为当期出售第一单位劳动的成本，第2行即为当期出售下一单位劳动的成本，依次类推。下一期出售每1单位劳动的成本较当期而言以1%的速度递减。

购买产品。每期当你完成劳动出售后，将有机会使用ECU购买产品。此时，电脑屏幕会出现如下信息。

电脑屏幕左上角的表格会帮助你进行购买决策。经济中存在3种产品——产品1、产品2和产品3，每种产品对应表中一列。“价格”（price）一行给出了以ECU表示的产品价格，该价格由生产者制定。

第2行给出了“下一单位产品的价值”（Next unit's value）[⊖]。该价值即为，购买产品后将获得的欧元报酬；随着同一期内购买同种产品的数量增加，下一单位该种产品的价值递减。此外，各期之间同种产品的价值随机增减，但平均而言，其以1%的速度逐期递减。

⊖ 此处原文为“Next unit's value per ECU”，但是依据后面的介绍，产品价值以欧元计算，对照原图后译者认为此处原文有误。——译者注第 3 行“下一单位产品的价值/价格”（Next unit's value/price）⊖中的数值为 1 单位产品的价值除以生产者的售价。最后一行中展示出当期你已购买的产品数量。

若要购买 1 单位的产品 1，单击“购买 1 单位产品 1”（buy a unit of good 1）按钮。购买另外两种产品的方式相同。若不想再购买任何产品，单击“退出购买”（Quit buying）按钮。

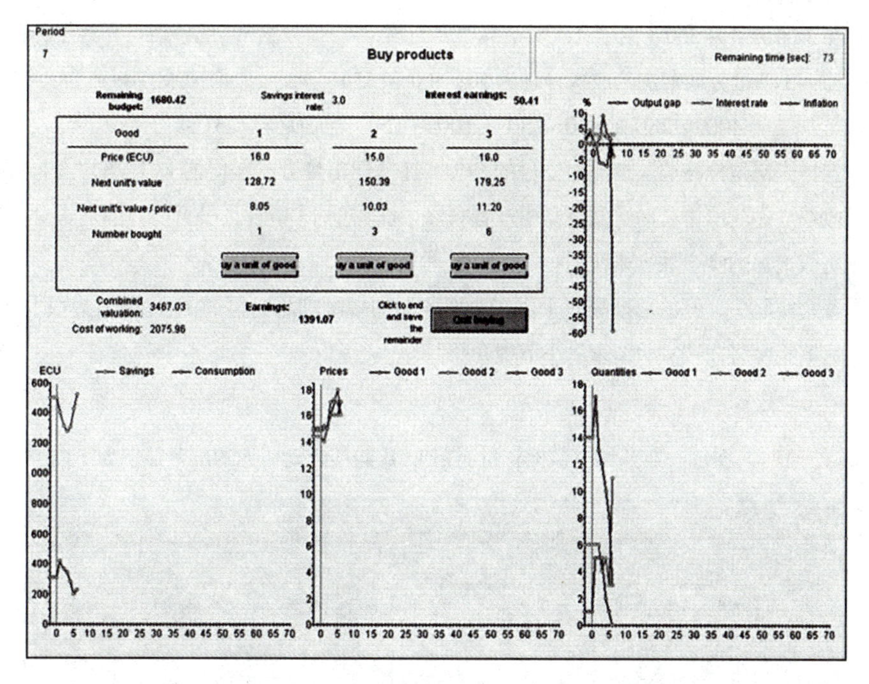

为之后留存储蓄。当期没有消费掉的 ECU 均会留存到下一期。跨期储蓄将带来利息，利率即为电脑屏幕上方的“储蓄利率”（Savings interest rate）。假设利率为 2%，在某期结束时你储蓄了 100 ECU，那么下一期初你将会得到 102 ECU。

注意，储蓄 ECU 涉及权衡取舍：如果在当期较多购买产品、较少储蓄，这就意味着你在当期获得的欧元报酬增加，但同时在之后各期可用的 ECU 也减少了。反过来的话，你在当期获得的欧元报酬将减少，但在之后可用的 ECU 将增加进而可以赚取更多报酬。在任意一期中，你所能够使用的 ECU 不能超过自己拥有的数量。

你在厂商利润中的份额。在每一期结束时，你还能收到一份额外的收入（ECU），这和厂商的总利润有关。每名消费者获得 3 个厂商利润总和的 1/3。关于厂商的利润是如何决定的，将在下一节中进行介绍。你可以理解为，消费者拥有每一个厂商的股份，因此可从厂商利润中分红。

⊖ 此处原文为“Next unit's value per ECU”，但是依据后面的介绍，产品价值以欧元计算，且“Next unit's value per ECU”在上一段就已出现，进一步对照原图后，译者认为此处原文有误。——译者注

作为一名消费者如何赚钱。每一期你获得的以欧元形式支付的总报酬等于，购买的全部产品的价值之和，减去售出的劳动数量的成本之和。

例如，假设在实验的第5期，你购买了2单位产品1和1单位产品3，并且出售了3单位的劳动。你所购买的第一单位的产品1的价值是400，第二单位的产品1的价值为280；第一单位产品3的价值为350（见于“购买产品”界面的“下一单位产品的价值”一栏），而售出的第1、2、3单位劳动对应的成本分别为50、100和150。至此，你能获得的报酬为：

$$400 + 280 + 350 - 50 - 100 - 150 = 730 = 7.3(\text{欧分})$$

注意，无论是你在购买产品时支付的ECU，还是你出售劳动获得的ECU都并没有直接计入你的收益。你从出售劳动、储蓄和生产者利润中获得的ECU收益很重要，但是毕竟它们是你用来购买产品的唯一收入来源。

在整个实验中，你的总报酬等于你在全部各期的报酬加总，再加上在实验结束时的一笔奖金。这笔奖金将在“实验结束”小节中介绍。

有关生产者的特殊说明

购买劳动。在每一期开始时，你有机会用ECU购买劳动。你的屏幕显示如下内容。

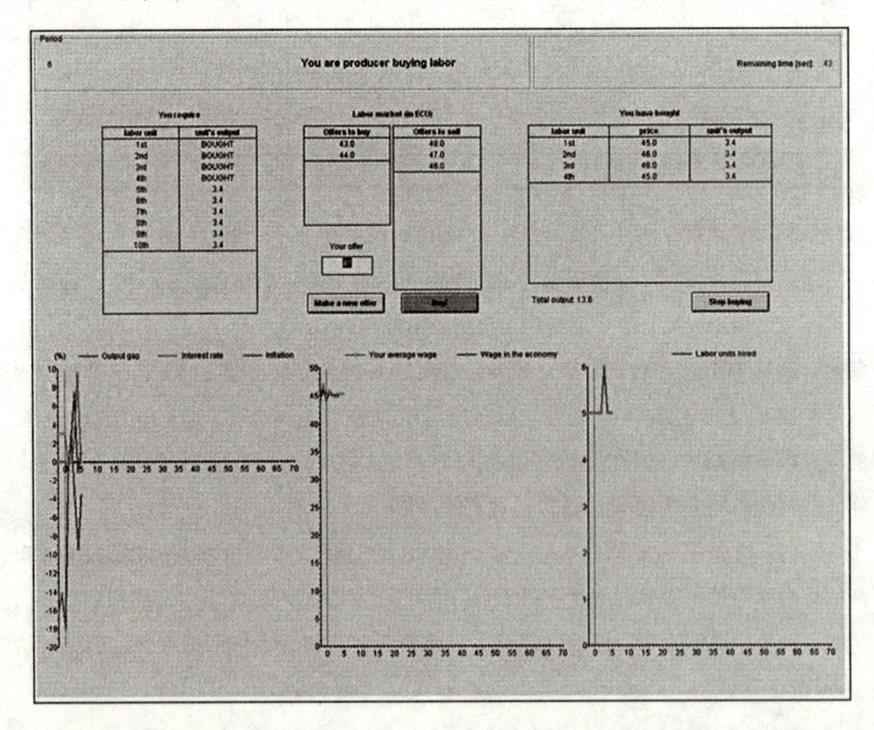

你可以购买任何工资（ECU）水平的劳动。购买劳动将用到位于屏幕上边一行中间位置的“劳动市场”表格。共有两种购买方式：

1. 接受一个消费者给出的劳动报价：首先，在“出售报价”一列，高亮显示你愿意接受的报价，随后单击“购买”（buy）按钮。

2. 给出购买劳动的报价，并等待有消费者接受这份报价：首先，在“我的报价”（Your offer）一栏中输入愿意给出的工资，然后单击“新的报价”（Make a new offer）按钮，将该报价提交到市场中。随后，你的报价将出现在“购买需求”一栏中。该报价有可能被劳动出售者接受，也有可能直到期末仍无人问津。

屏幕左上方的“你的需要”（You require）表格能帮助你进行劳动购买决策。表格第一列是你可以购买的各单位劳动，“1st”表示当期购买的第一单位劳动，“2nd”表示当期购买的第二单位劳动，依次类推。第 2 列则表示左侧每 1 单位劳动所能生产的产品数量。在上图中，每一单位劳动生产 3. 4 单位的产品。

销售产品。劳动市场关闭之后，购买的全部劳动将自动地生产出产品。经济中的产品共有 3 种（产品 1、产品 2 或产品 3），你是自己所生产的这种产品的唯一生产和销售方。通过出售产品，可获得 ECU。此时，屏幕将会显示如下信息。

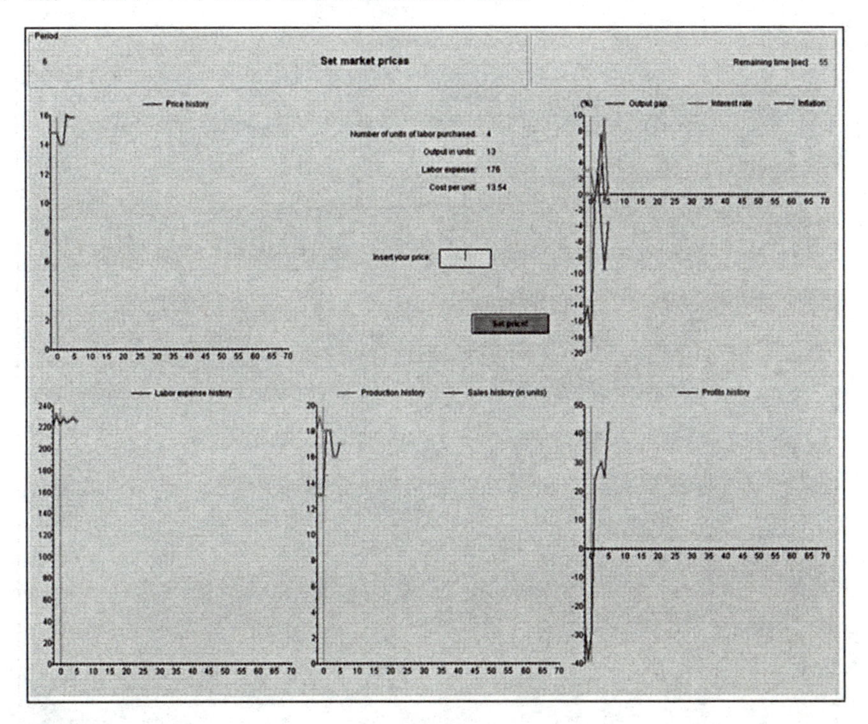

屏幕上方的中间位置，“已购劳动数量（Number of Units of Labor Purchased）”一栏为你在当期购买的劳动量。下面一栏则为这些劳动生产出的产品数量。相同劳动所能生产的产品数量在各期之间变化。“劳动支出”（Labor expense）一栏是你在当期购买劳动的总支出。

在“输入你的价格”（Insert your price）处输入你对 1 单位产品的要价（ECU）。决定报价并输入后，单击“确定价格”（set price）按钮。随后，该价格将展示给消费者，他们将有机会购买你的产品。

作为一名生产者如何赚钱。如果销售获得的 ECU 多于购买劳动所支出的 ECU，你便从中赚取了利润。

你在一期内的利润(ECU) = 销售产品所得(ECU) − 购买劳动的总支出(ECU)

在第 1 期中，ECU 与欧元的转换率为 $x:1$，因此在第 1 期：

$$你的欧元报酬 = x * (销售产品所得 - 购买劳动的总支出)$$

后续各期，从 ECU 到欧元的转换率随通货膨胀率而调整。

你的 ECU 余额在每期开始时清零。但是，每一期你获得的以欧元计价的利润将会累计，计算机将记录你的利润变化轨迹。你从实验中得到的总报酬取决于你在各期中的利润之和。

有关中央银行行长的特殊说明

设定利率水平。在整个实验中，包含你在内的 3 名被试者扮演中央银行行长的角色。每一期你们3 位将设定利率水平，这决定了消费者当期储蓄的回报。每期开始时，你将从屏幕上看到如下信息。

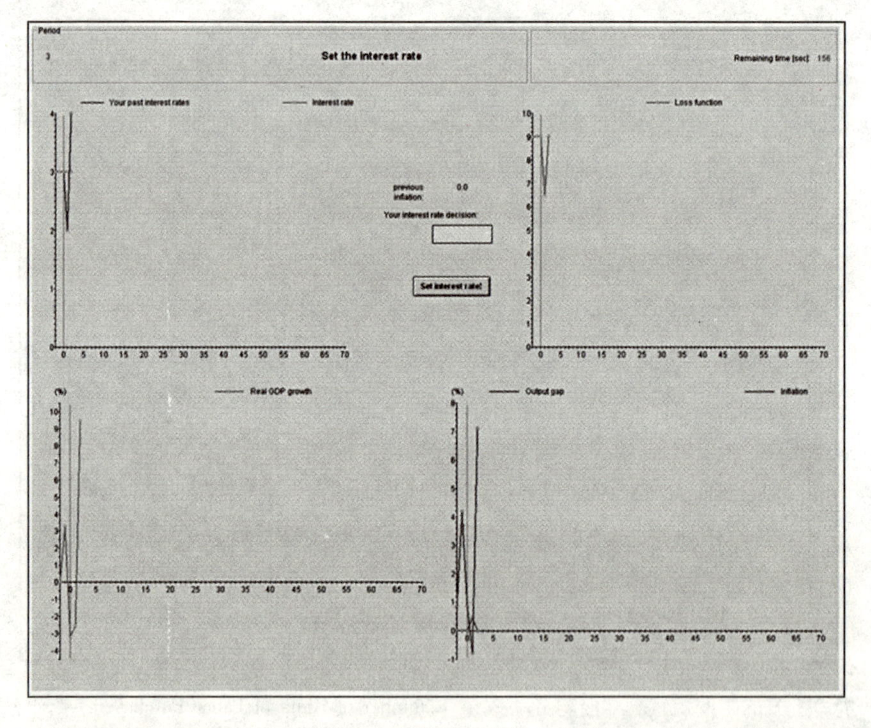

在“利率决定”（Interest Rate Decision）处，输入你在当期想要设定的利率水平。由于行长共有3 名，市场利率为你们 3 位中第二高（即中间值）的利率。

利率提高将激励消费者多储蓄、少消费，导致物价下跌，从而降低通货膨胀率。反过来，利率降低则会抑制储蓄、刺激消费并抬高物价。

作为中央银行行长如何赚钱。在每一期中，你的报酬取决于当期的通货膨胀。每期的通货膨胀由以下机制决定：分别计算本期和上期中 3 种产品的平均价格，进而计算当期相对于上一期的平均价格变化比率，即为通货膨胀率。

例如，在第 9 期中，3 种产品的价格分别为 60、65 和 70，当期平均价格则为 65。而在第 8 期中，3 种产品的价格分别为 55、55 和 70，上一期平均价格则为 60。在第 9 期中，价格水平相对于第 8 期增长了$(65-60)/60=0.0833=8.33\%$。注意，每期的价格既可能上升也有可能下降。

你在每期获得的报酬取决于本期的通货膨胀率与 $y\%$ 的接近程度。

具体来说，每一期中你的欧元报酬等于：$y-(\text{实际通货膨胀率}-y\%)^2$。

屏幕上的其他信息

每个界面中还有一些图表，传递给你关于市场状况的其他信息。你可以自由地应用这些信息辅助自己的决策。这些图表的横轴全都表示时期数。

消费者。如果你是一名消费者，这些图表包含以下变量的历史信息：

- 利率（储蓄 1 单位 ECU 带来的回报）
- 通货膨胀率（相邻两个时期之间，3 种产品平均价格的变化比率）
- 产出缺口（度量可生产的最大产量与实际产量之间差距的一种方式；缺口越小、产量越低）
- 你收到的工资（你所出售的劳动获得的工资）
- 经济中的平均工资（所有消费者通过出售劳动获得的工资的平均值）
- 你售出的劳动量
- 你的消费（你购买产品的支出）
- 你的储蓄（你有多少 ECU 没有用于购买产品）
- 3 种产品的价格
- 你对 3 种产品分别购买的数量

生产者。如果你是一名生产者，这些图表包含以下变量的历史信息：

- 利率
- 通货膨胀率
- 产出缺口
- 你所支付的工资（支付给你所购买的劳动）
- 经济中的平均工资
- 你购买的劳动量
- 你的劳动支出（购买劳动的支出）
- 你的产量（生产了多少产品）

- 你的销售量（销售了多少产品）
- 你的利润

中央银行行长。如果你是一名中央银行行长，这些图表包含以下变量的历史信息：

- 利率
- 你的报酬
- GDP，经济中总产出的一种衡量方式
- 产出缺口

结束实验

实验至少持续 50 期。你事先并不清楚实验在哪一期结束。实验结束时，消费者持有的 ECU 都会自动转化为欧元报酬。

如果你是一个消费者，我们将通过以下方式将你持有的 ECU 转换为欧元：假设实验在价值和成本递减的情形下一直延续，进而便可以计算出你在拥有这笔储蓄的情况下，通过最优的储蓄、劳动和商品购买决策（劳动和商品价格选用实验中的平均价格）所能获得的最大报酬。我们将把这笔报酬以欧元形式支付给你。

开始实验

在实验最开始两期中，我们会对工资报价和产品报价加以限制。你会在实验开始时获知这些限制条件。在第 3 期及以后，这些限制将解除。

其他实验局的实验说明的不同之处

在基准实验局和低摩擦实验局，除了“有关中央银行行长的特殊说明”部分，被试者得到的实验说明与上述完全相同。这两种实验局中的利率由计算机自动生成，而非被试者制定，故实验说明中并无“有关中央银行行长的特殊说明”部分。

在菜单成本实验局中，同样不存在“有关中央银行行长的特殊说明”，理由同上。然而只有菜单成本局的“出售产品”界面与另外三者不同，如上图所示。相应地，实验说明也将改为：

劳动市场关闭之后，购买的全部劳动将自动地生产出产品。经济中的产品共有 3 种（产品 1、产品 2 或产品 3），你是自己所生产的这种产品的唯一生产和销售方。通过出售产品，可获得 ECU。此时，屏幕将会显示如下信息。

屏幕上方的中间位置，“已购劳动数量”一栏为你在当期购买的劳动量。下面一栏则为这些劳动生产出的产品数量。相同劳动所能生产的产品数量在各期之间变化。“劳动支出”一栏是你在当期购买劳动的总支出。

在“输入你的价格”处输入你对 1 单位产品的要价（ECU）。决定报价并输入后，单击

“确定价格”按钮。随后，该价格将展示给消费者，他们将有机会购买你的产品。你在每一期均可以改变产品定价（相较于上一期），或保持价格不变。不过，如果你改变了定价，则必须为之支付成本。

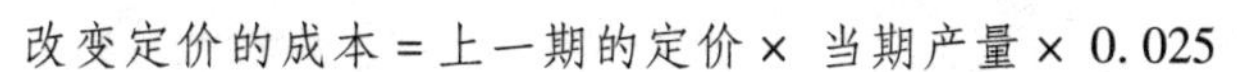

改变定价的成本 = 上一期的定价 × 当期产量 × 0.025

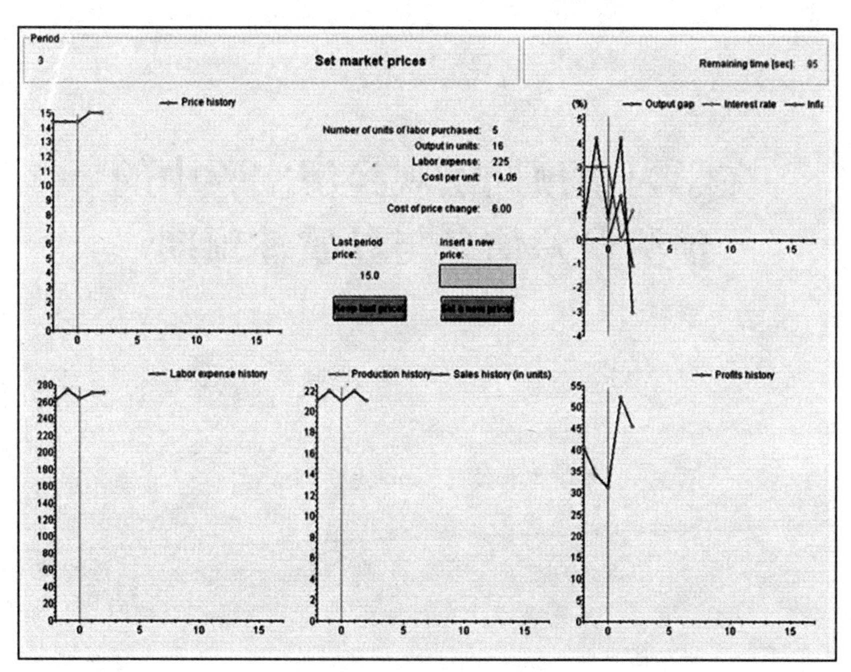

第4章

CHAPTER 4

在学习型预期宏观经济实验中的预测误差信息与异质性预期

摘　要： 本章在一个学习型预期（learning-to-forecast）的实验室实验中，激励被试者尽力准确预期通货膨胀和产出缺口，从而探讨了信息的易得性（accessible）与突出程度（focal）如何影响被试者的信念和注意力。除这两点之外，本章还研究了被试者的预测准确性、直觉推断（heuristics）以及总体稳定性中表现出的学习进程。实验证据表明，虽然被试者使用的直觉推断法呈现相当的异质性，但是固定进度的学习模型（constant gain learning model）仍不失为描述被试者的预测行为，即对预测误差的反应方式的最佳选择。突出的预测误差信息可以降低被试者对自身错误的过度反应，进而提高预测的准确性、预期的一致性以及宏观经济稳定程度。焦点信息所带来的好处是暂时的，会随着学习的过程逐渐衰减。

关键词： 实验宏观经济学；预期；可得性直觉推断；焦点；理性疏忽

4.1 引言

预期是经济活动的重要驱动因素。家庭对未来经济状况的看法将决定其消费、劳动和投资决策。公司的定价决策显然也取决于对未来需求和总体价格水平的预期。

了解预期的形成和变化机制，对于管理预期、促进经济稳定而言十分关键。

若不对预期形成的基本结构和经济中总体数据的产生方式施以假设，通过传统的实证方法来识别信息、政策和其他干扰因素对预期与整体经济的影响是相当困难的。因此，越来越多的研究者选择通过实验室实验的方式来收集预期形成数据。在一个高度可控、激励充分的环境下，经济中的数据产生方式完全由实验者制定，可以更加清晰地识别个体如何在不同的政策、冲击或信息条件下形成自身信念。实验宏观方面的众多论文已经探讨了货币政策规则、交流和经济结构对预期形成与总体结果的影响。

随着学习型预期型实验作为一种数据来源，与政策的关联愈发紧密，我们有必要深入研究特定的决策设计对行为的影响。例如，被试者屏幕上信息的排列方式就有可能引发行为偏误，在无意中制造潜在的焦点：在被试者提交预测的输入框旁展示历史信息，特别是当信息以图像形式展示时，可能会引致适应性或追随趋势（trend-chasing）行为，而如果将该信息置于他处，并突出当期的冲击，则又可能提高被试者对冲击的敏感程度，并减少适应性行为。

本章试图在预期驱动（expectation-driven）的环境下探讨焦点信息的影响。我们为此构建了一个宏观经济环境。其中，被试者对未来产出和通货膨胀的总体预测会影响当期的经济运行。进而，可通过实验研究预测误差的焦点信息将对预测过程中的直觉推断及准确性产生何种影响。提高预测误差信息的突出程度和易得性，可能会鼓励被试者在形成预期时更多地利用这些信息，从而提高直觉推断的整体一致性，增进经济的稳定。我们还将分析预测策略、准确性和经济稳定性随着学习进程如何变化。这些问题不仅对实验设计而言尤为重要，对中央银行沟通机制的设计来说同样关键。针对信息对预期异质性的影响，我们独创性地采用了实验的方式进行研究。实验证据显示，公开声明（public announcement）能够改善理性疏忽造成的负面后果。

本章的主要发现是，突出显示预测误差信息能够激励无经验的被试者修正预测行为，从而显著地降低预测误差。此外，预测一致程度的提高将会增强产出和通货膨胀的稳定性。而随着时间的推移，预测误差信息协调预测的效果将变差，这是因为被试者持续地提高这部分信息的利用率，进而导致对历史预测误差过度反应，造成预测误差与经济波动的增加。事实显示，焦点信息对预期的影响至少在短期有效。这就意味着在与公众沟通的过程中，政策制定者所强调的内容对经济稳定的影响举足轻重。

4.2　相关文献

关于环境结构性特征或信息集变动与预期形成之间关系的实验研究不胜枚举。

Duffy(2012）通过全面的文献回顾，讨论了预期形成方面的实验研究的历史发展过程。与本章联系最紧密的研究当属 Adam(2007）开创的学习型预期的新凯恩斯实验。在该类实验构建的多元多方程的线性化环境下，被试者对下一期的产出和通货膨胀做出预期，整体的预期情况决定了当期的产出和通货膨胀；被试者的收益取决于他们预测的误差，形成了对准确预测的激励。Pfajfar 和 Zakelj(2013）选择不同的名义利率规则，探讨了预期形成与货币政策的关系。他们发现与同期规则相比，前瞻性规则往往会造成预期性的经济周期以及更强的通货膨胀波动。在采用前瞻性政策规则的实验局中，通过调整利率对通货膨胀和产出预期的敏感性，结果显示更激进的政策能增强经济稳定。两人（2014）在另一篇论文中，构造了一个时序相连的长达 70 期的实验，检验了理性预期假设。研究发现有 40% 的样本无法拒绝理性假设，同时，许多被试者的预期符合适应性行为模型；某一变量发生整体性变动，有可能会影响策略转变的可能性，如被试者在经济衰退期间更容易转变策略。Assenza、Heemeijer、Hommes 和 Massaro(2013）利用新凯恩斯实验研究了异质性预期。在他们设计的实验中，被试者只需预测通货膨胀，产出缺口预期或被设置为稳态值，或是简单基于历史值，或是由组内的另一被试者给出。他们还通过调整中央银行的反应函数，构造被动和主动的货币政策。与 Pfajfar 和 Zakelj 一样，他们观察到被试者在预测过程中频繁地变更直觉推断法，进而还发现，异质性预期的进化策略转换模型（evolutionary switching model）能够比同质预期的模型更好地描述预期的形成过程。

Roos 和 Luhan(2013）在实验中把预测与最优化问题结合探讨，研究被试者如何收集和使用信息。其中，被试者分别扮演工人或企业的角色，其效用或利润与实验报酬挂钩，激励被试者尽力准确预测工资和价格实现效用与利润的最大化。实验开始时被试者会获知“基本”的数据产生机制，并在每一期均可选择是否以一个较低的成本购买市场信息（以横向比较或是时间序列的形式呈现的）。他们发现被试者对信息的需求极低，且大多来自固定的一小部分被试者。购买信息能增加企业利润，但无法提高工人和企业预测的准确度。预测误差的平均绝对值随着时间的推移而降低，这可以归因于学习过程。

本章的实验可算是对 Kryvtsov 和 Petersen(2013）实验设计的扩展。在他们的实验中，类似于 Pfajfar、Zakelj(2013，2014）和 Assenza 等人（2013），被试者进行互动的环境是一个学习型预期的新凯恩斯经济。他们分析了随着冲击持续性的增强、货币政策愈发激进以及中央银行出台前瞻指引，货币政策预期通道[㊀]的效果将如何变

㊀ 预期通道（expectations channel）这一理论概念，表示货币政策措施对银行和非银行机构的通货膨胀预期的影响。——译者注

化。此外他们还发现，向被试者突出地展示中央银行对名义利率的预测，产生的效果是复合的：无经验的被试者会依赖该信息，使经济稳定性提高，但是伴随着学习与经验的积累，整个经济的走向则可能两极分化：被试者要么更加依赖前瞻指引，经济稳定性进一步提升；要么感到困惑并产生相反的结果。

若个体的预期呈现异质性，新凯恩斯主义的经济环境中将存在多个均衡解。为了成功地做出预测，其中的被试者必须协调他们的预期，具体而言是协调他们的预测规则。Schelling(1960) 认为，让被试者的注意力集中于其中一种均衡之上，能够促成一致，依赖该焦点信息进行的决策也可能是理性的。大量的实验室实验已经表明，当博弈中存在多个纳什均衡时，焦点有助于一致的达成（Mehta，Starmer and Sugden(1994) 通过改变标签来构造焦点；Blume 和 Gneezy(2000) 的焦点是内生构造的)。Nagel(1995) 在一个凯恩斯式的"选美比赛"（当被试者猜测的数字最接近全部被试者平均水平的 p 倍时，可以获得奖励）博弈中发现，焦点带来了高度的一致。Demertzis 和 Viegi(2008，2009) 最近的理论研究表明，在 Morris-Shin(2002) 描述的公共信息不足或模糊的环境中，传达通货膨胀目标可以作为有效的焦点，进而实现一致并稳定预期。因此，我们有理由推断，在学习预测实验中突出显示预测误差信息，也将能够增进一致并提高实验报酬。

大量的调查和实验证据显示，人们在对经济形势形成信念的过程中，往往会使用直觉推断法。Pfajfar 和 Santoro(2010) 使用了密歇根大学的消费者态度和行为调查以研究预期的形成，发现人们的预测行为存在很强的异质性，可划分为理性的预测者、高度自适应的预测者和固定进度的学习者（constant gain learner)。Milani(2007) 的研究则显示，引入固定进度的学习行为（被试者会基于前期的预测误差更新自己的预测）后，可以提高实验数据与多种预期假设（包括理性预期）下的货币 DSGE 模型的拟合程度。另外，Keane 和 Runkle(1990) 使用美国统计学会—全国经济研究所（ASA-NBER）对专业预测者调查得到的价格预测数据，研究结果支持理性预期。通过实验证据，Pfajfar 和 Santoro(2013) 发现，加入全部可得信息的模型能够描述 37% 的被试者行为，而 38% 的被试者存在某种形式的外推趋势，另外 9% 的被试者形成自适应预期，其余 16% 的行为则符合黏性信息和自适应学习模型。最后，Kyrvtsov 和 Petersen 的研究结果高度支持自适应的滞后预期形成规则，当期的冲击和前些期已实现的通货膨胀和产出均会影响被试者的预期。

随着学习型预期实验作为一种数据来源，与政策的关联愈发紧密，有必要深入研究特定的决策设计对行为的影响。例如，被试者屏幕上信息的排列方式就有可能引发行为偏误，在无意中制造潜在的焦点：在被试者提交预测的输入框旁展示历史信息，特别是当信息以图像形式展示时，可能会引致自适应或追随趋势行为，而如果将该信息置于他处，并突出当期的冲击，则又可能提高被试者对冲击的敏感程度，并减少自适应行为。Tversky 和 Kahneman(1973) 通过一系列的相关实验，论证了易获得的信息如何引发个体的行为偏误，并将这种现象命名为**可得性直觉推断**（availability heuristic)。在本章的实验背景下，可得性直觉推断意味着，在前一期的预测误差信息很容易获得的时候，被试者的预期将会更多地依赖该信息。

4.3 实验设计

实验在魁北克蒙特利尔的 CIRANO 实验室进行，被试者包括学生和社会人士，讲解实验说明用时 30 分钟，开展实验用时 90 分钟。每场实验有 9 名被试者，在同一小组内互动。实验报酬从 18 到 47 美元不等，平均为 35.25 美元，其中含 10 美元的出场费。

实验构造了一个简化的新凯恩斯经济，家庭和企业根据自身预期做出最优决策。理论框架以 Woodford(2003) 的研究为基础。实验中的总体经济活动可以用以下 4 个方程来刻画，并在理性预期假设下使用加拿大的数据校准参数，以满足 3 个矩条件。校准得到的参数包括：通货膨胀的标准差（0.44%）、通货膨胀偏差的序列相关性（0.4）、产出缺口和通货膨胀的标准差之比（4.4）。

$$x_t = E_t^* x_{t+1} - (i_t - E_t^* \pi_{t+1} - r_t^n) \tag{4-1}$$

$$\pi_t = 0.989 E_t^* \pi_{t+1} + 0.13 x_t \tag{4-2}$$

$$i_t = 1.5 E_{t-1}^* \pi_t + 0.5 E_{t-1}^* x_t \tag{4-3}$$

$$r_t^n = 0.57 r_{t-1}^n + \varepsilon_t \tag{4-4}$$

方程（4-1）是投资—储蓄（IS）曲线，描述了当前对未来产出缺口的整体预期对实际利率 $i_t - E_t^* \pi_{t+1}$ 与自然利率 r_t^n 的偏离如何影响产出缺口 x_t（总需求超过其自然水平的部分)。一旦实际利率超出自然利率，紧缩的压力缩小产出缺口。

方程（4-2）是新凯恩斯主义的菲利普斯曲线，以垄断竞争企业的跨期最优化问题为基础，描述的是经济的供给方面。对未来通货膨胀的总预期 $E_t^* \pi_{t+1}$ 提高或总需求的 x_t 增加，将提高当期的通货膨胀。由于公司能够任意变更自己的价格，市场价格能够缓慢调整。

方程（4-3）是中央银行的反应函数，描述了中央银行如何设置名义利率。根据该方程，当被试者在上一期对本期通货膨胀和产出缺口的预期较高时，中央银行将会提高名义利率。同时，被试者在进行第 $t+1$ 期的预测时可以知悉第 t 期的名义利率。在理性预期假设下，该方程相当于以当期产出和通货膨胀作为调控目标的中央银行标准反应函数。

最后，方程（4-4）描述了自然利率的 AR(1) 随机过程，ε_t 服从均值为 0、方差为 σ_r^2 的正态分布，其中 $\sigma_r = 1.13$。

每场实验包括两个相同的重复组，每个重复组长度为 50 期。在两个重复组的初始状态，通货膨胀为零，产出缺口和名义利率则被设定为长期稳态水平。每一期中均会告知被试者当期利率、对自然利率的冲击项，以及对下一期冲击大小的预期，而后要求他们预测下一期的通货膨胀和产出缺口，单位为基点（例如，1% 相当于 100 个基点）。我们向被试者介绍的产出缺口的定义为：相较于长期稳态水平，当前经济需求过度或需求不足的程度。被试者给出的预测可正可负，且无任何限制条件。在两个重复组中，前 10 期的每期决策时间为 1 分钟，之后调整为 45 秒。如果所有被试者都在规定时间内做出决策（大多数情况下确实如此），实验将立即进入下一阶段。在此之前，计算机将使用本期全部被试者的通货膨胀和产出预测的中位数，作为本期的通货膨胀和产出的实现值，并计算得到下一期的名义利率。之所以使用中位数而非类似实验中常用的平均数，是为了最小化单一被试者操纵经济的可能性，且更便于度量集中趋势。

本实验通过设定不同的信息环境，构造了两种实验局，以此来分析被试者行为。在基准环境下（记为“B”实验局），被试者必须主动获取历史信息，而另一个实验局会在主界面上额外提供给被试者预测误差信息（记为“FEI”实验局）。设置这两种不同的信息环境的目的是，考察突出预测误差信息是否会影响无（有）经验的被试者的预期形成。图 4-1 是 FEI 实验局中被试者实验主界面的截图。在 B 实验局中则未直接显示上一期的预测误差。Mehta 等人（1994）研究发现**紧密度**（closeness）或**邻近度**（proximity）能够提高特定策略的突出程度及其作为协调机制的有效性。在我们的实验中，FEI 实验局的预测误差信息之所以突出，主要是由于该信息的获得无须任何成本，且位于被试者预测输入框的旁边。我们还将研究经验对预测、不一致和宏观经济稳定性的影响。通过重置实验环境并进行第二次固定重复，能够观察到预测行为、预测误差和总体结果是否会因为学习机制，而随时间推移发生显著变化。我们的实验共进行了 9 场，其中，有 5 场采用 B 实验局，另外 4 场采用 FEI 实验局。

本实验的设计基于 Kyrvtsov 和 Petersen(2014) 的研究，但也在多处有所变化。首先且最重要的不同点是实验界面上的差别。本实验中在主界面上可获得的信息只有：当期的名义利率、自然利率冲击和下一期冲击的预测值。历史信息则位于另一个页面，包括被试者往期的预测以及总体变量的历史数据，必须主动点击才能获得。这不同于二人在 2014 年的研究中的实验界面，当期信息和历史信息位于同一界面。我们如此改动的目的是，最小化被试者在预测时“准备”关注历史信息的倾向，并使实验环境更加地贴近现实——被试者在预测过程中想要利用历史信息，则必须自行"查找"。比如，在 Roos 和 Luhan(2013) 的实验中，若被试者想获取更多信息，可访问一个补充的技术说明页面，其中，涵盖经济中各种数据的产生机制。这使得被试者更容易辨别预测过程中需要用到的信息集。然而，不同于 Roos 和 Luhan 的是，我们的实验中被试者获取信息无须成本，但查找信息的时间受到限制。最后，被试者要报告对产出和通货膨胀的预测。在先前的研究中，被试者多只预测两者之一，或是未来 1 ~ 2 期的通货膨胀。

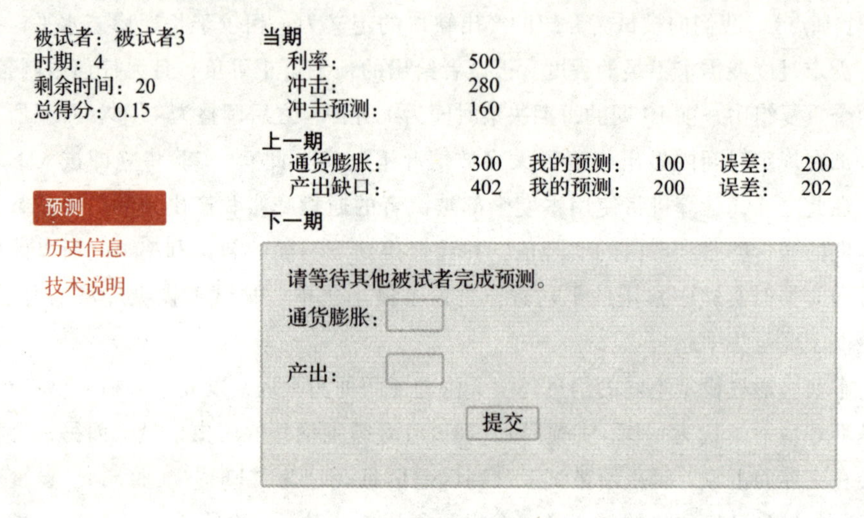

图 4-1 FEI 实验局的屏幕截图

注：本图中显示的是 FEI 实验局中被试者看到的主界面。B 实验局中则不包含"上一期"的信息。

实验开始前，每名被试者都会得到一份详细的实验说明。我们使用非技术性的语言，向被试者解释产出缺口、通货膨胀和名义利率如何根据他们的预测以及外生冲击而变化。此外，还将告知被试者他们唯一的任务，就是预测下一期的产出缺口和通货膨胀，预测的准确度决定得分。具体地说，每一期的得分依据如下函数计算：

$$得分_t = 0.3(e^{-0.01|E_{t-1}^{*}\pi_t-\pi_t|} + e^{-0.01|E_{t-1}^{*}x_t-x_t|}) \tag{4-5}$$

其中 $E_{t-1}^{*}\pi_t-\pi_t$ 和 $E_{t-1}^{*}x_t-x_t$ 为被试者的预测误差，即在 $t-1$ 期对 t 期变量的预测值与 t 期实际值之差。在进行 100 多期的决策后，被试者若预测得足够准确，将有可能赚取超过 70 美元的报酬。这个评分规则激励被试者努力做出准确的预测。类似于以往实验研究中的规则，得分随着预测误差单调递减，每期获得的最低分数为零。Assenza 等人（2013）与 Pfajfar 和 Zakelj(2014) 使用的规则中，预测误差的边际损失是递减的，我们也沿用了该设定。根据我们的规则，每一期中被试者对通货膨胀和产出的预测误差各增加 100 个基点，本期得分将会降低 50%，以此不断地激励被试者做出最准确的预测。

我们还清楚地向被试者解释了，每一期将使用通货膨胀和产出预测的中位数，来计算产出缺口、通货膨胀和名义利率。在介绍这 3 个变量的计算以及预测值的作用时，我们采用了定量与定性相结合的方式。此外，被试者无法直接观察他人的预测和预测的中位数。技术说明部分还向被试者介绍了获取经济中的其他详细信息的方法。被试者会先进行 4 期练习实验，以熟悉界面并加深对时间设置的理解，用时约 10 分钟。

预测模型

首先，从理性预期的预测模型开始。给定经济环境的参数，理性预期的解不依赖任何内生变量，只取决于外生变量。产出缺口的理性解是关于当期冲击和模型参数的函数：

$$E_t x_{t+1} = \Phi r_t^n \tag{4-6}$$

通货膨胀预测的理性预期解也遵循相同的结构。

我们还考虑到其他一些预测模型。最简单的是**天真型预期**（naive expectations）模型，个体根据上一期实现的值形成对当期变量的预期，表现为自适应预期模型的形式：

$$E_t x_{t+1} = \beta x_{t-1} \tag{4-7}$$

在被试者形成预期时向其展示预测误差信息，将如何影响他们对历史实现值的重视程度，答案并非显而易见。一方面，预测误差信息的出现降低了被试者在形成预测时使用历史数据的需求，且应该也会减弱对历史值的依赖程度；另一方面，过去的产出和通货膨胀数据也都清晰地展示于主界面，同样也变得更加突出。

接着，通货膨胀和产出趋势影响被试者预测的可能性，如以下产出预期模型所示：

$$E_t x_{t+1} - x_{t-1} = \alpha + \eta(x_{t-1} - x_{t-2}) \tag{4-8}$$

若估计值$\hat{\eta} \geqslant 0$，个体预计变量在上一期的向上（下）变动将会持续，即被试者表现出**追随趋势**（trend-chasing）的特点。若$\hat{\eta} < 0$，个体预计变量的变动趋势将会反转，我们称之为**反向预期**（contrarian expectations）特性。为了观察变化趋势，被试者需回看历史界面或者记住两期之前的变量值。考虑到 FEI 实验局在主界面上提供了额外信息，我们预期被试者花在历史界面上的时间将减少，且相比 B 实验局追随趋势行为将普遍减少。

在被试者形成对预期时突出显示预测误差信息，可能将引导他们依赖预测误差进行预测。就产出预期来说，这种行为可以通过一个**固定进度的自适应预期**（constant gain adaptive expectations）模型加以描述：

$$E_t x_{t+1} = E_{t-1} x_t + \gamma(E_{t-1} x_t - x_{t-1}) \tag{4-9}$$

关于通货膨胀预测的模型结构与此类似，不再赘述。该式中因变量是预期变动 $E_t x_{t+1} - E_{t-1} x_t$。估计得到的$\hat{\gamma}<0$，则表示当被试者高估某变量时，将在下一期向下修正预测。如果突出显示预测误差信息能够对预测行为产生重要影响，那么，我们预期两个实验局中的$\hat{\gamma}$将会显著不同。

4.4 研究发现

预测误差

突出预测误差能提高预测能力吗？在基准实验局中，如果被试者要识别预测误差，需回顾历史信息屏幕，通过对比变量的实现值和预测值的时间序列图，判断自己预测的准确性。在 FEI 实验局中，被试者的预测误差会直接呈现在主界面上，该任务变得简单得多。若被试者过去的预测误差能够对行为产生影响，进而成功地纠正低估或高估，那么，可以预料 FEI 实验局中的预测误差将会较低。

两个实验局中预测误差的核密度估计如图 4-2 所示，并且依据重复组 1 和 2 加以区分。表 4-1 展示了预测误差平方的汇总数据。我们通过 GlassΔ[1]，即两个实验局在预测误差均值间的差异，来反映处置效应的大小，衡量单位是标准差。两实验局在重复组 1 的差异尤其明显——FEI 实验局的密度函数更紧密地趋近于零。在两个重复组中，FEI 实验局的产出预测和通货膨胀预测的误差绝对值（中位数和平均数）均小于 B 实验局（唯一的例外是在重复组 2 里，FEI 局的通货膨胀预测误差略高于 B 实验局）。

由于学习过程，两个实验局的差异在重复组 2 有所减小。就 B 实验局而言，相对于重复组 1，重复组 2 下的产出和通货膨胀预测误差的中位数和均值都降低了，方差亦然。而在 FEI 局中，预测误差却随着学习过程有所恶化。产出预测误差的中位数和均值增加，而标准差下降。这表明预测误差分布的厚尾特征增强，但是极端值有所减少。另外，通货膨胀预测误差的中位数增大，但均值和标准差都减小了。FEI 实验局中的预测误差变化在统计上不显著，几乎可以忽略不计。

以两实验中的预测误差遵循相同分布为原假设，进行 Kolmogorov-Smirnov 检验的结果拒绝原假设（在每个重复组下，通货膨胀和产出预测数据的显著性 $p<0.001$）。采用相同方法比较同一实验局下的重复组 1、2 中预测误差的分布是否相同，检验结

果也显示产出缺口和通货膨胀预测的误差分布存在显著差异，FEI 实验局下的两个重复组检验得到的 $p<0.001$，B 实验局的 $p<0.01$。

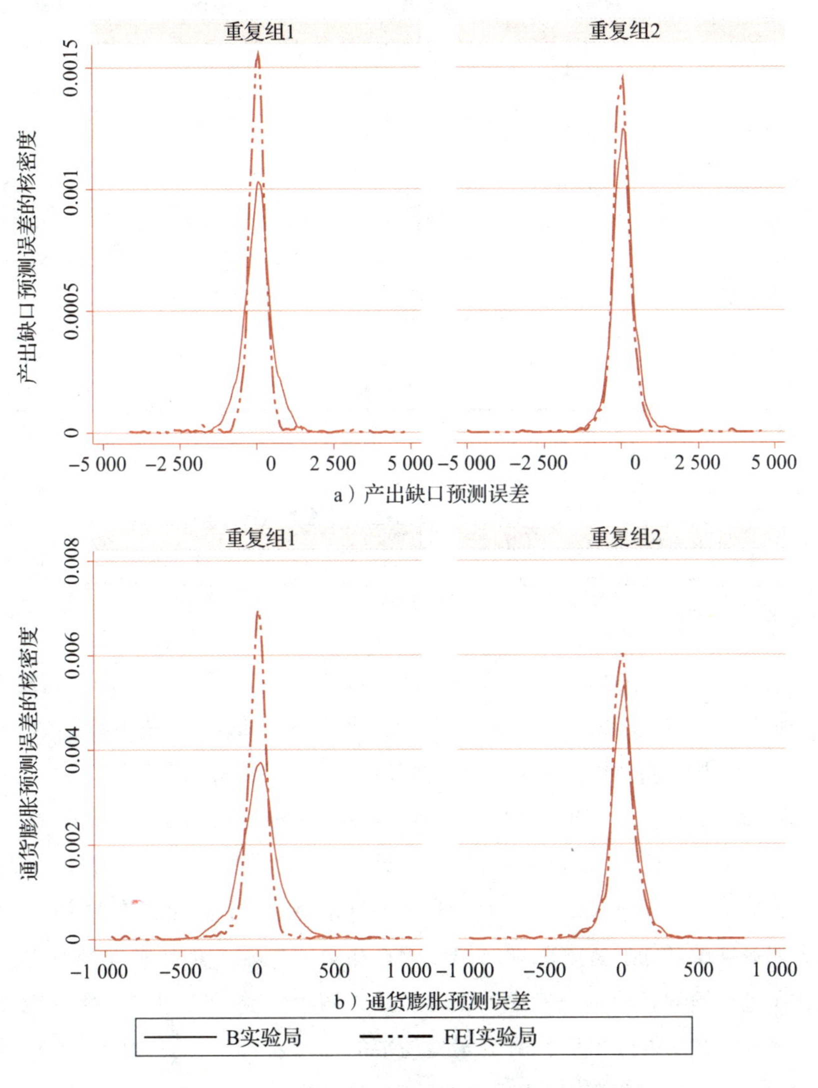

图 4-2　产出缺口和通货膨胀预测误差的核密度

表 4-1　产出缺口和通货膨胀预测误差的核密度[1]

实验局		产出缺口		通货膨胀	
		重复组 1	重复组 2	重复组 1	重复组 2
B					
	中位数	278	219	75	52
	均值	363.75	295.86	102.73	69.78

（续）

实验局		产出缺口		通货膨胀	
		重复组 1	重复组 2	重复组 1	重复组 2
B	标准差	319.32	278.67	98.85	64.12
	Glass Δ②		0.21 (0.15 - 0.27)		0.33 (0.27 - 0.39)
FEI					
	中位数	166	178	37	47
	均值	224.30	235.61	75.94	72.32
	标准差	475.62	235.52	272.11	224.44
	Glass Δ③		-0.02 (-0.09, 0.04)		0.01 (-0.05, 0.08)
	Glass Δ④	0.44 (0.37 - 0.50)	0.22 (0.15 - 0.28)	0.27 (0.21 - 0.33)	-0.04 (-0.10 - 0.02)

①预测误差的汇总统计。

②通过 Glass Δ 检验重复组 1 和 2 间的处置效应大小。

③通过 Glass Δ 检验重复组 1 和 2 间的处置效应大小。

④通过 Glass Δ 检验两个实验局之间的处置效应大小。括号中的值是在 95% 置信区间下估计得到的效应大小。使用 B 实验局的标准差计算得到。

评估几种预测模型

本节将在不同重复组之间，分析理性预期、自适应预期、追随趋势和固定进度的自适应预期 4 种模型的拟合效果。模型都采用固定效应回归进行估计，并使用基于实验场次的聚类标准差。通过不同的回归式，可分析信息和学习产生的影响。通货膨胀预测的回归结果如表 4-2 和表 4-3 所示，产出预测的回归结果如表 4-4 和表 4-5 所示。为度量拟合效果，我们还计算了 R^2、赤池信息准则（A. I. C.）和贝叶斯信息准则（B. I. C.）的统计值。

每个表的第（1）列和第（5）列为理性预期模型的估计结果。在两个重复组中，当期冲击都对被试者的通货膨胀和产出预测产生显著影响。虽然掌握预测误差信息的被试者在进行预测时较少地考虑冲击，但是，两个实验局之间的差异在统计上并不显著。此外，在掌握经验后，两个实验局中的被试者都学会在预测时更加重视冲击。FEI 实验局中的被试者表现出的学习效应在统计上是显著的（$p<0.05$）。

接下来是第（2）和第（6）列的自适应预期模型的估计结果。无论是否具有经验或额外信息，被试者在预测时，产出和通货膨胀的滞后项均产生了较强影响且显著。就无经验的被试者而言，两个实验局的自适应行为并未表现出显著差异。反观重复组 2，即有经验的情况，FEI 实验局中的被试者较之 B 实验局，显然更加重视上一期的通货膨胀数据（$p<0.05$）。预测产出时，上一期产出的影响在两个实验局之间无显著差异，只有 B 局的被试者在获得经验后，预测产出时的自适应行为显著减弱。

表 4-2　预期模型估计结果的对比

	通货膨胀预测							
	重复组 1				重复组 2			
	(1)	(2)	(3)	(4)	(5)	(6)	(7)	(8)
被解释变量	$E_t\pi_{t+1}$	$E_t\pi_{t+1}$	$E_t\pi_{t+1}-\pi_{t-1}$	$E_t\pi_{t+1}-E_{t-1}\pi_t$	$E_t\pi_{t+1}$	$E_t\pi_{t+1}$	$E_t\pi_{t+1}-\pi_{t-1}$	$E_t\pi_{t+1}-E_{t-1}\pi_t$
r_t^n	0.235**				0.251***			
	(0.05)				(0.03)			
$r_t^n \times$ FEI	-0.139				-0.035			
	(0.08)				(0.05)			
π_{t-1}		0.559***				0.580***		
		(0.04)				(0.02)		
$\pi_{t-1} \times$ FEI		0.207				0.275**		
		(0.21)				(0.06)		
$\pi_{t-1}-\pi_{t-2}$			-0.051				-0.055*	
			(0.02)				(0.02)	
$\pi_{t-1}-\pi_{t-2} \times$ FEI			-0.045				0.188	
			(0.11)				(0.09)	
$E_{t-2}\pi_{t-1}-\pi_{t-1}$				-0.871***				-0.880***
				(0.02)				(0.04)
$E_{t-2}\pi_{t-1}-\pi_{t-1} \times$ FEI				0.255***				-0.142**
				(0.05)				(0.04)
α	39.604***	21.224***	10.015***	6.861***	11.721***	3.395***	6.629***	6.044***
	(0.13)	(2.55)	(0.01)	(0.25)	(0.81)	(0.28)	(0.01)	(0.24)
N	3 981	3 880	3 780	3 767	3 960	3 862	3 765	3 755
R^2	0.016 3	0.067 2	0.000 545	0.415	0.033 3	0.121	0.001 07	0.534
A. I. C.	53 332.3	51 856.5	50 217.7	49 464.8	51 513.5	49 938.4	48 860.0	48 730.9
B. I. C.	53 344.9	51 869.0	50 230.2	49 477.3	51 526.1	49 950.9	48 872.5	48 743.3

显著性水平：* 表示 $p<0.10$，** 表示 $p<0.05$，*** 表示 $p<0.01$。

表 4-3 预期模型估计结果的对比

	通货膨胀预测							
	B 实验局				FEI 实验局			
	(1)	(2)	(3)	(4)	(5)	(6)	(7)	(8)
被解释变量	$E_t\pi_{t+1}$	$E_t\pi_{t+1}$	$E_t\pi_{t+1}-\pi_{t-1}$	$E_t\pi_{t+1}-E_{t-1}\pi_t$	$E_t\pi_{t+1}$	$E_t\pi_{t+1}$	$E_t\pi_{t+1}-\pi_{t-1}$	$E_t\pi_{t+1}-E_{t-1}\pi_t$
r_t^n	0.235**				0.096**			
	(0.05)				(0.03)			
$r_t^n \times$ FEI	0.017				0.121**			
	(0.05)				(0.03)			
π_{t-1}		0.559***				0.766**		
		(0.04)				(0.20)		
$\pi_{t-1}\times$ FEI		0.021				0.089		
		(0.04)				(0.18)		
$\pi_{t-1}-\pi_{t-2}$			−0.051				−0.096	
			(0.02)				(0.10)	
$\pi_{t-1}-\pi_{t-2}\times$ FEI			−0.004				0.229	
			(0.02)				(0.17)	
$E_{t-2}\pi_{t-1}-\pi_{t-1}$				−0.871***				−0.616***
				(0.02)				(0.04)
$E_{t-2}\pi_{t-1}-\pi_{t-1}\times$ FEI				−0.009				−0.406***
				(0.03)				(0.04)
α	23.767***	12.239***	9.521***	8.345***	28.241***	12.453**	6.715***	3.917***
	(0.79)	(0.54)	(0.01)	(0.27)	(0.19)	(3.16)	(0.01)	(0.31)
N	4 511	4 421	4 331	4 308	3 430	3 321	3 214	3 214
R^2	0.094 9	0.268	0.001 92	0.539	0.007 88	0.050 9	0.000 516	0.460
A. I. C.	54 019.3	52 033.5	51 868.0	51 509.0	47 619.3	46 052.0	44 353.5	44 020.7
B. I. C.	54 032.1	52 046.3	51 880.7	51 521.7	47 631.6	46 064.2	44 365.7	44 032.9

显著性水平：* 表示 $p<0.10$，** 表示 $p<0.05$，*** 表示 $p<0.01$。

表 4-4　预期模型估计结果的对比

被解释变量	产出预测							
	重复组 1				重复组 2			
	(1)	(2)	(3)	(4)	(5)	(6)	(7)	(8)
	$E_t x_{t+1}$	$E_t x_{t+1}$	$E_t x_{t+1} - x_{t-1}$	$E_t x_{t+1} - E_{t-1} x_t$	$E_t x_{t+1}$	$E_t x_{t+1}$	$E_t x_{t+1} - x_{t-1}$	$E_t x_{t+1} - E_{t-1} x_t$
r_t^n	0.629**				0.727***			
	(0.16)				(0.08)			
$r_t^n \times$ FEI	−0.155				−0.020			
	(0.10)				(0.06)			
x_{t-1}		0.511***				0.465***		
		(0.03)				(0.02)		
$x_{t-1} \times$ FEI		−0.015				0.104		
		(0.15)				(0.08)		
$x_{t-1} - x_{t-2}$			−0.107*				−0.133**	
			(0.04)				(0.04)	
$x_{t-1} - x_{t-2} \times$ FEI			−0.117				−0.027	
			(0.15)				(0.15)	
$E_{t-2}x_{t-1} - x_{t-1}$				−0.792***				−0.806***
				(0.04)				(0.05)
$E_{t-2}x_{t-1} - x_{t-1} \times$ FEI				−0.152				0.012
				(0.08)				(0.14)
α	31.0[illegible]5***	31.518***	34.902***	30.143***	26.738***	20.602***	46.649***	37.263***
	(0.25)	(0.26)	(0.18)	(0.49)	(3.22)	(0.82)	(0.02)	(1.72)
N	3 981	3 880	3 780	3 767	3 960	3 862	3 765	3 755
R^2	0.036 0	0.154	0.012 7	0.568	0.130	0.335	0.026 6	0.605
A. I. C.	58 683.4	56 778.1	55 666.4	55 373.9	54 538.8	51 742.8	51 827.0	51 420.6
B. I. C.	58 696.0	56 790.7	55 678.9	55 386.3	54 551.3	51 755.4	51 839.5	51 433.1

显著性水平：* 表示 $p < 0.10$，** 表示 $p < 0.05$，*** 表示 $p < 0.01$。

表 4-5 预期模型估计结果的对比

	产出预测							
	B 实验局				FEI 实验局			
	(1)	(2)	(3)	(4)	(5)	(6)	(7)	(8)
被解释变量	$E_t x_{t+1}$	$E_t x_{t+1}$	$E_t x_{t+1} - x_{t-1}$	$E_t x_{t+1} - E_{t-1} x_t$	$E_t x_{t+1}$	$E_t x_{t+1}$	$E_t x_{t+1} - x_{t-1}$	$E_t x_{t+1} - E_{t-1} x_t$
r_t^n	0.629**				0.474**			
	(0.16)				(0.09)			
$r_t^n \times EXP$	0.098				0.232**			
	(0.11)				(0.05)			
x_{t-1}		0.511***				0.496**		
		(0.03)				(0.14)		
$x_{t-1} \times EXP$		−0.046*				0.072		
		(0.02)				(0.08)		
$x_{t-1} - x_{t-2}$			−0.107*				−0.225	
			(0.04)				(0.12)	
$x_{t-1} - x_{t-2} \times EXP$			−0.026				0.065	
			(0.02)				(0.08)	
$E_{t-2}x_{t-1} - x_{t-1}$				−0.792***				−0.944***
				(0.04)				(0.05)
$E_{t-2}x_{t-1} - x_{t-1} \times FEI$				−0.013				0.151
				(0.03)				(0.07)
α	34.625***	29.830***	51.497***	41.439***	21.329***	21.070***	26.300***	23.319***
	(2.57)	(0.68)	(0.07)	(2.35)	(0.58)	(0.49)	(0.15)	(1.99)
N	4 511	4 421	4 331	4 308	3 430	3 321	3 214	3 214
R^2	0.097 6	0.321	0.020 4	0.612	0.041 0	0.118	0.013 5	0.549
A. I. C.	63 109.6	60 662.2	61 133.2	60 460.2	50 485.8	48 502.8	46 967.5	46 943.0
B. I. C.	63 122.4	60 675.0	61 145.9	60 473.0	50 498.1	48 515.0	46 979.6	46 955.1

显著性水平：* 表示 $p<0.10$，** 表示 $p<0.05$，*** 表示 $p<0.01$。

第（3）和第（7）列是追随趋势预期模型的回归结果。总的来说，该模型无法很好地描述通货膨胀和产出预期的变化。对于无经验的被试者来说，通货膨胀的历史趋势不会引起大的或显著的追随趋势行为；有经验的被试者则表现出弱显著的反向预期，且在两个实验局之间的差异不大。两个实验局中的被试者均表现出反向直觉推断，但仅在 B 实验局中统计显著，且在学习过程中无显著变化。

最后，固定进度的适应性预期模型描述了被试者如何依据上一期的预测误差更新当期的预测，其估计结果位于第（4）列和第（8）列。就拟合优度而言，该预测模型与数据的拟合程度最高。在所有实验局和重复组中，被试者在预测未来的通货膨胀和产出时，都显著地受到过去误差的影响。与 FEI 实验局相比，B 实验局中无经验的被试者在预测通货膨胀时对预测误差的反应更强（$p<0.01$）。FEI 实验局中突出显示的预测误差信息，能够稳定被试者对预测误差的反应。获得经验后，FEI 实验局中的被试者对通货膨胀预测误差的反应提高了 65% 以上，B 实验局中的被试者则基本不变。与 B 实验局相比，FEI 实验局中有经验的被试者明显对误差信息反应过度。而在不同实验局之间或学习的前后，被试者对上一期误差的重视程度均不存在显著差异。平均而言，无经验的 FEI 被试者对预测误差的反应更加强烈。但是被试者之间存在很强的异质性，两个实验局之间的差异只在 15% 的水平显著。

预测的异质性

通过构造一个共同的焦点，预测误差信息也许可以降低被试者预测的异质性。为了度量预期的异质性，我们以实验场次为单位计算各期预测的标准差（单位为基点）。柱状图和核密度函数展示出了各实验局和重复组的异质程度的分布，如图 4-3 所示。

在向被试者突出展示预测误差信息时，预测异质性的分布相应地向零靠拢，即被试者获得共同信息以供协同，则通货膨胀和产出预测的不一致程度将大大降低。两样本的 Kolmogorov-Smirnov 检验均拒绝原假设，原假设是两个重复组中不同实验局的分布函数相同（在通货膨胀和产出缺口预测数据下，显著性 p 均小于 0.01）。在 B 实验局中，重复组 1（重复组 2）通货膨胀的异质性的中位数是 70(50) bps（basic point，基点，等于 0.01%）；在 FEI 实验局中，重复组 1（重复组 2）通货膨胀的异质性的中位数是 38(35) bps。同样，在 B 实验局中，重复组 1（重复组 2）产出的异质性的中位数是 159(191) bps；在 FEI 实验局中，重复组 1（重复组 2）产出的异质性的中位数是 119(131) bps。两局中通货膨胀的异质性均随时间推移而减小，产出的异质性则随之加剧。这一点与表 4-5 中的发现相一致，即使用有经验被试者的产出缺口预测来估计各模型，标准误差也相应较大。

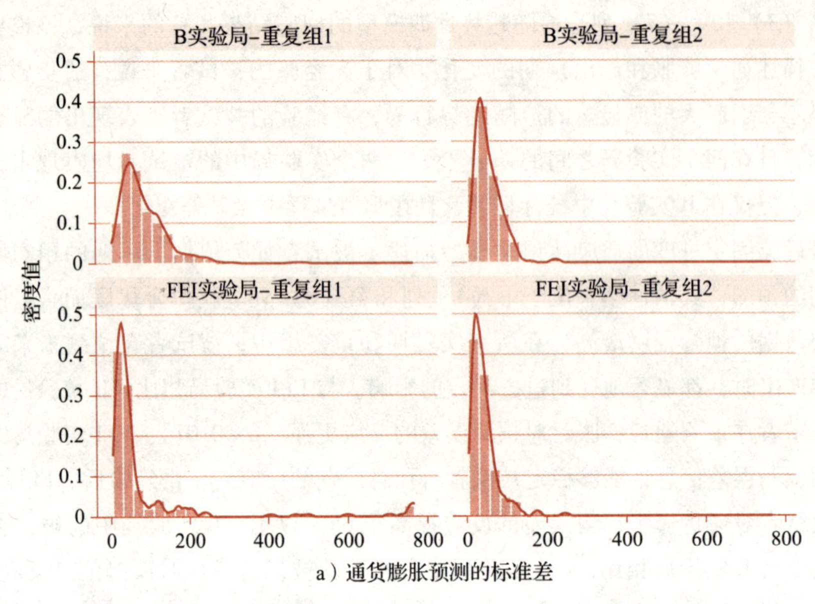

a）通货膨胀预测的标准差

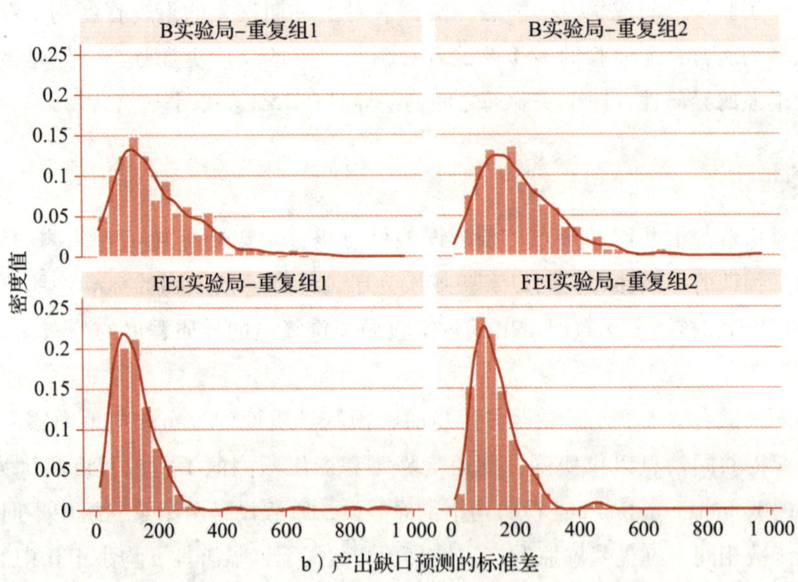

b）产出缺口预测的标准差

图 4-3　通货膨胀和产出缺口预测的异质性

宏观经济的稳定性

我们现在将注意力转向总体结果，并比较实验局之间产出缺口和通货膨胀的波动情况。图 4-4 和图 4-5 展示了两个实验局中，实验场次——重复组的产出缺口和通货膨胀的时间序列数据，表 4-6 则给出了相关的汇总统计。首先，让我们来分析重复

图 4-4　实验场次：重复组产出缺口的时间序列数据

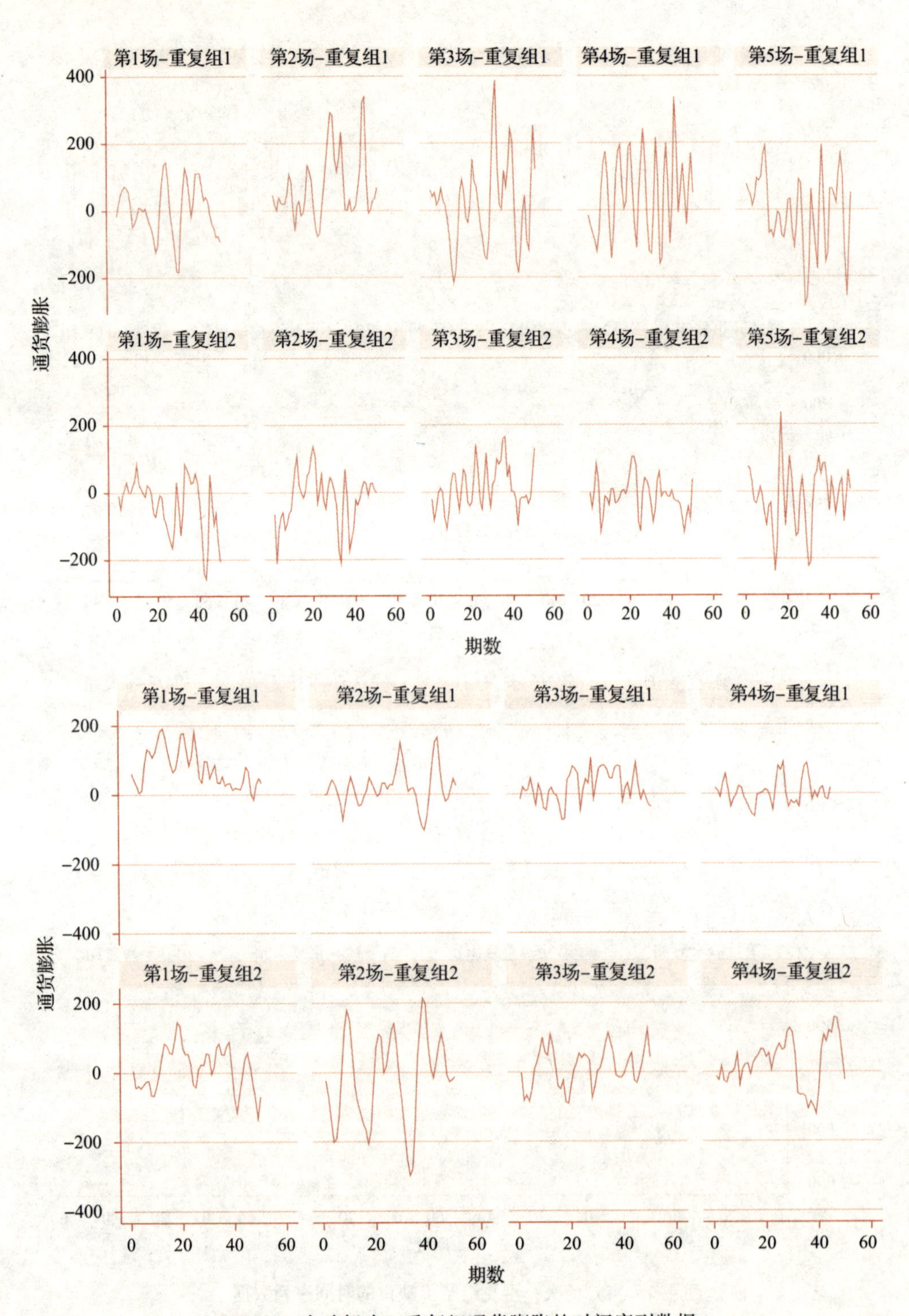

图 4-5 实验场次：重复组通货膨胀的时间序列数据

表 4-6　产出缺口与通货膨胀的标准差[1]

实验局		产出缺口		通货膨胀	
		重复组 1	重复组 2	重复组 1	重复组 2
B					
	均值	350.84	266.14	106.03	73.91
	最小值	224.41	204.04	76.91	53.38
	最大值	459.76	370.30	126.31	91.15
	p 值②		0.138		0.08
FEI					
	均值	200.95	264.09	47.60	78.37
	最小值	182.59	195.55	37.32	55.12
	最大值	220.33	355.73	54.89	127.78
	p 值③		0.068		0.068
	p 值④	0.014	0.806	0.014	0.806

①以实验场次——重复组为单位，计算得到的产出缺口和通货膨胀的标准差的汇总统计。
②在不同重复组间的符号秩检验的 p 值。
③在不同重复组间的符号秩检验的 p 值。
④在不同实验局间的秩和检验的 p 值。

组 1 中无经验被试者的行为。从图中不难发现，两局的产出和通货膨胀存在明显差距。相比 FEI 经济，B 经济中的变量总体呈现出更强的不稳定性，且极端值更大，产出缺口（通货膨胀）的平均标准差要比 FEI 实验局高出 149.89（58.43）个基点。Wilcoxon 秩和检验也拒绝了两局的产出缺口与通货膨胀分布相同的原假设（在通货膨胀和产出缺口数据下，显著性 p 均为 0.014）。这与我们之前的发现一致，与 FEI 实验局相比，无经验的被试者在 B 实验局中对预测误差更加敏感，且表现出更强的自适应行为。在 B 实验局和 FEI 实验局的重复组 1 中，产出的平均自相关系数分别为 0.46 和 0.26。

B 实验局的被试者在重复组 1 中对一些信息的较强反应，经过学习，至重复组 2 便有所减弱。产出（通货膨胀）的平均标准差下降了 84.7（32.12）个基点，符号秩检验弱拒绝了重复组 1、2 之间差异微小的原假设（产出缺口的 $p=0.138$，通货膨胀的 $p=0.08$）。这与上一节中的发现一致—— 4 种学习模型在不同重复组间表现出最低程度的差异。被试者在预测时，一定程度上降低了对滞后期产出数据的依赖，导致滞后期预测误差数据的权重提高、反向信念行为增加，从而使预测值更频繁地向均值调整。

FEI 实验局的情况则恰恰相反。重复组 2 较于重复组 1，产出（通货膨胀）的平均标准差显著增加了 63.14（30.77）个基点（两者的显著性 p 均为 0.068）。波动性的增强是由于重复组 2 中的被试者对预测误差的反应更强，甚至趋向极端。B 实验局和 FEI 实验局都在两个重复组之间表现出巨大变化，但二局在重复组 2 中的数据不存在显著差异（$p=0.806$）。

4.5 结论

本章阐述了在实验室实验中的一些发现，并探讨了实验设计特征对预测行为的影响。我们的实验环境模型基础是一个简化的新凯恩斯经济，其中，被试者的总体预期造成宏观经济的动态变化。这个实验具体研究了预测误差信息和学习进程对预期形成的影响。在基准（B）环境下，被试者必须自行查找历史信息，通过比较自身预测值和实际值的时间序列数据来推断预测误差。进一步，我们设计了另外一种实验环境，其中会向被试者突出地显示上一期的预测误差，进而比较两个实验局的结果。

通过对比 4 种关于预期形成的直觉推断法——理性、自适应、追随趋势和固定进度的学习，本章探讨了不同信息结构下的最优拟合模型。虽然被试者在预测时确实会关注随机冲击和历史结果，但是无论在基准环境还是在预测误差信息（FEI）环境中，固定进度的学习模型都最贴近被试者行为。无经验的被试者总是会努力纠正过去的预测误差，当过去低估（高估）时，他们会显著提高（降低）当期预测。然而，关于通货膨胀预测，被试者在获得预测误差的精确信息后，对误差的反应却显著减弱。换句话说，相较于掌握额外的数字形式信息的情况，在只掌握有限的直观信息的情况下，无经验的被试者对预测误差过度反应。无论通货膨胀还是产出预期，突出的预测误差信息均能在一定程度上将无经验的被试者的注意力从总冲击上转移。虽然，就理性预期模型而言，这些被试者称不上“理性”，但是，由于获得了更精确的直接反馈，并纠正了追随趋势的直觉推断，预测误差确实缩小了。这种行为能够显著降低预测误差和波动。

经过大量的学习之后，经验丰富的被试者仍将继续利用预测误差信息。学习过后，那些拥有突出显示的预测误差信息的被试者，在预测时明显提高了对总冲击的关注，导致更极端的预测、经济后果和误差。因此，他们对自身错误的反应越发过度，引发了更大的波动。

基准实验局可以视作一个包含信息摩擦的环境。被试者必须在另一个界面上主动寻找、解读与预测准确度相关的信息，很容易由于忽视、外推行为或过度反应而造成不一致。与 Kryvtsov 和 Petersen(2013) 及 Roos 和 Luhan(2013) 的研究类似，我们发现获取信息若存在认知成本，大多数被试者将不会利用这些信息。取而代之的是，他们将过于依赖那些直观、易解读的信息，如历史信息和趋势。由于解读信息的时间和能力有限，被试者自然而然地粗略选取全部变量的部分子集服务于预测，并会大量应用直觉推断法，本实验中被试者的预测方式与 Sims(2003) 提出的理性疏忽概念高度一致。通过向被试者提供一个易得且相同的、利用直觉推断法进行预测的机会，预期的异质性得到了有效且显著的降低。

本实验的研究结果表明，实验界面的设计非常重要。提供突出的预测误差信息会鼓励被试者利用它，也将改变他们形成信念的方式。事实上，焦点信息可以作为一个有效的协调机制。但随着时间推移，一部分被试者对这些补充信息的依赖逐渐减弱，导致其他被试者也发现使用这些信息的效果变差。与 Assenza 等人（2013）以及 Pfajfar 和 Zakelj(2014) 的研究结果一致，我们的研究显示学习的机会是很重要的——随着经验的积累，基准实验局中的被试者能够通过改变对各种信息的依赖程度，大幅地降低预测误差。

需要强调的是，如果仅就每场实验中的重复组 1 而言，很容易得到如此结论，即两个实验局在信息上的不同，导致了被试者行为的显著差别。但是重复组 2 的结果显示，预测行为会随着学习发生改变，焦点信息的相对优势也有所减小。Hommes(2011) 以及 Pfajfar 和 Zakelj(2014) 的研究均在较长时间框架下观察到了预测规则间的转换，但是他们的实验中均未加入重复组，而只是拉长了实验的期数。鉴于该实验实质上是一个奖励预测准确性的协调博弈（coordination game），被试者可能对哪些变量主导总体经济变化形成了固定的认知，并一直依据这些信息进行决策，最终导致非理性预测的长期延续。设置固定的重复组，保证了被试者有机会在尝试多种策略后，更有效率地“学习排除”最初采用的次优预测规则。

我们的实验还证明了政策制定者具有影响预期和整体经济活动的能力。实际上，政策制定者可以通过突出预测误差信息，来激励固定进度的学习行为。具体的实现方式如下：激励企业和家庭更频繁地更新预期，提高向大众沟通当前经济统计数据（通货膨胀与总需求）的效率。财务规划和商业银行网站同样大有可为，它们可以设计应用程序，协助个人能够持续跟踪自己的预期以及预测的准确性。

更广义来说，实验室实验也许有助于深刻挖掘中央银行沟通问题。今后的实验研究可以进一步去探讨，何种信息更容易引起被试者的反应，并引导他们向其靠拢。Filardo 和 Hofmann(2014) 最近观察到：定性的和基于日历的货币政策前瞻指引在美国已经能够有效地影响利率预期；复杂政策（2012 年出台的更加复杂的以阈值约束为基础的政策）的沟通机制与金融市场的波动性和不一致程度的加剧存在关联。此仅一例，但也说明清晰且易理解的信息能够协调预期。最后，我们设计了信息条件不同的两个实验局。相反，在实验中以不可预测的方式提供焦点信息，同样值得思考。除此之外，在学习了如何协调观念之后，被试者是否以及如何应对新信息，仍是一个悬而未决的问题。在当今世界中，政策制定者与公众的沟通越来越多，这一点也就显得尤为重要了。

注 释

1. 在重复组 1 中，产出预测误差的 Glass Δ 等于 0.44，表示 B 实验局的平均预测误差比 FEI 实验局中的大 0.44 个标准差。

致 谢

在此感谢 Jasmina Arifovic、David Freeman、Oleksiy Kryvtsov 与匿名评审的真知灼见与建议。

参考文献

Adam, K. (2007). Experimental evidence on the persistence of output and inflation. *The Economic Journal*, *117*(520), 603–636.

Assenza, T., Heemeijer, P., Hommes, C., & Massaro, D. (2013). *Individual expectations and aggregate macro behavior*. Working Paper No. 13–016/II. Tinbergen Institute Discussion Paper.

Blume, A., & Gneezy, U. (2000). An experimental investigation of optimal learning in coordination games. *Journal of Economic Theory*, *90*(1), 161–172.

Demertzis, M., & Viegi, N. (2008). Inflation targets as focal points. *International Journal of Central Banking*, *4*(1), 55–87.

Demertzis, M., & Viegi, N. (2009). Inflation targeting: A framework for communication. *The BE Journal of Macroeconomics*, *9*(1), Article 44.

Duffy, J. (2014). *Macroeconomics: A survey of laboratory research*. Working Paper. University of California, Irvine.

Filardo, A., & Hofmann, B. (2014). Forward guidance at the zero lower bound. *International Banking and Financial Market Developments*, *3*, 37–53.

Hommes, C. (2011). The heterogeneous expectations hypothesis: Some evidence from the lab. *Journal of Economic Dynamics and Control*, *35*(1), 1–24.

Keane, M. P., & Runkle, D. E. (1990). Testing the rationality of price forecasts: New evidence from panel data. *The American Economic Review*, *80*(4), 714–735.

Kryvtsov, O., & Petersen, L. (2013). *Expectations and monetary policy: Experimental evidence*. Discussion paper dp 14-05, Department of Economic, Simon Fraser University.

Mehta, J., Starmer, C., & Sugden, R. (1994). Focal points in pure coordination games: An experimental investigation. *Theory and Decision*, *36*(2), 163–185.

Milani, F. (2007). Expectations, learning and macroeconomic persistence. *Journal of Monetary Economics*, *54*(7), 2065–2082.

Morris, S., & Shin, H. S. (2002). Social value of public information. *American Economic Review*, *92*(5), 1521–1534.

Nagel, R. (1995). Unraveling in guessing games: An experimental study. *American Economic Review*, *85*(5), 1313–1326.

Pfajfar, D., & Santoro, E. (2010). Heterogeneity, learning and information stickiness in inflation expectations. *Journal of Economic Behavior Organization*, *75*(3), 426–444.

Pfajfar, D., & Santoro, E. (2013). News on inflation and the epidemiology of inflation expectations. *Journal of Money, Credit and Banking*, *45*(6), 1045–1067.

Pfajfar, D., & Zakelj, B. (2014). *Inflation expectations and monetary policy design: Evidence from the laboratory*. Working Paper. Board of Governors of the Federal Reserve System.

Pfajfar, D., & Zakelj, B. (2014). Experimental evidence on inflation expectation formation. *Journal of Economic Dynamics and Control*, *44*, 147–168.

Roos, M. W., & Luhan, W. J. (2013). Information, learning and expectations in an experimental model economy. *Economica*, *80*(319), 513–531.

Schelling, T. (1960). *The strategy of conflict*. Combridge, MA: Harvard University Press.

Sims, C. (2003). Implications of rational inattention. *Journal of Monetary Economics*, *50*(3), 665–690.

Tversky, A., & Kahneman, D. (1973). Availability: A heuristic for judging frequency and probability. *Cognitive Psychology*, *5*(2), 207–232.

Woodford, M. (2003). *Interest and prices: Foundations of a theory of monetary policy*. Princeton, NJ: Princeton University Press.

第5章

CHAPTER 5

消费对未来价格和利率响应的实验

摘　要： 本章设计了一个实验，用来研究预示的未来利率和价格变动对消费决策的影响。为了验证"贴现效用模型"（discounted utility model）的思想，实验设定被试者知悉通货膨胀和利率的整体变动路径，然后再决定消费路径。我们将利率与通货膨胀率变动引起的消费量总变动分解为前瞻效应（anticipation effect）和影响效应（impact effects）。[⊖]虽然影响效应的大小与模型预测相近，但是通货膨胀或利率的未来变动对当前消费所产生的影响，远远小于模型的预测。

关键词： 消费；储蓄；跨期效用最大化；宏观经济实验

5.1　引言

不论是依据真实经济周期理论抑或新凯恩斯主义，DSGE 模型在本质上均以贴现效用模型为支柱。虽然这些模型有时涵盖一些**非远瞻性**（nonforward looking）因素，如**经验法则**（rule of thumb）行为，但是，它们通常假设一部分家庭部门会以一生效

⊖ 前瞻效应对应的原文为"anticipation effect"，"anticipation"本身具有预期和前瞻的含义，由于经济学中的预期多与"expectation"一词相联系，故将"anticipation effect"译作前瞻效应，避免混淆并区分同义词之细微差异。同理，影响效应对应的原文为"impact effect"，"impact"本身具有冲撞、冲击和影响的含义，由于冲撞侧重物理学含义，且经济学中的冲击多与"shock"一词相联系，故将"impact effect"译作影响效应，避免混淆并区分同义词之细微差异。——译者注

用的最大化为目标，在跨期预算约束下根据当前的可用信息来选择生命周期中所有时期的消费路径。这种假设有一个有趣的暗示是，当家庭得知利率和价格在未来会发生变动时，他们就会相应地开始调整消费，而不是等到变动实际发生时再进行调整。我们把前一种调整称为**前瞻效应**，后一种称为**影响效应**。

事实上，Gali 和 Gertler(2007）认为，新凯恩斯主义的 DSGE 模型和在其之前的 DSGE 模型的主要差异之一正在于此。在新凯恩斯主义的 DSGE 模型中，消费决策与由其决定的总产出和通货膨胀不仅受中央银行当前设定的利率的影响，还受（甚至也许更重要的是）利率的未来整体预期走势的影响。由此可见，货币政策的总体有效性关键取决于它引导私人部门预期的能力。类似地，Walsh(2010）认为名义利率的零下限并不构成对货币政策有效性的约束，中央银行仍可以通过控制人们对实际利率的预期来影响经济活动。比如，承诺在相当长的一段时间内保持较低的名义利率（这相当于承诺保持较高的通货膨胀率)，即使名义利率已降至零水平，也可以刺激总需求。需要再次强调的是，这个论点的前提是，未来的利率与通货膨胀率能够对当前消费产生影响。

本章的目的是在实验中研究当前的消费选择与利率和通货膨胀率的未来变动的关系。我们设计了一个实验，通过该实验能够明确推断出公布的未来实际利率的变动对消费的因果效应。我们用实验模拟跨期效用最大化的标准理论模型。具体来讲，被试者的任务是在给定的初始财富水平上，根据特定的未来价格水平和利率路径选择消费路径。通过改变未来的价格水平和利率，我们可以观察到被试者消费选择的调整是否与标准贴现效用模型的预测相一致。这种实验设置还支持我们将未来利率和价格变动的总效应分解为前瞻效应和影响效应，以隔离和量化当预期未来利率与价格变动时人们的消费调整。

鉴于我们的研究目的，实验方法相较于大多数标准经济研究更具优势。计量经济学方法的问题在于，不论是当期还是未来，都存在诸多可能影响当期消费选择的因素，其在本质上无法得到控制。这使得研究者难以通过实地数据辨别因果效应，根本无从获知被试者在做出消费决策时究竟使用了哪些信息以及是否理解这些信息的影响。相比之下，实验室提供了一个受控的环境，我们可以在实验室内集中地研究个别因素的影响（类似的观点请参见 Fehr and Zyc，2008)。在一个消除了所有困惑来源并简化了核心任务的环境中，观察到的异常现象很可能也会出现在实验室外更复杂的世界中。

与本章相关的研究包括以下几类。首先，以往有大量分析消费和储蓄行为的实验研究（如 Carbone and Duffy，2014；Carbone and Hey，2004；Chua and Camerer，2007；Hey and Dardanoni，1988；Meissner，2013)。我们的实验和它们的主要区别在

于：①消除了不确定性的影响；②分析的是消费选择路径，而不是单单某一期的消费水平。这两点都是为了尽可能地与理论中的最优化问题形成对照。通过消除不确定性，我们回避了所有与风险态度和预期形成相关的潜在问题。我们要求被试者给出在实验“生命周期”内的完整消费路径，而不是按顺序给出每一期的消费选择。这样我们就可以得到被试者关于效用最大化问题的完整的事前解决方案。

其次，已有研究表明，由于贴现率会随着时间发生变化，贴现效用模型可能无法很好地描述实际行为（Frederick，Loewenstein，and O' Donoghue，2002）。相比之下，我们关注的并不是贴现的影响，而是前瞻效应和影响效应的区别。

最后，与本研究密切相关的实证研究包括“消费对当前收入的过度敏感性”和“消费对未来事件的过度平滑”（如 Campbell and Deaton，1989；Flavin，1985；Luengo-Prado and Sørensen，2008；Pasini，2009；West，1988）。虽然，这些文献研究的是消费对收入变动的反应，而我们关注的是目前尚未被涉足的利率和价格变动的影响，但是，我们猜想，如果被试者对收入变动的反应与标准模型的预测相左，那么，他们对价格和利率变动的反应可能同样如此。

本章得到的主要结果是，被试者对公布的利率和价格未来变化的反应显著不同于 DSGE 模型通常的行为假设。尤其是，前瞻效应在本质上并不存在：被试者几乎不会在提前获知未来利率和价格变化的情况下预先调整消费路径。因此，我们认为，货币政策制定者不能指望通过未来政策的公告来影响市场。此外，我们的研究结果证明，被试者的行为不符合理论所预测的平滑消费，进而印证了以往的研究（如 Ballinger，Palumbo and Wilcox，2003；Chua and Camerer，2007）。相反，被试者倾向于在生命周期的早期阶段消费过多，而在末尾消费过少。

本章的其余部分安排如下：“理论”部分探讨了我们实验的理论基础，而“设计和实验过程”部分介绍了实验设计和过程。“结果”部分讨论了实验所得到的结果，“结论”部分总结了本章。

5.2 理论

目前，DSGE 模型是现代宏观经济学的主要模型。在本质上，所有这类模型的基本构建模块之一就是所谓的前瞻性 IS 关系（forward-looking IS relationship）。虽然这种关系与初级教科书中传统的 IS 曲线有一些相似之处，但也存在几点不同。最为重要的是，前瞻性 IS 关系来源于一个方程，该方程描述了在贴现效用模型的框架下，一个典型家庭面对跨期最优化问题的最优解。在最简化的情形中，前瞻性 IS 关系所描述的是家庭如何根据名义利率和通货膨胀率（两者都反映了实际利率）重新分配跨期消费。

本节将介绍跨期最优化问题，即我们在实验室里所要构造的情境。请注意，实验中所模拟的最优化问题仅为价格外生给定条件下的局部均衡。

家庭在整个生命周期中的效用可以建模为以下函数形式，其中 $\beta = 1/(1+\rho)$ 是恒定的折现系数，ρ 是时间偏好率。[1]

$$U = \sum_{t=1}^{T} \beta^t u(C_t) \tag{5-1}$$

每期的效用函数（period utility function）[2]被定义为

$$u(C_t) = \frac{C_t^{1-\sigma}}{1-\sigma} \tag{5-2}$$

为简化实验室设置，我们仅关注已知的有限时间区间 $T=5$ 内的行为。由于我们既需要足够的观测数据进行实证分析，又需要简化实验室中被试者的操作，权衡取舍后将实验期数设置为 5 期。原则上我们希望设置更长的时间区间，但这会增加被试者在理解和操作上的困难，也会给实验中计算机的界面排版带来不便。尽管就结论的需要，实验设定的期数是否有现实解释并不重要，但仍不妨将每期视作 10 ~ 12 年，这样一来实验就近似于一个约 20 岁的年轻消费者规划接下来 50 ~ 60 年的消费，大致与发达国家的平均寿命一致。我们的实验只考查完全预测的情形，从而抽象掉与预期形成相关的潜在问题。

假设家庭除了初始的名义财富 A_0 外不会获得任何收入，财富、价格均以实验货币“泰勒”（taler）为单位。通过这种方式，我们避免了与信贷相关的两个问题。一方面，信贷约束会使实验任务复杂化，且就理论模型而言并非必需；另一方面，无法观测的心理因素（如债务厌恶等）可能会影响行为，从而模糊实证结果。实验货币就如同不可兑换的纸币，在实验结束后没有任何赎回价值。

在每一时期 t，家庭都能够以外生决定的价格 P_t 以泰勒计价购买并消费 C_t 个单位的消费品（实验中只存在一种消费品）。在第 t 期未消费完的初始禀赋将以无风险的名义利率 R_t 被储蓄。在第 0 期，所有未来价格和利率都是确定已知的。因此，财富的方程如下

$$A_{t+1} = (1+R_t)(A_t - P_t C_t) \tag{5-3}$$

以财富方程（5-3）为限制条件，我们通过选择每期的消费水平以最大化效用函数（5-1），可得到欧拉方程

$$\frac{C_t^{-\sigma}}{P_t} = \beta(1+R_t)\frac{C_{t+1}^{-\sigma}}{P_{t+1}} \tag{5-4}$$

欧拉方程与边界条件 $C_5 = A_5/P_5$ 共同描绘出第 1 ~ 5 期的最优消费。

方程（5-4）的一个重要含义是，当前消费取决于所有未来的价格和利率。第一期最优消费的解是

$$C_1 = \frac{A_0}{P_1 + \sum_{t=2}^{T}\left(P_t \prod_{\tau=2}^{t} \frac{\Omega_{\tau-1}^{\frac{1}{\sigma}}}{1 + R_{\tau-1}}\right)} \tag{5-5}$$

同时

$$\Omega_t = \frac{1 + r_t}{1 + \rho} \tag{5-6}$$

并且其中 $r_t = (1 + R_t) P_t / P_{t+1}$ 是实际利率因子。

使用方程（5-5）和欧拉方程可以递归出其他各期的最优消费。

实验得到的数据可用来分析未来的实际利率对消费的影响。为了观察被试者如何应对公开的实际利率变化，我们将通过改变未来价格和名义利率，以达到变动实际利率的目的。请注意，因为我们将名义利率和价格水平定为外生的，所以我们可以独立地改变这两个变量。

欧拉方程显示，如果 $R_t = \rho$ 且 $P_t = P_{t+1}$，那么 $C_{t+1} = C_t$。如果利率等于时间偏好率，且价格水平恒定，那么最优消费也是水平的。

在我们的实验中，基线（baseline）的参数校准如下：$\rho = 0.2$，$R_t = 0.2$，$P_t = 1$，$A_0 = 1\,000$，$\sigma = 0.5$。选择以上参数是出于可操作性的原因，并不意味着任何外部有效性。并且，如果每一期代表 10 年，折现率和利率就接近于每年 0.02，也不是不现实的。我们设定的跨期替代弹性还确保了最优储蓄水平会随着利率的提高而提高。在校准的参数下，我们获得了一条水平的基线消费路径：当 $t = 1, \cdots, 5$ 时，$C_t = 278.65$。

5.3 设计和实验过程

我们尽可能地在实验室内还原理论模型，并简化决策任务以满足所有理论假设。在实验中，我们通过改变各个实验局的利率和价格，来检验被试者的反应是否与理论预测相一致。

在校准的基线参数上，选定的利率和价格使得实际利率等于时间偏好率，故最优消费路径是水平的。而后在各个实验局中，我们系统地改变价格和利率，观察被试者与基线的偏离情况，以度量其对价格和利率变动所做出的反应。

例如，在完全预测到未来实际利率提高的情况下，理论的最优预测如图 5-1 所示。如果实际利率在未来的 t_l 时刻发生变化，消费的总反应可以被分解成前瞻效

应（这发生在获知未来变化时）与影响效应（这发生在变化实际发生后，也就是 t_l 及以后）。

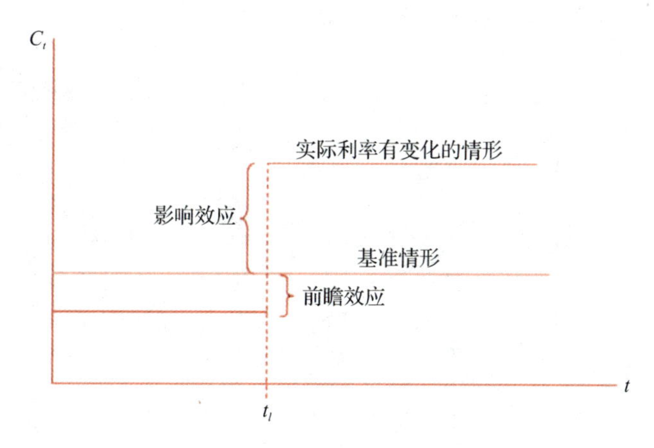

图 5-1 理论上的前瞻效应和影响效应

请注意，相较于校准的基线参数下的水平消费路径，前瞻效应和影响效应沿着相反的方向运动。例如，预期实际利率在未来会提高，最优决策是推迟到 t_l 之后再消费。因为利率提高是肯定的，替代效应会导致人们在利率发生变化之前就开始降低消费水平。而早期消费的降低以及 t_l 后更高的利率支付所带来的更多财富，都允许人们在规划周期末尾出现更高的消费水平。

我们最感兴趣的问题是如何度量实际利率变动对消费选择的前瞻效应和影响效应。其一，被试者是否以及向哪个方向调整消费水平（相对于基准局）；其二，调整的大小是否符合理论模型预测的最优调整规模。

我们采用被试者内设计（within-subject design）[㊀]，并通过改变未来时期的名义利率和价格水平来改变实际利率。实验包括 3 个不同的实验局组：在实验局组 T1 中只改变价格水平，在实验局组 T2 中只改变名义利率，在实验局组 T3 中二者同时改变。表 5-1 总结了这 16 个实验局的设置。请注意，对于 T1 中的每种价格变动，在 T2 和 T3 中都有对应的等价变动，使实际利率的变动相同。

所有实验局中的实际利率变动均在第 3 期发生，变动的方向包含以下 5 种：增加 10（$r_{\uparrow}^{10}$）或 20 个百分点（$r_{\uparrow}^{20}$）；减少 10（$r_{\downarrow 10}$）或 20 个百分点（$r_{\downarrow 20}$）；或同时改变价格与名义利率以相互抵消，使实际利率保持不变（$r^{=}$）。借此我们能够直接观察被试者对名义利率和价格的反应有何不同。

㊀ 被试者内设计表示，该实验中相同的被试者进行多个实验局。——译者注

表 5-1 实验局设置的概况

	Δr	生命周期	变量	第 1 期	第 2 期	第 3 期	第 4 期	第 5 期
T1	$r_{\downarrow 10}$	8	P_t	1	1	1	1.09	1.09
			R_t	0.2	0.2	0.2	0.2	0.2
T1	$r_{\uparrow}^{20}$	12	P_t	1	1	1	0.86	0.86
			R_t	0.2	0.2	0.2	0.2	0.2
T1	$r_{\downarrow 20}$	13	P_t	1	1	1	1.2	1.2
			R_t	0.2	0.2	0.2	0.2	0.2
T1	$r_{\uparrow}^{10}$	19	P_t	1	1	1	0.92	0.92
			R_t	0.2	0.2	0.2	0.2	0.2
T2	$r_{\uparrow}^{10}$	10	P_t	1	1	1	1	1
			R_t	0.2	0.2	0.3	0.2	0.2
T2	$r_{\downarrow 20}$	17	P_t	1	1	1	1	1
			R_t	0.2	0.2	0	0.2	0.2
T2	$r_{\downarrow 10}$	20	P_t	1	1	1	1	1
			R_t	0.2	0.2	0.1	0.2	0.2
T2	$r_{\uparrow}^{20}$	22	P_t	1	1	1	1	1
			R_t	0.2	0.2	0.4	0.2	0.2
T3	$r_{\downarrow 20}$	6	P_t	1	1	1	1.1	1.1
			R_t	0.2	0.2	0.1	0.2	0.2
T3	$r^{=}$	7	P_t	1	1	1	0.92	0.92
			R_t	0.2	0.2	0.1	0.2	0.2
T3	$r^{=}$	9	P_t	1	1	1	1.08	1.08
			R_t	0.2	0.2	0.3	0.2	0.2
T3	$r_{\uparrow}^{20}$	11	P_t	1	1	1	0.93	0.93
			R_t	0.2	0.2	0.3	0.2	0.2
T3	$r_{\downarrow 10}$	15	P_t	1	1	1	1.2	1.2
			R_t	0.2	0.2	0.32	0.2	0.2
T3	$r^{=}$	16	P_t	1	1	1	0.83	0.83
			R_t	0.2	0.2	0	0.2	0.2
T3	$r^{=}$	18	P_t	1	1	1	1.17	1.17
			R_t	0.2	0.2	0.4	0.2	0.2
T3	$r_{\uparrow}^{10}$	21	P_t	1	1	1	1.08	1.08
			R_t	0.2	0.2	0.4	0.2	0.2

注：每个被试者都要完成23个“生命周期”的决策。每个生命周期包括5期，每期都可能有不同的利率和价格。该表不包含生命周期1～5、14和23，因为它们是基线局和练习局，核心变量（实际利率）并未发生变化。

每个被试者都要连续完成全部23轮的生命周期（life）。前5个生命周期作为练习阶段，名义利率、实际利率和价格都保持不变。图5-2显示了23个生命周期的理论最优消费路径。其中 4 局采用校准的基线参数（生命周期 1、5、14、23），称为基线实验局。而生命周期 7、9、16、18 的最优消费路径也与基线局相同，这是价格和利率的变化相互抵消后实际利率保持不变的结果。为了观察最优消费相对于水平的基线路径的变化，图 5-2 各分图中均画出了基线路径。在实证分析中，我们将检验实际消费选择是否符合图 5-2 所示的最优路径。

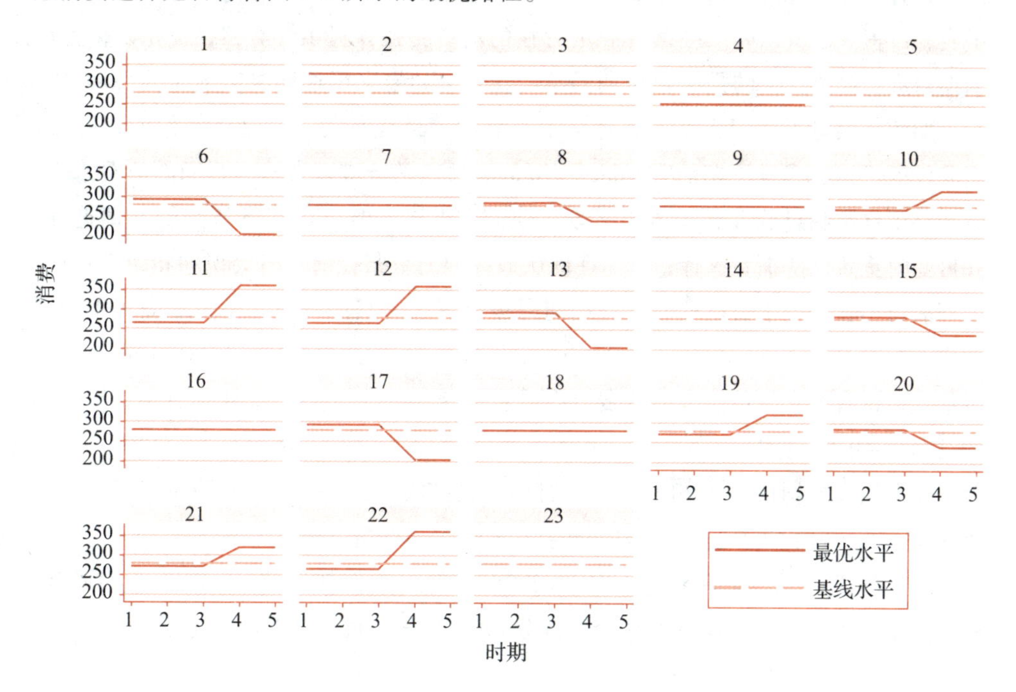

图 5-2　全部生命周期的最优消费路径

我们在波鸿鲁尔大学（Ruhr Universität Bochum）的 RUBex 实验室进行了 4 场实验。参加实验的 50 名被试者来自不同的院系。实验使用 z-Tree 软件（Fischbacher, 2007），每场持续大约 2 小时。

被试者抵达实验室后随机就座，座位间用帘子隔开。研究人员大声朗读实验说明，并鼓励被试者在实验中随时提问。实验说明包含方程式（5-1）、式（5-2）、式（5-3）以及文字解释说明。为避免超级博弈（super game）[㊀]的影响，实验结束时随机选取一个生命周期支付报酬。被试者要为每个生命周期选择消费组合。我们希望被试者在生命周期开始时就选定整个消费路径，其中可先对每期消费进行初步的选择，允许之后加以修改。当被试者做出第 1 期的初步选择后，程序会自动计算出利息收入，并与随后时期的剩余禀赋一起显示在屏幕上。余下 4 期也是如此。如果

㊀ 所谓超级博弈，是指无限期的重复博弈。实验期数越长其影响就越明显。——译者注

被试者在事后不满意自己的初步选择，可将消费选择全部重置，并从该生命周期的第1期重新开始。在实验给定的期限内，只要被试者愿意，可随时更改消费路径。只有当全部5期的完整消费路径得到确认后，该生命周期的选择方告完成，并给出相关的报酬（即效用）。被试者在生命周期内进行选择时不会获得关于效用的任何反馈，只有选择最终被确认后，效用才会反馈给被试者。[3]附录中的实验说明详细描述了实验过程。之所以要求被试者制定完整的消费路径并提供计算器，[4]且允许在生命周期内进行修改，目的是简化跨期的消费任务。如果采用逐期决策的实验设置，那么前期的错误将无法得到纠正，势必阻碍后续的最优行为。不过在我们的设置中，实验任务仍然是“准逐期的”（quasi sequential），随着被试者输入每期的消费水平，将能够观察到利息收益并进入下一期。他们在做决定时可以观察所有的前期选择，并可随时重置这些消费选择，从而在确认最终的消费路径前有机会识别和纠正错误。我们故意不在一个生命周期的选择期间向被试者展示当期效用，是为了隔离生命周期内的学习（learning within a life）与生命周期间的学习（learning between lifes）。前者促使被试者追求尽可能多的消费，而后者随着相似实验局的重复将引导总体效用的（可观测的）增长。

每场实验平均持续2小时。每个被试者的总报酬从18欧元到34欧元不等，平均为30.3欧元（约42.5美元），其中包括4欧元的出场费。

如实验说明中的式（5-1）和式（5-2）所述，我们使用的是CRRA效用函数。根据选定的校准参数（参见“理论”部分），支付函数可以简单地描述为

$$U = 0.83u_1 + 0.69u_2 + 0.58u_3 + 0.48u_4 + 0.4u_5 \tag{5-7}$$

为了帮助被试者理解，我们会在屏幕上展示式（5-7），并告诉被试者在实验结束后他们持有的实验货币不会带来任何现金回报。报酬转化率是每个效用点0.28欧元（约0.39美元）。

5.4 结果

作为分析的第一步，我们先研究基线实验局（生命周期1、5、14、23）中被试者选择的消费组合。而后，将以之为依据，计算前瞻效应和影响效应。接下来，我们还将把观察到的消费组合与当期和未来的利率和价格联系起来。最后，定性分析将检验消费向正确方向调整的频率。

基准案例：实际利率不变

我们首先分析4个基线实验局，在其中价格和利率保持不变且等于不变的时间

偏好率，故效用最大化的消费路径是水平的。图5-3展示了在4个基线实验局中全部50个被试者每期的平均消费。该图清晰地指出，被试者在实验局中消费路径并非水平的，而是递减的。

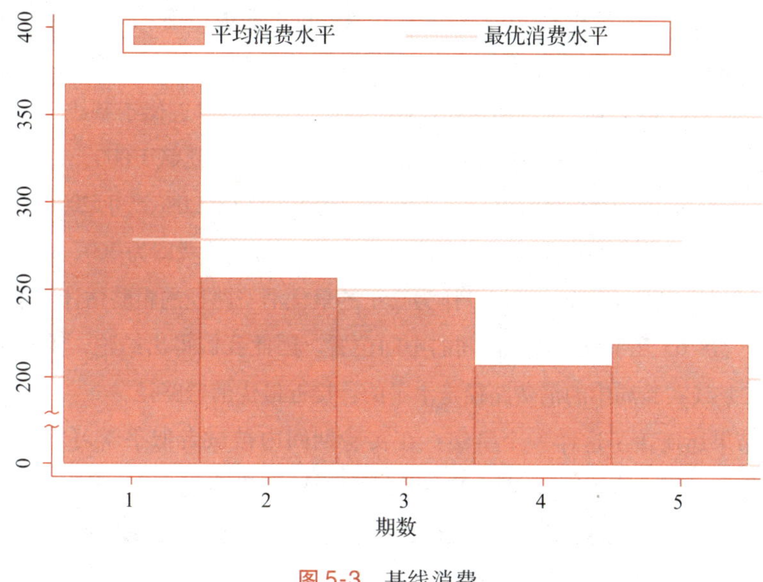

图5-3 基线消费

表5-2比较了每期的实际平均消费与最优消费，并列出了关于二者相等的t检验的显著性。

表5-2 各期的平均消费

t	1	2	3	4	5	加总
C_t^{opt}	278.65	278.65	278.65	278.65	278.65	278.65
C_t	367.53	256.53	245.60	207.24	219.43	259.27
p	0.000	0.003	0.001	0.000	0.001	0.001

注：C^{opt}是“理论”部分所选校准参数下的最优消费水平。C_t是基线实验局中所有被试者在t期的平均消费。p值是平均消费等于最优消费的t检验的实证显著性水平。

平均而言，被试者在第1期消费过多，而在后续几期消费过少。导致这种结果的原因可能是非标准贴现或忽视利率的复合效应，这两种解释均得到相关的文献研究支持（Ainslie，1991；Christiandl and Fetchenhauer，2009；Laibso，1997；Loewenstein and Prele，1992；Stango & Zinman，2009；Wagenaar and Sagaria，1975）。与贴现率的影响相类似，如果被试者低估了利率的非线性效应，将很可能在生命周期的早期阶段储蓄不足，这也与观察到的被试者行为模式相一致。

不过，由于个体的异质性有可能被平均水平所掩盖，只关注消费的平均值可能造成误导。虽然部分被试者的消费路径可能递减，但并不能排除其他人的消费路径满足基本的理性标准（即水平的基线路径）。因此，我们采取下列步骤：先使用 OLS 回归方法，对 4 个基线生命周期中的每个个体消费进行回归，并加入线性的和二次的时间趋势项以及常数项；然后用 F 检验来检验两个时间趋势项的系数是否联合显著。在 5% 的水平上，其中有 17 个被试者的原假设不能被拒绝。

对于这些被试者，我们再进一步检验常数项是否落在［200，360］区间内，仍然有 5 个被试者的检验无法拒绝原假设。［200，360］区间基本近似于基线实验局预测的水平消费路径。若忽略利率，在全部 5 期中平均分配初始禀赋 1 000，每期消费即为 200，这是下界。如果初始禀赋在第 1 ~ 4 期都以给定的利率 20% 产生 200 的利息收入，生命周期的预算就是 1 800，在全部 5 期内平均分配，每期消费即为 360，这是上界。这两种计算方法当然并不准确，但可以作为真正的最优消费路径的粗略估计。事实上，最优消费水平 278.65 几乎位于这个区间的中间位置。因此我们得出结论，50 个被试者中有 5 个人在基线实验局中的消费路径是水平的，接近最优消费路径。

平均结果还掩盖了这样一个事实：在实验期间内被试者似乎学习着趋近最优水平的消费组合。图 5-4 展示了被试者在基线实验局（生命周期 1、5、14、23）选择的消费路径，证明了图 5-3 观察到的消费大幅递减主要是生命周期 1 和 5 的消费选择导致的。特别是在最后的生命周期 23，所有被试者的平均消费路径虽仍呈递减趋势，但远比生命周期 1 平坦。我们可以使用被试者生命周期中 5 个时期消费的标准差，作为度量消费路径水平程度的指标。计算得到各期全部被试者的消费标准差的平均值，其在生命周期 1 中为 288.3，在生命周期 5 中为 191.1，在生命周期 14 中为 134.9，在生命周期 23 中为 113.8。

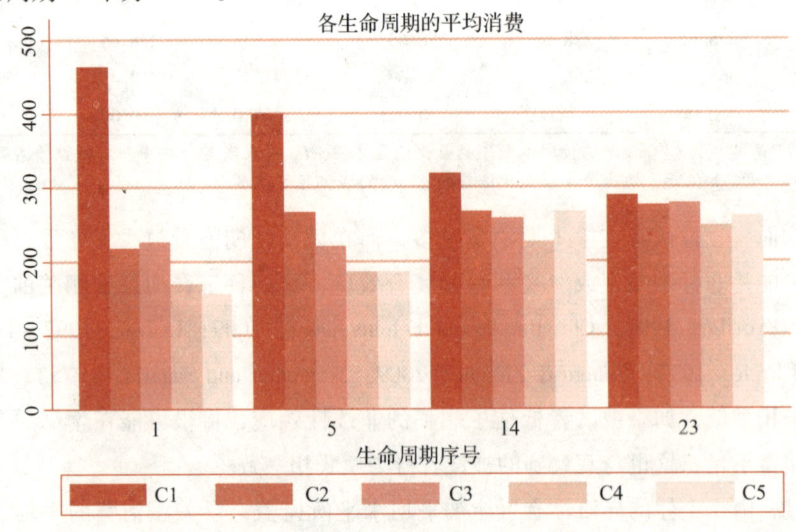

图 5-4　基线实验局下各生命周期的消费

比较静态分析

截至目前，我们已经证明了大多数被试者的跨期消费分配不符合贴现效用模型的点预测（point prediction）。尽管如此，仍然可以期待被试者对利率和价格变动的反应与模型的预测相接近。

虽然我们观察到被试者选择的消费路径偏离了模型的预测，比较静态分析的结果依然可能与理论相符。此外，通过比较静态数据，我们还可以量化前瞻效应和影响效应，进而从另一个角度对理论进行评估，这一点也是我们的主要目标。虽然模型未能预测跨期的消费和储蓄决策，但是只要它能正确地预测出人们应对重要变量（如名义利率）变动的方式，那么它仍不失为评价货币政策对个人消费影响的合适框架。

具体而言，我们关注的是个体被试者的实际消费模式相对于基线消费的变动 $\Delta C_{it}=C_{it}-\overline{C}_{it}$，并将其与对应的理论预测变动 $\Delta C_t^{opt}=\Delta C_t^{opt}-278.65$ 进行对比。个体被试者的基线消费$\overline{C}_{it}$是在基线实验局（生命周期 1、5、14、23）的各期平均消费。请注意，ΔC_{it}的构造考虑到了被试者已经偏离了理论最优路径（即水平的消费模式）的可能性。基于这些设定，我们可以把被试者对利率和价格变化的反应大小分离开来。

分析数据的第一种方法是用 ΔC_{it}对 ΔC_t^{opt} 进行回归。图 5-5 显示了含回归线的散点图以及 45°线。[5]图中显示，实验中被试者的某些消费选择与基线水平差异巨大。有些偏离甚至大于 1 000 泰勒的初始财富禀赋。只有当被试者早期不消费任何商品，而在生命周期末尾的某一期中消费大部分禀赋（包括利息）时，才会出现这种情况。但除了这些极端的异常值外，许多观测值也大幅偏离 45°线，表明个人行为大幅偏离最优行为。

显然，如果 ΔC_{it}和 ΔC_t^{opt} 相等，回归线将与 45°线重合。我们得到的回归线斜率为 1.02，与斜率为 1 不存在显著差异（t 检验，$p<0.01$），且常数项为正但不大（6.68；$p<0.01$）。因此，总体来看，实际消费变动与模型预测几乎相同，个体对最优行为的偏离并不是系统性的。

从宏观经济学的角度来看，这可以被视作一个好消息，因为这意味着宏观经济模型能够用来解释和预测总体行为。然而，偏低的 R^2（仅为 0.05）表明，偏离虽不是系统性的，但非常巨大。图 5-5 的散点图清晰地展示出这种巨大的差距。

请注意，此前分析中各期的消费反应是混合在一起的。通过以下方程对每个生命周期进行回归，我们能进一步分解个体的消费进行分析：

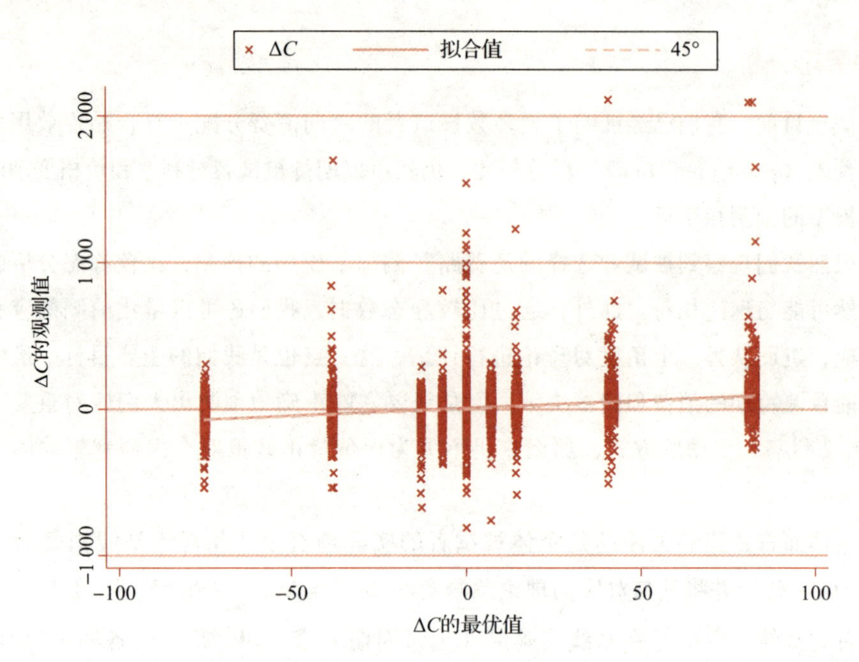

图 5-5　实际的消费变动与最优的消费变动

$$\Delta C_{it} - \Delta C_{t}^{opt} = \sum_{t=1}^{5} \alpha_t d_t^{\text{时期}} + \varepsilon_{it} \tag{5-8}$$

我们从观察到的消费变动中减去模型预测的消费变动，并用一组关于时期的虚拟变量对这个差值做回归。注意，此处比较的是实验生命周期中每一期的差异。通过该回归，可以在实际利率不变的条件下，简单地比较实际消费变动与理论最优的消费变动。根据 t 检验和 F 检验，我们可以分析在某一期以及全部时期中二者有何区别。

表 5-3 展示了每个生命周期的 OLS 回归结果。Δr 代表在单个生命周期（实验局）中实际利率是否以及如何改变。最后一列 $p(F)$ 则是全部 5 期虚拟变量联合不为零的 F 检验的显著性水平。

然而，我们发现在生命周期 6 ~ 12 中实际和最优消费变动间不存在显著差异，在后续的生命周期 13 ~ 22 中则相反。[6]在生命周期 9、11 和 12 中，t 检验结果显示差异在某一期显著，关于各期整体差异的 F 检验却无法通过。值得注意的是，显著的差异通常出现在第 1 期和第 5 期，在第 1 期为负，而在第 5 期为正。

通过上述分析可以发现，尽管在大多数实验局中，理论模型未能准确预测被试者如何应对价格和利率变化，我们仍然不能否定理论最优消费变动的解释力。总体来看，实验发现证据支持以下假设——即便程度有限，被试者的确会对预期的利率和价格未来变动做出反应。

表 5-3　实际和最优变动间的差异

	Δr	生命周期	第 1 期	第 2 期	第 3 期	第 4 期	第 5 期	$p(F)$
T1	$r_{\downarrow 10}$	8	-15.29	24.78	-6.71	10.78	1.98	0.89
	$r_{\uparrow}^{20}$	12	-47.88*	24.34	14.76	-14.54	37.63	0.17
	$r_{\downarrow 20}$	13	-23.32	14.07	21.92	33.03*	-17.35	0.03
	$r_{\uparrow}^{10}$	19	-49.06**	18.40	21.48	0.58	30.93*	0.00
T2	$r_{\uparrow}^{10}$	10	-24.86	2.19	23.35	0.43	6.69	0.90
	$r_{\downarrow 20}$	17	-54.45**	-1.40	-1.69	60.43**	54.23**	0.00
	$r_{\downarrow 10}$	20	-52.76**	6.93	14.19	38.49**	41.39**	0.00
	$r_{\uparrow}^{20}$	22	-88.82**	13.34	32.37	50.34*	55.02*	0.00
T3	$r_{\downarrow 20}$	6	2.57	1.39	5.54	19.98	-11.65	0.94
	$r^{=}$	7	-14.76	19.47	-43.02	24.46	7.85	0.43
	$r^{=}$	9	-58.27*	33.59	1.58	27.09	32.85	0.11
	$r_{\uparrow}^{20}$	11	-42.70	11.15	7.21	-5.47	53.43*	0.18
	$r_{\downarrow 10}$	15	-45.42**	-4.85	6.72	82.29**	3.35	0.00
	$r^{=}$	16	-63.52**	-6.26	-7.44	34.61	108.82**	0.00
	$r^{=}$	18	-62.08**	8.15	0.80	72.59**	31.87	0.00
	$r_{\uparrow}^{10}$	21	-67.45**	13.52	7.78	61.55**	33.27*	0.00

注：该表显示了式（5-8）的估计系数。（*，**）表示在 t 检验中该系数在（5%，1%）的水平上显著不为0，$p(F)$ 是 F 检验（检验所有虚拟变量不为0）的显著性水平，每个回归中有250个观测值。在所有的估计中都省略了常数项。这允许我们在不产生完全多重共线性的情况下涵盖所有期的时间虚拟变量。

前瞻效应和影响效应

本研究的主要关注点是应对价格与利率变动时被试者表现出的前瞻效应和影响效应。此处将重点探讨这个问题，检验被试者对利率和价格是否存在系统性反应以及反应发生的时间。为此，我们对每一期分别进行以下回归：

$$C_i^{\text{时期}} = \beta_0 + \beta_1 R_3 + \beta_2 P_4 + \varepsilon_i \qquad (5\text{-}9)$$

理论上，每期的最优消费水平是关于利率和价格的函数。虽然这个关系是非线性的（见式（5-5）），我们仍可以将其近似为线性回归。由于利率只在第 3 期发生变化，而价格在第 4 期和第 5 期总是相同的，故在回归中加入 R_3 和 P_4 就足够说明问题。[7]常数项 β_0 则捕捉了所有其他变量。每一期的回归结果如表 5-4 所示。

在所有情况下，回归系数的符号都与理论预测保持一致，表明被试者在原则上理解他们应该如何应对实际利率的变化。名义利率的系数大小也不是太糟糕。然而，这些回归的拟合优度都非常差。[8]在第 1 ~ 3 期中，虽然第 1 期的回归系数很大且显著，价格和利率的未来变动几乎无法解释消费水平的任何变化。

表 5-4 每一期消费对价格和利率的 OLS 回归

	C_1	C_2	C_3	C_4	C_5
常数项	211.11 **	205.64 **	184.91 **	455.37 **	816.68 **
	(63.54)	(35.06)	(44.59)	(52.00)	(91.72)
R_3^{opt}	-65.96	-66.41	-65.37	377.20	376.93
R_3	-166.93 **	-35.74	-5.61	371.83 **	404.35 **
	(55.46)	(30.60)	(38.92)	(45.39)	(80.05)
P_4^{opt}	80.05	80.65	79.12	-457.93	-458.41
P_4	154.08 **	66.44	65.71	-295.95 **	-646.09 **
	(65.91)	(36.37)	(46.25)	(53.94)	(95.14)
调整的 R^2	0.008	0.002	0.000	0.066	0.048
$p(F)$	0.005	0.17	0.32	0.000	0.000
#	1 000	1 000	1 000	1 000	1 000

注：R_3^{opt} 和 P_4^{opt} 表示最优消费对第 3 期利率和第 4 期价格的回归系数。由于最优消费与解释变量间存在明确的非线性关系，其线性近似回归得到的标准差非常小，故我们并未在下方展示。t 检验中（*，**）表示系数在（5%，1%）的水平上显著不为 1，$p(F)$ 是检验系数不为零的 F 检验的显著性水平。

第 4 期和第 5 期的回归中调整的 R^2 略有提高，但仍然处于很低的水平（0.066 和 0.048）。在第 1 期中，尽管 R^2 偏低，F 检验却支持 R_3 和 P_4 对消费存在显著影响，且在统计上与最优系数不存在显著差别（通过 F 检验，$p=0.176$），尽管估计的标准差非常之大。在第 2 期和第 3 期，R_3 和 P_4 的系数并不显著。第 4 期和第 5 期中显著的回归系数则表明，影响效应的确存在。总的来说，我们只发现很少的证据支持前瞻效应，然而被试者确实会受到影响效应的影响。

调整的方向

前面已经证明，多数实验局中被试者应对利率和价格变化的消费调整幅度与理论预测并不相符。接下来，我们将对理论模型的预测能力进行更为宽松的检验，考察消费变动的方向是否与模型预测一致。[9]

依据每个观测值与基线消费的偏离情况，我们对数据重新编码：如果实际消费小于基线消费，则记为“-1”，反之记为“+1”。表 5-5 总结了不同实验局中的实际利率变动发生前后，消费变动符合预测方向的比例。由于几乎所有的实际消费路径都偏离了基线，此处省略了水平最优消费路径的实验局。因为消费要么上升要么下降，所以我们使用二项式检验来检验正向或负向变动的比例是否显著大于 50%（也可以是任何其他比例）。

表 5-5 显示，在前瞻效应方面，被试者不会对已知的未来变动提前做出反应。唯

一的例外是生命周期 13，其中 58% 的变化方向符合理论预测。在影响效应方面，在 12 个实验局中有 9 个，被试者的反应与理论一致的比例超过了 50%，可以认为是符合理论的。注意，在价格变动的实验局组 T1 中，影响效应的符号总是正确的，但在利率变动的实验局组 T2 中只有 2 个正确。

表 5-5　消费变动的方向

实验局设置	Δr	生命周期	实际利率改变前			实际利率改变后		
			Sign	Prop	p	Sign	Prop	p
T1	$r_{\downarrow 10}$	8	+	0.53	0.23	–	0.70	0.00
	$r_{\uparrow}^{20}$	12	–	0.51	0.47	+	0.68	0.00
	$r_{\downarrow 20}$	13	+	0.58	0.03	–	0.76	0.00
	$r_{\uparrow}^{10}$	19	–	0.45	0.92	+	0.72	0.00
T2	$r_{\uparrow}^{10}$	10	–	0.52	0.34	+	0.56	0.14
	$r_{\downarrow 20}$	17	+	0.43	0.96	–	0.59	0.04
	$r_{\downarrow 10}$	20	+	0.53	0.34	–	0.51	0.46
	$r_{\uparrow}^{20}$	22	–	0.54	0.18	+	0.84	0.00
T3	$r_{\downarrow 20}$	6	+	0.49	0.60	–	0.81	0.00
	$r_{\uparrow}^{20}$	11	–	0.53	0.28	+	0.77	0.00
	$r_{\downarrow 10}$	15	+	0.49	0.62	–	0.50	0.54
	$r_{\uparrow}^{10}$	21	–	0.56	0.08	+	0.77	0.00

注：“Sign”代表理论相对于基准消费是应该增加（+）还是减少（–）。“Prop”是消费变动符合理论预测方向的比例，“p”是单边二项检验（比例小于/大于 0.5）的显著性水平。因为观察到的消费总是变动的，我们省略了理论最优消费路径呈水平状的实验局。

5.5　结论

在本章中，我们借助实验室实验，分析了被试者在制定消费和储蓄决策时对公布的未来利率和价格变动的反应程度。实验发现的第一个结果是，可能由于对未来各期的贴现率大于实验设定的数值，抑或是忽视利率的复合效应，被试者会在生命周期的早期阶段过度消费。基于这一点，我们的研究作为证据，有力地支持了人们对完全预测的未来价格和利率变动敏感度不足的观点。反映在前瞻效应方面，实验中观测到的前瞻效应显著小于理论预测值和最新的宏观经济模型的通常假定。尽管利率和价格水平的未来变动是确知的，被试者却通常不会在公告发布时调整消费决策。

相反，无论是定性还是定量分析，影响效应都符合甚至超出了理论预测。总的来说，我们的实验结果可以作为对“过度敏感”研究的丰富和补充。众所周知，消费与当前收入之间过于紧密的联系导致现实情况与理论中的跨期平滑消费不一致。我们的研究表明，这种对当前经济环境的过度敏感和对未来发展的敏感不足，在跨期价格方面同样存在。有趣的是，我们没有使用任何形式的信贷约束就得到了这一结果，而通常情况下，为了解释消费对当期收入的过度敏感，研究者往往会加入信贷约束因素。

我们相信，这一实验结果的得出并非由于被试者对任务的困惑或是任务设计难度过高。House、Keane 和 McCabe（2004）证明，在一个复杂的跨期决策问题中，一些被试者的决策能够非常接近于最优解。我们的研究结果也表明：首先，在 4 个基线实验局中，随着重复参与该局实验，被试者似乎能够学习趋近理论最优的水平消费路径；其次，平均而言，被试者消费的调整方向是正确的。虽然不能排除存在一些困惑的被试者未能理解最优行为，但平均而言我们的结果是有意义的。特别是，实验发现影响效应在平均水平上的确存在，结合实验中不显著的前瞻效应，也预示着背后存在更深层次的原因，而非仅仅是对实验任务理解不足。实验中所观察到的“即时倾向”（present bias）不太可能是跨期情形下的**贴现消费**（discounting consumption）问题。在本实验中，被试者在实验末尾方才收到总报酬，且在实验的短时间内也没有消费的可能性，故被试者自身的时间偏好并不重要。针对存在多个时期的实验局，我们采取将各期贴现系数直接告知被试者的方式，帮助被试者理解如何应对跨期的选择。因此实验结果应被解释为，很多被试者存在**低估未来信息**（discount information about the future）的自然倾向，即便信息完全可靠，这种倾向仍然发挥作用。Orland 和 Roos（2013）的研究得出了相似的结果，被试者部分地忽略了与最优定价相关的未来信息。在现实世界中，这种行为也具备潜在的现实基础。因为现实中未来通常伴随着高度的不确定性，未来信息可能会打折扣，所以一条信息与未来联系越密切，人们对该信息的信心也就越少。当然，在我们实验设置中的信息并不会打折扣，仍然出现低估未来信息的现象，可能反映了人们处理这种跨期问题的一般方式。

本章的政策含义是：如果人们确实如我们的实验结果一般，对实际利率未来变化的反应总体上小于预测，那么政策制定者就不能指望通过对货币政策未来动向的完全可信的公告，达到模型预测的实证效果。在当今的经济环境中，许多政策受到零利率下限的制约，中央银行希望以非传统的政策措施（如前瞻指导）为指导来制定货币政策。所以，我们的发现就显得尤为重要。即使名义利率接近于零，如果中央银行能说服公众相信未来的通货膨胀将会提高，就仍有机会达到降低实际利率的目的。但是，如果公众对公告无动于衷，中央银行将可能受困于零利率下限。

在往后的研究中，检验其他设置下是否也存在前瞻效应不足以及低估未来信息确定性的现象，将是一个重要的研究方向。例如，可以尝试精简实验设计，实现未来事件与当期最优决策高度关联的同时简化最优决策的求解。此外，也许被试者可依据不同的前瞻取向分组，进而分析不同类型被试者的决策，而不是如本章一样只关注总体结果，也是一种可行的思路。另一个相关的研究课题是，被试者是否以及如何学习充分考虑未来的信息。最后，如何充分突出未来的重要性，克服人们在利用信息时的即时倾向，同样值得在后续深入研究。

注　释

1. 贴现率对消费的影响并不是我们关心的问题，原则上实验中并不需要加入贴现率。即便如此，我们仍然设置了一个正的时间偏好率，一方面与正的利率取得平衡，另一方面贴现也是宏观经济文献中的标准元素。
2. 请注意，每期的效用函数表现为不变的相对风险厌恶，这是商业周期模型中的通常假设。
3. 大多数被试者会尝试不同的消费路径。在全部生命周期中，所有被试者平均尝试的次数是 2，也就是说被试者在实际做出选择之前通常会尝试两条消费路径。被试者最多尝试的次数是 10 次。在整个实验过程中，尝试不同路径的倾向从生命周期 1 和 2 中的 2.5 和 2.8 下降为最后两个生命周期中的 1.7。
4. 除了在每一期选择消费后自动计算给出的成本、本期的剩余预算和下一期可支配的预算（剩余预算加上利息收益）外，被试者还能够使用标准的 Windows 计算器。
5. 在此图中回归线和 45°线几乎是相同的。请注意，横轴上的最优消费变动只能有 9 个不同的值。实际利率可以增加或减少 10 或 20 个百分点，或者保持不变。当实际利率变化时，前瞻效应和影响效应都会导致消费变化。
6. 这种明显的模式似乎是巧合的，而非系统性的。如果我们从样本中排除一些个体被试者，模式会变得更加不规则。
7. 请注意，第 4 和第 5 期中价格的永久变动相当于第 3 期中通货膨胀的一次性变动。我们也可以在回归中使用第 3 期的通货膨胀率替换第 4 期的新价格。之所以没有这么做是因为引入第 4 期的价格更符合数据的呈现和记录方式。
8. 相比之下，最优消费水平的回归的 R^2 总是大于 0.98。这证明非线性函数 $C_t(R_3, P_4)$ 可以很好地用线性回归的形式来近似。
9. 这种方法和学习方向理论（learning direction theory，Selten and Buchta, 1999; Selten and Stoecker, 1986）存在一定关联。然而，在我们设定的实验环境中，没有明显的过度调整或调整不足，也并未重复相同的情况。

参考文献

Ainslie, G. (1991). Derivation of "Rational" economic behavior from hyperbolic discount curves. *American Economic Review*, *81*(2), 334–340.

Ballinger, T. P., Palumbo, M. G., & Wilcox, N. T. (2003). Precautionary saving and social learning across generations: An experiment. *Economic Journal*, *113*(490), 920–947.

Campbell, J., & Deaton, A. (1989). Why is consumption so smooth? *Review of Economic Studies 56*(3), 357–373.

Carbone, E., & Duffy, J. (2014). Lifecycle consumption plans, social learning and external habits: Experimental evidence. *Journal of Economic Behavior & Organization*, *106*, 413–427.

Carbone, E., & Hey, J. D. (2004). The effect of unemployment on consumption: An experimental analysis, *Economic Journal*, *114*(497), 660–683.

Christiandl, F., & Fetchenhauer, D. (2009). How laypeople and experts misperceive the effect of economic growth. *Journal of Economic Psychology*, *30*(3), 381–392.

Chua, Z., & Camerer, C. F. (2007). *Experiments on intertemporal consumption with habit formation and social learning*. MIMEO. CalTech.

Fehr, E., & Zych, P. K. (2008). Intertemporal choice under habit formation. In C. R. Plott & V. L. Smith (Eds.), *Handbook of experimental economics results* (Vol. 1, pp. 923–928). Amsterdam: The Netherlands.

Fischbacher, U. (2007). Z-tree: Zurich toolbox for ready-made economic experiments. *Experimental Economics*, *10*(2), 171–178.

Flavin, M. (1985). Excess sensitivity of consumption to current income: Liquidity constraints or myopia? *The Canadian Journal of Economics*, *18*(1), 117–136.

Frederick, S., Loewenstein, G., & O'Donoghue, T. (2002). Time discounting and time preference: A critical review. *Journal of Economic Literature 40*(2), 351–401.

Gali, J., & Gertler, M. (2007). Macroeconomic modeling for monetary policy evaluation. *Journal of Economic Perspectives*, *21*(4), 25–45.

Hey, J. D., & Dardanoni, V. (1988). Optimal consumption under uncertainty: An experimental investigation. *Economic Journal*, *98*(390), 105–116.

Houser, D., Keane, M., & McCabe, K. (2004). Behavior in a dynamic decision problem: An analysis of experimental evidence using a Bayesian type classification algorithm. *Econometrica 72*(3), 781–822.

Laibson, D. I. (1997). Golden eggs and hyperbolic discounting. *Quarterly Journal of Economics*, 112 (2), 443–447.

Loewenstein, G., & Prelec, D. (1992). Anomalies in intertemporal choice: Evidence and an interpretation. *Quarterly Journal of Economics*, *107*(2), 573–598.

Luengo-Prado, M. J., & Sørensen, B. E. (2008). What can explain excess smoothness and sensitivity of state-level consumption? *The Review of Economics and Statistics*, *90*(1), 65–80.

Meissner, T. (2013). *Intertemporal consumption and debt aversion: An experimental study*. SFB 649 Discussion papers, Humboldt University Berlin.

Orland, A., & Roos, M. W. M. (2013). The New Keynesian Phillips curve with myopic agents. *Journal of Economic Dynamics and Control*, *37*(11), 2270–2286.

Pasini, G. (2009). Excess sensitivity of consumption to income growth: A model of loss aversion. *Industrial and Corporate Change*, *18*(4), 575–594.

Selten, R., & Buchta, J. (1999). Experimental sealed bid first price auctions with directly observed bid functions. In I. E. D. Budescu & R. Zwick (Eds.), *Games and human behavior: Essays in honor of Amnon Rapoport*. Lawrence Erlbaum Associates: New Jersey.

Selten, R., & Stoecker, R. (1986). End behavior in sequences of finite Prisoner's dilemma supergames: A learning theory approach. *Journal of Economic Behavior and Organization*, *7*(1), 47–70.

Stango, V., & Zinman, J. (2009). Exponential growth bias and household finance. *Journal of Finance*, *64*(6), 2807–2849.

Wagenaar, W. A., & Sagaria, S. D. (1975). Misperceptions of exponential growth. *Perception and Psychophysics*, *18*(6), 416–422.

Walsh, C. E. (2010). Using monetary policy to stabilize economic activity. Federal reserve bank of Kansas city financial stability and macroeconomic policy 2009 Jackson hole Symposium, pp. 245–296.

West, K. D. (1988). The insensitivity of consumption to news about income. *Journal of Monetary Economics*, *21*(1), 17–33.

附录5A 实验说明

欢迎参加我们的实验。从现在开始请不要跟其他任何参与者交谈。除实验必需的软件，不要擅自使用电脑中的其他软件。

这个实验的目的是研究决策行为。你可以从实验中得到真实的现金回报，你的报酬将完全取决于自己的决策，接下来将会详细介绍相关规则。

实验数据将匿名处理，不会包含与参与者身份有关的信息。其他被试者和实验研究人员都不会知道你在实验中的选择以及你获得的报酬金额。

任务

你的任务是进行一个“生命周期”的储蓄和消费决策。每个“生命周期”被分为5期。在实验末尾，你的效用以及相应的现金报酬都取决于你对商品的消费。

禀赋

在生命周期开始时，在第1期中，你会获得1 000“泰勒”的禀赋，你可以将它用于商品消费或储蓄。在该生命周期中你不会获得其他任何收入，但可以通过储蓄增加预算。

消费

在每一期中，你都能以特定的价格 P 购买单位消费品。如果你消费数量 C 的商品，你必须支付 $C \times P$ 泰勒。

$$支出 = C \times P$$

储蓄

在每一期中，未用完的禀赋都会自动储蓄并获得利息收入，利率为 R。在随后的时期中，被试者可以使用前期剩余的预算与利息收入来购买消费品或储蓄。

$$\text{剩余预算} \times (1 + R) = \text{下一期的预算}$$

例 假设利率是20%，你在消费后剩余的预算是100泰勒，那么下一期的预算将是 $100 \times 1.20 = 120$（泰勒）。

各期效用

效用 u 由这个时期的消费 C 决定，如以下方程所示：

$$u = \frac{C^{0.5}}{0.5}$$

在一期内的消费越多，当期的效用就越高。然而，随着消费的商品数量增加，每单位商品带来的边际效用递减。

一生效用

你的报酬取决于终身效用（lifetime utility）。这是你在一个生命周期的所有5个时期中的总效用。**在第5期消费后剩下的预算将被没收，且不会产生任何效用。**终身效用是各期效用的加总。然而，各期效用会被贴现。这意味着，在加总各期效用时要使用特定的权重，越往后权重较小。为了在不同的两期得到相同的贴现效用，你在后一期的消费必须更多。第 t 期的贴现权重可以正式表示为：

$$\frac{1}{(1+0.2)^t} = 0.8333^t$$

因此在第 t 期的贴现效用的计算式为 $u_t \times 0.8333^t$。

例如，第1期的效用要乘以0.833，第2期的效用要乘以 $0.833^2 = 0.694$，等等。各期的权重将会显示在电脑屏幕上。

生命周期

这个实验由23个生命周期组成，每个生命周期包括5期。因此，每个生命周期的规划周期是5。每个生命周期是完全相互独立的。你在每个生命周期都会收到1 000泰勒的禀赋。**不能在两个生命周期之间转移泰勒或商品。**不同生命周期的价格和利率可能不同。

报酬

你最后的报酬取决于某一个生命周期的终身效用。在你完成全部23个生命周期后，将随机选择其中一个生命周期进行支付。这个生命周期中产生的终身效用将被换算成欧元。我们将采用以下转化率：

1 个效用点数 = 0.281 欧元（约为 28 美分）或 1 欧元 = 3.6 个效用点数

操作说明

Leben

1 von 4 Verbleibende Zeit [sec] 244

Werte für dieses Leben

	Periode 1	Periode 2	Periode 3	Periode 4	Periode 5
Zinssatz R	10 %	20 %	30 %	40 %	50 %
Preis P	1.00	2.00	3.00	4.00	5.00
Gewichtung	0.83	0.69	0.58	0.48	0.40

Periode 1	Periode 2	Periode 3	Periode 4	Periode 5
Budget in Talern 1000.00	Budget in Talern 0.00	Budget in Talern 0.00	Budget in Talern 0.00	Budget in Talern 0.00
Konsum (Gütermenge)	Konsum (Gütermenge)	Konsum (Gütermenge)	Konsum (Gütermenge)	Konsum (Gütermenge)
Ausgaben für den Konsum in Talern 0.00	Ausgaben für den Konsum in Talern 0.00	Ausgaben für den Konsum in Talern 0.00	Ausgaben für den Konsum in Talern 0.00	Ausgaben für den Konsum in Talern 0.00
Budget übrig in Talern 1000.00	Budget übrig in Talern 0.00	Budget übrig in Talern 0.00	Budget übrig in Talern 0.00	Budget übrig in Talern 0.00
Berechnen	Berechnen	Berechnen	Berechnen	Berechnen

Reset Bestätigen

1. 生命周期/时间

在屏幕上方的表格内，你可以找到你目前处于哪个生命周期以及你做选择的剩余时间（以秒为单位）。

2. 每个时期的赋值

当前生命周期中所有 5 期的利率 R、价格 P 以及效用贴现的权重都展示在屏幕上。请注意，每个时期的 R 和 P 都可能不同。

3. 输入

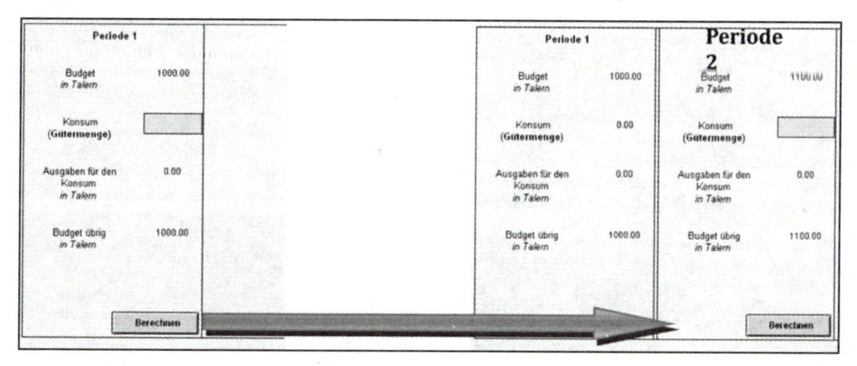

在一个生命周期开始时只展示第 1 期的输入框。在当前预算的下方，你会发现一个蓝色区域，你可以在其中输入第 1 期的消费选择。你输入的数字可以精确到小数点后第 3 位。

单击“计算”（calculate）按钮，将会显示本期的剩余预算并给出下一期的输入框。下一期的“预算”（budget）为上一期的剩余预算加利息。

4. 确认输入

当选择了全部 5 期的消费后，你可以确认你的输入结果或者重新计算。如果你按下红色按钮，也就确认了这个生命周期的选择，该生命周期的终身效用将显示在下一个屏幕上。

5. 重置

你可以使用重置按钮来更改输入结果。这将重置你输入的所有消费，并从第 1 期开始重新输入。重置和更改的次数不限。

6. 计算器

如果需要计算器，你可以单击屏幕左下角的图标来打开 Windows 计算器。

结语

在填写完一个简短的问卷后，你将被叫到一个单独的房间。请带上收据以及座位编号的卡片。我们将私下匿名向你支付报酬。

第6章

CHAPTER 6

关于货币政策与中央银行行为的实验

◆ 摘　要：本章综述了与货币政策和中央银行行为直接相关的实验。我们认为，实验也能作为中央银行家检验政策措施或规则的一种工具。我们对相关实验进行了分类，包括分析货币政策非中性原因的实验、被试者扮演中央银行家的实验、分析中央银行沟通的作用及启示的实验、关于货币政策最优实施的实验，以及与应对金融危机的货币政策相关的实验。最后，我们提出一些开放性问题，并指出了未来研究的新方向。

◆ 关键词：货币政策；中央银行行为；实验室实验

6.1 引言

实验宏观经济学是一个新兴的研究领域，该领域文献不断涌现的原因可能有两个：第一，现代宏观经济学建立在许多具有微观基础的模型之上，这些模型多基于策略博弈或（至少）以个体最优化为基础。由于博弈和最优化任务可被设计为实验室实验，所以这些宏观模型的基础能在实验室中加以检验。因此，宏观经济学正在尝试新的研究方法，该方法已运用于其他领域且取得了诸多成果，如产业组织领域、拍卖设计或激励机制设计等。第二，对基于理性预期假设，或更广泛地说，基于理性行为假设的模型的普遍不满。虽然在预测系统性政策或制度变化的影响方面，理性假设是一个必要工具，但是行为和预期的实际偏差表现出很强的系统性，并且，对经济具有非常大的影响，以致不能将其归入不可解释的噪声之中。

如何合理设计宏观实验呢？现代货币宏观模型如“动态随机一般均衡”（DSGE）方法具有明确的微观基础，使得可对小样本经济建模，被试者在其中扮演不同的经济主体，同时，这需要检验构建 DSGE 模型的微观经济模块。尽管，宏观经济学模型的假设和预测用非实验的实地数据进行了检验，但是，在受控实验室中有偿地以真人被试者为实验对象不失为另一种实证方法，并且，这正受到越来越多的关注。这种方法的主要优势在于，实验者可以控制被试者的激励、信息和沟通渠道，因此，通过改变外生因素就可以建立因果关系，而无须使用复杂的计量方法或构造有争议的工具变量。此外，纯粹均衡理论没有分析策略的不确定性，当模型具有多重均衡时，它也不能预测政策措施的影响，但是，实验可用来发展和检验均衡选择理论。

也许有人会问，少数被试者参与的实验室实验怎么能解释数百万经济主体互动产生的宏观经济现象（Duffy，1998）。宏观经济理论假设经济主体是同质的，通常是代表性的，因此，也面临着相同的问题。关于货币政策或财政政策影响增长率、就业和通货膨胀等宏观经济变量的基本机制，一些宏观经济理论提供了有价值的洞见。而实验甚至能做得更好，因为，在实验室经济中，即使很少的被试者，如 10 个，也能引入一定程度的异质性，而理论几乎不能对此进行分析，多数仅通过采用数学模拟的方式。在结构良好的模型经济中，将被试者的数量从 10 增加到 1 000 万可以得到另外一些发现，但这或许意义不大。此外，具有微观基础的宏观模型假定在一个框架内经济主体会对激励做出反应从而相互影响，并且，他们能理解其行为和互动的结果。通过阅读实验说明（并最终通过练习轮的训练），被试者可以对实验中变量间的函数关系有一定程度的理解，这在现实经济中是不能实现的。通过明确支付函数，实验者可以最大限度地控制激励，而且，环境和非结构化沟通的混淆影响能被维持在最低水平。因此，要检验具有微观或博弈论基础的理论对行为的预测，实验室经济是最好的环境，而且，在现实经济中这样的检验几乎不可能。正如 Duffy（1998，P9）指出：“即使具有微观基础的模型对总体经济的预测可用实地数据来检验，但是，并非总能使用实地数据验证个体层面的行为是否与这些模型的预测或假设相一致。”当然，实验室实验的结果不能简单地推广到现实经济环境中，相对于在抽象的实验室经济中观察到的结果，现实经济中主体的背景、道德标准、经历以及接受的正规训练，可能会对外生变量的变化做出不同反应。然而，理论也面临着相同的问题。实验室实验也许能证伪理论，如果理论在实验室中不成立，那么它们在现实经济中如何成立呢？然而最终，经济学是一门社会科学，现实证据是必不可少的。

在本章中，我们认为实验可以作为中央银行家的一个重要工具。通过实验室实验，实验宏观经济学使政策制定者能对竞争性的政策行动、规则或制度设计进行

“平台检验”，这引起了对货币政策和中央银行行为的关注。实验能够说明政策制度的不同影响，包括预料到的和未预料到的，还能提供一种快速、经济有效的方法来识别货币政策措施的可能影响。[1]通过在实验室中研究政策影响，实验能为政策制定者提供建议（Ricciuti，2008）。实验宏观经济学家和中央银行家之间需要更多的互动，这既有助于实验者调整其研究、阐释中央银行家关切的问题，又有助于中央银行家理解实验结果，并判断其外部有效性。正如 Alan Blinder 的例子表明的，中央银行家也可以由实验者扮演。

与中央银行行为相关的实验研究处于实验经济学和中央银行学的科学前沿。关于均衡选择或各种政府政策的效果，实验方法的结论能够提供很多启示。关于中央银行的实验室实验在以下几方面很有帮助：

- 在明确界定的环境中，从众多均衡中找出被选择的均衡，检验均衡选择理论，为多重均衡模型刻画的宏观经济环境中可能出现的结果提供了参考。
- 从预测能力角度检验均衡的确定性和稳定性，有助于解决关于“正确的”稳定性标准的争论。
- 在实验室中测试政策规则、决策规则及沟通协议在稳定市场方面的有效性几乎没有成本，而任何这样的实验若在宏观层面进行将危及社会福利，或者根本不可能进行一个理想的测试。
- 在政策实施之前，理解人们的策略性行为与制度环境的交互影响能极大地减少实现政策目标的成本。通过考虑可能会影响人类行为的各种因素和动机，实验经济学可以检验可选择的政策。例如，实验室实验有助于选择最适宜实现政策目标的工具和制度安排。[2]
- 解决内生性问题。在现实经济中，政策参数会对经济活动做出反应。正如 Ricciuti（2008，P218）所说的：“在现实经济中，政策的内生性使分析数据和对已发生的变化做出正确推断变得困难。”实验室实验可对外生地改变个别参数而产生的影响进行受控检验。

本章按照图6-1所示的框架综述了有关中央银行问题的实验室实验。[3]Duffy（1998，2008a，2008b）和 Ricciuti（2008）综述了更大范围的有关宏观经济学实验的文献，而我们聚焦于与中央银行相关的问题，并介绍一些最近的文献。图6-1展现的大部分实验关注于标准宏观模型的特定模块或假设。

在“货币非中性的途径”部分，我们关注了货币政策非中性的一些原因。我们聚焦于货币幻觉，以及应用于黏性价格或黏性信息环境的货币政策实验。我们不考虑关于预期形成的实验，尽管它们本应在此处涉及，但是本书的另一章已对这类实验进行了探讨（Assenza，Bao，Hommes and Massaro，2014）。观察被试者在实验室中的行为，尤其是研究中央银行和公众之间的沟通效应，有助于预测政策措施的可能影响，并设计最优的决策过程及制度。在“被试者在实验中作为中央银行家”部分，我们介绍了被试者扮演中央银行家的实验结果。这些实验表明，即使中央银行家关心的是对未来预期的影响，在重复博弈中，由时间不一致性引起的通货膨胀偏差同样是重要的。尽管，被试者本应能够对冲击做出最优反应以稳定经济，但是，实验结果发现现实被试者会遵循某些固定的规则。“透明度与沟通问题”部分关注中央银行沟通策略以及透明度的益处。关于政策透明度存在着热烈的讨论，尽管中央银行透明度已经在逐步提高，但是理论文献提供了两个方面的建议。因为实验者可以在不同的实验局中控制信息并区分沟通渠道，所以实验特别适合于检验信息和沟通渠道的效应。因此，实验可获得关于信息效应的非常清晰的结论，而现实证据往往会受到不同沟通渠道同时存在，以及识别哪些信息实际影响了真实决策的困扰。实验室中也研究了沟通与稳定化政策之间的相互影响。“政策实施”部分讨论了货币政策的实施问题。我们区分了可由不同规则描述的政策策略，和通过回购拍卖进行的政策实施操作。拍卖设计是实验经济学的一个经典问题，使用实验对拍卖进行“平台检验”已成为一种标准程序。“流动性危机中的货币政策”部分，聚焦于研究金融危机和中央银行干预的实验。最后，我们涉及了一些开放性问题，并指出了未来研究的新方向。强调货币政策传导过程中，以及通货膨胀预期形成过程中的行为因素，似乎尤其重要。特别地，我们需要思考为货币政策、信息披露以及金融市场设计规则的方法论，这些规则影响了策略不确定下私人主体的行为。全球金融危机也已经重塑了关于中央银行政策范围和政策工具的争论，而实验是检验它们的好方法。

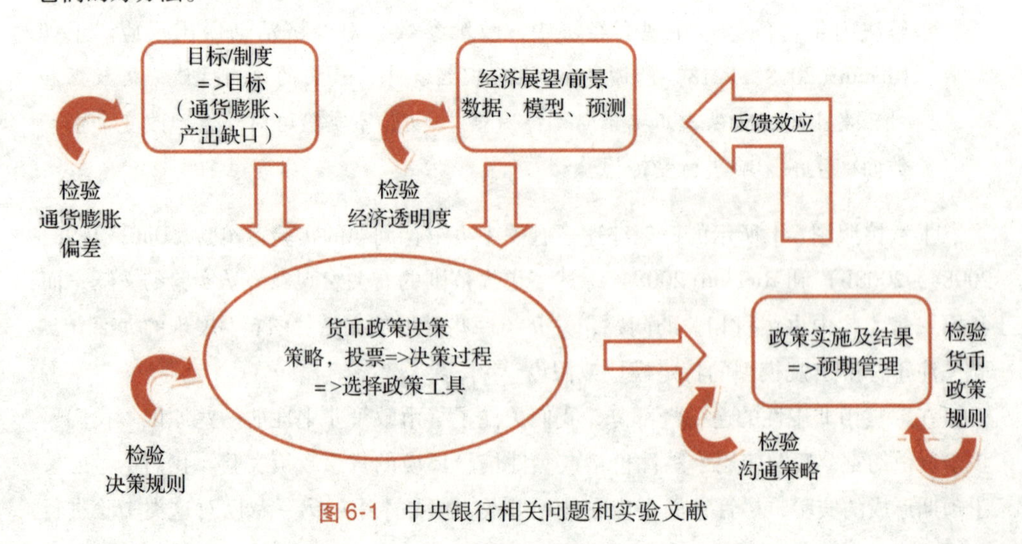

图 6-1 中央银行相关问题和实验文献

6.2 货币非中性的途径

正如Adam(2007，P603）指出的，“具有名义刚性的理性预期模型，在当前的宏观经济学中非常重要，……，但仍难解释产出和通货膨胀数据中的持续性特征。”一个可能的原因是，真实经济主体并不按照理性预期的强假设行动。实验室实验已经对有限理性开展了一些研究，这有助于解释货币政策的实际影响和持续影响。最有力的解释似乎是货币幻觉、有限推理、信息处理的非货币成本、直觉推断法的使用和自适应预期。在货币冲击的实际效应方面，其中一些解释是相互关联、相互影响的。观察被试者在实验室中的行为，特别是研究其学习过程，有助于为内部摩擦建模，从而建立更合适的传导机制。许多实验确实旨在比较理性预期和自适应学习，尤其是在均衡选择中。最近，预期的形成在实验研究中获得了较大关注。“诉诸实验室实验的原因在于预期通常不容易被观察，这使得识别与理性预期的偏差变得困难(Adam，2007，P603)。”而在实验室中能够直接观察被试者的预期。学习模型的动态特征取决于，报告的预期和关于预期形成的变量实现值之间的函数关系。[4]

在实验室已检验过的货币政策通道中存在显著的货币幻觉（“货币幻觉”部分)，这看起来是由数值锚定驱动的，并明显地违背理性假设。然而，对其他经济主体受货币幻觉影响的预期同样能解释黏性价格。我们介绍了明确引入黏性价格或黏性信息的一些实验（“黏性价格和黏性信息/垄断竞争”部分)，并与没有这些摩擦且其余皆相同的经济进行比较。大体的发现是，即使在无摩擦的经济环境中，被试者的行为方式依然与有摩擦的情形下一致。经常观察到的价格对冲击的滞后反应可部分地由货币幻觉解释；关于其他主体对冲击不做反应的主观信念，为这些滞后提供了另外的解释。在具有策略互补性的博弈中，这两种在货币宏观经济中的典型效应会相互增强。

货币幻觉

Fehr和Tyran(2001，2005，2008）研究了在策略互补和策略替代的环境中，价格水平变化对个体定价的影响。在他们的实验中，被试者扮演厂商，在一个寡头市场上设定名义价格。支付表的变化代表巨大的、可预计到的价格水平冲击，被试者应立即对此做出反应并达到新的均衡。二人研究了在不同的策略环境下，被试者是否会以及会多快收敛到新均衡。实验结果显示，价格会逐步地调整，并且策略替代下的价格比策略互补收敛得更快。因为，供给函数和需求函数只取决于相对价格而不是绝对价格，所以，价格调整迟缓的结果可解释为货币供给非中性的证据。由于调整到均衡的速度不同，相对于策略替代，当价格为策略互补时，货币冲击具有更强的影响。

Fehr 和 Tyran(2001) 考虑了一个 n 名被试者参与的定价博弈，该博弈具有唯一的均衡，与垄断竞争下的定价相似。被试者得到支付表，支付表说明了被试者的收益如何取决于自身的定价以及其他厂商的平均价格。T 期之后，支付表被更换，新旧支付表的区别仅在于价格尺度不同，代表一个可完全预料到的对货币供给的负向冲击。在新支付表下，这个博弈又继续进行另外 T 期。

不充分的价格调整或许能由两个因素解释：货币幻觉和对其他被试者不充分调整价格的预期。为了理清这些效应，Fehr 和 Tyran(2001) 设计并比较了 4 种实验局：其一，支付表以名义值给出，被试者与其他真人被试者进行博弈实验（如前所述。该局称为 NH 实验局)。随后，根据冲击前后不同的价格尺度，收益被转换为真实的货币。其二，NC 实验局以名义值给出收益，但其他厂商由一台电脑来扮演。在该局中，唯一的真人被试者被告知，电脑总会选择一个价格，即对她或他的定价的最优反应。NC 实验局排除了以策略不确定性来解释价格迟缓调整的可能性。在另外两个实验局 RH 和 RC 中，支付表以实际值给出（被试者又分别与真人或电脑进行博弈实验)，以使货币幻觉被排除在价格迟缓调整的原因之外。[5]

结果表明，货币冲击具有实际效应，NH 实验局中被试者需要几期时间来调整到新均衡附近。然而，主要原因既不是个体的货币幻觉，也不是协调失败，而是二者共同作用所致。图 6-2 呈现了 4 个实验局中冲击前后的平均价格。RC 实验局中存在向新均衡的瞬时调整。在实验局 NC 和 RH 中，向新均衡的调整需要几期，但被试者的调整进度相当接近。然而，在 NH 实验局中，协调问题与名义支付表相结合，导致价格调整有很大的滞后。被试者预期可以提供一定的解释。在实验局 NH 和 RH 中，Fehr 和 Tyran(2001) 询问了被试者对其他人设定的平均价格的预期。实验局之间报告的预期的差异，与被试者实际选择的价格间的差异相当。Fehr 和 Tyran(2001) 把这些不同的价格预期归因于“拇指规则”，因为“拇指规则”，被试者错把名义收益当作实际收益，并通过设定高于均衡的价格来争取合谋。这是货币幻觉的另一个影响。为了对此进行检验，他们增加了两个具有正向价格水平冲击的实验局，具有货币幻觉、想串谋的被试者将加快向新均衡的调整。的确，相对于具有负向冲击的可比情形，在这些情况下，价格调整得更快。然而，这些实验局在几个方面不同于具有负向冲击的实验局，因此，两类实验并不完全可比。

注意，实验局 NH 中对均衡的偏离大于实验局 NC 和 RH 中偏离的总和。在策略互补的环境中，协调失败和货币幻觉导致的偏离会相互加强。Fehr 和 Tyran(2008) 做了一个相似的实验，实验局的差别在于价格是策略互补还是策略替代。在两个实验局中，均衡都是有效的，这排除了合谋意愿引发对均衡的系统性偏离的可能。在策略替代实验局中，冲击之后平均价格几乎是瞬间跳向新的均衡。一些被试者选择了过高或过低的价格，从而出现一些错误的协调，因此，在冲击发生后的前两期存在着效率损失。然而，效率损失在策略互补实验局中要大得多，正如 Fehr 和 Tyran (2001) 的实验所示，互补实验局中价格缓慢地向新均衡调整。4 个对照实验局可用来识别价格调整不充分的原因。Fehr 和 Tyran(2008) 发现，货币幻觉和锚定或者对其他被试者偏离理性的预期可以解释这些结果。具有货币幻觉的被试者错把名义收益当作实际收益，而锚定意味着被试者将其预期锚定于之前所见的数字上。在支付了几期均衡价格后，被试者会偏离对名义冲击的理性反应，转而根据先前的均衡价格做出反应。策略互补时，由锚定、货币幻觉以及对其他被试者锚定或有货币幻觉的预期导致的偏离会相互加强，但在策略替代的环境中，它们或许会相互抵消：如果我相信我的对手不会充分调整价格，那么我的调整应该比恰好达到新均衡的调整更大。其他各种实验已证实，在策略替代的博弈中被试者向均衡收敛的速度比在策略互补的博弈中快得多。[6]有限层级的推理能解释这些行为模式。[7]

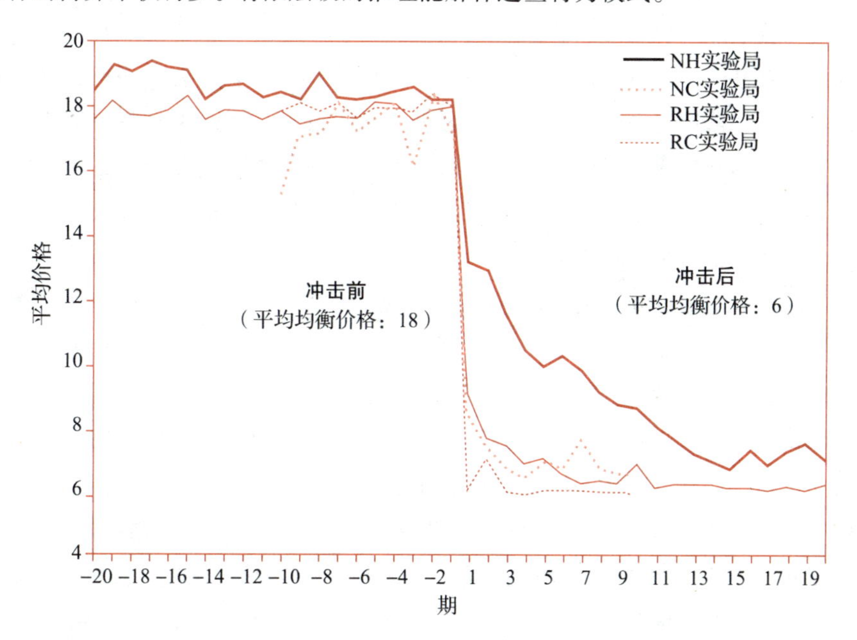

图 6-2　平均价格的演变[㊀]

资料来源：Fehr and Tyran，2001，P1251.

Petersen 和 Winn(2014) 认为，Fehr 和 Tyran(2001) 的结果为货币幻觉提供的证据较少，而是证明了较高的认知负荷的影响，这种认知负荷与 NH 实验局中的价格调

㊀ 在 Cornand 和 Heinemann 的这篇综述中，图 6-2 标示均为“冲击前”(Pre-shock phase)，但对照 Fehr 和 Tyran(2001) 的原文，应为“冲击前”(Pre-shock phase)、“冲击后”(Post-shock phase)，译者因此进行了更正。——译者注

整相关。Fehr 和 Tyran(2014) 对此的解释是，只有当向新均衡的调整是一项具有一定复杂性（nontrivial）的任务时才会表现出货币幻觉。货币幻觉并不与有限的认知能力对立，而是取决于认知能力的局限性。正如 Petersen 和 Winn(2014)、Fehr 和 Tyran(2014)共同指出的，对于把名义收益当作实际收益的被试者来说，寻找纳什均衡时的认知负荷具有重要影响。我们从中得出的结论是，货币幻觉不可避免地与名义价格的信息作用联系在一起。然而，这些作者之间的争议提出了一些开放性问题：究竟什么是货币幻觉？在名义冲击后，它能从其他阻碍价格调整的因素中被分离出来吗？人们或许会构思出一些实验，来比较对名义冲击和实际冲击的反应，以识别货币幻觉、协调问题和锚定。

黏性价格和黏性信息/垄断竞争

对冲击的缓慢价格调整是新凯恩斯主义宏观经济学（如 DSGE 模型）的重要内容。为解释有限的调整速度，DSGE 模型要么依靠黏性价格（Calvo，1983），要么依靠黏性信息（Mankiw and Reis，2002）。在黏性价格模型中，厂商不能调整其在每期的价格。在黏性信息模型中，厂商不能更新每期的信息。这两个限制导致价格水平对货币冲击的迟滞反应，从而实现货币的非中性。这两个限制可通过更基本的假设来部分地解释：菜单成本可能阻止了厂商每期都调整价格，信息处理成本可能解释了为什么厂商只是偶尔更新其信息。[8]

关于这些基本假设和外生给定限制的环境中价格调整的实际速度，研究者已进行了相关实验。Wilson(1998) 进行了一个实验，被试者扮演垄断者，在需求函数受到冲击时，可以对价格进行调整。他的研究发现菜单成本减慢了调整过程。

Orland 和 Roos(2013) 引入了信息成本，来揭示具有 Calvo 黏性价格的环境中未来的合意价格。他们发现约 1/3 的被试者是短视的，这些被试者仅根据当期情况设定最优价格，忽视了当前设定的价格应该更接近当前和未来合意价格的加权平均值。由于信息成本，短视的被试者较少获得关于未来合意价格的信息，而更多地依赖于当前和过去的合意价格。短视主体的存在能解释为什么总价格比理性主体的 Calvo 模型所得预测更富有黏性。Mackowiak 和 Wiederholt(2009) 用理性疏忽解释了黏性信息，Cheremukhin、Popova 和 Tutino(2011) 在实验室中检验了理性疏忽理论。他们估计和比较了不同的理性选择模型，并剔除了低的或同质的信息处理成本的模型。主要的研究结果是，被试者在信息处理成本上异质性较强。Caplin 和 Dean(2014) 也提出了信息获取理论的一个检验，实验方法受到了现实中不可观测的信息获取成本的启发。他们表明，实验参与者会因为激励而调整其信息收集行为，并且，如果奖励更高，参与者就会用更多的时间和努力来处理信息。在一篇相关论文中，Caplin 和

Dean(2013）表明，被试者对激励变化的反应比香农熵理论（Shannon Ehtropy theory）预测的小。他们提出了一个简化的香农模型来解释这一观察结果。

Davis 和 Korenok(2011）开展实验室实验，旨在评估不同理论对名义冲击后价格迟缓调整的相对解释力。在其实验中，被试者扮演垄断竞争下的定价厂商。市场包括6个卖者和80个交易期，期间一个名义冲击会使货币供给加倍。被试者被提前告知该冲击会发生，但不知道冲击发生的准确时间。实验分为3个实验局：在基准局(BASE)，厂商每一期都能调整其价格，并在期后被告知市场结果。这样，他们能立刻识别出冲击发生在哪一期。而在黏性价格实验局（SP)，市场中6个被试者中每期只有2人能够调整价格，依次轮流进行调整。在黏性信息实验局（SI)，只有2名被试者能够看到前一交易期的结果，同样依次轮流，使每家厂商在3期之后获得信息更新。

根据理论预测，具有灵活的价格和信息，则在名义冲击后应该出现向新均衡的即时调整，而实验局SP和SI应该出现滞后的反应。然而，Davis 和 Korenok(2011）在这3个实验局中都观察到了滞后。尽管在冲击发生前被试者能很好地向均衡进行调整，但是在冲击之后的交易期中，实际价格和均衡价格出现了相当大的偏差。正如在Fehr 和 Tyran(2001）的实验中，货币供给增加了1倍后，被试者并未把价格翻倍。与理论一致之处在于，冲击之后的1~2期中，在实验局SP和SI中观察到的偏离要高于基准局。SI实验局中的价格调整更慢于其他两组。然而，研究的主要结果是，在所有3个实验局中，均至少有9期的观察价格偏离了各自的理论预测，而大多数实验期的价格在不同实验局之间并无显著差异。对此结果的一种解释是，尽管厂商可能得到及时的信息并随时调整价格，但他们仍可能像存在黏性价格或黏性信息这些摩擦时来行动。然而，要注意到Davis 和 Korenok(2011）设定的环境是一种策略互补的实验环境，在这种环境中向均衡的调整可能会受到有限层级推理的限制。

对于基准局中滞后的价格调整，Davis 和 Korenok(2011）考虑了两种不同的解释：①由于冲击是私下而不是公开宣布的，一些卖者可能不知道冲击或者相信其他卖者不知道冲击；②一些卖者可能会采取与预测相同的行动，而不是对预测做出最优反应。也就是说，他们报告了一个接近其预测值的价格，而不是在这个预测下会最大化其收益的价格。为了辨别这些假设，Davis 和 Korenok(2011）进行了两个附加实验局，每个实验局分别与基准局存在一个方面的不同：一个实验局公开宣布了冲击的发生；在另一个实验局中，卖方提交价格预测值而不是实际定价。附加实验的结果表明两种解释都是有效的：在增加的两个实验局中，公开宣布的冲击使定价或预期出现了立即的跳升，而不是像基准局中那样的缓慢收敛过程。如果被试者报告的是其预测而不是价格，那么经济在冲击前后更接近垄断竞争均衡。因此，私下宣布的冲击解释了冲击后的缓慢收敛过程（这也可以通过有限层级推理来解释），而不能对自己的预测做出最优反应，解释了对均衡的长期偏离。

Fehr 和 Tyran(2001)、Davis 和 Korenok(2011) 检验了设定价格的被试者对价格水平冲击的反应，而 Duersch 和 Eife(2013) 则检验了在价格水平持久上升或下降的环境中合谋的稳定性，这篇文章的有趣之处在于它涉及了关于最优通货膨胀率的争论。他们进行了一个生产差异产品的对称双寡头实验，被试者在其中扮演重复定价的厂商。分时期的支付表实行 5% 的不变通货膨胀率或通货紧缩率（取决于实验局）。实验中还有两个价格水平不变的基准局，支付表在所有期内保持不变。[9]两人分析了被试者如何协调价格，是否在单期纳什均衡上通过协调价格来合作，以及这些互动如何影响消费者剩余。结果表明，相较于通货膨胀实验局和通货紧缩实验局，基准局中的合作水平更高。这表明在不变价格环境下比在通货膨胀或通货紧缩下更容易维持合作，在后者中达到给定的合作水平需要名义价格的持久调整。然而，在通货膨胀实验局中，实际价格随着时间的变化略有上涨，这或许是由于名义锚定或货币幻觉，正如 Fehr 和 Tyran(2001) 发现的那样。但通货膨胀实验局内观测到了最低的平均实际价格，这是因为在通货膨胀环境中货币幻觉和价格协调的困难会交互作用，减少了厂商从合谋中获得的利润，实现了比通货紧缩或不变价格下更高的福利水平。

Lambsdorff、Schubert 和 Giamattei(2013) 进行了一个关于简单定价博弈的实验，与选美竞猜博弈相似。这个实验的创新在于影响均衡价格的参数是随机游走的。因此，经济中存在着持久且无法预料的冲击，这增加了对不断变化的均衡价格的认知负荷。在实验中，被试者 6 人一组，每名被试者的支付函数为

$$\pi_{it} = 10 - \left|\frac{13}{15}p_{it} - \frac{2}{3}\bar{p}_{-it} - 4 - \frac{1}{10}\mathrm{BI}_t\right|$$

其中，p_{it}是被试者自己的定价，$\bar{p}_{-it}$是小组中其他成员的平均定价，BI_t 是随机变量“商业指数”在 t 期的取值。在 t 期的均衡价格为 $p_t^* = 20 + \mathrm{BI}_t/2$。注意，$\mathrm{BI}_t$ 接近 40，则均衡价格接近商业指数。实验中BI_t 的实际取值在 20～90，并且被试者协同于等于 BI_t 的价格。因此，商业指数可用作价格选择的焦点或直觉推断。通过偏向 40，被试者可各自获利。然而，高度的协同实现了比对照局中更大的平均收益。在对照局中，商业指数以不同的方式呈现（显示的数为$\mathrm{BI}_t/5$，因此它失去了作为一个显著的协调工具的功能），个体价格平均来说更接近均衡，但具有更高的方差。实验表明，如果找到一个更复杂策略的潜在收益很小，那么遵从简单的直觉推断不失为一个有吸引力的策略。这个发现似乎与关于货币幻觉的实验有关，其中，被试者把名义收益作为实际收益的替代，节省了计算的辛苦。这个发现也与通过提供焦点产生太阳黑子均衡的实验有关，这将在后面“太阳黑子”部分讨论。

总之，定价实验表明，有种种不同的原因可以解释货币政策为什么具有实际效应，即使是在价格完全灵活、信息公示给所有参与者的环境下。货币幻觉、锚定或复杂环境中货币收益被用作焦点以进行简单直觉推断，可以部分解释观察到的冲击后迟滞的价格调整。有限层级推理，或不相信其他参与者会注意到冲击的发生，或许解释了策略互补的博弈中向均衡调整的显著迟滞。如果信息处理的成本很高，那么忽略一些信息或使用有限的推理就是理性的。如果一个经济呈现策略互补，正如宏观经济环境中的通常情况那样，那么所有这些渠道会相互增强，并放大货币政策的实际作用。实验室中关于预期形成的研究也表明，被试者通常缓慢地调整其预期，这或许解释了实际效应的部分持续性。阐释货币非中性的不同形式，有助于制定有效的货币政策规则。

6.3　在实验中被试者作为中央银行家

最近的一些实验检验了被试者是否能够完成标准模型中中央银行家的任务。具体而言，中央银行应该稳定通货膨胀，最终通过一种工具实现价格波动和就业波动加权平均值的最小化，并且应富有声誉以避免通货膨胀偏差。中央银行家还必须在委员会会议上达成协议。中央银行决策的这些方面，可以通过让学生被试者扮演中央银行家来分别进行检验。在实践中，这些任务是复杂的、相互关联的，并且需要考虑各种定量信息和定性信息。我们不会期望大学生在实现货币政策目标上达到职业中央银行家的程度。

显然，使用学生作为实验室实验的被试者很方便，但是，仅此不足以成为采用这个研究方法的理由。事实上，我们有4个理由开展由被试者扮演中央银行家的实验室实验。第一，通过单独检验决策的不同方面，我们能识别决策的哪些方面对人们来说尤其具有挑战性，以及哪种偏差、直觉推断和谬误能解释实验室中的行为。这些结果可推广到更复杂的决策情况和训练有素的高管，因为它们反映了人类决策的一般特征。通过大学生获得的结果适用于专业人士的假设已在多种实验中检验过，这些实验涉及具有形形色色证据的金融市场、产业组织或公司治理（Croson，2010）。[10]第二，通过比较一个实验中不同的实验局，我们能够发现很多。在任何实验局中，相较于定量效应或行为偏差，定性处理效应更可能影响到受训练的决策者所组成的现实经济环境。第三，大多数宏观经济学文献中使用的模型远不及现实经济复杂。它们仅保留了必要的方面，可以说，真正的中央银行家的专业知识和现实经济的复杂性之间的关系，与学生对模型的理解和经济模型的复杂性之间的关系是可比的。第四，一些关于货币政策的文献假设中央银行家会对激励做出反应，通过产生更有效的均衡来设计中央银行合约，以改变中央银行家的目标函数（Walsh，1995）。我们希望学生对激励做出反应，因而在实验室实验中学生同样会得到激励。因此，实验室是检验激励机制是否对行为产生相应影响的完美环境。

这里，我们尤其关注被试者如何处理时间不一致性和通货膨胀偏差（“中央银行可信性和通货膨胀偏差”部分），以及他们能否使经济实现具有鞍点路径的稳定性（“稳定化政策”部分）。即使在实验室中，稳定经济也是一项富有挑战性的任务。通过分析实验室中真人被试者扮演的中央银行家的行为，我们能够得出一些结论，即坚持固定的泰勒规则的必要性，灵活性和可信性之间的权衡也会影响通货膨胀偏差，以及中央银行应该对历史通货膨胀数据做出多大反应；此外，在解决复杂的决策问题时，团体通常优于个人。另外，团体内的沟通也可能会产生一些成本、降低决策的成功率，尤其是当团体具有异质性或者同时有几个人想领导团体的时候。最近有一些实验分析了中央银行委员会的最优规模和组成（“货币政策委员会的决策过程”部分）。

中央银行可信性和通货膨胀偏差

Kydland 和 Prescott（1979）、Barro 和 Gordon（1983a）建立的模型表明，如果私人主体形成理性预期，并且中央银行有激励对实际失业率与非加速通货膨胀失业率（NAIRU）的正负偏离做出不对称的反应，那么时间不一致性或许可以解释通货膨胀偏差。至少从此以后，货币政策的时间不一致性就一直困扰着货币经济学家。分析的起点是短期菲利普斯曲线，即未预期到的通货膨胀会使就业高于自然就业率。事前，中央银行想要实现低通货膨胀目标，但它也有不对称的就业目标：要么是低于自然水平的失业率，要么是偏向更低的失业率，即认为降低失业率的社会成本更小。事后，一旦预期固定下来，并接近通货膨胀的有效水平，中央银行就可以利用菲利普斯曲线并实现福利增长。理性的经济主体预测到这种反应，并在事前就预期一个更高的通货膨胀率，而通货膨胀的任何微小增加都会造成福利损失，且大于降低失业带来的福利增长。因此，通货膨胀的均衡水平高而无效率。在理论上，通货膨胀偏差有不同的机制。最重要的是 Barro 和 Gordon（1983b）提到的：在一个重复博弈中存在着连续均衡，即从无效率的单期纳什均衡到更有效率的均衡，而这需要中央银行考虑到其对未来预期的影响并建立起维持低通货膨胀率的声誉。均衡范围的明确限制，以及此范围是否包括有效的拉姆齐解，取决于中央银行贴现因子等参数以及中央银行行动的可观察性。

实验可以检验这诸多均衡中是哪些在真正发挥作用，行为是否以及如何对参数做出反应，以及行动或沟通的可观察性是否影响效率。实验也能检验理论假定的可信性和灵活性之间的权衡取舍。由一个或几个被试者扮演中央银行，或者在具有不同规则的环境中比较预期形成，实验可以对这些问题进行分析。Van Huyck、Battalio和Walters(1995)在一个农民—独裁者二人重复博弈中检验了时间不一致性。在每一轮，农民首先决定种植多少豆子，然后独裁者决定生产税。与之相比，在另一个实验局中，独裁者在农民投资前承诺一个税率，其他方面两个实验局则相同。承诺实验局在有效率的投资水平上具有唯一的均衡，而相机抉择实验局具有多重均衡，包括从零投资水平的单期纳什均衡到承诺实验局中更有效率的拉姆齐均衡。尽管投资水平一般而言是正的，但两个实验局之间存在着显著且相当大的差异，这表明声誉不能代替承诺。

Arifovic和Sargent(2003)、Duffy和Heinemann(2014)检验了扮演中央银行家的被试者是否能在Barro-Gordon博弈中得到信任。在两个实验中，被试者4~6人分为一组，每组中有一名被试者扮演中央银行家，其余被试者预测通货膨胀。预测者的收益决定于其通货膨胀的预测值和实现值之间偏差的二次损失函数，而中央银行家根据有两个平方项的损失函数获取收益，两个平方项分别依赖于通货膨胀、失业与目标水平的偏差。正如Barro和Gordon(1983a)的原始模型中，中央银行家的收益函数可被认为是经济的福利函数。中央银行家面临着权衡失业和通货膨胀的菲利普斯曲线，并可以使用货币供给这一工具来选择通货膨胀和失业之间可能的种种组合。然而，中央银行家不能完全控制通货膨胀率，其行动的结果具有一定的随机性。两个实验进行无限次重复博弈，并通过设定某个不变的概率来终止序列（超级博弈），Arifovic和Sargent(2003)设定为2%，Duffy和Heinemann(2014)设定为1/6。[11]

Arifovic和Sargent(2003)既没有向被试者说明通货膨胀和失业之间的关系，也没有说明中央银行家对预测者的激励。预测者仅被告知政策制定者正在设定一个目标通货膨胀率，以及实际通货膨胀率如何取决于目标通货膨胀率和噪声项。尤其是，预测者不了解菲利普斯曲线关系或中央银行家的收益函数，尽管知道这些函数对于理性预期均衡而言很重要。Arifovic和Sargent并未比较不同的实验局，因为他们主要关注被试者是否能避免与单期纳什均衡相关联的通货膨胀偏差，以及预期能否由自适应预期模型描述。他们发现，大多数组（共12组）的通货膨胀率更频繁地靠近有效通货膨胀率（零），而不是单期纳什均衡（5%），并且几乎所有组都在较长时间段内表现出无效率的高通货膨胀。自适应预期模型可以描述预期形成。与对自适应预期的最优反应相比，试图使预期下调的中央银行家降低目标通货膨胀率的速度过慢。因为，在不同的序列之间，中央银行家没有改变，所以，有人或许会认为，该实验中实际的继续概率甚至高于98%，这本应支持低通货膨胀并解释序列之间的溢出效应，以及当序列接近最大时长100期时，并未出现博弈终止效应。

相反，Duffy 和 Heinemann(2014) 为预测者和中央银行家提供了关于模型的全部信息，包括菲利普斯曲线关系和两类参与者的激励。具体地，这个博弈可以通过4个方程描述：菲利普斯曲线 $u=w+\pi^e-\pi$，其中 u 代表失业率，w 代表服从［120，160］上均匀分布的供给冲击，π 代表通货膨胀率，π^e 代表被试者预测的通货膨胀率的平均值。通货膨胀取决于中央银行家对货币供给 m 的选择和一个传递冲击，$\pi=m+v$。传递冲击 v 服从［0，40］上的均匀分布。中央银行家根据福利函数 $6\,000-2(u-120)^2-(\pi-40)^2$ 获得收益，预测者根据 $4\,000-(\pi-\pi_i^e)^2$ 获得收益，其中 π_i^e 是预测者 i 的通货膨胀预期。这个简单的 Barro-Gordon 模型有一个单期纳什均衡，$\pi^e=80$，而有效的平均通货膨胀率为40。Duffy 和 Heinemann 没有告诉被试者他们在进行一个货币政策博弈，而是使用了中性框架来描述。[12] 被试者被告知，参与人 A（中央银行家）有一项任务，要把水从一个容器（代表失业）移到另一个容器（代表通货膨胀）。移动水的能力与菲利普斯曲线相对应。Duffy 和 Heinemann 比较了实施承诺制度的实验局和相机抉择实验局，即有没有廉价交谈、政策透明度和经济透明度。总计有6个不同的实验局，每局中被试者又分为不同的8组。他们研究的焦点是检验实验局对通货膨胀率和失业率、中央银行稳定就业的能力以及相对应的福利水平的影响，福利水平由中央银行家的收益函数测度。在 Van Huyck 等人（1995）的基础上，他们研究了廉价交谈或透明度能否弥补与重复的相机抉择博弈相关的信任缺失。

在承诺实验局中，中央银行家先行动，并且，预测者在进行预测时了解货币供给量 m。在承诺实验局的结果中，通货膨胀偏差与零没有显著差异。而在相机抉择实验局中，预测是在中央银行家决定 m 之前做出的。在相机抉择实验局中，存在着显著的通货膨胀偏差，实际上它相当接近单期纳什均衡的预测值。因此，廉价交谈和透明度都不能代替承诺。在所有相机抉择实验局中，预期系统性地低于实际通货膨胀率，这导致失业率低于非加速通货膨胀失业率（NAIRU）。在没有政策透明度的廉价交谈实验局中，这种预期偏差尤其明显。在该情形中，中央银行家在预期形成之前公布了其打算移动的水量，但这个公告是没有约束力的。尽管中央银行家经常违背其公告，但公告仍会影响预期。在这个实验局的早些轮，低的平均失业率导致的平均福利水平，与承诺实验局中的福利水平相当。然而，廉价交谈下的福利随时间降低，因为预测者通过经验学习不再信任公告。该实验的一个重要结果涉及中央银行家稳定就业的能力。相机抉择博弈的单期纳什均衡与政策规则 $m=20+w\cdot 2/3$ 有关，导致失业 $u=140+w/3-v$。在承诺实验局唯一的均衡中，失业 $u=140+w-v$。因此，相机抉择政策使中央银行可以通过供给冲击 w 的影响来部分地稳定就业。这就是灵活性和可信性之间的权衡。然而，实验中，相较于承诺实验局，失业的标准差在基准相机抉择实验局中更高，接近于理论预测。因此，比起相机抉择，承诺降低了通货膨胀偏差和就业波动，此时不再存在权衡取舍。Duffy 和 Heinemann 将这一结果归因于中央银行家试图用不同的政策来降低通货膨胀偏差。这些政策实验促成了经济中的总体噪声，因为它们未能被预测者预期到。

稳定化政策

被试者扮演中央银行家的实验对以下问题的评估很有趣，即在具有鞍点稳定性的环境中人们能在多大程度上稳定变量。理论上，通货膨胀的最优稳定要求利率对预期通货膨胀的反应系数大于 1。所谓的“泰勒原理”（Taylor，1993）[13]是 Engle-Warnick 和 Turdaliev(2010) 实验的关注点。他们发现大多数实验中央银行家能够稳定通货膨胀。如果几期利率的反应累加起来，那么其使用的策略服从泰勒原理。然而，被试者会平滑利率，在第一期看到预期偏离目标时并不会做出充分的反应。对在政策工具的影响或冲击的大小上面临不确定性的政策制定者而言，这种行为在理论上是最优的。实验中的被试者在不了解经济中变量间明确关系的情况下，实际上遵循了可被认为是接近最优的策略。

这个实验包含一个控制问题，它与新凯恩斯主义宏观经济环境中政策制定者的任务相似。经济由 DSGE 模型的两种变体来描述，模型 1 中通货膨胀取决于当前的产出和过去的通货膨胀，模型 2 中当前的通货膨胀还直接受前两期通货膨胀的直接影响。被试者由大学生构成，他们的任务是通过设定利率来稳定经济。被试者没有被告知其决策与经济相关，实验说明谈到的是“两个容器 A 和 B 中的筹码”。被试者被告知筹码彼此相关，并且调高手中的控制器将减少筹码。容器 A 代表产出，容器 B 代表通货膨胀。目标是保持容器 B 中的筹码尽可能接近 5，而收益取决于他们在实验的 50 期中有多接近这一目标。通过一些练习，被试者能适应其控制器对筹码的影响。由于模型内在的不稳定性，被试者可能会失去对结果的控制，最终获得负收益，在这种情形下被试者实验收益为零，仅获得出场费。

这篇文章的主要结果是，超过 80% 的被试者能管理控制问题，从而获得正收益。Engle-Warnick 和 Turdaliev(2010) 通过被试者能观察到的数据进行线性面板回归，以此解释他们对控制器的使用，试图来识别被试者的策略。在这方面，他们遵循了 Taylor (1999) 识别不同历史时期美联储货币政策规则的相似方法。回归结果表明，成功的被试者[14]以接近 1 的系数对当前的通货膨胀做出反应。然而，他们也以正的系数对产出和自己滞后的手段做出反应。对滞后手段的正响应代表了利率平滑。将这些反应加总，他们的策略服从泰勒原理，这解释了他们的成功。OLS 回归的拟合度较高，R^2 平均约为

0.8，这可以证明被识别的“规则”解释了大部分的实际行为。值得注意的是，R^2 的大小与美国线性政策规则对战后数据的拟合在大小上是相当的。[15]

即使被试者对控制问题知之甚少，并且很可能不会有意识地运用线性规则，但线性规则仍可拟合行为。还有一个有趣之处在于，被试者实际上接近实现了最优规则会带来的收益。

大多数文献会单独研究某个特定的问题，把实验当作检验某个特定理论的手段，通常只考察一个市场，但最近的一些实验关注了几个市场间的相互关系及之间的溢出效应。[16]在这些实验中，被试者被赋予不同的角色：一些扮演厂商，其他的扮演私人家庭，有时甚至扮演政府和中央银行。这些实验通常有商品市场、劳动力市场和（间接构造的）一个流动性市场。使用计算机在相互关联的市场中进行双向拍卖，以实施预付现金约束。[17]被试者反复互动，根据他们实现的利润或效用水平获得收益，并因此受到激励。Lian 和 Plott（1998）使用了一般均衡框架，以研究在实验室中使用学生被试者开展如此复杂的实验的技术可行性。在本书的另一篇文章中，Noussair 等人（2014）构造了具有新凯恩斯主义 DSGE 模型特定结构的实验经济环境，被试者在其中扮演消费者/工人、生产者以及中央银行家。他们研究哪些摩擦对于再现典型事实是必要的，以及在这样一个环境中冲击是如何持续的。[18] Noussair 等人（2014）研究了菜单成本和垄断竞争是否对解释几个典型经验事实必不可少。他们的实验包括 3 个实验局，可将其经济环境中区分为 3 种类型：①垄断竞争实验局；②菜单成本实验局；③完全竞争实验局。他们发现产品市场上的垄断竞争足以使冲击产生持久影响，而且菜单成本不是必要的。价格调整模式遵循程式化经验事实，例如，大多数价格变化是正的。

我们关注真人被试者扮演的中央银行家，因而，将注意力集中于 Noussair 等人（2014）实验的第四个实验局，被试者在其中扮演政策制定者，并且，有激励通过在每期设定利率来稳定通货膨胀。这个实验局是为了研究成功的政策制定者是否遵循泰勒原理，第二个目标是为了检验泰勒原理是否具有理论所预测的作用，即稳定由现实中的人而非由完全理性的参与人构成的经济。Noussair 等人（2014）发现大多数被试者能相对较好地控制通货膨胀，并遵循泰勒原理。他们还表明，如果货币政策由真人被试者来实施，而不是自动化执行泰勒规则，产出冲击会更持久，福利水平会更低。

货币政策委员会的决策过程

在决策过程的各个方面中，一个广泛讨论的问题是货币政策委员会的规模和结构。如今在中央银行中，委员会决策有标准的流程。委员会的组成和决策规则会影响其会议的结果和决策的质量。Maier(2010) 总体回顾了“确定决策委员会最优制度安排的，经济学的、实验的、社会学的和心理学的研究”（P320），我们则聚焦关于货币政策决策的实验文献。

货币政策委员会的决策规则可以在很大程度上不同。通常会有一位领导者，但是，其权威也各不相同（Blinder and Morgan，2008）。例如，Blinder 和 Wyplosz(2005，P9) 把艾伦·格林斯潘（Alan Greenspan）领导下的联邦公开市场委员会描述为专制的学院派，把英格兰银行的货币政策委员会描述为个人主义委员会，把欧洲中央银行（ECB）理事会描述为真正的学院派。委员会的规模和组成也有很大不同：ECB 理事会有 24 名成员，由 18 个国家的中央银行行长主导，而英国的货币政策委员会仅有 9 名董事会成员，且没有地区关联，其中有 4 位甚至是外部专家。美国联邦公开市场委员会的 12 名成员包括 7 名执行董事会成员和 5 名地区中央银行行长，这 5 名地区中央银行行长每年从 12 个地区中央银行中轮换产生。

其他领域的实验已表明，在面对相同的问题时，（小规模）团体比个人能实现更高的收益。然而，货币政策决策与团体实验中通常进行的任务之间有一些重要的区别：在货币政策决策中，政策工具对与收益相关的参数（宏观数据）的影响存在严重的滞后性，且决策必须在不完全信息下做出。这就提出了一个问题，即团体是否也能够更有效率地应对这些特殊的挑战。第二个问题与时间相关：通常的说法是，团体决策的速度更慢。委员会会议的实际持续时间（用小时度量）与宏观经济表现不相关。在达成协议改变利率来应对感知到的冲击之前，委员会的数次会议会耗时几周甚至几个月，并对宏观经济产生影响。因此，在委员会对某些不确定的外部冲击做出实际应对前，通过所需的数据量可以更好地度量相关的决策时间。

Blinder 和 Morgan(2005，2008) 通过实验室实验对比了个体决策和委员会决策的效率。[19]Blinder 和 Morgan(2005) 设计了一个实验，至少已上过一门宏观课程的普林斯顿大学学生扮演中央银行家，来设定名义利率，或为个人决策或为团体决策。经济中使用了标准的加速通货膨胀下的菲利普斯曲线：

$$\pi_t = 0.4\pi_{t-1} + 0.3\pi_{t-2} + 0.2\pi_{t-3} + 0.1\pi_{t-4} - 0.5(U_{t-1} - 5) + w_t$$

其中，通货膨胀率 π_t 取决于滞后的失业率 U_{t-1} 与自然失业率（设定为 5）的偏差以及通货膨胀的四期滞后值。

以及 IS 曲线：

$$U_t - 5 = 0.6(U_{t-1} - 5) + 0.3(i_{t-1} - \pi_{t-1} - 5) - G_t + \varepsilon_t$$

除了冲击的影响，当实际利率 $i_{t-1} - \pi_{t-1}$ 高于（或低于）中性利率（设定为 5）时，失业率 U_t 高于（或低于）自然失业率。模型选择的参数与对美国经济的经验估计大致相同。

w_t 和 ε_t 为独立同分布的小冲击，服从区间［-0.25，+0.25］上的均衡分布，经济同时还面临一个大的需求冲击 G_t，其初始值为零，但在前 10 期中的某一期会永久地偏向 +0.3 或 -0.3。中央银行的主要挑战在于调节利率以应对这种大的需求冲击。小冲击的存在使得识别这种持久冲击并不容易。被试者不了解模型的具体设定，他们仅被告知提高利率会增加失业、降低通货膨胀，且这些效应存在时滞，而降低利率具有相反的影响。被试者知道，在前 10 期中的任意一期，大的需求冲击会等概率出现。经济持续 20 期，每期的收益由一个线性损失函数给出，它是关于失业率和通货膨胀率与目标水平的偏差的函数：

$$s_t = 100 - 10\left|U_t - 5\right| - 10\left|\pi_t - 2\right|$$

最后，被试者根据 20 期中 s_t 的平均值获得收益。为了实现收益最大化的目标，被试者可以在任意一期改变利率，但需要付出 10 个点的固定成本。这个设计特征使作者能发现被试者何时对大冲击做出了反应。

实验进行了 40 轮。首先，被试者独自完成 10 轮。然后，他们 5 人一组进行 10 轮。接着，被试者又独自进行 10 轮。最后，他们又 5 人一组进行最后 10 轮。在总共 20 轮小组决策中，10 轮决策由少数服从多数原则决定，另外 10 轮决策由全体一致原则决定。

该研究的主要结果是，小组比个人做出了更好的决策，并且不需要更多的时间。这个反应时间由个人或小组在外部冲击发生后需要多少期（即相当于数据量）来对其做出反应。使用少数服从多数原则的小组决策和使用全体一致原则的小组决策之间，不存在显著差异。Blinder 和 Morgan（2005，P801）指出：“在几乎所有情况下，一旦 3 个或 4 个被试者同意了一个行动方案，余下的一两个就会立刻同意。”虽然，没有证据表明全体被试者在任一个 10 轮中会提高其得分，但是，个人决策者在第一个 10 轮中的得分，与在 21～30 轮中的得分存在显著差异。然而，我们无法辨析得分的提高是由于向其他组员学习，还是仅仅由于实验经验的增加。

Blinder 和 Morgan（2008）招募加州大学伯克利分校的学生重复了相同的实验，并提出另外两个问题：团体大小和领导力的相关性。较小的委员会比大的委员会更有效率吗？有领导的委员会表现得更好吗？Blinder 和 Morgan（2008）比较了 4 人组和 8 人组，并在一半实验场次中指定了一名领导，领导的投票是平局决胜制，并且，其分数加倍。结果表明，更大的团体表现更好。团体中是否有指定的领导对表现没有显著影响。在前期独自进行实验时表现最好的个人，其对团体表现也没有显著影响。然而，团体成员先前的平均表现对团体绩效具有正向的却是递减的影响。

Maier（2010，P331）强调的，与货币政策委员会决策过程相关的另一个问题是，欧洲中央银行[20]和美联储“已采用轮换制来限制投票成员的人数，即投票权按照预定的顺序进行轮换”。Maier 认为：“轮换是增加信息量而不必调整团体大小的有用方式”。但是，他也指出，缩短讨论的目标“仅当非投票成员几乎不参与讨论时才能实现”。关于他们如何能够增加委员会做决策所需要的信息，理论上是不明确的。轮换所涉及的另一方面是，投票成员也许会以损害非投票成员的利益为代价，从而寻求自身的利益。在一个有关委员会决策的实验中，Bosman、Maier、Sadiraj 和 van Winden(2013) 分析了在轮换制度下被试者如何权衡公共利益和私人利益。他们发现，在投票权轮换的实验局中，投票成员比非投票成员获得了更高的收益，而在所有被试者均参与投票的对照局中，收益则比较平均。投票的被试者的团体，规模越小，决策速度越快，且轮换有助于避免僵局。在轮换实验局中，总收益较低，但差异也很小，Bosman 等人（2013，P39）认为“轮换主要具有分配效应”。然而还不清楚的是，该实验结果多大程度上是由特定的收益驱动的。自私的投票行为产生的总收益对委员会成员目标之间的相对差异非常敏感。值得注意的是，在这个实验中，委员会成员之间不存在信息不对称问题。因此，轮换是否减少了委员会可利用的信息量，这一问题不能在该实验中得以解决。

6.4　透明度与沟通问题

这部分将讨论中央银行沟通以及透明度带来的好处。关于透明度的利弊，学界存在着热烈的讨论，并且尽管中央银行在努力提高透明度，但是，理论文献对透明度的看法还是两方面的。特别是，宏观经济模型内在的策略互补性提供了一种激励，即相较于公告的信息内容，会高估公告的作用（如 Morris and Shin，2002）。这样公共信号也许会降低福利水平。

我们介绍一些实验，测度被试者赋予公共信号与私人信号的相对权重，并做出解释，得出关于公告的福利影响的结论（“对中央银行披露的过度反应”部分）。这些研究表明，被试者也许会对公共信息过度反应，因为，相对于更精确的贝叶斯权重，他们赋予公共信息的权重更大。理论上，过度反应会导致福利损失。因此，分析中央银行如何降低这种过度反应是很重要的。一些实验检验了不同的沟通策略，并比较了它们降低不利于福利的过度反应的效果（“中央银行沟通策略”部分）。实验方法特别适用于检验信息和沟通渠道的影响，因为，实验者可以在不同的实验局中控制信息、区分沟通渠道。因此，关于信息的影响，实验可得出很明确的研究结果，而实地证据往往难以区分同时存在的不同沟通渠道，并难以过滤出是哪些信息真正地影响了决策。沟通是中央银行必不可少的政策工具。相关地，沟通和稳定化政策之间的相互影响是一个有趣的问题。只有很少的实验关注了这一问题（“沟通和稳定化政策”部分）。

对中央银行披露的过度反应

正如 Geraats(2002，p. F533）提到的，“中央银行透明，可被定义为货币政策制定者和其他经济主体之间不存在信息不对称”。在过去 20 年里，中央银行透明度迅速提高，尤其是随着许多中央银行采用了通货膨胀目标制（20 世纪 90 年代早期，有新西兰、加拿大、英国以及瑞典）。[21]

然而，金融市场对公共信息，例如，中央银行披露的新闻稿或公开讲话，典型地表现出过度反应。的确，由于中央银行与金融部门联系紧密，它们的披露吸引着市场参与者的关注。虽然，通常认为更多的信息会提高市场效率，但是，以具有异质信息的协调博弈为基础的一些文献表明，公开披露或许是不利的。

Morris 和 Shin(2002）介绍了一个弱策略互补的典型化博弈，来分析公共信息和私人信息的福利影响。经济主体必须选择接近一个基本状态（基本动机）且彼此相近（协调动机）的行动。这个博弈具有来自基本面和策略上的不确定性：经济主体接收到有噪声的关于基本状态变量的公共信号及私人信号。在均衡状态下，经济主体的行动是公共信号和私人信号的加权平均。公共信号的均衡权重高于其相对精确性。这种“过度反应”是因为，公共信号在其他主体可能的信念及行动方面可能包含更丰富的信息。均衡权重与相对精确性的差异提高了赋予协调动机的权重。这反映了公共信号在协调主体行动上不成比例的影响。Morris 和 Shin 的模型强调了公共信息是私人行动的焦点。策略互补性提供了协调公开信息和未充分利用的私人信息（PI）的激励。如果公告不准确，私人行动就会偏离基本面价值，并降低行动的效率。

Cornand 和 Heinemann(2014）根据这个博弈的双人版本进行了一个实验，来检验该方法的预测。[22]通过在不同实验局设置基本动机和协调动机的不同权重，他们用实验方法测度了不同实验局中被试者赋予公共信息的权重。在该实验中，被试者两两配对，并为每一对抽取一个随机数 θ（代表基本面），该随机数是从一个服从均匀分布的大区间中抽取出来的。一对被试者中的每一位都会收到一个私人信号 x^i，另外还都会收到一个共同（公共）信号 y。这三个信号都是独立的，且均匀分布在 θ 附近(i. i. d.)。支付函数为

$$U_i(a,\theta) = C - (1-r)(a_i-\theta)^2 - r(a_i-a_j)^2$$

其中，a_i 和 a_j 代表两个被试者的行动，r 是协调动机的相对权重。$r>0$，则每个被试者都有迎合对方行动的激励。

在没有协调动机（$r=0$）的基准情形中，被试者遵循了贝叶斯理性的理论建议：不管信息是私人的还是公共的，他们使用了具有相等权重、相同精确性的所有信息。当基本动机和协调动机都进入被试者的效用时，被试者赋予公共信号更大的权重，

但这些权重小于理论预测值。相较于均衡预测，公共信号对一般行动的影响要小。观察到的权重能通过有限层级推理模型解释，层级1是参与人在忽视了公共信号会提供更多关于其他参与人行动的信息的情况下的最优反应，而层级 k 是对层级 $k-1$ 的最优反应。被试者的选择分布在与层级2相关的权重附近。

Cornand 和 Heinemann(2014) 还探究了更高阶信念。他们还是将被试者两两配对，为每一对抽取随机数 θ，并为每名被试者提供一个私人信号 x^i，以及一个公共信号 y。这3个信号都是独立的，且均匀分布在 θ 附近（i. i. d. ）。然后，他们让被试者报告自己对 θ 的预期。被试者 i 报告的信念记为 e^i。贝叶斯期望为 $e^i=E(\theta\mid x^i,\ y)=(x^i+y)/2$。他们还让被试者报告关于对方报告的信念的预期。对其他被试者的信念的贝叶斯期望为

$$E(e^j\mid x^i,y)=\frac{E(x^j\mid x^i,y)+y}{2}=\frac{E(\theta\mid x^i,y)+y}{2}=\frac{1}{4}x^i+\frac{3}{4}y$$

因此，在估计对方报告的关于 θ 的信念时，被试者应赋予私人信号0.25的权重。实际上，被试者赋予私人信号的权重显著高于此。

对贝叶斯更高阶信念的偏离表明，被试者低估了公共信号在评估其他被试者的预期上所能提供的信息。这或许是为何被试者在 Morris-Shin 博弈中赋予公共信号较小权重的另一种解释。然而，Cornand 和 Heinemann 通过一个仿真练习，得到了对非贝叶斯信念的最优反应，发现实验观察到的对均衡的偏离，不能仅由对贝叶斯理性的偏离解释。当然，非贝叶斯信念必须与有限推理相结合。

在单纯的协调博弈（$r=1$）的限制情形中，均衡理论不会做出唯一的预测，但公共信号提供了一个焦点，使参与人可以协调他们的行动。相较于兼有基本面的和策略不确定性的实验，该实验中被试者的确倾向于遵循公共信号，并赋予公共信号显著更大的权重。然而，他们仍赋予私人信号一个正的权重，这就阻止了完全的协调。因此，提供私人信息降低了效率。

在一个相关的实验中，Shapiro、Shi 和 Zillante(2014) 借鉴了 Morris 和 Shin (2002) 的研究，并结合 Nagel(1995) 的猜谜博弈来分析 k 层推理的预测力。Cornand 和 Heinemann(2014) 仅考察了私人信号及公共信号的平均权重，而 Shapiro 等人 (2014) 试图识别个体策略是否与 k 层推理相一致，他们认为，k 层推理的预测力与协调动机的强度及信息的对称性正相关。

Cornand 和 Heinemann(2013) 重新考虑了公共信息可能会在多大程度上损害福利：他们使用 Cornand 和 Heinemann(2014) 的实验结果来校准 Morris 和 Shin(2002) 的模型。如果参与人遵循在实验中观察到的推理层级，公共信息就不会有不利影响，而如果协调是社会需要的，那么私人信息或许会有损于福利。仅当被试者使用更高

层级的推理时，公共信息才可能对福利产生负面影响。Cornand 和 Heinemann(2013) 还分析了 James 和 Lawler(2011) 模型中有限层级推理的影响，在 James 和 Lawler (2011) 的模型中，中央银行能对基本面冲击采取政策行动。在这个模型中，政策行动和私人行动在中和总冲击方面是完全替代的，并且政府能对信息做出最优反应且无须公布。同时，仍需要私人行动来处理包含在经济主体私人信号中的额外信息。这种分配可以实现最优的结果。然而，如果政府披露其信息作为公共信号，私人部门就会降低它们赋予私人信号的权重，因此，私人信息以一个次优的小权重进入经济的总体反应中。正因如此，完全隐瞒公共信息总是最优的。这个结论对于有限层级推理是稳健的。[23]总的来说，Cornand 和 Heinemann(2013) 认为，对于实验中观察到的策略，除非政策制定者有完全替代私人行动的政策工具，否则，比私人信息更精确的公共信息不会降低福利。

Dale 和 Morgan(2012) 对 Morris 和 Shin(2002) 模型中公共信息的福利效应进行了直接的检验。他们认为增加一个低质量的私人信号会提高决策的质量。而当低质量信号是公共信息时，被试者会策略性地赋予公共信号无效率的高权重，这会降低他们的收益。该实验中未能涉及作为第二个公共信号的普遍已知的先验信息，且在每一轮决策之后，他们会向被试者反馈最优反应，这或许是其他相关研究没能观察到向均衡收敛的原因。

尽管 Cornand 和 Heinemann(2014)、Shapiro 等人 (2014)，以及 Dale 和 Morgan (2012) 都没有考虑交易，但是大量的实验文献研究了把私人信息聚合到价格的市场效率。[24]然而，公共信号和私人信号在这些市场中的不同作用直到最近才受到重视。Ackert、Church 和 Gillette(2004) 提供了来自实验室中资产市场的证据，其中的交易者接收到不同质量的公共信号（但没有私人信号）。他们的研究表明，交易者会对低质量的公共信息反应过度，而对高质量的公共信息反应不足。

以评级机构提供的信息为例，Alfarano、Morone 和 Camacho(2011) 分析了公共信号的存在是否会妨碍私人信息的聚合过程。为此，他们复制了一个市场环境，在每个交易期开始时，给予每名被试者一些数量的未指明的资产和另外数量的实验货币。在交易期结束时，资产会提供红利。在每个交易期，红利由实验者随机决定，被试者可以挂出对资产的买单、卖单，或者直接接受任何其他交易者的买卖。交易期间，每名被试者为了决策，可以购买关于红利的私人信号，只要有足够的现金，想买多少就能买多少。在有公共信息的实验局中，被试者还可以免费获得关于红利的公共信号。作者发现，当公共信息被披露时，对私人信号的购买会减少。因此，公共信息挤出了私人信息。然而，这种效应没有降低市场信息的效率，因为额外的公共信息弥补了减少的私人信息。

Middeldorp 和 Rosenkranz(2011) 也检验了实验的资产市场，其中私人信息是有成本的。他们的资产市场使用了 Diamond(1985) 及 Kool、Middeldorp 和 Rosenkranz(2011) 的理论模型。在他们的实验中，公共信号挤出了私人信息，导致预测误差可能随着公共信号精确性的提高而增大。该实验包括两个时期：第一期旨在测验被试者的风险态度，第二期对应于实际的市场交易（共25期）。每期又分为两个阶段：信息阶段和交易阶段。在信息阶段中，被试者会看到屏幕显示：他们的禀赋包括一些单位的实验货币，以及一项在实验结束时提供随机支付的风险资产；关于各期支付的一个公共信号，以及这个信号的标准差。为得到关于支付的更精确信息，被试者可为需要的时期购买一个关于支付的有噪声的私人信号。

交易阶段进行了一个连续双向拍卖：被试者可以挂出任意数量的买价卖价，挂单可保持150秒，并且交易可随时进行。作者改变不同时期公共信息的准确性，来测度其对挤出私人信息的影响。为了考察实验的资产市场是否把私人信息聚合到价格之中，作者比较了公共信息误差和市场误差：当市场价格比公共信息更好地预测了资产回报时，市场聚合了私人信息。然而，实验表明，平均而言，相较于所有交易者收到的公共信息，市场价格的信息量更小。更确切地说，对于相当不准确的公共信号，价格比公共信息预测力好，而对于非常准确的公共信号，市场误差不会相应地降低。[25] Middeldorp 和 Rosenkranz(2011) 指出，他们的研究结果证实了理论预测，根据这些预测，来自中央银行的更精确的公共信号在某些情况下会降低市场效率。

中央银行沟通策略

在“对中央银行披露的过度反应”部分，我们梳理了一些考察公共信息是否不利于福利的实验。对公共信息的过度反应会导致福利减少，因此分析中央银行如何能降低这种对其披露的过度反应很重要。在这一部分，我们关注实验室中中央银行的沟通策略，并参照 Baeriswyl 和 Cornand(2014) 的文章，尤其关注了可能降低市场对公开披露的过度反应的策略。

理论文献设想了两种降低市场参与者对公共信息过度反应的披露策略。第一种是部分公开策略：仅向一部分市场参与者披露作为半公开信号的透明信息（参见 Cornand and Heinemann，2008）。公开的程度由接收到半公开信号的市场参与者所占比例决定。正如 Walsh(2006，P229) 指出的：“部分公开包括，例如，关于经济形势的讲话或许不会像正式的政策公告那样被广泛报道。讲话及其他提供部分信息的策略在中央银行政策实践中具有重要作用，并且这些沟通策略早在通货膨胀报告发布之前就进行了。”选择部分公开的沟通渠道降低了过度反应，因为，不知情的交易者不能做出任何反应，而知情的交易者反应不那么强烈，因为他们知道其他一些交易者是不知情的。第二种是部分透明策略：向所有的市场参与者披露模糊的公共信息（参见 Heinemann and Illing，2002）。在信号解读上的个体差异给公共信号加入了特有的噪声，这决定了透明的程度。1987 年，时任美联储主席艾伦·格林斯潘的著名语录为部分公开[㊀]提供了一个好的例证："自从我成为一个中央银行家，我已经学会了无条理地含糊说话。如果你认为你完全理解了我的意思，那你一定是误会了我的意思。"（艾伦·格林斯潘，1987 年 9 月 22 日《华尔街日报》，参考 Geraats，2007）。选择一个部分透明的沟通渠道可以降低过度反应，因为，模糊性产生了对其他市场参与者如何解读相同信号的不确定性，这削弱了信号的焦点角色。在与 Morris 和 Shin（2002）紧密相关的一个框架中，Baeriswyl 和 Cornand（2014）表明，理论上这些策略在降低对公共信息的过度反应上是等价的，因为，平均而言，具有有限公开度的或适当有限透明度的信号，能引起行动的相同反应。

Baeriswyl 和 Cornand 还进行了一个实验，来比较部分公开的和部分透明的信号的影响，实验中选择参数使两种沟通策略在理论上等价。他们使用了与 Cornand 和 Heinemann（2014）相似的设定，但给予协调动机相对高的权重（$r=0.85$），并且每组有 7 名参与者而不是 2 名。他们通过设置不同的实验局，比较了部分公开和部分透明降低过度反应的有效性，其中在基准局中，公共信号被透明地提供给所有的组员。在部分公开局中，只对 7 名组员中的 4 名提供信号。而在部分透明局中，所有的组员都收到了信号，但信号中有一个适当的特有噪声。

实验结果显示，部分公开和部分透明都成功地降低了对公共信息的过度反应，尽管比理论预测的要小。Baeriswyl 和 Cornand（2014，P1089）指出："部分公开仅在一定程度上降低了过度反应，即不知情的被试者不能对公共信息做出反应，而知情的被试者的行为与在完全公开下的行为并没有不同。也就是说，过度反应的降低实际上是因为不知情被试者缺少信息，而不是因为知情被试者了解到其他人不知情后所做出的反应。……由于公共信息的模糊性导致被试者行动谨慎，因而，部分透明降低了过度反应。但在该实验中，部分公开比部分透明更能降低过度反应。"

然而，由于可靠性和公平性，Baeriswyl 和 Cornand（2014）主张将部分透明作为一项政策建议。可以说，在一个媒体大范围迅速传播信息的时代，部分透明或许比部分公开更容易实行。此外，部分公开违反了公平公正原则：在一个民主社会中，"对部分市场参与者有意隐瞒重要信息，（对中央银行来说）在政治上是站不住脚的"（P1090）。中央银行应该更愿意通过谨慎斟酌公告内容，而不是通过选择受众，来控

㊀ 原文此处为"部分公开"（partial publicity），但根据上下文，疑为"部分透明"（partial publicity）。——译者注

制人们对公开披露的反应。

沟通和稳定化政策

在“对中央银行披露的过度反应”和“中央银行沟通策略”两部分中提到的文献聚焦于考察透明度的实验，其框架中没有包括稳定经济的政策工具，本部分则关注为数不多的率先将稳定化政策和沟通策略相结合的文献。

通货膨胀目标制（IT）是一项货币政策策略，其特征包括：公告通货膨胀目标，明确中央银行的任务是追求通货膨胀稳定，并将其作为货币政策的首要目标，以及高度的透明和责任。实践中，通货膨胀目标制会因这些标准的执行程度不同而有很大变化（Svensson，2010），而且，对于明确地采用通货膨胀目标制的好处，有关文献已经争论了很长时间（例如参见 Angeriz and Arestis，2008；Ball and Sheridan，2005；Levin、Natalucci and Piger，2004；Roger，2009；Roger and Stone，2005；仅举这几例）。

Cornand 和 M'baye(2013) 介绍了一个实验室实验，以标准的新凯恩斯主义模型为框架，旨在检验不同通货膨胀目标制的相关性。更确切地说，他们考察了对目标的沟通与通货膨胀目标策略成功的相关性，并评估了中央银行目标如何影响经济表现。

该模型主要基于 3 个方程：总需求方程（IS 曲线）、供给函数（新凯恩斯主义菲利普斯曲线）以及中央银行的反应函数（利率规则）。该实验在实验室中考察被试者的通货膨胀预期，并将其代入理论模型，得出通货膨胀、产出缺口和利率的当前值。[26]

一场实验有 60 期，参与者的任务是在每一期预测下一期的通货膨胀。他们面对 4 个主要的宏观经济变量：通货膨胀、产出缺口、利率和中央银行的通货膨胀目标。他们被告知，通货膨胀和产出缺口的实际值取决于所有参与者报告的预期，并受滞后的产出缺口、小的随机冲击以及中央银行通货膨胀目标（适用时）的影响。在他们的屏幕上，参与者能看到前 3 个变量截至当期的时间序列。参与者的收益方式为，当他们的预测误差低于 3% 时，他们即可获得点数奖励。

实验考虑了 4 个不同的实验局。[27]其一，隐含的、严格的通货膨胀目标：中央银行唯一的目标是稳定通货膨胀，但通货膨胀目标没有向公众宣布。其二，明确的、严格的通货膨胀目标：中央银行唯一的目标也是稳定通货膨胀，并明确地与预测者沟通其 5% 的通货膨胀目标。其三，隐含的、灵活的通货膨胀目标：中央银行的目标是同时稳定通货膨胀和产出缺口，但没有将其公布。其四，明确的、灵活的通货膨胀目标：中央银行的目标也是稳定通货膨胀和产出缺口，并明确地沟通其通货膨胀目标。

Cornand 和 M'baye 分析了个体行为对宏观经济结果的影响。他们发现，“如果中央银行仅关心通货膨胀稳定，则与遵从泰勒原理的货币政策相比，宣布通货膨胀目标对宏观经济表现不会产生什么影响”（P2）。然而，如果中央银行具有双重目标，沟通其目标也许会降低通货膨胀、利率和产出缺口的波动，但是，不影响这些变量的平均水平。第一个原因是，通过明确这些目标，沟通减少了经济主体对政策目标的不确定性。第二个原因是，相比严格的通货膨胀目标制，灵活的通货膨胀目标制对通货膨胀预测的波动更敏感，并且，在稳定经济上有效性更低，因为，被试者需要更多的时间来达到目标。因此，公布目标更有助于降低预测误差。第三个原因是，被试者在隐含的、灵活的通货膨胀目标实验局中，比在明确的、灵活的通货膨胀目标实验局中更倾向于使用趋势外推。趋势外推要求政策工具更频繁和更积极地调整，以减轻通货膨胀和产出缺口的高波动性。

Cornand 和 M'baye 考虑了被试者仅作为定价厂商的情况，而 Kryvtsov 和 Petersen（2013）在一个更宏观的实验框架中，分析了中央银行沟通的作用。他们最重要的贡献之一是，介绍了对货币政策预期渠道的测度。他们表明，对利率预测的公告或许会降低货币政策的有效性，并增加宏观经济波动。关于这篇论文更多的细节可参见本书中的另外章节（Assenza et al.，2014）。

6.5 政策实施

我们在这里对货币政策实施的两个方面加以区分：一是中央银行以特定的策略或政策规则，对观察到的数据进行政策工具的调整；二是公开市场操作如何为金融系统提供流动性。欧洲中央银行每周进行回购拍卖，美联储则是每日进行拍卖。商业银行的流动性需求取决于其再融资需要，并揭示了信贷流向中央银行的信息。市场机制发挥着两点重要作用：一是有效配置流动性，二是加总信息。因此，如何设计这些拍卖举足轻重。拍卖设计是实验经济学的一个经典问题[28]，而且，使用实验对拍卖进行“平台检验”已成为一个标准程序。

在关注为数不多的研究回购拍卖的实验（“回购拍卖”部分）之前，我们首先回顾关于货币政策规则策略的实验（“货币政策规则”部分）。

货币政策规则

Pfajfar 和 Žakelj(2014）分析了不同的货币政策规则在稳定通货膨胀上的有效性。他们考虑了新凯恩斯主义模型的简约形式[29]，其中，IS 曲线为 $y_t = -\varphi(i_t - E_t\pi_{t+1}) + y_{t-1} + g_t$，$i_t$ 为利率，π_t 为通货膨胀率，$E_t\pi_{t+1}$为在 t 期对 $t+1$ 期的预测，y_t 为产出缺口，g_t 为一项外生冲击，φ 为需求的跨期替代弹性。菲利普斯曲线由 $\pi_t = \beta E_t\pi_{t+1} +$

$\lambda y_t + u_t$ 给定。

根据所考察的货币政策规则，实验分为4个实验局。在3个实验局中，Pfajfar 和 Žakelj 采用通货膨胀预测目标制，$i_t = \gamma(E_t\pi_{t+1} - \overline{\pi}) + \overline{\pi}$，不同的实验局参数 γ 的设定不同（在实验局1中，$\gamma = 1.5$；在实验局2中，$\gamma = 1.35$；在实验局3中，$\gamma = 4$）。实验局4实行同期通货膨胀目标，$i_t = \gamma(\pi_t - \overline{\pi}) + \overline{\pi}$，其中 $\gamma = 1.5$。$\overline{\pi}$ 表示目标值。实验构造了一个模拟的虚拟经济环境，由以上3个方程描述，有9名参与者。在每个时期 t，参与者会收到一张表格，包括通货膨胀、产出缺口和利率的历史数据。第一期，在理性预期假设下，由计算机生成了10个初始值。被试者得到关于基本模型的定性描述。他们的任务是预测 $t+1$ 期的通货膨胀，并提供其预测值的95%置信区间。

图6-3对比了实验局中各组的预期通货膨胀和实际通货膨胀。作者表明，在盯住通货膨胀预测值的规则中，货币政策反应参数 γ 更大，则通货膨胀的变化更小，但可能会导致周期循环。在货币政策反应程度相同的条件下，同期通货膨胀目标比通货膨胀预测目标效果更好。

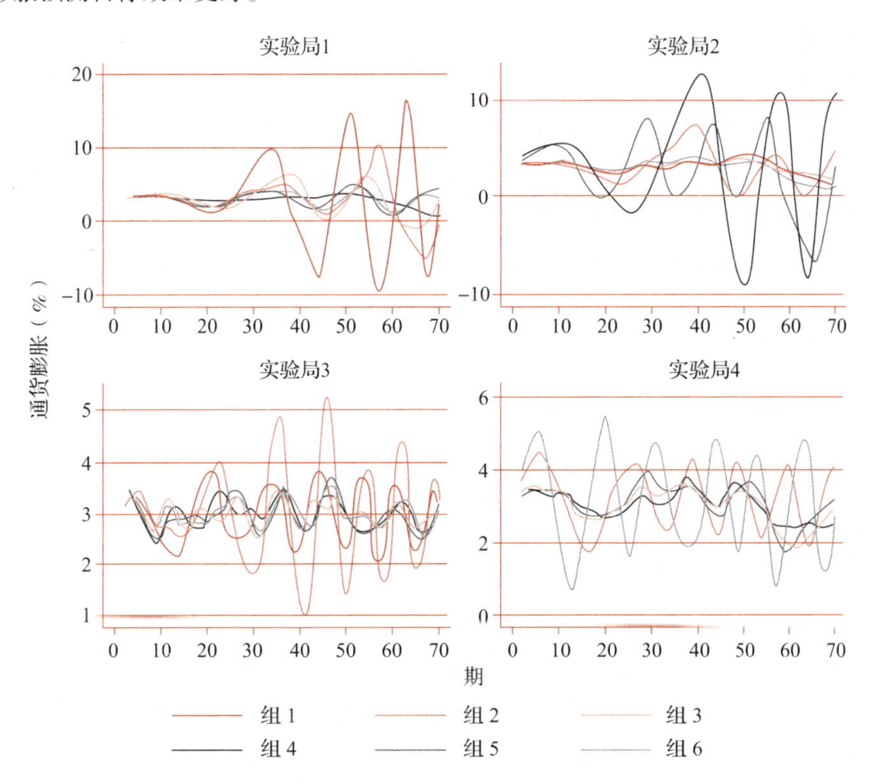

图6-3　4个实验局中各组的预期通货膨胀（被试者的平均预测值）与实际通货膨胀

资料来源：Pfajfar and Žakelj，2014.

Pfajfar 和 Žakelj 还分析了被试者如何通过识别不同的策略，以及估计遵循这些策略的被试者占比来形成自身预期。大量的被试者，要么遵循通货膨胀的趋势外推模型，要么遵循一般的自适应模型，其中，通货膨胀预测值是上一期 3 个宏观经济变量的线性函数。

Luhan 和 Scharler(2014) 使用学习型最优决策实验来分析泰勒原理的作用。他们的主要结论是，违反泰勒原理不一定会破坏稳定，因为，被试者用名义利率作为实际利率的替代物，并且即使实际利率已经降低，被试者也可能减少消费需求以对高名义利率做出反应。在他们的实验中，被试者进行一个两阶段博弈，共 20 轮。在每一轮，被试者决定在给定的禀赋中，将多少用于消费，多少用于储蓄，以在同一轮的第二阶段进行消费。任意一轮的通货膨胀率由被试者在上一轮的消费决策决定。[30]储蓄按照名义利率产生利息，名义利率由中央银行决定，以对通货膨胀率做出反应。如果中央银行遵从泰勒原理，那么实际利率会随着通货膨胀率的上升而上升。理论上，这会减少消费，从而导致下一轮更低的通货膨胀率。如果泰勒原理被违反，则预期会产生相反的情况，并且经济会收敛于角点解，即所有被试者，要么消费掉他们全部的禀赋，并且通货膨胀很高，要么全部储蓄，并且通货膨胀很低。

对于中央银行是否遵循泰勒原理，以及当期的通货膨胀率是在被试者做出决定之前还是之后告知他们，Luhan 和 Scharler(2014) 在各实验局之间设定不同。注意，在新凯恩斯主义模型中，参与人是基于实际利率来做出消费决策的，实际利率由已知的名义利率和预期但未知的未来通货膨胀率决定。因此，隐瞒与当期决策问题相关的通货膨胀率信息更为重要。Luhan 和 Scharler 发现，如果遵从泰勒原理，那么平均通货膨胀率接近于目标值。如果泰勒原理被违反，并且事先已知通货膨胀率，那么通货膨胀率会收敛于极端值。但是，如果事先不告知通货膨胀率，那么在许多经济环境中，平均通货膨胀率会更均匀地分布并接近于目标值。对此的解释是，许多被试者不了解通货膨胀的动态变化，并把名义利率作为实际利率的替代。如果这个观察结果运用到现实经济中，那么即使中央银行违反了泰勒原理，它或许也能稳定通货膨胀。

Amano、Engle-Warnick 和 Shukayev(2011) 考察了当中央银行从通货膨胀目标转为价格水平目标时，被试者如何形成预期。最近的金融危机使人们对通货膨胀目标提出了质疑。[31]另一种策略是（例如 Svensson(2003) 的理论研究）价格水平目标。[32]尽管通货膨胀目标有助于稳定通货膨胀，但是它不能修正过去对目标的偏离，使得未来价格水平具有不确定性：在通货膨胀目标下，对通货膨胀的冲击可能会对价格水平产生持久影响。价格水平目标旨在一旦出现了偏离，就要将价格水平拉回到目标值。理论上，价格水平目标，应该使产出和通货膨胀更加稳定（Kahn，2009）。

然而，价格水平目标在实践中基本上未经检验，并且它的效果依赖于假设“经济主体必须理性地预测通货膨胀……，并且是以与价格水平目标制相一致的方式”（Amano 等，2011，P1）。理论上，价格水平目标提供了一个更好的通货膨胀预期的锚，这使中央银行可以更好地稳定通货膨胀和经济活动。

Amano 等人（2011）旨在评估经济主体是否理解价格水平目标对通货膨胀率的影响。他们分析了从通货膨胀目标转向价格水平目标是否会使被试者调整其通货膨胀预期，并且调整方式是否与价格水平目标相一致。他们模拟了具有外生冲击的宏观经济模型，并考虑了两种情形：其一，中央银行以零通货膨胀率为目标；其二，中央银行以不变的价格水平为目标。所有被试者先参加通货膨胀目标情形下的实验，共 20 期（外加 20 个练习期）。然后，其中一半被试者再参加价格水平目标制下的实验。他们可从屏幕上看到过去 8 期通货膨胀和总价格水平的历史数据。被试者的任务是预测下一期的通货膨胀。实验说明解释了中央银行的作用：在通货膨胀目标下，中央银行不关心过去的价格水平；在价格水平目标下，中央银行会采取行动让价格水平回到恒定的目标值。在通货膨胀目标下，被试者仅依靠过去的通货膨胀来预测未来的通货膨胀率，而采用价格水平目标后，他们会按价格目标的引导部分地调整预期。因此，在定性上而非定量上，他们的预期与目标制的转变是一致的。

Marimon 和 Sunder(1995) 比较了世代交叠框架中的不同货币政策规则，并分析了它们对通货膨胀预期稳定性的影响。尤其是，他们比较了弗里德曼（Friedman）*k%* 货币增长规则与政府固定实际赤字并通过铸币税融资的赤字规则。他们发现，几乎没有证据表明，弗里德曼规则有助于协调经济主体的信念并稳定经济。当宣布使用弗里德曼规则时，通货膨胀过程可能会更不稳定。在不稳定的环境中，被试者的行为更符合自适应学习模型，而非前瞻性理性预期。因此，不变的货币增长率不一定能锚定通货膨胀预期。Bernasconi 和 Kirchkamp(2000) 进行了相似的分析，发现遵从弗里德曼规则的货币政策减小了通货膨胀波动，但是，也导致了比等价收入赤字规则更高的平均通货膨胀率。其原因在于，在赤字规则下，被试者储蓄了太多，并且，过度储蓄降低了通货膨胀率。Assenza 等人（2014）对世代交叠经济的实验设计进行了更详细的描述。

回购拍卖

Ehrhart(2001) 研究了欧洲中央银行于 2000 年 6 月 27 日之前使用的固定利率招标机制。根据该机制，欧洲中央银行设定了利率和最大流动性，而各银行报告它们在此利率水平下想借入多少流动性（投标）。如果总的流动性需求超过中央银行设定的最大流动性，各银行就按比例获得配给。在实行该机制的 18 个月中，投标太多以至于最后各银行得到的流动性配给还不到投标的 1%。银行夸大了它们的再融资需求，因为它们期望获得配给。伴随该策略而来的问题是，再融资操作本应有助于中央银行评估和设计货币政策，但越来越多的投标使提取与流动性需求相关的信息变得困难。因此，欧洲中央银行转而使用不受过度投标影响的利率招标，但是，这一机制的缺点是，它提供了低报流动性需求的激励。由此，Ehrhart(2011）设计了一个实验，旨在评估固定利率招标是否以及在哪些条件下会导致投标的策略性增长，并且这会如何影响这些投标的信息内容。

这个实验检验了不同的固定利率招标博弈。被试者扮演银行，而中央银行决策由电脑自动执行。在每轮实验开始，被试者被告知利率，但最大的（“计划好的”）配额是随机变量，被试者投标时并不知道其数值，他们只知道最大配额的分布。他们知道比例配给机制，并且，可从电脑屏幕上看到自己的收益，这一收益是在当前利率下根据不同的配额得到。

各实验局在利率和最大配额的分布上不同，以考察最大配额与最优需求之间的联系。在实验局1中，预期的最大配额被设置为与最优需求相等，因而存在唯一的均衡，在均衡处实际需求会稍高于最优需求。在实验局2中，预期的配额小于最优需求，但仍大于最优配额。在实验局3中，最大配额不能大于最优需求。在前两个实验局中，利率在20轮中保持恒定，在实验局3中，从第11轮开始，利率由低变高。在实验局2和3的前10轮中，有限次博弈不存在均衡，因为银行总试图比对手高投标。在实验局1和3的后10轮中，博弈存在唯一的均衡，在均衡处需求略高于最优需求。

结果表明，实验局中存在过度投标，但没有达到均衡，而在实验局1中投标接近于均衡。不好的消息是，在实验局3中，6组中有2组在进行了10轮后仍未达到均衡，投标在后10轮中继续激增。在全部6组中，投标数至少达到了均衡水平的2倍。因此，Ehrhart(2001）得出结论，即在一个持续增加投标的阶段之后，转向一种宽松的政策（博弈存在唯一均衡），不需要阻止超过均衡水平的投标增长。

总的来说，该实验表明，仅通过改变分配规则或均衡值并不能阻止过度投标的趋势。在固定利率招标下，投标或许反映不出多少信息，因为相较于自身的需求情况，投标者会对策略性考虑做出更大反应。2000年，欧洲中央银行转向了一种利率招标机制：各银行按不同的利率投标不同数量的配额，这能完全揭示需求函数并降低策略性投标的激励。

6.6 流动性危机期间的货币政策

当经济处于货币危机或银行业危机的边缘时，中央银行可能会使用其政策工具来稳定汇率或注入流动性，以防止银行挤兑。在这些事件中，沟通可能具有与正常时期截然不同的效果，因为，纯流动性危机是一种均衡多重性的现象。在本节中，我们会讨论一些关于均衡多重性的实验（“均衡的多重性”部分），并说明干预以及包含信息的外部信号会如何影响均衡选择（“全局博弈”和“太阳黑子”部分）。

均衡的多重性

货币宏观经济学中的许多模型受到多重均衡问题的困扰。关于外生变量变动如何影响内生变量，理论不能给出明确的答案，这是由于任何旨在改善金融市场基本面的变动，都可能对预期产生负面影响，导致相反的效果。真实经济主体究竟会在多重均衡中实现哪个均衡，这最终是一个实证问题。

均衡的稳定性

在具有长期货币中性的世代交叠模型或 DSGE 模型中，均衡的多重性来自不确定的长期预期。在这些模型中，均衡为满足某些条件的一个路径 $(p_t)_{t=0,\cdots,\infty}$，它通常可以写成一个函数 $p_t(p_{t-T},\ \cdots,\ p_{t-1},\ E_t(p_{t+1},\ \cdots,\ p_\infty))$ 或简化为 $p_t=f(E_t(p_{t+1}))$。如果预期是理性的，在固定 $E_t(p_\infty)$ 的横截性条件下可得到唯一解。遗憾的是，这些横截性条件纯粹是数学上的，缺乏任何微观经济学的或行为的依据。如果参与人预期恶性通货膨胀，那么相较于有界的通货膨胀预期，价格水平会更快地上涨，恶性通货膨胀的预期会自我实现。注意，完美的前瞻路径可表示为 $p_t=f(p_{t-1})$，而由自适应预期 $E_t(p_{t+1})=p_{t-1}$ 可推出 $p_t=f(p_{t-1})$，动态性质从而得以准确体现。如果预期是自适应的，则选择的路径由过去给定的起始值决定，同时不再需要横截性条件。[33] 根据参与人是前瞻的还是后顾的，简化形式的价格路径会选择相反的方向，因此，用自适应预期代替理性预期，使均衡的稳定性得以恢复。

Marimon 和 Sunder(1993，1994）用关于世代交叠经济的实验分析了均衡的稳定性。该经济中有两个静态均衡：一个在理性预期下稳定，另一个在自适应预期下稳定。实验表明，观察到的价格路径趋向于低通货膨胀均衡，该均衡在自适应预期下稳定。在关于 DSGE 模型的实验中，自适应学习模型也能解释大多数被试者的预期（参见 Assenza et al.，2014)。然而，根据这些预测规则的相对效果，被试者也会在不同的规则间进行转换。

作为协调博弈的金融危机

在金融危机中，债务到期或货币兑换使借款人易受流动性危机或投机性攻击的不利影响，这种投机性攻击是由于信念的自我实现导致的。如果存款人预期银行出现流动性不足，他们就会取出资金，这会减少银行资金的流动性。如果交易者预期货币贬值，他们就会卖出该货币，这增加了市场压力，最终可能会迫使中央银行使该货币贬值。Diamond 和 Dybvig(1983)的银行挤兑模型是一个极好的例子。为了防止银行挤兑，储户必须协调轮换取款。这些模型的共同特征是，它们是二元选择协调博弈，当且仅当足够多的参与人选择其中一种行动时，该行动实现的收益才会高于另一种行动。

关于协调博弈的实验文献表明了有规律的行为模式，并强调了协同于有效均衡可能是极其困难的（参见 Schotter and Sopher，2007）。

全局博弈

Morris 和 Shin(1998，2003）将全局博弈理论应用于货币危机模型，并表明如果经济的基本面对于潜在的投机者来说是共同知识，那么模型具有多重均衡，而当参与人拥有相比公共信息足够准确的私人信息（PI）时，模型存在唯一均衡。在该均衡状态，中央银行通过提高利率或实施资本管制，能实际降低投机性攻击的可能性。Heinemann(2000）表明，这种情况在私人信号的噪声收敛到零时也成立。使用同样的方法，Heinemann 和 Illing(2002）认为，政府政策透明度的提高会降低投机性攻击发生的可能性。在最近一篇文献中，Morris 和 Shin(2014）也将全局博弈运用于货币政策风险承担渠道的研究中。

全局博弈是加入了一个状态变量的协调博弈，博弈中的行动可以被排序，从而如果其他参与人选择了排序更高的行动，或者/以及如果状态变量具有更高的值，那么排序更高的行动能获得更大的收益。这个状态变量是随机的且它的取值不是众所周知的。相反，参与人会收到独立地抽取自真实状态变量附近的私人信号。如果私人信号中的噪声较小，那么全局博弈的均衡是唯一的。均衡时，参与人遵循阈值策略，并且当收到的信号超过某一阈值时，他们会转向排序更高的行动。通过使噪声收敛到零，全局博弈会在状态空间中选择一个唯一的阈值，从而将均衡时（几乎）所有参与人都选择较低行动的博弈，与参与人选择更高行动的状态区别开来。对于状态变量的一个特定取值，全局博弈与最初的协调博弈一致。因此，对于私人信号中没有噪声的情形，全局博弈会在最初的协调博弈中选择一个唯一的均衡。这个极限点被称为全局博弈选择。

Heinemann、Nagel 和 Ockenfels(2004）检验了 Morris 和 Shin(1998）的货币危机模型。每场实验有 15 名被试者，他们在两个行动 A 和 B 之间进行重复选择。行动 A 是一个安全选项，提供固定收益 T，T 在不同实验局中取值不同。行动 B 可理解为一个投机性攻击，并且只有当足够多的组员选择 B 时，B 才会提供收益 R，而这所需的被试者的数量取决于 R 和另一个参数，这个参数在不同实验局中取值不同。此处，R

作为一个状态变量，并且在每个决策环境中是随机取值的。在具有共同信息（CI）的实验局，每个环境中被试者都被告知 R 的取值，并且他们知道其他被试者也会被告知。在具有私人信息（PI）的实验局中，被试者收到关于 R 的有噪声的信号，且噪声项在被试者之间是独立的。理论上，对于 R 的很大范围的取值，具有 CI 的博弈存在多重均衡。而具有 PI 的博弈是总存在唯一均衡的全局博弈。

Heineman 等人（2004）发现在所有实验局中，超过 90% 的被试者都遵循阈值策略，当且仅当他们关于 R 的信息超过阈值时，他们才会选择行动 B。对于 CI 和 PI，采用阈值策略的比例大致相同。在两种信息条件下，各组阈值数据变化的 87% 可由支付函数的参数解释，并且没有证据表明 CI 降低了行为的可预测性，这可能要归因于多重均衡的存在。因此，这篇文章的主要结论是，即使信息是公开的，被试者的行为还是和收到私人信号时一样。全局博弈理论的数值预测并没有得到普遍支持。在大多数实验局中，被试者的行为偏离了更有效策略的方向。然而，关于对支付函数参数变化的定性反应，全局博弈均衡的比较静态给出了一个极好的描述。行动 A 提供的收益越高，或者行动 B 提供收益的门槛越高，则选择行动 B 的阈值就越大。

具有 CI 和具有 PI 的实验场次存在一个显著的不同：CI 情形中的阈值低于其他条件相同的 PI 情形中的阈值。这意味着如果收益信息透明，那么投机性攻击更有可能发生。这个结果与其他关于协调博弈的实验相一致，在这些实验中，如果被试者对风险选择的潜在收益有更好的信息，那他们会更倾向于有风险的选择。

Heinemann、Nagel 和 Ockenfels(2009）也进行了类似的实验，在实验中被试者必须从安全选项 A 和风险选项 B 中进行选择。A 提供确定的收益 X；B 提供 15 欧元，但前提是相同的情形中，全部组员的中需有占比为 k 的被试者选择了 B。参数 X 和 k 在不同情形中设置不同。他们表明，行为可以由一个估计的全局博弈描述，在这个博弈中被试者的行为就像只收到关于收益的有噪声的私人信号时那样。这个估计的全局博弈也可以描述样本外预测。被试者认为具有多重均衡的协调博弈类似于彩票选择，这表明策略不确定性可通过对其他参与人的策略的主观概率来建模。知道了被试者对其他人行动的信念后，平均概率会与一般的行为非常接近。私人信号噪声衰减的全局博弈选择，接近于对观察到的参与人行动分布的最优反应。这表明，全局博弈选择可为处于协调博弈环境中的金融市场参与者提供建议。

Duffy 和 Ochs(2012）对 Heineman 等人（2004）设计的实验中的行为与被试者相继决策时的行为进行了比较。在他们的实验中，10 名被试者首先被告知实际的状态或是有 CI，或是有 PI。被试者可以在 10 期中对 B 进行选择。一旦他们选择了 B，就不能更改。在每一期中，被试者都会被告知其他组员中有多少人之前选择了 B。这个进入博弈与金融危机的动态性相似，即允许羊群效应式的进入或策略性的进入。重复进行该博弈，当状态处于组阈值之上时，被试者会收敛于第一期进入。Duffy 和 Ochs(2012，P97）的主要结论是："在相同博弈的静态情形和动态情形下，进入阈值是相似的。"

Qu(2014）通过在实际决策做出之前，引入一个沟通阶段对全局博弈进行了扩展。在"市场"实验局中，被试者可用 1 单位支付来交易或有索取权，这取决于第二阶段的风险行动是否成功。此外，所有被试者都可观察到价格以及关于基本状态的总 PI。在"廉价交谈"实验局中，无论被试者是否真想选择有风险的行动，他们可发出不具约束力的声明。此外，被试者可获知有多少人宣布采取风险行动。市场价格及拟进入数量是公共信号。Qu 发现在两个实验局中，被试者学会了根据各自的公共信号来行动。然而，相比市场实验局或一阶段基准局中实现的均衡，廉价交谈实验局中被试者协调达到的均衡更显著有效。

对货币政策来说，这些实验最重要的结论是比较静态以及行为的可预测性。被试者对支付函数变化做出的反应，与全局博弈选择的预测相一致。比较静态也符合直觉：基本面的改善会降低金融危机发生的可能性。关于基本面的 CI 本身不会降低行为的可预测性，但可能会通过沟通而对行为产生影响。

太阳黑子

尽管协调博弈中行为的可预测性似乎相当高，但是对于一系列参数值而言，这些预测相当不确定，即使应用了全局博弈理论亦然。当存在私人信号的正噪声时，全局博弈理论仅能提供一个关于投机性攻击成功或银行挤兑出现的概率。如果这一概率接近 50%，那么存在唯一的均衡，但是，不能对最终结果做出可靠的预测。Arifovic 和 Jiang (2013）的研究表明，在这些临界情形中，被试者可能会根据显著的外部信号来行动。他们的实验进行了一个银行挤兑博弈，10 名被试者重复地决定是否从银行提款。当且仅当足够数量 e^* 的被试者提款时，提款的收益才会高于不提款的收益。在不同实验局中，这个临界值不同。在每一期中，被试者会收到一个随机信息，"预测是 e^* 或更多的人将选择提款"，或者"预测是 e^* 或更少的人将选择提款"。所有被试者收到的信息相同，并被告知该信息是随机生成的。如果 $e^*=1$，被试者确实会收敛于银行挤兑均衡。如果 $e^*=8$，他们会协调于不挤兑银行。然而，对于中间值 $e^*=3$，6 组中有 4 组会协调于太阳黑子均衡，当且仅当收到第一条信息时，他们会挤提银行存款。这个结果表明，协调博弈中的行为可能是不稳定的，并可能会受与收益无关的信息的影响。

外部事件（"太阳黑子"）可能会影响实验中的行为，如 Marimon、Spear 和 Sunder(1993)，Duffy 和 Fisher(2005）的研究所示。在一个纯协调博弈中，Fehr、Heinemann 和 Llorente-Saguer(2013）表明，显著的外部信息会使被试者根据这些信息来行动，即使不存在太阳黑子均衡亦然。在他们的实验中，被试者被两两配对，且必须同时在0～100中选择一个数。他们的收益仅取决于其选择的数有多接近，越接近则两人的收益都越高。显然，两个参与人都选择的任何一个数即一个均衡。这个博弈重复进行了80次，被试者在每一期中被随机配对。在基准局中，所有组都收敛于选择50，即风险占优均衡。Fehr等人（2013）将此与被试者收到公共信号或相关私人信号时进行了比较。这些信号要么是0，要么是100。在一个公共信息实验局中，配对的两个被试者收到了相同的数，他们协调于选择公共信号0或100指明的行动。可见，信号成为一个焦点，并导致了太阳黑子均衡。如果两个被试者收到的信号不完全一致，那么他们的行动不应该受到信号的影响，因为不存在太阳黑子均衡。然而，在实验中，高度相关的私人信号对行为具有显著影响。12组中有4组，其私人信号高度相关，它们甚至协调于非均衡策略。在非均衡策略上，当私人信号为100时，参与人至少选择90，而当私人信号为0时，参与人至多选择10。当公共信号和私人信号结合在一起时，私人信号的存在相比单纯有公共信号的情况，会使一半配对组选择更接近50的数。这表明，即使不存在均衡，私人的外部信号也可能影响行为。并且，私人的外部信号可能会减弱外部公共信号的影响，否则，外部公共信号可能导致太阳黑子均衡。

Vranceanu、Besancenot和Dubart(2013）分析了在全局博弈环境中，具有明确含义的不提供信息的消息是否会影响行为。如同Heineman等人（2009）的研究，被试者能在一个安全选项和一个风险选项之间进行选择，当足够多的组员选择了风险选项时，风险选项会产生更高的收益。他们比较了在做出决策前收到积极消息的实验组和收到消极消息的实验组。积极消息是："在过去的实验中，选择了风险选项的被试者对他们的选择满意。"消极消息是："在过去的实验中，选择了风险选项的被试者对他们的选择失望。"相比收到消极消息的被试者，收到积极消息的被试者更多地选择了风险选项。差异在5%的显著性水平上不显著，但接近于显著。这些消息的含义不能被量化，并且这些消息没有给出明确的行为建议。然而，它们可能会提高或降低对风险选择成功的主观信念。作者指出，"谣言和其他无用消息能触发资产市场中的流动性不足"（Vranceanu et al.，2013，P5）。

在太阳黑子均衡上，策略取决于外部信号，这些外部信号与参与人的支付函数不相关。任何具有多重均衡的博弈也存在太阳黑子均衡，即在随机变量的相应取值上，所有参与人会协调于一个特定的均衡。一旦参与人协调一致，外部信号会选择均衡。参与人会根据外部信号的实现值来进行选择。实验证据表明，在策略互补的博弈中，选择的行动对外部信号相当敏感。原因可能是，如果参与人相信其他人可能会受信息的影响，且这个信息具有与更优策略相关的含义，那么任何这种信息都会激励参与人改进自己的策略。

6.7 结论

本章综述了实验宏观经济学在中央银行行为问题上的应用。我们已指出，实验有助于更好地理解货币政策影响决策的渠道，以及不同沟通策略的影响，同时，有助于对货币政策规则进行“平台检验”。我们希望这篇文章也有助于更好地理解实验运用于货币政策和中央银行行为的前景（尤其是政策含义）以及局限。

我们认为，实验室实验与宏观经济研究中使用的其他方法是互补的。重复一个实验是可能的，因而许多具有相同模式的经济环境可以被创造出来，并允许多重观测值，这对于检验理论是必要的。虽然，被创造的经济环境是人为合成的，但是，它们能保持现实经济的主要特征，并允许回答特定的研究问题。在检验对激励的反应、预期形成、沟通和信息的影响以及均衡选择上，实验特别有用。

我们现在建议一些未来研究的方向，在这些研究中宏观实验可能会有用。在图6-4中，阴影箭头指明了一些可以从实验分析中获益的话题。关于最近的金融危机期间和金融危机之后的货币政策工具与策略的讨论，很大程度上启发了这些话题。的确，全球金融危机已经重塑了关于中央银行政策作用和政策目标的争论。

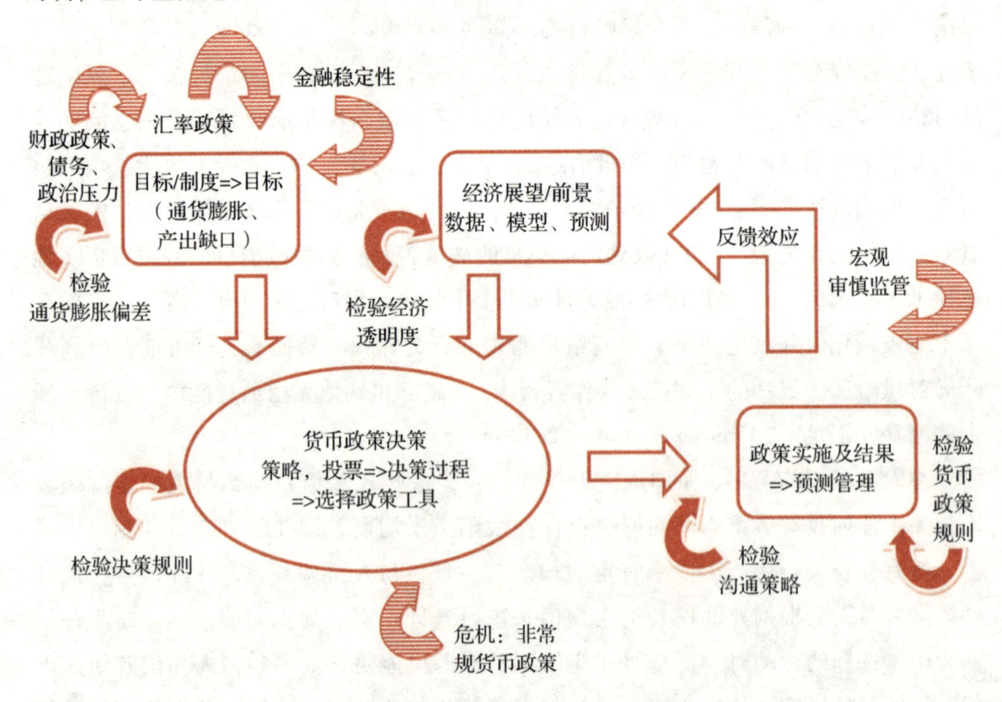

图6-4 中央银行行为的实验研究视角

关于目标和制度，分析政府债务和政治压力会如何影响中央银行的目标是有帮助的。政治经济学的博弈可以并且已经在实验室中被检验。中央银行独立性以及对通货膨胀稳定的追求，可能会因债务、财政和政治压力而妥协，尤其是在银行危机和主权债务问题的时代。通货膨胀目标的可信性依赖于中央银行的独立性。政治压力在多大程度上会迫使中央银行偏离稳定通货膨胀目标？一个相关的问题涉及货币政策可能的时间不一致性。虽然，我们介绍了一些与常规政策的通货膨胀偏差相关的实验，但是，还没有研究来分析危机之后退出非常规货币政策的时间不一致性。这个问题需要引起学者的关注。

中央银行家如何用单一的工具管理好多个目标？中央银行应该在多大程度上依靠市场力量和自动稳定机制？实验能提供一个适当的框架来处理这些问题。Engle-Warnick 和 Turdaliev(2010)、Duffy 和 Heinemann(2014) 的实验可以作为处理这些问题的起点。当这些目标是相互竞争的，稳定经济对实验中的中央银行家来说有多大挑战？考虑一下通货膨胀和汇率的稳定性。被试者能否找到应对这些目标的简单直觉推断或法则，或者，他们是否会失去对目标的控制？

我们也需要通过实验来更好地研究货币政策的渠道。通过引入习惯形成、有限的信息处理能力或关于风险厌恶的特定假设，DSGE 模型已经大量借鉴了行为经济学。在对货币政策传导渠道建模时，可以引入损失厌恶。并且，只要考虑到消费者的异质性，债务厌恶就很重要。[34]

另一个与中央银行目标相关的问题是价格稳定性和金融稳定性之间的关系。金融危机已经表明，以价格稳定为目标的货币当局，与独立地以金融稳定为目标的监管当局，二者之间传统的分离不再可行。需要更多的实验研究来分析货币政策规则和金融监管规则如何在控制资产价格泡沫上相互影响。[35]Guisti、Jiang 和 Xu(2012) 最近的一篇论文在这个方向上迈进了一步。这篇文章表明，在一个高利率的实验资产市场中，泡沫消失了。其中，基于固定的分红过程和资产终值，高利率时资产基本价值的时间趋势将变为正，于是被试者更可能追随基本价值。

Giusti 等人 (2012) 仅研究了固定利率的影响，而 Fischbacher、Hens 和 Zeisberger (2013) 实施了利率与资产价格正相关的规则。作者发现，这项规则对泡沫的大小影响甚微，这表明投机交易的机会成本不是遏制投机的有力工具。相反，预期的流动性限制似乎对泡沫的大小有更强的影响。

另一个有趣的问题是检验宏观审慎监管的具体形式是否能同时实现资产价格和通货膨胀的稳定性，或者，这些目标之间是否具有内在的冲突。我们还可以检验宏观审慎的资产或流动性比率对金融稳定的影响。实验室提供了检验可选的宏观审慎工具的环境。众多政策工具已被考虑（例如，Shin，2011）用来限制金融系统的顺周期性。现实数据仅提供了示例，而在实验室中我们可系统性地检验逆周期资本要求或时变的法定存款准备金的有效性。Jeanne 和 Korinek(2012) 提出了一个金融自由化下的危机模型，评估了宏观审慎监管在减少危机发生和促进增长方面的作用。这样的模型可作为构建实验环境的基础，在该环境中，我们可以检验可选的措施。

实验室实验最大的优势之一是，实验者可以控制被试者的信息。在危机之后，沟通和前瞻指引的重要性提高。一个迫切的问题是，中央银行如何能实现流动性陷阱中所需的负的实际利率。中央银行必须协调对正的长期通货膨胀目标的预期，但是，私人主体必须应用逆向归纳法，正如 Cagan(1956) 的价格水平模型中那样。具有纯粹的自适应预期，不太可能脱离流动性陷阱。

最后一个问题强调，在金融危机期间或之后，传统的货币政策工具可能会变得无效，这为使用非常规政策措施（例如，量化宽松或信贷宽松）提供了理由。因为，这些措施是在特殊环境下被采用的，所以，现实数据仅提供了关于其影响的非常特定的例证。相反，实验可以提供一种方法来更系统地研究这些政策的实施，并在实验室中分离出它们的影响。

一个相关的但更一般的问题，与具有长期货币中性的 DSGE 模型中的均衡不确定性有关。模型通常运用横截性条件来确立唯一性，而实验可用于分析在哪些条件下，由横截性条件选择的均衡最可能出现。

注 释

1. 事实上，实验已被用作设计公用事业规制市场和拍卖方案的一种政策工具（Ricciuti，2008）。
2. “怀疑论者反对使用实验室实验……作为一项政策建议工具……的常见说法是，所谓的缺乏外部有效性。……如果实验室中观察到的规律不能应用于现实世界，任何结论和政策建议……都可能成为危险的误导”（Riedl，2010，P87）。在与政策建议有关的研究中，实验室实验应被视为一种重要的互补的研究方法。“理想情况下，在做出一项政治决策前，会用所有可能的科学方法来评估一项经济政策改革，即理论方法、实验室实验和实地实验，以及传统的应用计量方法”（Riedl，2010，P88）。对于中央银行相关研究，实地实验难以进行，因而实验室实验变得很重要。关于外部有效性的一般性讨论，可参见 Druckman 和 Kam（2011）或 Kessler 和 Vesterlund（2014）的文章。
3. 图 6-1 和图 6-4 受到 Geraats（2002，图 1）的启发。
4. 尤其是，Woodford(2003) 已强调了关于货币政策实施的预期管理的重要性。实验室实验有助于提升我们对货币政策、经济主体的预期和均衡结果之间关系的理解，因为基础模型能得到控制，并且，预期形成过程可以被观察。Hommes（2011）对可用于“验证预期假说和学习模型”（P3）的实验室实验进行了文献综述。他尤其对预期中的异质性感兴趣，并讨论了学习型预期实验，以发现异质预期的一般理论。

5. 在实验局 NH 和 RH 中，期数 T 被设定为 20，在 NC 和 RC 中，$T=10$。
6. 进一步的例子，可参见 Heemeijer、Hommes、Sonnemans 和 Tuinstra（2009）或 Bao、Hommes、Sonnemans 和 Tuinstra（2012）。
7. 关于有正负反馈的猜谜博弈的实验，可参见 Sutan 和 Willinger（2009）。他们表明，在这两种环境中推理层级大致相同，但是，在策略替代（负反馈）的环境中，推理层级会使向均衡的收敛更快。
8. 常假定价格或信息更新的概率不变，这当然是一个技术简化，但是，如果通货膨胀率不稳定或者冲击的概率随时间而变化，那么，即使有微观基础，也不能证明这种简化是合理的。
9. 第二个处理变量与产品差异程度有关。
10. Frechette（2009）综述了 13 个研究，它们比较了以学生和专业人士为被试者的实验。大多数这些实验与金融市场或管理决策相关。他总结道，在 13 个实验的 9 个中，两类被试者之间不存在会导致不同结论的行为差异。
11. 实际上，Arifovic 和 Sargent（2003）设定了一个最大时长 100 期，以避免博弈超过被试者参与实验的最长时间。
12. 事实上，许多实验宏观经济学文献（本章中一直提到的）提供了情境化的实验，被试者在其中面对着诸如就业、工资或通货膨胀等变量，而不是以抽象的方式将其公式化。这种情境可能会导致观察到的行为中的一些偏差，因为被试者可能会受价值判断或经验的影响，这种经验来自他们自己的经济环境中的现实数据（例如，当被问及通货膨胀预期时）。为避免这个问题，一些论文（例如 Duffy and Heinemann（2014）、Engle-Warnick and Turdaliev（2010））以具有中性框架的抽象方式来设计实验。
13. Henderson 和 McKibbin（1993）也同时发现了相同的原则。
14. 如果被试者获得了正收益，则他们就被认为是成功的。
15. Taylor（1999）使用仅有两个解释变量的线性规则，发现在 1954 ~1997 这段时期内 $R^2=0.58$。
16. 这些实验在实验室中实现了新凯恩斯主义动态随机一般均衡（DSGE）模型。尽管，它们比现实经济环境简单得多，但是，这些大规模的实验经济环境具有“适当的”宏观经济学内容。正如已讨论的，DSGE 模型代表了当前货币政策分析的主力。就像 Noussair、Pfajfar 和 Zsiros（2014，P71-108）解释到的，“目标是创造分析宏观经济政策问题的实验环境。”在这一方面，研究“若干程式化经验事实是否能在实验经济体中被重复”就很重要。
17. 例如，Bosch-Domenech 和 Silvestre（1997）的研究表明，当信贷约束束紧时，提高信贷水平具有实际效应，但可获得大量信贷时，它仅导致了通货膨胀。

18. Petersen（2012）也使用了 DSGE 实验来研究家庭和厂商如何对货币冲击做出反应。
19. Lombardelli、Proudman和 Talbot（2005）在伦敦政治经济学院重复了 Blinder 和 Morgan（2005）的工作。
20. 当 2015 年立陶宛加入欧元区，成员数超过了 18 个，欧洲中央银行的轮换制度就将是有效的。
21. Geraats(2009）概述了中央银行沟通策略最近的变化。
22. 与 Morris 和 Shin（2002）的模型相比，Cornand 和 Heinemann（2014）要求参与人的数量是有限的，并将信号的分布从正态分布改为简单的均匀分布，使实验获得有限的支持。此外，在 Morris 和 Shin 的研究中，协调部分为一个零和博弈（从而总福利仅取决于行动和基本状态之间的差距），而 Coraand 和 Heinemann 改变了效用函数，以使被试者的任务更简单且不影响均衡行为。
23. 然而，没有支持这一说法的直接实验证据。
24. 例如，参见 Plott 和 Sunder（1982,1988）、Sunder（1992）。Plott（2002）和 Sunder（1995）提供了相关文献综述。
25. 应谨慎考虑这一结果。正如作者所说，价格的表现优于公共信息，表明私人信息正在被聚合到价格之中，然而，反之并不成立，供给将总会导致市场误差。“甚至当市场价格反映了公共信息以及私人信息时，随机供给的影响仍会导致价格对支出的预测力比仅使用公共信息时更低”（Middeldorp and Rosenkranz,2011，P26）。
26. 这篇论文与学习型预期实验紧密相关，尤其是与 Pfajfar 和 Žakelj（2014），以及 Assenza、Heemeijer、Hommes 和 Massaro（2011）的研究有关：他们使用了相同的模型，并且结果来自参与者的通货膨胀预期。然而，虽然，这两篇论文研究了参与者的预期形成过程，以及其与货币政策在稳定通货膨胀上的相互作用，但是 Cornand 和 M’baye 聚焦于宣布通货膨胀目标对参与者的通货膨胀预期和宏观经济结果的影响。他们也考虑了不同的中央银行反应函数（允许稳定产出缺口）。
27. 每个实验局有 4 场实验，每场实验有 6 名被试者。
28. 参见 Kagel(1995）。
29. Assenza 等人（2011）分析了不同规则之间的转换。他们表明，由泰勒型利率规则（通货膨胀率变动 1 个点，相应的利率调整大于 1 个点）描述的积极货币政策，能够稳定异质性预期。
30. 这个实验的时间结构是一个聪明的实验设计，它保持了环境的稳定性，并且仍然允许跨期反馈效应。
31. 从 1990 年新西兰开始，中央银行对通货膨胀目标制的使用随时间而增加。现在，全球范围内，超过 25 家中央银行实施了通货膨胀目标制。
32. “在价格水平目标下，中央银行将调整其政策工具（通常是短期利率）试图实现预先宣布的中期特定价格指数水平。而在通货膨胀目标下，中央银行则试图实现预先宣布的中期通货膨胀率（即价格水平的变化）”，参见 Kahn（2009，P35）。

33. Benhabib、Schmitt-Grohe和 Uribe（2002）还介绍了不确定性的另一个来源。他们表明，货币政策反应函数与菲利普斯曲线有两个交点，因为货币政策的反应受名义利率零下限的限制。在零利率的均衡为流动性陷阱。

34. Ahrens、Pirschel和 Snower（2014）研究了损失厌恶如何影响价格调整过程。Meissner（2013）提供了债务厌恶的实验证据。

35. 在 Smith、Suchanek 和 Williams（1988）之后，大量文献表明投机行为可能会导致泡沫和崩溃（参见 Camerer and Weigelt，1993）。另请参见 Palan（2013）。

致 谢

我们要感谢编辑 John Duffy、 Andreas Orland 和 Stefan Palan 对早期文稿的有益评论。

参考文献

Ackert, L., Church, B., & Gillette, A. (2004). Immediate disclosure or secrecy? The release of information in experimental asset markets. *Financial Markets, Institutions and Instruments*, *13*(5), 219–243.

Adam, K. (2007). Experimental evidence on the persistence of output and inflation. *Economic Journal*, *117*, 603–635.

Ahrens, S., Pirschel, I., & Snower, D. (2014). *A theory of price adjustment under loss aversion*. Centre for Economic Policy Research Discussion Paper No. 9964. London.

Alfarano, S., Morone, A., & Camacho, E. (2011). *The role of public and private information in a laboratory financial market*. Working Papers Series AD 2011–06. Instituto Valenciano de Investigaciones Económicas, S.A. (Ivie).

Amano, R., Engle-Warnick, J., & Shukayev, M. (2011). *Price-level targeting and inflation expectations: Experimental evidence*. Bank of Canada Working Paper No. 2011-18. Ottawa.

Angeriz, A., & Arestis, P. (2008). Assessing inflation targeting through intervention analysis. *Oxford Economic Papers*, *60*, 293–317.

Arifovic, J., & Jiang, J. H. (2013). *Experimental evidence of sunspot bank runs*. Mimeo Bank of Canada.

Arifovic, J., & Sargent, T. J. (2003). Laboratory experiments with an expectational Phillips curve. In D. E. Altig & B. D. Smith (Eds.), *Evolution and procedures in central banking*. Cambridge, MA: Cambridge University Press.

Assenza, T., Bao, T., Hommes, C., & Massaro, D. (2014). Experiments on expectations in macroeconomics and finance. In R. Mark Isaac, D. Norton, & J. Duffy (Eds.), *Experiments in macroeconomics* (Vol. 17, pp. 11–70). Research in Experimental Economics. Bingley, UK: Emerald Group Publishing Limited.

Assenza, T., Heemeijer, P., Hommes, C., & Massaro, D. (2011). *Individual expectations and aggregate macro behavior*. CeNDEF Working Paper No. 2011-01. University of Amsterdam.

Baeriswyl, R., & Cornand, C. (2014). Reducing overreaction to central banks disclosure: Theory and experiment. *Journal of the European Economic Association, 12*, 1087–1126.

Ball, L., & Sheridan, N. (2005). Does inflation targeting matter? In B. Bernanke & M. Woodford (Eds.), *The inflation targeting debate* (pp. 249–276). Chicago: University of Chicago Press.

Bao, T., Hommes, C., Sonnemans, J., & Tuinstra, J. (2012). Individual expectations, limited rationality and aggregate outcomes. *Journal of Economic Dynamics and Control, 36*, 1101–1120.

Barro, R., & Gordon, D. (1983a). A positive theory of monetary policy in a natural rate model. *Journal of Political Economy, 91*, 589–610.

Barro, R., & Gordon, D. (1983b). Rules, discretion and reputation in a model of monetary policy. *Journal of Monetary Economics, 12*, 101–121.

Benhabib, J., Schmitt-Grohé, S., & Uribe, M. (2002). Avoiding liquidity traps. *Journal of Political Economy, 110*, 535–563.

Bernasconi, M., & Kirchkamp, O. (2000). Why do monetary policies matter? An experimental study of saving and inflation in an overlapping generations model. *Journal of Monetary Economics, 46*, 315–343.

Blinder, A. S., & Morgan, J. (2005). Are two heads better than one? Monetary policy by committee. *Journal of Money, Credit, and Banking, 37*, 789–812.

Blinder, A. S., & Morgan, J. (2008). Leadership in groups: A monetary policy experiment. *International Journal of Central Banking, 4*(4), 117–150.

Blinder, A. S., & Wyplosz, C. (2005, January). *Central bank talk: Committee structure and communication policy*. ASSA meetings, Philadelphia.

Bosch-Domenech, A., & Silvestre, J. (1997). Credit constraints in a general equilibrium: Experimental results. *Economic Journal, 107*, 1445–1464.

Bosman, R., Maier, P., Sadiraj, V., & van Winden, F. (2013). Let me vote! An experimental study of the effects of vote rotation in committees. *Journal of Economic Behavior and Organization, 96*(C), 32–47.

Cagan, P. (1956). The monetary dynamics of hyperinflation. In M. Friedman (Ed.), *Studies in the quantity theory of money*. Chicago: University of Chicago Press.

Calvo, G. (1983). Staggered prices in a utility maximizing framework. *Journal of Monetary Economics, 12*, 383–398.

Camerer, C., & Weigelt, K. (1993). Convergence in experimental double auctions for stochastically lived assets. In D. Friedman & J. Rust (Eds.), *The double auction market: Theories, institutions and experimental evaluations* (pp. 355–396). Redwood City, CA: Addison-Wesley.

Caplin, A., & Dean, M. (2013). *Behavioral implications of rational inattention with Shannon entropy*. NBER Working Paper No. 19318. Cambridge, MA.

Caplin, A., & Dean, M. (2014). *Revealed preference, rational inattention, and costly information acquisition*. NBER Working Paper No. 19876. Cambridge, MA.

Cheremukhin, A., Popova, A., & Tutino, A. (2011). *Experimental evidence on rational inattention*. Working Paper 1112, Federal Reserve Bank of Dallas.

Cornand, C., & Heinemann, F. (2008). Optimal degree of public information dissemination. *Economic Journal, 118*, 718–742.

Cornand, C., & Heinemann, F. (2013). *Limited higher order beliefs and the welfare effects of public information*. Mimeo.

Cornand, C., & Heinemann, F. (2014). Measuring agents' overreaction to public information in games with strategic complementarities. *Experimental Economics, 17*, 61–77.

Cornand, C., & M'baye, C. K. (2013). *Does inflation targeting matter? An experimental investigation*. Working paper GATE 2013–30. Université de Lyon, Lyon.

Croson, R. (2010). *The use of students as participants in experimental research*. Behavioral Operations Management Discussion Forum. Retrieved from http://www.informs.org/Community/BOM/Discussion-Forum.

Dale, D. J., & Morgan, J. (2012). *Experiments on the social value of public information*. Mimeo.

Davis, D., & Korenok, O. (2011). Nominal price shocks in monopolistically competitive markets: An experimental analysis. *Journal of Monetary Economics*, *58*, 578–589.

Diamond, D. W. (1985). Optimal release of information by firms. *Journal of Finance*, *40*, 1071–1094.

Diamond, D. W., & Dybvig, P. H. (1983). Bank runs, deposit insurance, and liquidity. *Journal of Political Economy*, *91*, 401–419.

Druckman, J. N., & Kam, C. D. (2011). Students as experimental participants: A defense of the "narrow data base". In D. P. Green, J. H. Kuklinski, & A. Lupia (Eds.), *Cambridge handbook of experimental political science*. New York, NY: Cambridge University Press.

Duersch, P., & Eife, T. (2013). *Price competition in an inflationary environment*. Mimeo.

Duffy, J. (1998). Monetary theory in the laboratory. *Federal Reserve Bank of St. Louis Review*, September–October, pp. 9–26.

Duffy, J. (2008a). *Macroeconomics: A survey of laboratory research*. Working Papers 334, Department of Economics, University of Pittsburgh.

Duffy, J. (2008b). Experimental macroeconomics. In S. N. Durlauf & L. E. Blume (Eds.), *The New Palgrave dictionary of economics* (2nd ed.). New York, NY: Palgrave Macmillan.

Duffy, J., & Fisher, E. (2005). Sunspots in the laboratory. *American Economic Review*, *95*, 510–529.

Duffy, J., & Heinemann, F. (2014). *Central bank reputation, transparency and cheap talk as substitutes for commitment: Experimental evidence*. Working Paper, Mimeo, Technische Universität Berlin, Berlin.

Duffy, J., & Ochs, J. (2012). Equilibrium selection in static and dynamic entry games. *Games and Economic Behavior*, *76*, 97–116.

Ehrhart, K. M. (2001). European central bank operations: Experimental investigation of the fixed rate tender. *Journal of International Money and Finance*, *20*, 871–893.

Engle-Warnick, J., & Turdaliev, N. (2010). An experimental test of Taylor-type rules with inexperienced central bankers. *Experimental Economics*, *13*, 146–166.

Fehr, D., Heinemann, F., & Llorente-Saguer, A. (2013). *The power of sunspots*. Working Paper, SFB 649 Discussion Paper 2011-070, Berlin.

Fehr, E., & Tyran, J.-R. (2001). Does money illusion matter? *American Economic Review*, *91*, 1239–1262.

Fehr, E., & Tyran, J.-R. (2005). Individual irrationality and aggregate outcomes. *Journal of Economic Perspectives*, *19*, 43–66.

Fehr, E., & Tyran, J.-R. (2008). Limited rationality and strategic interaction: The impact of the strategic environment on nominal inertia. *Econometrica*, *76*, 353–394.

Fehr, E., & Tyran, J.-R. (2014). Does money illusion matter?: Reply. *American Economic Review*, *104*, 1063–1071.

Fischbacher, U., Hens, T., & Zeisberger, S. (2013). The impact of monetary policy on stock market bubbles and trading behavior: Evidence from the lab. *Journal of Economic Dynamics and Control*, *37*, 2104–2122.

Fréchette, G. (2009). *Laboratory experiments: Professionals versus students*. Mimeo, New York University.

Geraats, P. M. (2002). Central bank transparency. *Economic Journal*, *112*, F532–F565.

Geraats, P. M. (2007). The Mystique of central bank speak. *International Journal of Central Banking, 3*, 37–80.

Geraats, P. M. (2009). Trends in monetary policy transparency. *International Finance, 12*, 235–268.

Giusti, G., Jiang, J. H., & Xu, Y. (2012). *Eliminating laboratory asset bubbles by paying interest on cash*. Mimeo Bank of Canada.

Heemeijer, P., Hommes, C. H., Sonnemans, J., & Tuinstra, J. (2009). Price stability and volatility in markets with positive and negative expectations feedback: An experimental investigation. *Journal of Economic Dynamics and Control, 33*, 1052–1072.

Heinemann, F. (2000). Unique equilibrium in a model of self-fulfilling currency attacks: Comment. *American Economic Review, 90*, 316–318.

Heinemann, F., & Illing, G. (2002). Speculative attacks: Unique sunspot equilibrium and transparency. *Journal of International Economics, 58*, 429–450.

Heinemann, F., Nagel, R., & Ockenfels, P. (2004). The theory of global games on test: Experimental analysis of coordination games with public and private information. *Econometrica, 72*, 1583–1599.

Heinemann, F., Nagel, R., & Ockenfels, P. (2009). Measuring strategic uncertainty in coordination games. *Review of Economic Studies, 76*, 181–221.

Henderson, D. W., & McKibbin, W. J. (1993). A comparison of some basic monetary policy regimes for open economies: implications of different degrees on instrument adjustment and wage persistence. *Carnegie-Rochester Conference Series on Public Policy, 39*, 221–317.

Hommes, C. H. (2011). The heterogeneous expectations hypothesis: Some evidence from the lab. *Journal of Economic Dynamics and Control, 35*, 1–24.

James, J., & Lawler, P. (2011). Optimal policy intervention and the social value of public information. *American Economic Review, 101*, 1561–1574.

Jeanne, O., & Korinek, A. (2012). *Managing credit booms and busts: A Pigouvian taxation approach*. NBER Working Papers 16377, National Bureau of Economic Research, Inc.

Kagel, J. H. (1995). Auctions: A survey of experimental research. In J. H. Kagel & A. E. Roth (Eds.), *The handbook of experimental economics*. Princeton: Princeton University Press.

Kahn, G. A. (2009). Beyond inflation targeting: Should central banks target the price level? *Federal Reserve Bank of Kansas City Economic Review, third quarter*, 35–64.

Kessler, J., & Vesterlund, L. (2014). *The external validity of laboratory experiments: Qualitative rather than quantitative effects*. Mimeo, Wharton University of Pennsylvania.

Kool, C., Middeldorp, M., & Rosenkranz, S. (2011). Central bank transparency and the crowding out of private information in financial markets. *Journal of Money, Credit and Banking, 43*, 765–774.

Kryvtsov, O., & Petersen, L. (2013). *Expectations and monetary policy: Experimental evidence*. Bank of Canada and Simon Fraser University. Ottawa: Bank of Canada Working Paper 2013-44.

Kydland, F. E., & Prescott, E. C. (1979). Rules rather than discretion: The inconsistency of optimal plans. *Journal of Political Economy, 85*, 473–492.

Lambsdorff, J. G., Schubert, M., & Giamattei, M. (2013). On the role of heuristics – Experimental evidence on inflation dynamics. *Journal of Economic Dynamics and Control, 37*, 1213–1229.

Levin, A., Natalucci, F., & Piger, J. (2004). The macroeconomic effects of inflation targeting. *Federal Reserve Bank of St. Louis Review, 86*, 51–80.

Lian, P., & Plott, C. (1998). General equilibrium, markets, macroeconomics and money in a laboratory experimental environment. *Economic Theory*, *12*, 21–75.

Lombardelli, C., Proudman, J., & Talbot, J. (2005). Committees versus individuals: An experimental analysis of monetary policy decision making. *International Journal of Central Banking*, *1*, 181–205.

Luhan, W. J., & Scharler, J. (2014). Inflation illusion and the Taylor principle: An experimental study. *Journal of Economic Dynamics and Control*, *45*, 94–110.

Maćkowiak, B., & Wiederholt, M. (2009). Optimal sticky prices under rational inattention. *American Economic Review*, *99*, 769–803.

Maier, P. (2010). How central banks take decisions: An analysis of monetary policy meetings. In P. Siklos, M. Bohl, & M. Wohar (Eds.), *Challenges in central banking: The current institutional environment and forces affecting monetary policy*. New York, NY: Cambridge University Press.

Mankiw, G., & Reis, R. (2002). Sticky information versus sticky prices: A proposal to replace the New Keynesian Phillips curve. *Quarterly Journal of Economics*, *117*, 1295–1328.

Marimon, R., Spear, S. E., & Sunder, S. (1993). Expectationally driven market volatility: An experimental study. *Journal of Economic Theory*, *61*, 74–103.

Marimon, R., & Sunder, S. (1993). Indeterminacy of equilibria in a hyperinflationary world: Experimental evidence. *Econometrica*, *61*, 1073–1107.

Marimon, R., & Sunder, S. (1994). Expectations and learning under alternative monetary regimes: An experimental approach. *Economic Theory*, *4*, 131–162.

Marimon, R., & Sunder, S. (1995). Does a constant money growth rule help stabilize inflation: Experimental evidence. Carnegie – Rochester Conference Series on Public Policy, *45*, 111–156.

Meissner, T. (2013). *Intertemporal consumption and debt aversion: An Experimental Study*. SFB 649 Discussion Paper No. 2013-045. Berlin.

Middeldorp, M., & Rosenkranz, S. (2011). *Central bank transparency and the crowding out of private information in an experimental asset market*. Federal Reserve Bank of New York Staff Reports No. 487, March 2011.

Morris, S., & Shin, H. S. (1998). Unique equilibrium in a model of self-fulfilling currency attacks. *American Economic Review*, *88*, 587–597.

Morris, S., & Shin, H. S. (2002). Social value of public information. *American Economic Review*, *92*, 1522–1534.

Morris, S., & Shin, H. S. (2014). *Risk-taking channel of monetary policy: A global game approach*. Working Paper. Mimeo, Princeton University.

Nagel, R. (1995). Unraveling in guessing games: An experimental study. *American Economic Review*, *85*, 1313–1326.

Noussair, C. N., Pfajfar, D., & Zsiros, J. (2014). Persistence of shocks in an experimental dynamic stochastic general equilibrium economy. In R. Mark Isaac, D. Norton, & J. Duffy (Eds.), *Experiments in macroeconomics* (Vol. 17, pp. 71–108). Research in Experimental Economics Bingley, UK: Emerald Group Publishing Limited.

Orland, A., & Roos, M. W. (2013). The new Keynesian Phillips curve with myopic agents *Journal of Economic Dynamics and Control*, *37*, 2270–2286.

Palan, S. (2013). A review of bubbles and crashes in experimental asset markets. *Journal of Economic Surveys*, *27*, 570–588.

Petersen, L. (2012). *Nonneutrality of money, preferences and expectations in laboratory new Keynesian economies*. SIGFIRM Working Paper No. 8, University of California, Santa Cruz.

Petersen, L., & Winn, A. (2014). Does money illusion matter?: Comment. *American Economic Review*, *104*, 1047–1062.

Pfajfar, D., & Žakelj, B. (2014). Experimental evidence on inflation expectation formation. *Journal of Economic Dynamics and Control, 44*, 147–168.

Plott, C. R. (2002). Markets as information gathering tools. *Southern Economic Journal, 67*, 1–15.

Plott, C. R., & Sunder, S. (1982). Efficiency of controller security markets with insider information: An application of rational expectation models. *Journal of Political Economy, 90*, 663–698.

Plott, C. R., & Sunder, S. (1988). Rational expectations and the aggregation of diverse information in laboratory security markets. *Econometrica, 56*, 1085–1118.

Qu, H. (2014). How do market prices and cheap talk affect coordination. *Journal of Accounting Research, 51*, 1221–1260.

Ricciuti, R. (2008). Bringing macroeconomics into the lab. *Journal of Macroeconomics, 30*, 216–237.

Riedl, A. (2010). Behavioral and experimental economics do inform public policy. *Finanzarchiv, 66*, 65–95.

Roger, S. (2009). *Inflation targeting at 20: Achievements and Challenges*. Technical Report, IMF Working Paper 09/236. International Monetary Fund.

Roger, S., & Stone, M. (2005). *On target? The international experience with achieving inflation targets*. Technical Report, IMF Working Paper No. 05/163, International Monetary Fund.

Schotter, A., & Sopher, B. (2007). Advice and behavior in intergenerational ultimatum games: An experimental approach. *Games and Economic Behavior, 58*, 365–393.

Shapiro, D., Shi, X., & Zillante, A. (2014). Level-*k* reasoning in generalized beauty contest. *Games and Economic Behavior, 86*, 308–329.

Shin, H. S. (2011). *Macroprudential policies beyond Basel III*. BIS Working Paper No. 60, Basel.

Smith, V. L., Suchanek, G. L., & Williams, A. W. (1988). Bubbles, crashes, and endogenous expectations in experimental spot asset markets. *Econometrica, 56*, 1119–1151.

Sunder, S. (1992). Market for information: Experimental evidence. *Econometrica, 60*, 667–695.

Sunder, S. (1995). Experimental asset markets: A survey. In J. H. Kagel & A. E. Roth (Eds.), *Handbook of experimental economics*. Princeton, NJ: Princeton University Press.

Sutan, A., & Willinger, M. (2009). Guessing with negative feedback: An experiment. *Journal of Economic Dynamics and Control, 33*, 1123–1133.

Svensson, L. E. O. (2003). Escaping from a liquidity trap and deflation: The foolproof way and others. *Journal of Economic Perspectives, 17*, 145–166.

Svensson, L. E. O. (2010). Inflation targeting. In B. Friedman & M. Woodford (Eds.), *Handbook of monetary economics* (Ed. 1, Vol. 3, Chap 22, pp. 1237–1302). Elsevier, Amsterdam.

Taylor, J. (1993). Discretion versus policy rules in practice. *Carnegie-Rochester Conference Series on Public Policy, 39*, 195–214.

Taylor, J. (1999). A historical analysis of monetary policy rules. In J. Taylor (Ed.), *Monetary policy rules* (pp. 319–341). Chicago, IL: Chicago University Press.

Van Huyck, J. B., Battalio, J. C., & Walters, M. F. (1995). Commitment versus discretion in the peasant dictator game. *Games and Economic Behavior, 10*, 143–170.

Vranceanu, R., Besancenot, D., & Dubart, D. (2013, July 13). *Can rumors and other uninformative messages cause illiquidity*? Essec Research Center. DR-130.

Walsh, C. E. (1995). Optimal contracts for central bankers. *American Economic Review, 85*, 150–167.

Walsh, C. E. (2006). Transparency, flexibility, and inflation targeting. In F. Mishkin & K. Schmidt-Hebbel (Eds.), *Monetary policy under inflation targeting* (pp. 227–263). Santiago, Chile: Central Bank of Chile.

Wilson, B. (1998). Menu costs and nominal price friction: An experimental examination. *Journal of Economic Behavior and Organization*, *35*, 371–388.

Woodford, M. (2003). *Interest and prices: Foundations of a theory of monetary policy*. Princeton, NJ: Princeton University Press.

第7章

▶ CHAPTER 7 ◀

中央银行沟通策略的优化演进：来自实验室的证据

摘　要： 本章描述了在基德兰德/普雷斯科特（Kydland/Prescott）式的经济环境中进行的一个实验，实验中加入了廉价交流机制。个体进化式学习（IEL）算法充当政策制定者，以实际通货膨胀率为基础，制定通货膨胀公告以及通货膨胀决策。IEL包含由反事实收益（通过通货膨胀和失业的负效用衡量）进行评估的策略集合。其中，两类个体参与人需要预测通货膨胀。第一类参与人是自动的，其预测与中央银行公告的通货膨胀率一致。第二类参与人由真人被试者担当，他们汇报自己预测的通货膨胀率，并根据预测误差获得报酬。两类参与人的比例依据其表现而改变。在实验室中构建的这一经济体，运行得到的结果优于理论上的纳什均衡。本章首创性地加入了自动的政策制定者，根据被试者的决策带来的经济环境变化来调整策略。

关键词： 个体进化式学习；政策制定者；真人被试者实验

7.1　引言

从Kydland和Prescott(1977)以及Barro和Gordon(1983)的研究开始，有关时间不一致和如何建立政策可信性的问题受到了广泛关注和研究。一些研究调查了利用无约束力的政策公告的可能性，以改善**纳什解**（Nash solution）下的时间不一致性。这类研究多假设存在有关政策制定者类型或者经济状态的隐藏信息。在此基础上，政策制定者确实可以通过无约束力的政策公告，发出一个关于自身私人信息的信号（例如，Cukierman，1992；Persson and Tabellini，1993；Stein，1989；Walsh，1999）。因此，观察到的公告提供了对政策制定者的实际通货膨胀率决策的更优预报。

除此之外，有大量模型试图在由理性的政策制定者和理性的参与人组成的世界中，解释信誉建立机制，其中，部分文献研究了学习在 Kydland 和 Prescott 环境下对结果的影响。相关研究可见于 Sargent（1999），Cho、Williams 和 Sargent（2002）以及 Cho 和 Sargent（1997）的研究。在这些模型中，政策制定者或政策制定者与个体参与人二者同时，能够采用递归最小二乘法、固定进度学习和随机梯度学习等方法进行学习。最终均衡集缩小到时间一致的帕累托劣势纳什均衡，同时，存在某种动力使其有时“逃逸”到最优的拉姆齐结果上。当然，大多数情况下的结果符合纳什均衡，拉姆齐结果只在很少的情况下才出现。

在连续时间框架下，Dawid 和 Deissenberg（2005）研究了一种经济环境，其中，政策制定者通过“廉价交流”的形式，公告自己想要设定的通货膨胀率，进而设定实际通货膨胀率。其中，包含一个由**相信者**（believer）和**不信者**（nonbeliever）两类个体参与人组成的连续统（continuum），两类人群的相对比例在各期之间恒定不变。理性的政策制定者制定公告的通货膨胀率和实际通货膨胀率，决策的具体方法是求解一个动态最优化问题，其中，需要考虑到自身行动对参与人预测的影响。结果显示，如果相信者的比例足够高，这一经济在稳定状态下将帕累托优于纳什均衡。

不同于 Dawid 和 Deissenberg（2005）所设的不变的参与人比例，在 Arifovic、Dawid、Deissenberg 和 kostyshyna（2010）的研究中，相信者与不信者的比例随时变化。个体参与人可以选择是否相信政策制定者的公告。在这种演化的经济环境中，政策制定者无法通过求解动态最优化问题做出决策。取而代之的是，Arifovic 等人（2010）赋予政策制定者以个体进化式学习（individual evolutionary learning，IEL）算法（Arifovic and Ledyard，2004，2010）辅助自身决策。IEL 包含一个不断进化的策略集合，每一策略的表现通过反事实收益衡量。反事实收益即为选择应用此策略能够带来的回报。通过**复制法**（replication）[1]，反事实收益相对较高的策略被选择的频率随时间提高。而通过**尝试法**（experimentation），不断有新的策略加入策略集合之中。选用某一策略的概率与该策略对应的反事实收益成比例。在 Arifovic 等人的设定中，IEL 策略集合中的每个策略均由两个元素组成，即应用该策略时所要实施的通货膨胀率公告和实际通货膨胀率。相信者预测的通货膨胀率等于通货膨胀率公告；不信者依据误差修正机制更新自身预测。依据由预测误差衡量的相对表现，两类参与人的比例随时间变化。他们的仿真结果显示，学会维持一定相信者比例的政策制定者得到的结果帕累托优于纳什均衡。然而，为了维持这种经济并保证结果优于纳什均衡，也需要保证不信者的比例维持在“健康”水平，不能将其全部排除。换句话说，为了让相信者的比例保持在一定水平，经济中必须包含充分数量的不信者，并使其能够快速调整自身预测而无须支付过高的信息成本。经济需要一个合适的异质性程度来维持结果“优于纳什”，并提供足够的低成本信息供参与人调整预测使用。

有关时间不一致性、建立信誉的能力，甚至还包括承诺式政策体制等问题，同样在实验室内通过真人被试者的方式得到过研究。这方面首创性的成果来自 Arifovic 和 Sargent(2003)。他们研究了一个施行相机抉择货币政策体制的实验室经济，分析发现政策制定者能够建立信誉并接近拉姆齐结果。然而，在某些场次中存在向纳什均衡的偶然“倒退”。Duffy 和 Heinemann(2014）在巴罗—戈登（Barro-Gordon）式经济环境下进行了一系列实验，通过5种不同的实验局解释相机抉择的货币政策体制。其中，一局设定为承诺式货币政策体制。通过对比，他们发现相机抉择的政策并不能促进实验经济达到拉姆齐结果。而且，在政策制定者首先放出政策承诺的情况下，实现低通货膨胀的均衡政策并不存在困难。

本章描述的实验建立在 Arifovic 等人（2010）的经济环境的基础上，不信者的角色由真人被试者扮演。同 Arifovic 等人（2010）的研究相同，本章中的政策制定者遵循 IEL 算法，据此更新自己的策略集合。

IEL 已经应用于许多不同的环境。它的主要特点在于其擅长捕获实验数据的特征，而在很多例证中，其他理论及算法难以描述行为的动态变化。例如，Arifovic 和 Ledyard(2012）将 IEL 与相关的偏好相结合构建了一个模型，解释了实验中自愿捐献机制下的一些典型事实，比如**重启效应**（restart effect)。模型生成的数据定量上与实验中得到的数据相接近，而且模型中参数的适度调整对生成数据影响不大。[2]

既然，IEL 算法在拟合实验数据方面表现不俗，那么，由此而来的一个有趣的问题是，如果使 IEL 在实验室环境中与真人被试者互动会产生什么结果。本章将 IEL 算法应用于基德兰德—普雷斯科特（Kydland-Prescott）式经济环境中，是这个方向的首创研究。本章解释了 IEL 与真人被试者之间的互动及其充当政策制定者的效果，并将实验经济中的结果与仿真经济（IEL 作为政策制定者与两种计算机模拟的个体参与人互动，并且，能够引导经济结果优于纳什结果）进行对比。

由于在 Arifovic 等人（2010）的模型里，IEL 策略集合中的每一策略都由通货膨胀率公告和实际通货膨胀率组成，且均由政策制定者完全控制，本章的实验设计包含两个实验局：一个实验局中个体参与人全部由真人被试者组成，另一个实验局中的参与人还包括由机器人扮演的**相信者**，其预测等于 IEL 通货膨胀率公告。两个实验局的时间安排相同。首先，选定 IEL 策略集合中的一个策略，将该策略对应的通货膨胀率公告给真人被试者，而后被试者预测通货膨胀率。在第二个实验局中，机器人相信者的预测值与通货膨胀率公告相等。真人被试者可以获得关于选定策略的实际通货膨胀率的信息。同时，报酬由预测误差与实际通货膨胀率决定，被试者可获知自己的报酬。IEL 策略集合会在每期进行升级。

本章组织结构如下。“两个实验”一节简要综述了此类经济环境下的已有文献。“相关实验经济环境”一节介绍了 Arifovic 等人的研究特点和主要发现。“实验设计”和“结果”两节顾名思义，介绍了实验设计和实验结果。“结论”一节总结全章。

7.2　两个实验

在实验经济学文献中，有两篇文章研究了由政策制定者和一定数量个体参与人组成的环境中的时间不一致性问题：Arifovic 和 Sargent（2003）研究了相机抉择政策体制下的基德兰德—普雷斯科特（Kydland-Prescott）式环境；Duffy 和 Heinemann（2014）研究了相机抉择以及承诺式货币政策体制下的巴罗—戈登（Barro-Gordon）式经济环境。

Arifovic 和 Sargent（2003）解释了能否通过相机抉择货币政策体制下的信誉建设，替代承诺式的政策体制。他们的一场实验由几个无限期重复博弈组成。重复博弈继续进行的概率被设定为贴现率，这一贴现率即为无限时域经济中，支持拉姆齐均衡结果的贴现率。每场实验会随机抽取一名被试者扮演政策制定者，其余扮演个体参与人。在整场实验中被试者身份保持不变。

每一期，政策制定者设定目标通货膨胀率x_t。实际通货膨胀率$y_t = x_t + v_t$，其中v_t从一个零均值正态分布中随机抽取。个体参与人预测通货膨胀率，且依据预测的准确性获得报酬。他们预期的平均值将通过菲利普斯曲线关系式进而决定实际失业率。

在设定目标通货膨胀率时，政策制定者并不知悉参与人的预期，但是掌握实际的菲利普斯曲线，以及个体参与人的任务是要尽力准确地预测实际通货膨胀率，并掌握历史数据。政策制定者的报酬由失业率平方和通货膨胀率平方的加权之和决定。而个体参与人仅知悉实验经济中，存在政策制定者负责设定目标通货膨胀率，以及扰动项v_t的分布。

根据政策制定者是否知悉前一期通货膨胀预期平均值，以及对菲利普斯曲线和目标通货膨胀率的冲击不同，实验划分为多个实验局，共进行 12 场。

总体上，实验结果显示 12 个实验经济里面有 9 个，政策制定者在较长期数内推动了通货膨胀率接近拉姆齐值。因此，在一个纯粹的相机抉择环境中，政策制定者能够建立声誉并协调个体参与人的预期，实现最优的拉姆齐均衡。换句话说，Arifovic 和 Sargent 的发现支持“放手去做”（just do it）形式的政策，即在相机抉择的环境下，信誉可以替代承诺体制。他们的实验还显示有 4 场实验中，在拉姆齐结果实现并持续一段时间后出现了“向纳什均衡的倒退”。

Duffy 和 Heinemann(2014）研究了巴罗—戈登（Barro-Gordon）式经济环境。其与 Arifovic 和 Sargent(2003）研究的不同在于时间顺序、真人被试者扮演的角色以及掌握的信息量。他们研究了相机抉择政策体制的五种不同形式，此外，还包括在承诺式体制下的实验经济行为。

在时间顺序方面，不同于 Arifovic 和 Sargent(完全无法得到预期通货膨胀率信息，或在政策设定之后获得)，该实验中政策制定者在设定政策前便能够掌握预期通货膨胀率。还有一点不同在于，该实验中政策制定者不再是唯一知晓实验背后经济模型的人，个体参与人同样掌握该信息。

除此之外，他们的每场实验含 20 名被试者，随机分成两个 10 人组，两组之间不存在互动。每组成员的每场实验为多个无限期重复博弈。每个重复博弈开始时，一组中的 10 人再次被分为两个 5 人小组，小组中一名成员被选为政策制定者。因此，不同于 Arifovic 和 Sargent 的研究（整场实验中确定一名被试者始终保持政策制定者身份)，在 Duffy 和 Heinemann 的一场实验中，每个重复博弈都将随机选定一名政策制定者。该实验总共包括 6 种实验局：相机抉择政策、承诺、廉价交流、政策透明、廉价交流 + 政策透明、经济透明。除承诺实验局之外，其他 5 种皆为相机抉择政策体制的变形。

在最基础的相机决策实验局中，个体参与人首先做出通货膨胀预期。政策制定者观察到供给冲击以及预期的平均值，并制定货币增长m_t。在政策透明实验局中，个体参与人在每期末能够获知政策制定者的选择以及传导冲击的大小。在经济透明实验局中，他们与政策制定者同时获得供给冲击信息。在廉价交流实验局中，政策制定者首先行动；在获知供给冲击之后，他/她选择发布一个关于自己计划的信息；其余设计皆与相机决策实验局相同。最后，在承诺实验局中，政策制定者获知供给冲击并制定政策，然后才获知个体参与人的预期。

他们的实验发现，承诺实验局中的货币供给选择与拉姆齐预测结果不存在显著差异，而所有相机抉择下的实验局，其货币供给都显著高于拉姆齐结果。其中，廉价交流实验局和经济透明实验局拒绝了“货币供给均值等于单期纳什均衡预测值”的假设，而其余相机抉择体制下的实验局则接受这一假设。总体而言，他们的结果显示，在任何相机抉择环境下，信誉均无法替代承诺体制。

本章对货币政策体制的研究，实质上是对 Duffy 和 Heinemann 实验中相机抉择和廉价交流实验局的回应。他们的结果显示，相较于相机抉择政策体制的纳什均衡，廉价交流提高了福利水平。这是本章实验所重点关注的一个问题。

7.3　相关实验经济环境

由于本章的实验经济环境与 Arifovic 等人（2010）的研究相呼应，本节将介绍他们构造的经济环境及其主要研究结果。该经济体由关心通货膨胀率和失业率的政策制定者以及两种类型的参与人组成。每一期，政策制定者公告一个通货膨胀率y_t^a并设定实际通货膨胀率y_t。两种个体参与人为相信者和不信者。如前所述，本章的实验设计将尽力在实验室内复制 Arifovic 等人（2010）的模型，主要的不同在于第二类参与人即不信者，由真人被试者扮演。

个体参与人

参与人在观察到政策制定者公告的通货膨胀率之后，形成通货膨胀预期（x）。在每一期 t，相信者的通货膨胀率预期x_t^B等于公告通货膨胀率y_t^a：

$$x_t^i = y_t^a, i \in B$$

而不信者（$i \in NB$）遵从自适应预期，围绕静态博弈的最优解修正自己的预测：

$$x_t^{NB,i} = \frac{\theta^2 \phi_t y_t^a + \theta u^*}{1 + \theta^2 \phi_t} + d_t^i \tag{7-1}$$

其中，$\theta > 0$，是扩展的菲利普斯曲线（后面将给出）中的一个参数，ϕ_t是第 t 期经济中相信者所占的比例，u^* 是自然失业率，d_t^i 是误差修正项，其中，考虑到了上一期的预测误差：

$$d_{t+1}^i = d_t^i + \gamma(y_t - x_t^{NB,i}), \quad d_0^i = d_0 = 0 \tag{7-2}$$

$\gamma > 0$，表示不信者的学习速度。

参与人的报酬依赖于其预测误差以及实际通货膨胀率，就不信者而言，还要减去预测成本。

$$J_t^i = -\frac{1}{2}[(y_t - x_t^i)^2 + y_t^2] - c^i \tag{7-3}$$

c^i 是预测所需要付出的成本。如果 $i \in NB$，则 $c^i \geqslant 0$；如果 $i \in B$，则 $c^i = 0$。

经济中相信者占比 ϕ_t 随时间变化，其变化遵循个体参与人之间的“口头交流”(word-of-mouth) 信息，表现为一个相信者和不信者报酬之差的函数。每一期随机选定一定比例 β 的相信者和不信者，随机两两配对，例如，参与人 i 和 k 随机配对在一起，他们互相观察到对方的策略和报酬（带一定噪声）。i 所观察到的 k 的报酬为：

$$J^k_{\text{observed}} = J^k + \varepsilon$$

其中 ε 为随机噪声。[3]如果 $J^i < J^k_{\text{observed}}$，即 i 的报酬小于所观察到的报酬，i 则会转而采用 k 的策略。因此，相信者可能变成不信者，反之亦然。最终，ϕ_t的动态变化具有随机性。

为了分析简便，假设，ε 的分布性质上近似高斯分布，[4]相信者比例的预期变动可表示为：

$$\Delta\hat{\phi}_t = IE\phi_{t+1} - \phi_t = \beta\phi_t(1-\phi_t)\arctan(J^B - J^{NB}) \tag{7-4}$$

两类个体参与人的失业率由扩展菲利普斯曲线决定

$$u^i_t = u^* - \theta(y_t - \bar{x}^i_t),\quad i\in B,\ NB \tag{7-5}$$

当参与人整体的通货膨胀预期准确时，其失业率等于自然失业率。参数 $\theta>0$，$\bar{x}^i_t$ 代表 i 类代理人的平均预期。[5]

政策制定者由设定 y^a_t 和 y_t 得到的报酬与两类代理人的失业率及通货膨胀率负相关：

$$J^G_t = -\frac{1}{2}[\phi_t(u^B_t)^2 + (1-\phi_t)(u^{NB}_t)^2 + y^2_t] \tag{7-6}$$

政策制定者

政策制定者的策略集合 Y_t，由 J 个策略组成，每个策略 $j\in(1,\ J)$，由两个元素组成：通货膨胀率公告$y^a_t(j)$ 和实际通货膨胀率$y_t(j)$。最初的策略集合Y_0是随机生成的。在每一期 t，原集合Y_t均进行更新，既要提高表现相对较好的策略的比重（复制法），也要探索尝试新的策略（尝试法）。一旦更新完成，政策制定者根据策略的概率收益选择在 $t+1$ 期使用的策略（选择规则）。注意，本模型假设政策制定者能够完全控制通货膨胀率y_t。IEL 的更新方式如下所述。

尝试法

尝试法引入新的备选策略，这些策略可能原本并不在策略集合之中。这样可以使策略集合保持一定的多样性。每个策略的每种元素［$y^a_t(j)$，$y_t(j)$］$\in Y_t$，$j\in\{1,\ \cdots,\ J\}$ 发生改变的概率相互独立，均为P_{ex}。$y^a_t(j)$ 和$y_t(j)$ 的新值由以下方式给定：

$$新值 = 原值 + \varepsilon$$

其中，ε 随机取自标准正态分布。

反事实收益的计算

一旦观察到参与人的行动，政策制定者便计算**反事实**（counterfactual）收益——

应用Y_t中的任何其他策略j所能够获得的额外收益，以及与策略j相对应的相信者比例预期变动$\Delta\tilde{\phi}_t(j)$。定义政策制定者基于$[y_t^a(j),\ y_t(j)]\in Y_t,\ j\in\{1,\ \cdots,\ J\}$所能够实现的报酬，以及两种失业率分别为$\tilde{J}_t^G$、$\tilde{u}_t^B(j)$和$\tilde{u}_t^{NB}(j)$。[6]于是，策略$j,\ j\in\{1,\ \cdots,\ J\}$的在$t$期的**即期**（instantaneous）反事实收益为：

$$\tilde{J}_t^G = -\frac{1}{2}[\phi_t(\tilde{u}_t^B(j))^2 + (1-\phi_t)(\tilde{u}_t^{NB}(j))^2 + y_t(j)^2] \qquad (7\text{-}7)$$

Arifovic 等人注意到，如果政策制定者所要解决的是一个标准的动态最优化问题（例如，在对应动态约束下，最大化累计自身的折现收益），那么，对于政策制定者而言策略j对应的价值并不限于即期收益$\tilde{J}_t^G(j)$。反而，其收益还包括状态变量的变化（由动态乘子加权），体现了未来的最优化收益流变化的影响。但是，在本模型中政策制定者实际上并不是去求解无限时域下的动态最优化问题，而是考虑其简化形式，即政策的跨期影响。为此他们构造了一个伪（pseudo）收益函数等于：

$$\tilde{V}_t^G(j) = \tilde{J}_t^G(j) + \Omega\Delta\tilde{\phi}_t(j) \qquad (7\text{-}8)$$

其中，参数$\Omega>0$，$\Delta\tilde{\phi}_t(j)$是应用策略j对应的预期ϕ_t变动。如此一来，该式赋予ϕ正的价值，可以理解为更高的ϕ_t意味着更高的未来收益。参数Ω衡量政策制定者对不同策略的预期跨期后果的重视程度高低。

复制法

在尝试法后，政策制定者将运行复制法。复制法能够强化那些历史表现较好的策略，允许那些潜在表现更高的策略取代那些较差的策略。

复制法通过**联赛选择算法**（tournament selection）进行。现有规则池内的规则重置抽样、两两成对，反事实收益较高的策略取代较低的策略，重复J次，最终得到一个由较高反事实收益策略组成的策略池。

选择

尝试法和复制法允许政策制定者建立可能优于前一期策略池Y_t的策略池Y_{t+1}。新的策略池Y_{t+1}包含尝试法产生的新策略，并经过了复制法的筛选。在第$t+1$期，实际采用的策略随机抽取自Y_{t+1}，策略被选择的概率随其反事实收益递增。[7]

Arifovic 等人（2010）通过仿真方法解释了不同参数的变化对模型的影响，认为仿真得到的经济可以实现优于纳什均衡的结果，对政策制定者和两类参与人而言，福利水平均高于纳什均衡水平。这一结果的实现强烈依赖于相信者的剩余数量，以及不信者相对快速的调整速度。

在实验中，我们将解释在真人被试者扮演个体参与人时，这一经济体的具体表现。

7.4 实验设计

在实验环境中，与 Arifovic 等人（2010）的原模型一致，IEL 算法充当政策制定者；不同点在于，其中一类个体参与人——不信者由真人被试者充当。实验共包含两个实验局。在第一个实验局，**只有真人**（human only）实验局中，IEL 算法充当政策制定者，真人被试者预测通货膨胀率，而第二个实验局，**真人与机器人**（Humans and robots）实验局中，除了前两点之外，还加入了预测值等于通货膨胀率公告的**机器人相信者**（robot believers）。在两个实验局中，被试者的任务均为预测各期的通货膨胀率。每场实验持续 50 期。

真人被试者的报酬计算方式与式（7-3）（其中报酬为负数）不同。为了避免真人被试者报酬为负，加入了固定的常数报酬 A。除此之外，为了确保被试者有足够的激励提高预测的准确性，在预测误差项前乘以正的系数 b。综上，真人被试者 i 在时期 t 的报酬计算方式如下：

$$J_t^{h,i} = A - \frac{1}{2}[b(y_t - x_t^{h,i})^2 + y_t^2] \qquad (7\text{-}9)$$

为保证两类参与人之间的对称性，机器人被试的报酬J^r计算方式相同。实验中 $A=100$，$b=8$。

纳什均衡下的通货膨胀率y^{NE}和失业率u^{NE}等于 5.5，而最优的拉姆齐结果为 $y^R=0$ 和 $u^R=u^*$。IEl 算法的参数与 Arifovic 等人（2010）的模型一致：$J=100$，$P_{ex}=0.2$，$\beta=0.05$。通货膨胀率公告和实际通货膨胀率的上下界设为 -10 和 15。

实验中每期的事件顺序

- 策略集合Y_t的每个策略包含两个元素——通货膨胀率公告y_t^a和实际通货膨胀率y_t。[8]通货膨胀率公告y_t^a会告知被试者。
- 被试者决定自己的通货膨胀率预测值$x_t^{h,i}$，$i\in\{1, N\}$，N 为一场实验中的被试者数量。在含机器人的实验局中，机器人的预测值等于公告的通货膨胀率y_t^a，即$x_t^r=y_t^a$。第一期的$\phi_t=0.5$，即机器人相信者与真人被试者在实验经济体中的起始比例相等。
- IEL 选定策略、确定实际通货膨胀率后，被试者（在真人与机器人实验局中也包括机器人）的报酬由式（7-9）计算。被试者的报酬以及预测误差展示于其屏幕上。
- 第 $t+1$ 期相信者的比例ϕ_{t+1}即$\phi_t+\Delta\phi_t$，其中 $\Delta\phi_t$由式（7-4）计算。比例

ϕ_{t+1}和（$1-\phi_{t+1}$）决定了政策制定者在第 $t+1$ 期的报酬函数中，两类被试者的失业率所占权重。

- 计算政策制定者实施选定策略的报酬。
- IEL 算法更新。
  - 尝试法：每个策略j，$j\in\{1, J\}$ 的元素k，$k=1$，2，均以概率P_{ex}执行尝试法，这一抽取独立于元素和策略。如果进行尝试法，那么将以元素的现值为均值，构造一个给定标准差的正态分布，并从中随机抽取新值。
  - 计算不信者预测值的中位数。相信者预测的中位数，理所当然等于通货膨胀率公告。两类参与人的失业率通过式（7-5）计算。[9]
  - 通过两类参与人预测值的中位数，计算策略集合Y_t中每种策略的反事实失业率。

    在计算真人被试者的反事实失业率$\tilde{u}_t^h(j)$ 时，代入的真人被试者预测值中位数对所有策略j均相等，不同策略之间反事实收益的差异来自不同的$y_t(j)$取值。因此，在只有真人的实验局中，通货膨胀率公告的取值$y_t^a(j)$，$j\in\{1, J\}$并未进入反事实收益的计算。

    然而，当存在机器人的情况下，它们的预测“中位数”等于每一个策略j的 $y_t^a(j)$。这将会影响机器人的反事实失业率$\tilde{u}_t^B(j)$，这种情况下策略对应的通货膨胀率公告将进入反事实收益的计算中。
  - 在真人与机器人实验局中，还将通过式（7-4）计算策略j对应的反事实预期参与人比例变化 $\Delta\phi_t(j)$ 和 $1-\Delta\phi_t(j)$。注意，两类参与人的比例依赖于他们各自的相对表现即报酬，而报酬又依赖于他们的预测准确程度。因此，各期之间的比例变化依赖于机器人和真人被试者的预测误差。
  - 通过以上介绍的变量计算方式，每种策略j的反事实收益在只有真人的实验局中通过式（7-7）计算得到，在真人与机器人实验局中通过式（7-7）和式（7-8）计算得到。注意，当存在机器人相信者的情况下，实验中 IEL 的更新方式同样遵循式（7-8）的伪收益函数。
  - 执行复制法。
  - 根据前面介绍的方式，选择一个新的策略。
- 被试者单击“继续”按钮，进入下一期决策界面。屏幕左上角显示新的通货膨胀率公告y_{t+1}^a，并有一个方框供被试者输入新的预测值$x^{h,i}$。屏幕右手边的图表中展示有实际通货膨胀率和被试者预测的历史值，以及历史数据的表格。程序界面如图 7-1 所示。

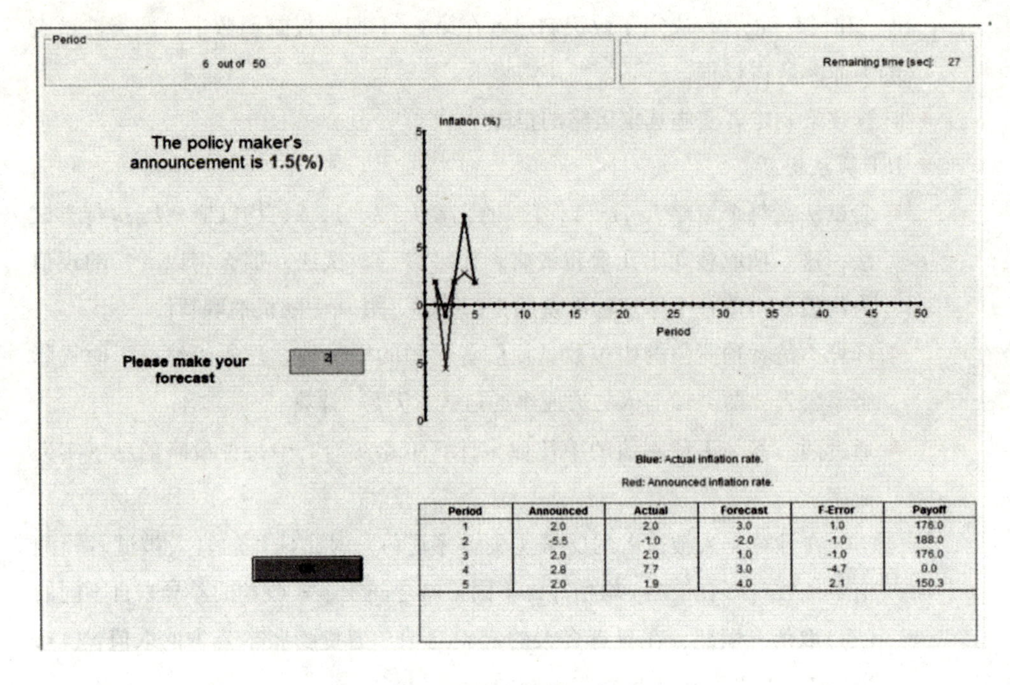

图 7-1 截屏

关于政策制定者的决策，被试者得到的信息如下："政策制定者偏好更低的通货膨胀率和更低的失业率。在该市场中，如果被试者（也包括你）高估通货膨胀率，失业率将相应提高；反之亦然。政策制定者以失业率和通货膨胀率的历史数据为基础，调整通货膨胀率公告和实际通货膨胀率。"由此可见，其中，并未提及政策制定者究竟是由一种算法还是由真人扮演。至于政策制定者的行为，被试者知悉菲利普斯曲线关系的定性信息及其对政策制定者报酬的影响。

两种实验局各开展 4 场实验。所有软件设计（包括 IEL 算法的更新）全部通过 Z-tree(Fischbacher，2007）编程实现。[10]8 场实验中有 3 场含 10 名被试者，两场 9 名，一场 8 名，两场 7 名。

7.5 结果

表 7-1 展示了只有真人实验局中的平均通货膨胀率及其标准差，以及真人被试者的平均预测误差绝对值；表 7-2 展示了真人与机器人实验局中的相同数据。通过对比可以看出：①只有真人实验局的通货膨胀率高于真人与机器人实验局；②真人与机器人实验局的通货膨胀率标准差 $\sigma(y_t)$ 更高，可见其波动性更强；③真人与机器人实验局中的平均预测误差绝对值 $|y_t - \bar{x}_t^H|$ （其中$\bar{x}_t^H$为真人被试者的平均预测通货膨胀率）更高。

表 7-1　通货膨胀率均值、通货膨胀率标准差、平均预测误差绝对值

只有真人					
	第 1 场	第 2 场	第 3 场	第 4 场	平均值
$\bar{y}_t$ (%)	3.99	4.10	4.32	4.75	4.29
$\sigma(y_t)$	1.05	1.26	1.41	1.17	1.23
$\lvert y_t - \bar{x}_t^H \rvert$ (%)	0.62	0.84	1.38	1.26	1.03

表 7-2　通货膨胀率均值、通货膨胀率标准差、平均预测误差绝对值

真人与机器人					
	第 1 场	第 2 场	第 3 场	第 4 场	平均值
$\bar{y}_t$ (%)	3.77	1.69	3.98	2.78	3.06
$\sigma(y_t)$	1.68	2.28	1.48	2.03	1.87
$\lvert y_t - \bar{x}_t^H \rvert$ (%)	3.81	2.54	2.83	3.21	3.10

图 7-2 和图 7-3 展示了只有真人实验局下的 4 场实验中 IEL 的策略集合（图 7-2 为通货膨胀率公告、图 7-3 为实际通货膨胀率）。图中含全部 50 期的策略集合中全部策略的变化情况。图 7-4 和图 7-5 则展示了真人与机器人实验局下的 4 场实验中 IEL

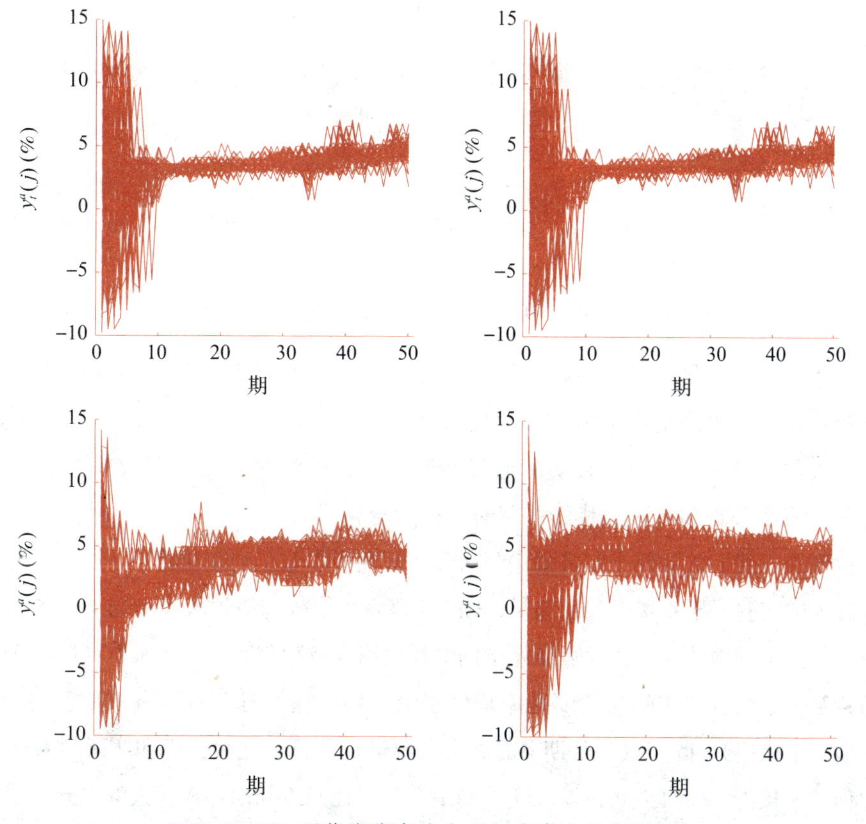

图 7-2　IEL 通货膨胀率公告（只有真人的实验局）

的策略集合（图 7-4 为通货膨胀率公告、图 7-5 为实际通货膨胀率）。两种元素（通货膨胀率公告和实际通货膨胀率）均在初始几期后（所有集合的初始值随机取自［10，－15］的均匀分布）稳定于 0 和纳什均衡解 5.5 之间。同时，由于存在制造意外通货膨胀（surprise inflation）的内生诱因，通货膨胀率不会收敛到一个单一值，而是在一定数值范围内波动。这些数值的差异似乎在给定的时间段内缩小，然后，再扩大并再次保持在上述数值范围内。

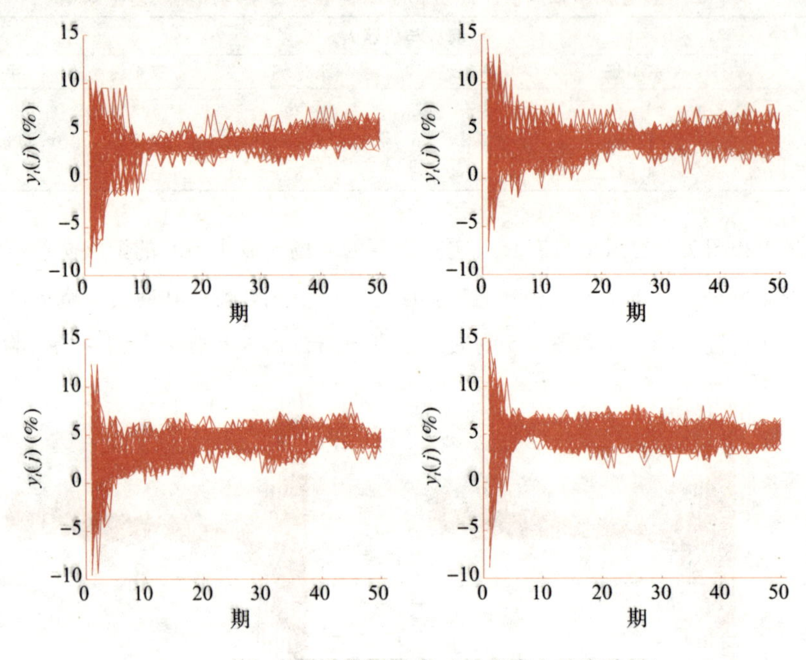

图 7-3 IEL 实际通货膨胀率（只有真人的实验局）

不论是通货膨胀率公告还是实际通货膨胀率，只有真人实验局中的取值范围相对更窄一些。这也许是由于不存在机器人相信者，以及政策制定者缺少机会去设定差异较大的通货膨胀率公告和实际通货膨胀率。这些将在后面介绍政策制定者选定的通货膨胀率公告和实际通货膨胀率时，详加分析。

接下来，我们关注两个实验局中公告和实际通货膨胀率的变化路径。图 7-6 展示了只有真人的实验局下 4 场实验的结果；图 7-7 展示了真人与机器人实验局下 4 场实验的结果。每张子图中的横线，代表该经济的纳什均衡通货膨胀率。总体来看，两个实验局的通货膨胀率公告和实际通货膨胀率均低于纳什均衡值（唯独只有真人实验局中有 1 或 2 期高于该值）。除了最初几期 IEL 算法需要进行调整，之后公告和实际通货膨胀率的取值趋于接近。在真人与机器人实验局中，二者在间或几期存在较大的差异。这一点进一步证明了，相信者的存在激励了政策制定者设定不同的公告和实际通货膨胀率。

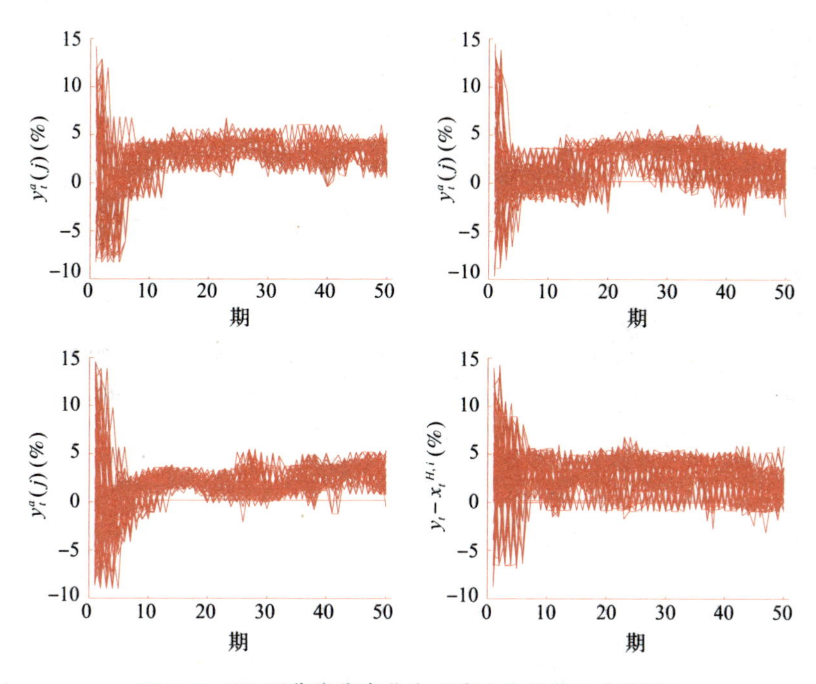

图 7-4　IEL 通货膨胀率公告（真人和机器人实验局）

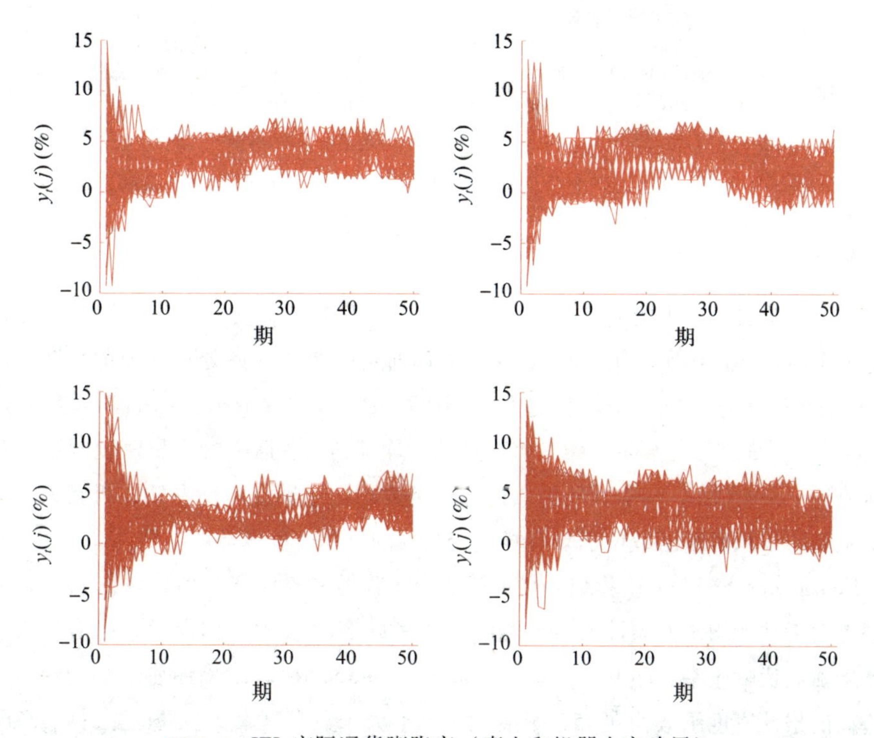

图 7-5　IEL 实际通货膨胀率（真人和机器人实验局）

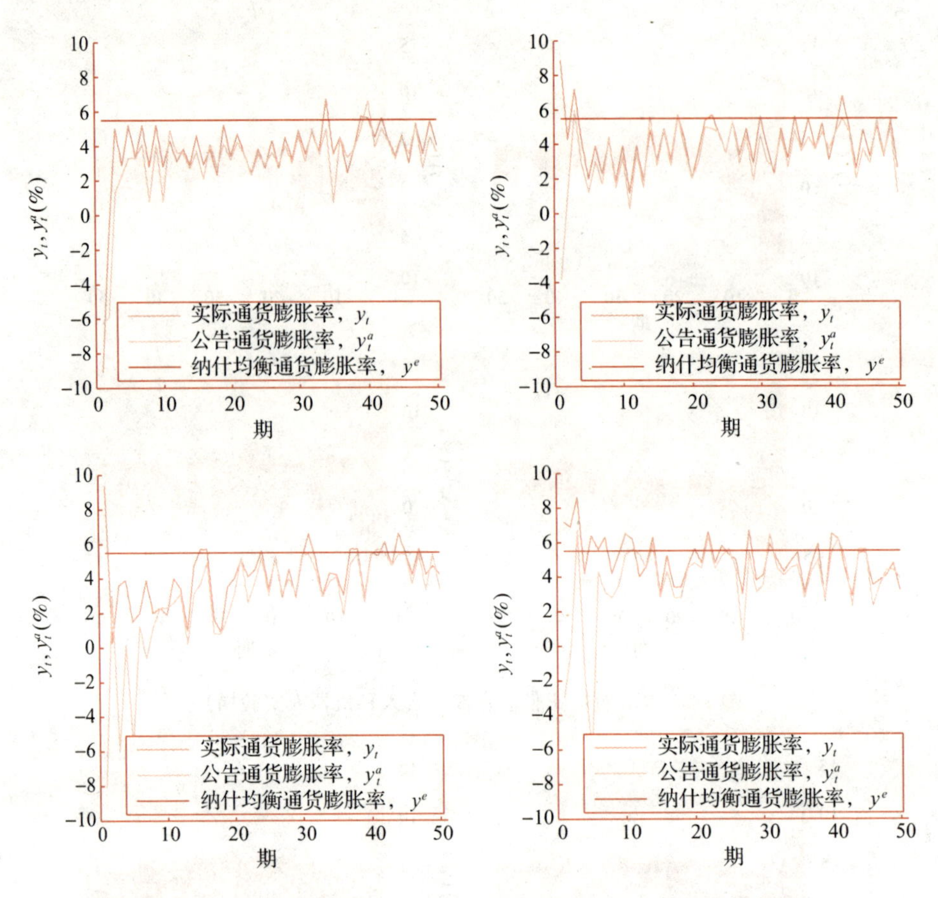

图 7-6 通货膨胀率公告和实际通货膨胀率（只有真人的实验局）

通货膨胀率水平及其波动性

为了检验实验局中的通货膨胀率是否低于纳什均衡通货膨胀率，我们首先计算了每个实验局、每场实验第 10 ~ 50 期的平均通货膨胀率（此处剔除掉前 9 期是因为 IEL 算法在初始时需要一个调整过程）。图 7-8 展示了每个实验局的**累计密度函数**（cumulative density functions，CDF）以及纳什均衡通货膨胀率的累积密度函数（位于均衡值的一条直线）。两实验局的累积分布函数均位于纳什均衡左侧，且真人与机器人实验局的累积密度函数位于只有真人实验局的累积密度函数的左侧。[11]

Kolgomorov-Smirnov 检验结果显示，两个实验局的累计密度函数均在 95% 显著性水平上大于纳什均衡的累计密度函数，这也意味着二者的平均通货膨胀率显著小于纳什均衡通货膨胀率。除此之外，Kolgomorov-Smirnov 检验结果还显示真人与机器人实验局的累计密度函数均在 95% 显著性水平上大于只有真人实验局的累计密度函数。因此，只有真人实验局的平均通货膨胀率高于真人与机器人实验局。由于相信者的加入，私人部门更容易被政策制定者操控，从而使得通货膨胀率降低。在没有相信者的情形下，尝试制造意外通货膨胀只会导致更高的通货膨胀率。

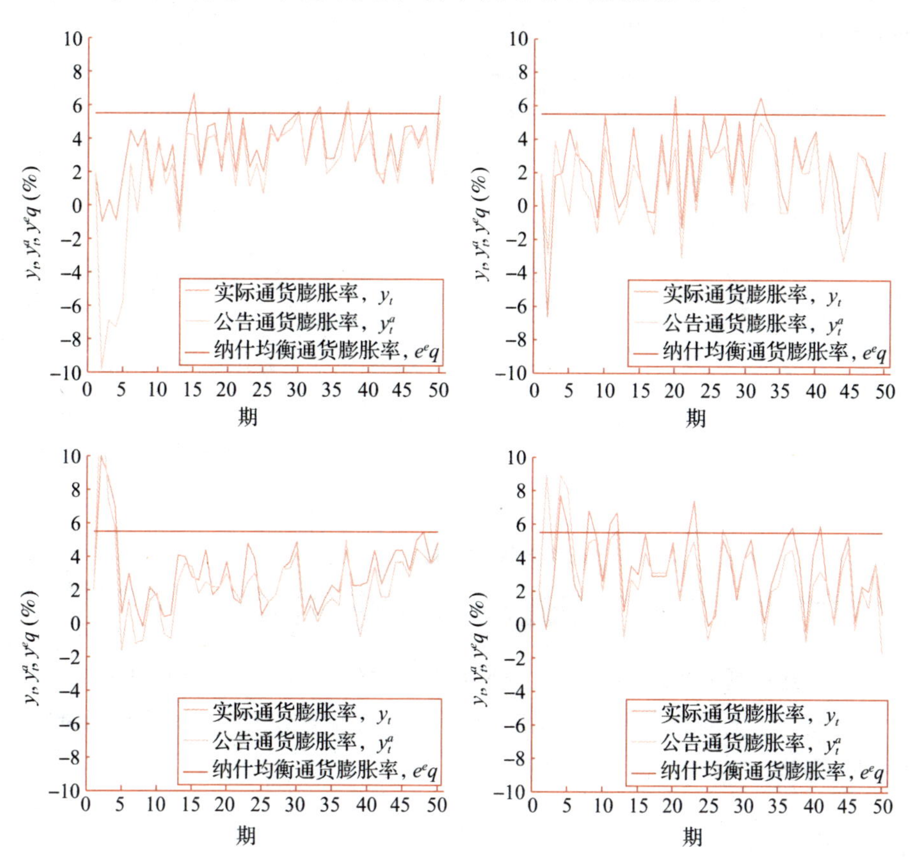

图 7-7　通货膨胀率公告和实际通货膨胀率（真人和机器人实验局）

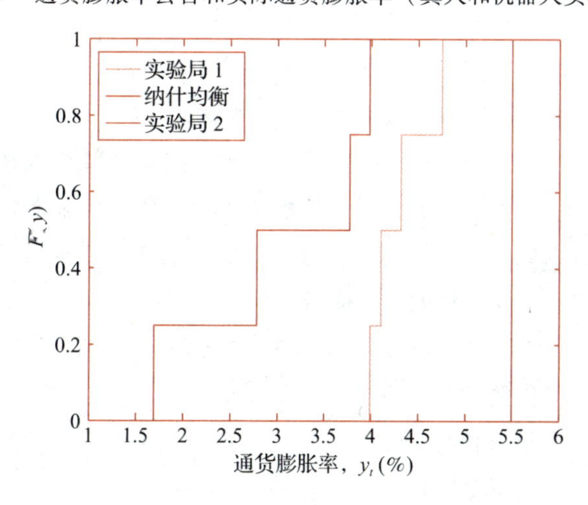

图 7-8　通货膨胀率的累计密度函数

图 7-9 展示了在两个实验局中，通货膨胀率标准差的累积密度函数。从图 7-9 中可以看出，真人与机器人实验局的累计密度函数高于只有真人的实验局，且 Kolgomorov-Smirnov 检验显示在 95% 的水平上显著。

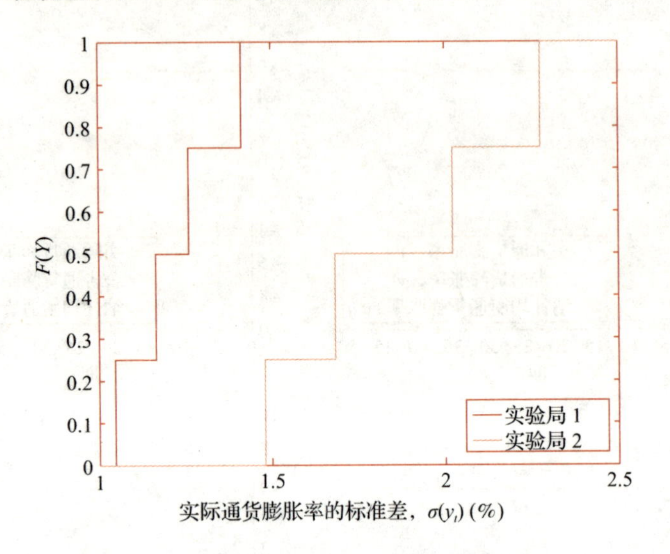

图 7-9　通货膨胀率标准差的累积密度函数

综上所述，真人与机器人实验局的平均通货膨胀率，低于只有真人的实验局，同时也表现出了更强的波动性。因此，相信者的存在导致了更低的平均通货膨胀率和更高的通货膨胀率波动。

通货膨胀率预测

图 7-10 和图 7-11 展示了两个实验局下各场实验中真人被试者的预测中位数和实际通货膨胀率的时间序列数据。从图 7-10 和图 7-11 中可以看出，总体而言，真人与机器人实验局中预测中位数与实际值的差距更大。统计检验也证明了这一点。图 7-12展示了有两个实验局的平均预测误差绝对值的累计密度函数。通过 Kolgomorov-Smirnov 检验，只有真人实验局的累计密度函数在 95% 显著性水平上高于真人与机器人实验局。因此，除了较高的通货膨胀率波动之外，真人与机器人实验局的被试者同样表现出预测误差较大的特征。

图 7-13 展示了在真人与机器人实验局中，相信者比例的变化。从其中 4 幅子图中可以看见，相信者比例最初为 50%，而后随时间波动，但是，波动幅度较小，各场实验中均未出现过相信者消失的威胁（在仿真研究中，相信者与不信者均为虚拟参与人，这种威胁确实发生过）。

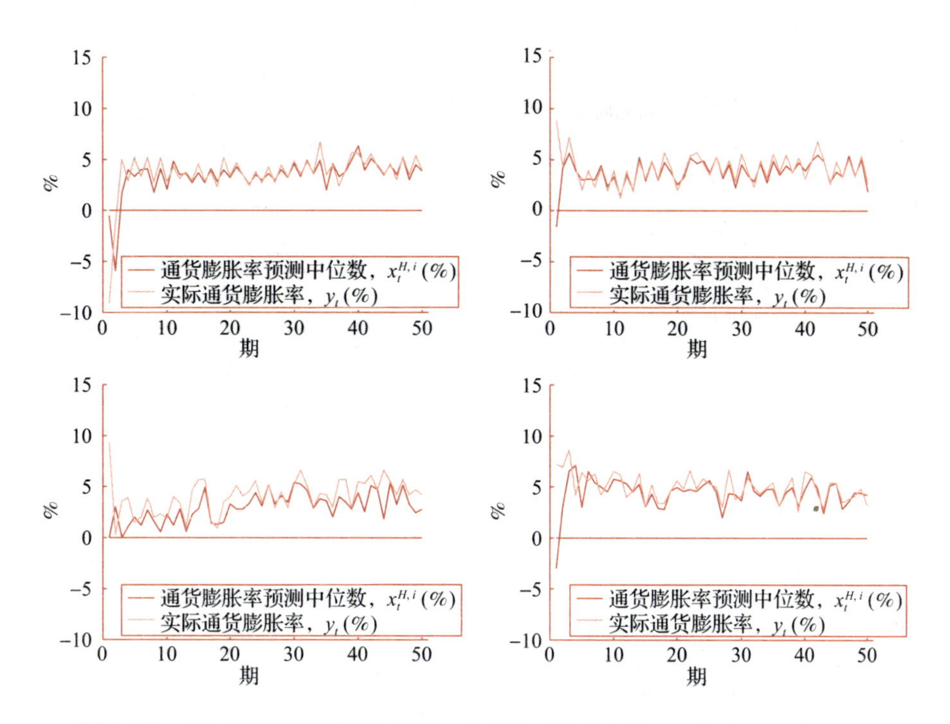

图 7-10　真人被试者的预测中位数以及实际通货膨胀率（只有真人的实验局）

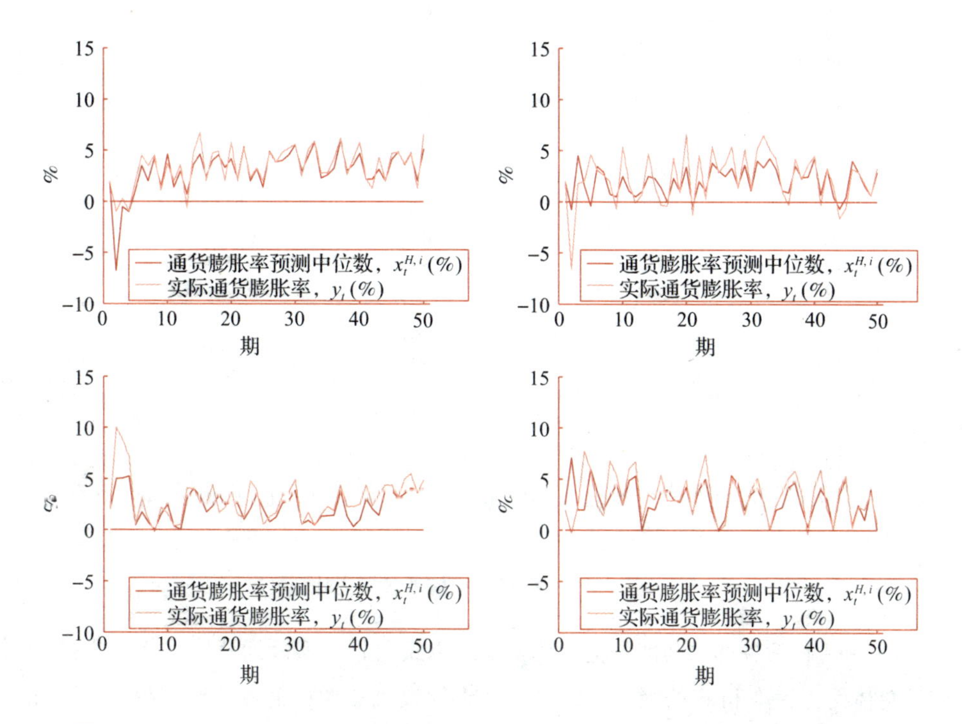

图 7-11　真人被试者的预测中位数以及实际通货膨胀率（真人与机器人实验局）

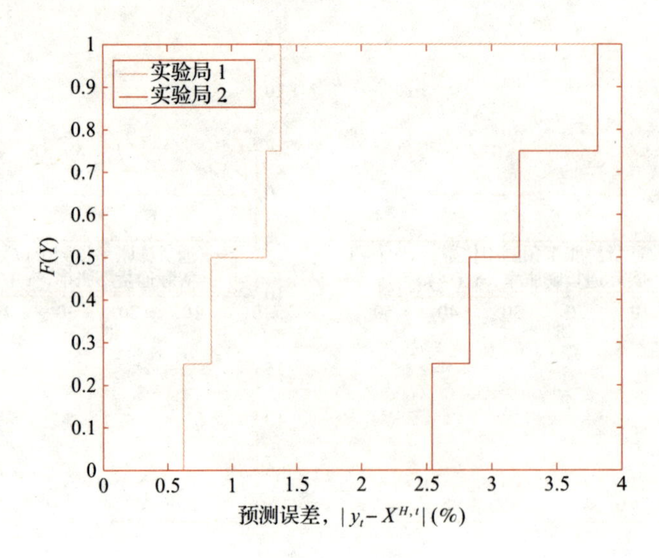

图 7-12 预测误差的累计密度函数

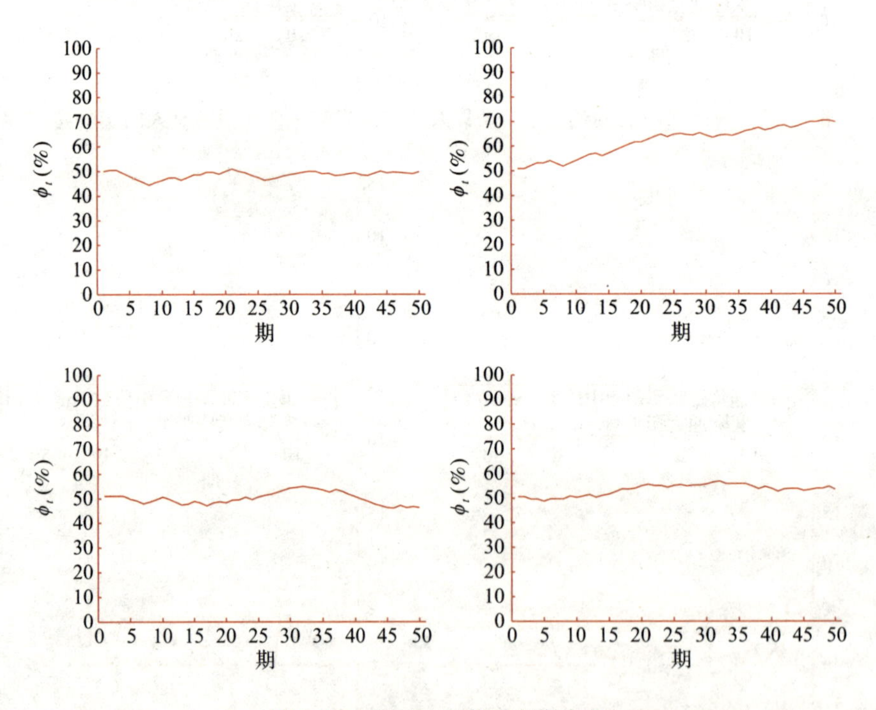

图 7-13 机器人相信者各期占比

图 7-14 包括各期之间的相信者比例变动以及公告和实际通货膨胀率之差的绝对值。总体而言，y_t^a 和 y_t 的绝对差距越大，将导致机器人相信者的比例越低。除此之外，$|y_t^a - y_t|$ 的突然增加之后将自发地下降，因为政策制定者“意识到”其增加将

导致相信者比例降低，进而对自身收益产生负面影响。这种负面影响来自两个渠道：一是“伪收益函数”的降低，二是 $|y_t^a - y_t|$ 直接伴随的高实际通货膨胀率。

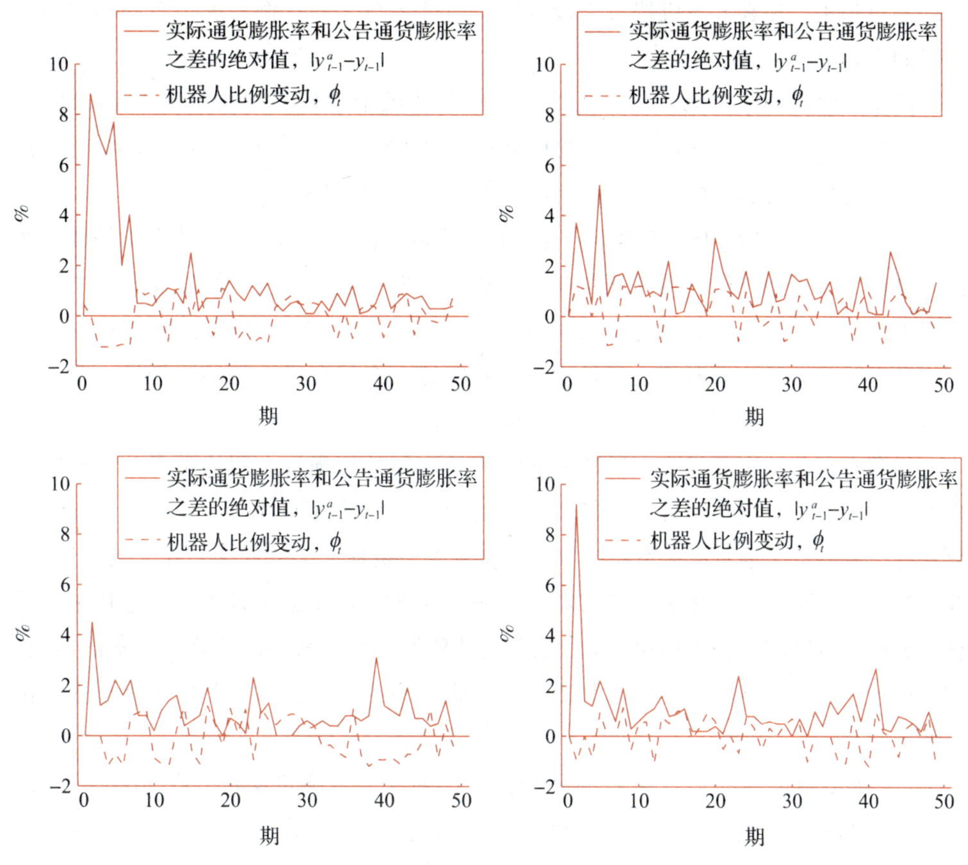

图 7-14　机器人比例变动，公告与实际通货膨胀率之差的绝对值

7.6　结论

本章研究了基德兰德—普雷斯科特（Kydland- Prescott）式实验经济环境中的行为，其中，IEL 算法扮演着政策决策者，而真人被试者和机器人共同扮演个体参与人（任务为预测下一期的通货膨胀率）。两个实验局之一的只有真人实验局，个体参与人全部由真人被试者充当，而另一种真人与机器人实验局，个体参与人划分为两类，分别由真人被试者和机器人扮演。机器人扮演相信者，其预测通货膨胀率等于政策制定者设定的公告通货膨胀率。

在标准的基德兰德—普雷斯科特环境中，政策制定者的收益同时依赖于通货膨胀率和失业率。而在只有真人的实验局中，收益函数中仅含真人被试者的失业率；

在真人与机器人实验局中则是由两种参与人的失业率加权决定。通过这种收益函数的设计，政策制定者还需要考虑相信者比例在未来的变化。个体参与人的收益与预测误差负相关。在真人与机器人实验局中，两类参与人的比例根据二者的相对表现随时间变化。

两个实验局的结果均显示，平均通货膨胀率低于纳什均衡通货膨胀率。此外，真人与机器人实验局的通货膨胀率较只有真人的实验局更低，但波动也较大。同时，在真人与机器人实验局中，真人被试者的预测误差也相对更大。

在初始几期之后，IEL 策略集合保持在一定取值范围之内，并总体低于纳什均衡的预测值。由于始终存在提高通货膨胀、赚取当期利益的动机，策略集合中的通货膨胀率公告和实际通货膨胀率始终均未收敛于单一值。被选策略的变化路径类似，同样随着时间波动，且取值上界低于纳什均衡值。在只有真人的实验局中，公告和实际通货膨胀率差距较真人与机器人实验局更小。

在只有真人的实验局中，通货膨胀与失业之间的权衡取舍阻止了 IEL 策略集合向纳什均衡收敛。这是因为，高通货膨胀的负面影响大于低失业的收益，因而 IEL 算法适应并降低了通货膨胀策略的权重。在真人与机器人实验局中，除上述机制外，在经济中存在维持一定比例的相信者的动机，这在 IEL 算法发展演化的过程中，同样对那些通货膨胀率公告相对较低、实际通货膨胀率相对较高的策略产生负面影响。综上所述，由于在该实验局中，制造通货膨胀面临的压力更高，平均通货膨胀率相应较低。

IEL 政策制定者的通货膨胀率公告，可理解为一种廉价交流。在 Arifovic 等人（2010）的研究中，相信者的存在帮助经济达到优于纳什均衡的结果。而在本章的实验经济体中，廉价交流在只有真人被试者的实验局中同样发挥作用，平均通货膨胀率低于纳什均衡值。值得指出的一点是，在 Duffy 和 Heinemann（2014）的研究中，廉价交流实验局是所有相机抉择政策实验局中唯一一个通货膨胀率低于纳什均衡通货膨胀率的实验局。推进 IEL 算法的研究将有助于进一步辨析在这些环境中，廉价交流发挥的作用。

最后，本章首次在实验经济中，通过自适应算法充当政策制定者。即便在初始阶段 IEL 策略集合中的策略从一个很大范围内随机选取，IEL 算法同样能迅速地调整策略集合到一定范围内，并且，结果在大多数时间优于纳什均衡。令人惊奇的是，IEL 算法的调整是“及时”的，在实验经济体的持续时间内成功地扮演了政策制定者的角色。此外，加入了真人被试者后，它的表现比仿真模拟（虚拟的个体参与人通过某种自适应算法或者误差修正机制调整预期）时更好，仿真经济体最终往往收敛于纳什均衡。

注　释

1. 就此而言，策略的反事实收益与当期的通货膨胀率和失业率负相关。
2. 其他将 IEL 行为与实验数据对比的研究，例如，Groves-Ledyard 机制，见 Arifovic 和 Ledyard（2010）；短期放款市场，见 Arifovic 和 Ledyard（2007）。
3. 此处假设收益无法被完全观察到。
4. 为了在计算政策制定者收益时获得便于分析的表达形式，ε 随机抽取自 0 均值单峰分布：$\varepsilon = 2\tan(\pi * (rand - 0.5))/\pi$，其中 rand 随机抽取自单峰分布[0,1]。
5. 相信者与不信者的不同失业率，直观上意味着两类参与人接受以他们的通货膨胀率预测为基础的不同的名义工资，即便模型中并未明确地单独加入劳动市场。
6. 关于计算的细节可见 Arifovic 等人（2010）研究的附录。
7. 注意，$V_t^G(j)$可能为负。为了计算每个策略被选中的概率，所有策略的$V_t^G(j)$均减去$V_t^G(j)$的最小值，进一步通过这一相对表现来计算概率。
8. 初始的策略集合Y_0为 J 个随机抽取自[-10,15]均匀分布的策略组成。在第一期，策略随机抽取自一个均匀分布。
9. 注意，不信者的通货膨胀率通过预测的中位数计算得到。
10. 感谢 Chad Kendall 允许使用他编写的 Z-tree 代码，该代码实现了 IEL 在 Groves-Ledyard 机制中的应用。他为我们的研究生实验经济学课程编写了部分设计。
11. 在所有图例中，实验局 1 表示只有真人的实验局，实验局 2 表示真人与机器人实验局。

致　谢

在此要感谢 Andriy Baranskyy 和 Shiqu Zhou 这两位卓越的研究助理。感谢 CIGI/INET 资助计划的支持，授予号#5533，2014 年 7 月 22 日。

参考文献

Arifovic, J., Dawid, H., Deissenberg, C., & Kostyshyna, O. (2010). Learning benevolent leadership in a heterogeneous agents economy. *Journal of Economic Dynamics and Control, 34*, 1768–1790.

Arifovic, J., & Ledyard, J. (2007). Call market book information and efficiency, 2007. *Journal of Economic Dynamics and Control, 34*, 1971–2000.

Arifovic, J., & Ledyard, J. (2010). A Behavioral model for mechanism design: Individual evolutionary learning. *Journal of Economic Behavior and Organization, 31*, 1971–2000.

Arifovic, J., & Ledyard, J. (2012). Individual evolutionary learning, other regarding preferences, and the voluntary contribution mechanism. *Journal of Public Economics, 96*, 808–823.

Arifovic, J., & Sargent, T. J. (2003). Experiments with human subjects in a Kydland–Prescott Phillips curve economy. In D. Altig, & B. Smith (Eds.), *The origins and evolution of central banking: Volume to inaugurate the institute on central banking of the federal reserve bank of Cleveland* (pp. 23–56). Cambridge: Cambridge University Press.

Barro, R. J., & Gordon, D. B. (1983). Rules discretion and reputation in a model of monetary policy. *Journal of Monetary Economics*, *12*, 101–121.

Cho, I.-K., & Sargent, T. J. (1997). Learning to be credible. Manuscript prepared for presentation at the conference to celebrate the Bank of Portugal's 150th birthday.

Cho, I.-K., Williams, N., & Sargent, T. J. (2002). Escaping Nash inflation. *Review of Economic Studies*, *69*, 1–40.

Cukierman, A. (1992). *Central bank strategy, credibility, and independence: Theory and evidence*. Cambridge, MA: The MIT Press.

Dawid, H., & Deissenberg, C. (2005). On the efficiency effects of private (dis)-trust in the policy maker. *Journal of Economic Behavior and Organization*, *57*, 530–550.

Duffy, J., & Heinemann, F. (2014). Central bank reputation, cheap talk and transparency as substitutes for commitment: Experimental Evidence, manuscript, June 2014.

Fischbacher, U. (2007). Z-tree: Zurich toolbox for ready-made economic experiments. *Experimental Economics*, *10*(2), 171–178.

Kydland, F. E., & Prescott, E. C. (1977). Rules rather than discretion: the inconsistency of optimal plans. *Journal of Political Economy*, *85*, 473–491.

Persson, T., & Tabellini, G. (1993). Designing institutions for monetary stability. In A. H. Meltzer, & C. I. Plosser (Ed.), *Carnegie-Rochester conference series on public policy* (Vol. 39, pp. 53–84). Amsterdam, Netherlands: North-Holland Publishing Co.

Sargent, T. J. (1999). *The conquest of American inflation*. Princeton, NJ: Princeton University Press.

Stein, J. (1989). Cheap talk and the fed: A theory of imprecise policy announcement. *The American Economic Review*, *79*, 32–42.

Walsh, C. E. (1999). Announcements, inflation targeting, and central bank incentives. *Economica*, *66*, 255–269.

第8章

CHAPTER 8

搜寻模型下货币重要性与货币中性的实验证据

摘　要：本章在实验室中研究了一个具有微观基础的关于交易的搜寻模型。利用基于组内被试者的实验设计，我们分析了存在代币与不存在代币时的交易行为，其中，代币本质上没有价值。尽管这些代币没有赎回价值，但像法币一样，代币通过发挥自身的协调作用，即以代币表现商品的价格可以促成更高的交易量和福利水平。我们发现，在起始时就提供一定量代币的经济中，代币的确能够提升福利水平。而在没有代币的情形下运行了一段时间的经济中，随后突然引入代币并不会提升福利水平。我们还研究了经济系统中，公布的代币（法币）量变化对价格水平的影响。与货币数量论一致，我们发现货币（代币）量的增长没有产生实际影响，主要造成价格的成比例变化。然而，当货币量减少时，相同的结论却不再成立。

关键词：货币；搜寻；礼物交换；社会规范；货币中性；实验经济学

8.1 引言

在现代人类20万年的历史中，货币交易是相对近期的发展。已知最早使用的商品（黄金）货币大约出现在5 000年前青铜时代（公元前3 000年）的美索不达米亚（Mesopotamia）和古埃及，而已知最早使用的法定货币（纸币）大约出现在800年前的中国宋朝。[1]在货币交换出现以前，非货币的“礼物交换”（gift exchange）制度是社会的规范（参见 Graeber，2011）。[2]在礼物交换制度下，由于不存在货币，交易不能直接或即时进行。例如，地主可能会给农民提供家庭口粮，作为交换，农民则承诺在丰收时，以谷物偿还。这些礼物交换制度，由明确的社会行为规范来管理，例如，全社会性的制裁机制，并且，只要市场的范围仍然有限，就能良好地运行。然而，随着市场的范围拓展，经济主体变得愈加专业化，并且，全社会范围的强制执行变得愈加困难，这些机制最终瓦解，并被货币交换制度和明确的担保要求所替代（参见 Greif，2006）。

现代货币经济学使用了具有微观基础的搜寻理论模型，礼物交换制度和货币交换制度在什么条件下可合理化为均衡结果，最近已受到了广泛的关注（参见 Lagos，Rocheteau and Wright，2014；Nosal and Rocheteau，2011 和 Williamson and Wright，2011 的综述文章）。这些研究中构造的模型试图说明，在哪些摩擦和假设下，礼物交换和货币交换制度能够合理化为一种均衡现象。Kandori(1992) 最早提出了冷酷扳机"传染策略"，Araujo(2004) 将其扩展成为搜寻理论交换框架：如果经济中的成员总体上采用这一策略，那么在最严格的环境，即对参与者进行匿名随机匹配、不设置承诺或强制执行、仅提供关于交易的分散信息的情况下，原则上有限个数的总体亦可延续非货币的礼物交换均衡。货币均衡能共存于这种环境，其中，无价值的代币仅被用作交换过程的一部分。然而，在相同的环境下，货币交换制度不能实现最优的结果，礼物交换制度却可行。具体而言，由于在收到生产资金和随后将其用于消费之间，存在着时滞，货币均衡的效率通常比非货币的礼物交换均衡子集的效率低；在有限总体匿名随机匹配的交换经济中，可能存在非货币的礼物交换均衡。由于货币的引入，并没有扩展帕累托边界，故在这些环境中，货币并不是必需的。的确，在我们分析的非货币环境中，增加货币不会影响均衡集合，因为总存在着一个礼物交换均衡（不涉及货币的使用），能够实现与货币均衡一样的均衡配置和福利水平。

Duffy 和 Puzzello(2014) 在一个实验室实验中，使用 Lagos 和 Wright(2005) 的货币搜寻理论模型，研究礼物交换均衡是否能够实现比货币均衡更高的福利水平。尽管在理论上，比之相同环境下唯一的货币均衡，礼物交换均衡有可能实现更高的福利水平，但是，本章的发现恰好相反：在可进行货币交换的情况下，交易量和福利水平要比纯粹非货币的礼物交换制度下更高。因此，我们认为虽然理论上货币并非必需，但从行为角度而言，货币对于更高的福利水平必不可少。我们将这一结果归因于货币和价格在货币交易制度中所发挥的协调作用。我们在该篇论文中所介绍的实验，或不提供货币，或一直提供固定数量的无价值的代币（法币）。本章将拓展先前这些实验研究，考查代币（法币）的引入或撤出是否会影响交易行为和福利水平。特别地，我们希望理解从非货币礼物交换到货币交换的历史转变以及与之相反的情形。

除了探究货币的重要性，我们进一步探究了经济系统中公布的代币量变化是否对实际经济活动只产生纯粹的中性效应，即仅导致价格的变化，从而与“长期下货币保持中性”的命题相一致。该命题最早可追溯至 Hume(1752）的《论货币》（*Of Money*）一文。Hume(1752）观察到：

> 如果我们考虑任何一国本身，那么，很明显，货币量更大或更小并不重要；因为，商品价格总是与货币量成比例变化……

Hume 的逻辑直接来自货币数量论。货币供给一次性的、意外的且永久的增加，应该最终仅导致价格水平的调整，而所有的实际经济活动不会受到影响。（在实验室之外）检验这个命题的主要困难在于，现实经济环境中货币供给量的一次性的、意外的且永久的增加是很难实现的，而且，我们的确不曾见过符合条件的自然实验。然而，在货币经济学（假设参与人是理性的，并且，市场总是出清的）中，所有具有微观基础的现代模型均预测长期货币中性，因此，考虑该命题的实证支持是有意义的。

我们在第一个新实验局中，研究了从非货币交换经济向固定数量法币经济的转变，以及法币的引入是否会提高交易量和福利水平，这能够反映在人类社会中观察到的从礼物交换向货币交换的转变。此外，我们还研究了从货币环境向非货币环境的反向转变。主要的实验发现包括：在起始无代币（货币）的经济类型会协调于低福利的礼物交换均衡，正如 Duffy 和 Puzzello(2014）之前的研究结果。然而，实验中途突然引入代币（货币），并未提高交易量或福利水平，甚至比前者更低，即便被试者的确使用代币进行交易。相比之下，若经济起始时就提供固定数量的代币（法币），那么，相较于无代币经济，代币的存在带来了更高的交易量和福利水平，这再次与 Duffy 和 Puzzello(2014）的发现相一致。如果实验中途代币被撤出（又是令人意外地），那么交易量和福利水平会陡然下降。这些发现表明，货币在提升福利上具有重要的协调作用，但是，前提是经济之前没有协调于低福利的礼物交换均衡。具体而言，我们的结果表明，就引入货币的经济环境而言，交易历史对于福利提升与否至关重要。

我们在第二个新实验局中，则主要关注法币（代币）在数量上的变化。具体而言，起始时经济环境中有不变的法币总量 M 单位，而实验中途将宣布货币供给量倍增至 $2M$。我们还研究了相反的情形，即起始时法币总量为 $2M$，实验中途突然宣布减少至 M。实验发现，在货币供给从 M 加倍至 $2M$ 的情形下，结果与货币中性命题一致，即货币量的变化不存在实际影响，价格也大致翻了一倍。然而，相反的情形中与货币中性命题不相一致，价格并未成比例下降，因此，货币供给量存在一定的实际影响。

尽管本章中检验的并非新模型和新理论，但是使用实验来研究经济环境中货币对交易行为的影响以及货币中性命题的有效性，是评估这些模型和理论的一种新颖方法。正如我们的研究所表明的，使用实验室方法的关键优势在于，它提供了动态的、跨期的无限期搜寻理论所必需的控制条件，从而对货币交换和非货币交换建模。具体而言，即在集中式的瓦尔拉斯市场中，将被试者两两匿名随机匹配。此外，实验室环境为诸如货币供给加倍的政策实验提供了可能，而在现实世界中这些实验是完全不可行（更不用说不道德）的。而且，实验室实验能针对参与者总体检验理论预测的稳健性，即总体以何种方式偏离理性选择。最后，也可能是最重要的，除了唯一的货币交换均衡，我们研究的理论环境允许礼物交换均衡的多重性。均衡（如果存在）选择问题最终是一个实证问题，并且，实验室方法使我们可以解决这一问题。

本章的剩余部分安排如下。下一部分将讨论相关文献。“拉各斯—赖特环境”部分介绍了我们在实验中采用的拉各斯—赖特经济环境，包括模型的参数设定和均衡预测。“实验设计”部分介绍了实验设计，“实验结果”部分总结了实验的主要发现。最后，“结论和未来研究方向”部分对本章进行总结，并提出未来研究的一些方向。

8.2 相关文献

本章关注的焦点是，法定货币的重要性与中性。关于货币的重要性，最紧密相关的文章为 Duffy 和 Puzzello(2014) 的论文，他们也在实验室中研究了 Lagos 和 Wright(2005) 的货币交易模型，而被试者总体是有限的（在 Lagos 和 Wright 的研究中，总体为无限且连续的）。[3]给定足够耐心的有限总体，除货币均衡，还存在连续的非货币礼物交换均衡；参与者整体采取的传染冷酷扳机策略，能够实现这些礼物交换均衡（Kandori，1992）。一些礼物交换均衡帕累托优于货币均衡，意味着货币可能并不是必不可少的（如：Aliprantis，Camera and Puzzello，2007a，2007b；Araujo，2004；Araujo，Camargo，Minetti and Puzzello，2012）。然而，Duffy 和 Puzzello 发现，被试者没有实现非货币礼物交换均衡，而是协调于货币均衡。他们还研究了无货币情形（参见 Aliprantis et al.，2007a，2007b 和 Araujo et al.，2012），发现有货币环境中的福利水平显著更高，这表明货币作为提高效率的一个协调机制具有关键作用。

Camera 和 Casari(2014) 也比较了有无法币（“票券”（tickets））的两种环境下的结果。其动态博弈与囚徒困境博弈有一些相似，其中，货币对于实现帕累托有效也并非必要，反而，社会规范能支持帕累托有效结果的实现。他们研究的货币环境涉及动态无效率和分配无效率。这与第一代的 Kiyotaki 和 Wright(1989) 货币搜寻模型相关，其中，票券价格是外生固定的（不存在讨价还价），货币和商品不可分，对货币持有量有所限制，且仅做分散式两两随机匹配，不存在涵盖全部参与人的集中式市场（centralized meeting，CM）。Camera 和 Casari(2014) 也考虑了分小组的情况，每小组有 4 名被试者，这或许会促进社会规范机制的形成。他们发现相对于无货币环境，引入货币并未提高总体平均合作率（交易）。

Camera 和 Casari(2014)、Duffy 和 Puzzello 均未研究货币先引入后撤出，或者货币从无到有的情况下，交易模式做何变化；也就是说，他们都没有使用基于组内被试者的实验设计，而本章使用了这一方法。

关于货币中性假说，本章与 Lian 和 Plott(1998) 的研究相关，他们在一般均衡环境中，使用了基于组间被试者的实验设计，发现了支持中性假说的证据。其实验涉及预付现金约束，因而在交易中必须使用货币，并且货币（法郎）具有一个已知的赎回价值，这让人联想起商品货币制度。与之相比，我们采用了基于组内被试者的实验设计，没有任何预付现金约束，并且代币物作为货币没有赎回价值，正如法币制度的情况。[4]此外，本研究也与关于货币幻觉的实验文献直接相关。Shafir、Diamond 和 Tversky(1997) 收集的**调查（survey）**数据支持一种猜想，即人们倾向于根据名义值而不是实际值进行决策。在他们的研究中，人们在以名义值或实际值给出的不同选项中进行选择，他们对通货膨胀变化和价格变化的反应表明了货币幻觉的存在。Fehr 和 Tyran(2001) 在一个垄断竞争经济环境中，研究了厂商的定价行为，提出了一种考查货币幻觉的实验方法。他们发现，货币幻觉的存在会影响实际分配，特别是在负的名义冲击发生后，也就是说在负向冲击发生后，货币并非中性的。类似地，Noussair、Richter 和 Tyran(2012) 也发现，在实验的资产市场中，价格调整对通货膨胀或通货紧缩两种名义冲击的反应是不对称的。特别地，他们研究发现，在通货紧缩冲击后，价格会表现出名义惯性。Petersen 和 Winn(2014) 则认为，Fehr 和 Tyran (2001) 观察到的名义惯性，主要是由于厂商最优反应的自适应性，而非货币幻觉本身。但 Fehr 和 Tyran(2014) 认为，这种解释太过狭隘。相比之下，本章在一个更明确的、以交易为导向的环境中检验了货币中性命题，在该环境中，参与人必须就数量和价格进行讨价还价。具体而言，我们研究了 Lagos 和 Wright(2005) 的货币搜寻模型，其中货币可以用于（也可以不用于）交易目的。我们发现，在应对通货膨胀冲击时，货币中性命题得到了一些支持。然而，与更早的实验文献相一致，我们也发现，在应对通货紧缩冲击时，价格并不会向下调整。

8.3 拉各斯—赖特环境

在这一部分中，我们介绍修改后的有限总体的拉各斯—赖特（Lagos and Wright，2005）模型。其中，时间是离散的，且为无限期。总体包括 $2N$ 个具有无限期生命的参与人，$\beta \in (0, 1)$ 表示折现因子。

每一期分为两轮。在第一轮中，参与人在分散式市场中进行互动，而在第二轮中，参与人在一个集中式市场上进行交易决策。

在第一轮中，参与人被随机匹配成对，并且，每对中的两名参与人以相等的概率，划分成为特定商品的生产者或消费者。注意，参与人不能为他们自己的消费而生产，因此交易会产生收益。我们用 x 和 y 分别表示第一轮中的消费和产出。在第二轮中，参与人在一个集中式市场（瓦尔拉斯市场）上进行交易，且每位参与者都能生产和消费一种一般商品。用 X 和 Y 分别表示第二轮中的消费和产出。

偏好由下式给定：

$$\mathcal{U}(x,y,X,Y) = u(x) - c(y) + X - Y$$

其中，u 和 c 二次连续可微，$u'>0$，$c'>0$，$u''<0$，$c''\geqslant 0$。存在一个 $q^* \in (0, \infty)$，使得 $u'(q^*) = c'(q^*)$。也就是说，因为 q^* 是有效率的，它最大化了每一对的剩余，同时，令 $\bar{q}>0$，使得 $u(\bar{q}) = c(\bar{q})$。[5]

此外，在两轮中生产的商品是完全可分的，且不可储存。而任意数量 $m\geqslant 0$ 的法币完全可分，但可以储存。我们将考虑两种环境：其一，货币供给固定为 M；其二，货币供给为前者的两倍，固定为 $2M$。注意，经济环境中没有承诺和正式的强制执行机制。然而，因为总体是有限的，所以除了货币均衡，还存在由非强制执行机制所支持的多重非货币均衡（参见 Aliprantis et al.，2007a，2007b；Araujo et al.，2012；Ellison，1994；Kandori，1992）。

下面，我们仅报告主要的理论预测，请感兴趣的读者查阅 Duffy 和 Puzzello（2014）的文章以获得进一步的细节和证明。

货币均衡

在拉各斯—赖特模型中，总存在一个非货币的、自给自足的均衡，在该均衡中不使用货币且没有商品交换。此外，还存在一个货币均衡，以货币为媒介交换商品。我们会在此介绍后者。令 ϕ_t 表示集中式市场中货币的价格。在分散式市场"接受或放弃"谈判协议的假定下（实验中使用了该假定，并且消费者具有全部的议价能力），可以表明，货币稳态是唯一的。稳态时每个分散式市场中与货币进行交换的特

定商品的数量$\tilde{q}$由下式给出，

$$\frac{u'(\tilde{q})}{c'(\tilde{q})}=1+\frac{1-\beta}{(\beta/2)} \tag{8-1}$$

假设货币总供给为 M，稳态时集中式市场上货币的均衡价格为 $\phi=(c(\tilde{q}))/(M/2N)$。在分散式市场上，价格为 $(M/2N)/(c(\tilde{q}))$。此外，集中式市场的定期进入以及拟线性偏好意味着参与人能完全再平衡其货币持有量：在每个分散式市场开始时，货币持有量的分配因此变为 $M/2N$。由于折现（$\beta<1$），当没有弗里德曼规则（Friedman，1969）时，货币均衡将不是最优情况。

注意，如果货币供给加倍至 $2M$，那么分散式市场和集中式市场上的商品价格也会加倍，但是，产出和消费的均衡数量保持不变，也就是说，在这个模型中，货币是中性的。为了理解得更清楚，请注意式（8-1）并不直接依赖于 M 的值。

拉各斯—赖特环境中的社会规范

前一部分中的模型也能被描述为无限重复交易博弈。容易理解，不管博弈的历史，不生产即自给自足总是一个均衡。然而，通过使用传染战略机制（参见 Araujo，2004；Ellison，1994；and Kandori，1992），博弈也存在非货币的、纯“礼物交换”的序贯纳什均衡，其中能够维持正的产出量和消费量（包括最优数量）。为了描述这些均衡，我们假设消费者提出交易条件，其行动集为$[0,\bar{q}]\times[0,\bar{M}]$。[6]生产者的行动集为 $\{0,1\}$，其中 0 代表拒绝，1 代表接受。

令 $0<q\leqslant q^*$ 为分散式市场中，某个正的产出量和消费量。考虑一个策略，它规定关闭集中式市场，仅参与分散式市场。在分散式市场中，该策略规定只要消费者与生产者总是观察到过去的提议在交易中被接受，则消费者将提议，而生产者将接受。而一旦偏离被观察到，则该策略规定此后作为生产者的参与人会永远拒绝任何提议。正如 Duffy 和 Puzzello(2014) 的文章，该策略被称为**分散式礼物给予**（decentralized gift-giving）的社会规范，因为，它仅取决于传染机制（通过分散式相互影响而传播）。可以说明，如果参与人足够耐心，则这个社会规范是一个序贯均衡（参见 Duffy and Puzzello，2014）。

直观来看，该结果正如 Kandori(1992) 的文章中介绍的，即合作能够被支持。因为，一个参与人的单个偏离意味着，任何观察到它的生产者都停止了生产。因此，背叛就像传染病一样传播开来，最终伤害了所有人，导致社会回到自给自足。触发这样一个传染性反应的威胁足以支持上述合作的礼物交换社会规范。

非货币环境

Araujo 等人（2012）的研究，没有考虑货币，因而，除了研究拉各斯—赖特模型，我们还研究了这一模型的变体。在该环境的分散式市场中，消费者提议生产者为其生产多少，因而，消费者的行动集仍由 $[0, \bar{q}]$ 给定。生产者的行动集仍为 $\{0, 1\}$，其中0代表拒绝，1代表接受。分散式交易之后，参与人可选择是否参加一般商品的集中式交易。由于经济中不存在禀赋，参与人首先决定是否生产 $0 \leqslant y \leqslant \bar{Y}$ 单位的一般商品，其中，$\bar{Y}$ 表示产出的上界。其次，他们决定竞购多少单位一般商品，约束是竞购量不能超过他们生产的量，即 $0 \leqslant b \leqslant y$。在集中式市场上，一般商品的价格由总竞购量与总生产量之比决定，即 $p = \sum b_i / \sum y_i$。如果 $\sum b_i = 0$ 或 $\sum y_i = 0$，则 $p = 0$，没有交易发生。竞购 b 单位的参与人，其消费为 b/p。因为，在集中式市场上，偏好是线性的，收益为 $U(b, y, p) = (b/p) - y$。令 $0 < q \leqslant q^*$ 为分散式市场中，一个正的产出量和消费量。分散式礼物给予的社会规范仍为交易博弈的序贯均衡。除了分散式社会规范，还存在**集中式社会规范**（centralized social norms），在该规范下，集中式市场中的交易价格可作为一个信号发送器。如果参与人有足够的耐心，则正的产出量和消费量（包括最优数量）可能实现序贯均衡（详细阐述请参见 Duffy and Puzzello, 2014）。在集中式社会规范下，传染的速度会快很多，因此这意味着，相比拉各斯—赖特环境中分散式社会规范的情形，此时能以更小的折现率阈值进行商品分配。

参数设定和均衡基准

正如在 Duffy 和 Puzzello 的大多数实验场次中，我们也设置被试者总体 $2N = 14$。分散式市场中效用函数（成本函数）为 $u(q) = A\ln(1+q)(c(q) = Cq)$。与我们之前的研究一样，设定 $A = 7$，$C = 1$，并且 $\beta = 5/6$。货币的总供给为 $M = 112$（初始人均货币禀赋为 $M/2N = 8$），在对比货币实验局和无货币实验局的实验场次中，货币实验局中的货币总供给保持不变。在涉及货币中性命题的实验局中，我们考虑了货币供给从 $M = 112$ 加倍至 $2M = 224$（初始人均货币禀赋为 $M/2N = 16$）的情形，或者反向情形，即初始的货币供给为 $2M = 224$ 随后减少至 $M = 112$。

给定这些参数选择，最优数量 $q^* = 6$，而与货币均衡相关的均衡数量 $\tilde{q} = 4$。分散式市场中特定商品的上界 $\bar{q} = 22$。[7] 我们还选择了集中式市场中的上界 $\bar{Y} = 22$。关于价格，分散式市场中特定商品的均衡价格为 $p = (M/2N)/\tilde{q} = 8/4 = 2$。在集中式市场中，以一般商品衡量，货币的均衡价格为 $\phi = (c(\tilde{q}))/(M/2N) = 1/2$，而以货币衡量，一般商品的均衡价格即为倒数 $P = 2$。当 M 翻倍时，价格也翻倍，但是，与货币均衡相关的均衡数量仍为 $\tilde{q} = 4$。最后，为了计算福利水平，我们注意到每对的每期货币均衡收益 $\nu = \{7\log5 - 4\} = 7.26$，每对的每期最优收益 $\nu^* = \{7\log7 - 6\} = 7.62$。因此，货币均衡预计实现最优均衡下福利水平的95.3%。

关于社会规范均衡，能支持最优水平的折现因子 β 的最小值为 $\underline{\beta}^{CM}=0.6427$、$\underline{\beta}^{DM}=0.8256$，上标对应集中式或分散式的非货币社会规范。我们设定 $\beta=5/6$，超过了这两个最小的折现因子阈值，使得在集中式和分散式两类社会规范下，最优水平作为序贯纳什均衡能够被支持（更多的细节请参见 Duffy and Puzzello，2014）。

除了最优水平，在我们的参数设定下，分散式市场中较低的但为正的产出和消费水平 q 作为序贯非货币社会规范均衡也能够被支持。表 8-1 和表 8-2 总结了我们在实验室实行的拉各斯—赖特环境中，可能的各种均衡类型下，数量和价格的均衡预测值。

表 8-1　q 的数量均衡预测值

规模	分散式社会规范	货币均衡	自给自足均衡
$N=14$	$0.5\leqslant q\leqslant 6$	$q=4$	$q=0$

表 8-2　分散式市场（DM）价格 p 和集中式市场（CM）价格 p 的均衡预测值

人均货币持有量	DM 价格 p	CM 价格 p
$M/2N=8$	2	2
$M/2N=16$	4	4

8.4　实验设计

实验使用了 z-Tree 软件（Fischbacher，2007）。每场实验有 $2N=14$ 名来自匹兹堡大学的大学生被试者。被试者均无任何关于我们该实验局环境的先前经验；每名被试者仅被允许参加一场实验。

我们的实验设计基于组内被试者，正如实验说明所述，每场实验中被试者参加两个不同的实验局（实验说明中称为“部分”）。在每个实验局/部分开始之前，被试者被给予书面的实验说明，并且实验说明会被大声朗读，以使这些说明成为共同知识。[8]被试者还必须回答综合测试题，以确保熟悉实验环境。若被试者回答错误，则实验人员会大声地重复相应说明，以尽可能减少由于理解问题而造成的错误。

实验包括 4 个不同的、基于组内被试者的实验局，每局包括两个部分。在“NM-M”实验局中，第一部分包括无货币（NM）环境的几个不确定序列，第二部分包括货币（M）环境的几个不确定序列。在“M-NM”实验局中，两部分正好相反：第一部分包括 M 环境的几个不确定序列，第二部分包括 NM 环境的几个不确定序列。在“M-2M”实验局中，第一部分包括 M 环境的几个不确定序列（和 M-NM 实验局一样），而第二部分包括 2M 环境的几个不确定序列，变化仅在于货币供给翻了一倍。最后，“2M-M”实验局考虑了相反的顺序，第一部分为2M环境，第二部分为M环境，即货币供给减了一半。在所有4种情形中，在第一部分结束前，被试者并不知道他们将在第二部分中面对的环境类型。也就是说，可认为被试者预先并不知道第二部分的环境变化。

如上所述，每部分包括了几个“超级博弈”，我们在书面实验说明中将其称为“序列”。每个序列包括一个不确定的数，为一个阶段博弈的重复次数（期数）。每个阶段博弈包括两轮——DM轮和CM轮。每个序列至少以一个两轮阶段博弈开始。在每个阶段博弈结束时，序列以概率β继续进行阶段博弈的一次重复（期数），而以概率（$1-\beta$）结束。如果序列结束，被试者被告知“由于时间安排的缘故”，下一个新的不确定序列或将开始。具体地，我们的计算机程序从集合｛1，2，3，4，5，6｝中均匀抽取一个随机数，这向被试者解释为模拟掷一个六面骰子。如果抽到的数不是6，则序列继续进行另一轮；否则，若抽到6，则序列结束。以这种方式，我们引入了一个折现因子或连续概率$\beta=5/6$。[9]

在练习中，计算机程序使用随机终止方法决定了不确定序列的长度，本章对此进行了实时报告且未加任何干预。然后，我们为所有余下的实验场次设定完全相同的序列长度，以最小化因序列长度不同而造成的各场实验之间的差异。[10]

在第一轮（DM）之前，M或$2M$货币环境中，每一个新的不确定序列开始时，拉各斯—赖特经济类型中的每位被试者，都得到了$M/2N$代币或$2M/2N$代币的禀赋。[11]被试者也被告知，代币的总数为$M=112$或$2M=224$，且是固定的，在该序列的持续期里不会再获得任何的代币禀赋。被试者进一步被告知，如果一个序列结束，则他们的代币余额将被设置为零。然而，如果序列继续进入下一期，则他们上一期数结束时的代币余额，将被带到该序列新一期中。而在NM环境中不存在货币，因此，也没有关于代币的初始禀赋或说明。

每一期（阶段博弈）开始时，首先进行DM轮，对所有$2N$名被试者进行两两随机配对，从而得到了N对被试者。在每对中，一位参与人以1/2的概率被选定为生产者，另一位参与人则被指定为该轮的消费者。我们建议被试者把这看作掷硬币的结果，且平均而言，他们会在所有DM轮的一半时期内作为消费者（生产者）。被试者会被告知，所有的随机配对和角色分配都是等可能的。DM轮中效用函数为$u(q)=A\log(1+q)$，成本函数为$c(q)=Cq$。这些函数在一张支付表中呈现给被试者，支付表显示了分散式商品的各个数量q对应的消费效应正点数$A\log(1+q)$，以及对应产出如何转换为一个成本负点数$-Cq$。被试者将被告知，如何使用该表来计算他们在不同情形下的收益。在每场实验开始时，每名被试者得到了20点的初始禀赋，以尽可能避免实验结束时点数为负；的确，在任何实验场次中，被试者都没有以负点数结束。重要的是，被试者被明确告知，“相比于点数，代币没有价值”，即代币没有赎回价值。被试者在实验过程中积累点数（通过消费和较少的产出），且总点数决定了从实验中获得的收益，但是，就点数而言，代币本质上并没有价值，就和法币一样。注意，这个环境潜在来看是无情的，因为，如果没有生产者同意生产，那么，也就不会有消费，从而任何参与人都不会获得点数。[12]

消费者首先行动，并“提议”希望他们随机匹配的生产者为其生产多少单位的分散式商品，在货币实验局中还要提出愿意支付的代币量（如果愿意购买的话）。在提议前，消费者将得知自己的以及对应生产者的当前代币余额。消费者要求的分散式商品的数量 q 受限于区间 $[0, \bar{q}]$，但允许是分数。在货币实验局中，消费者还需要从当前代币余额中，支付给配对的生产者 d 个单位，作为提议中的一部分。被试者知悉是否支付代币（货币）是自愿的；支付的代币量 d 可在 0 至当前可用的代币余额之间取值，包括端点，并可以取分数。因此，每个消费者做出一个提议，在货币实验局中为 (q, d)，在非货币实验局中为 q，然后，提议被匿名地传达给匹配的生产者。

生产者其次行动，并首先得知与自己匹配的消费者的提议。生产者还将进一步获悉，消费者收到提议数量 q 的收益为 $u(q)$，而他们自己生产数量 q 的成本为 $c(q)$。在货币实验局中，生产者还将得知消费者的和自己当前可用的代币余额，以及消费者支付他们的、用来交换 q 单位产出的代币量 d。然后，生产者必须决定接受或拒绝消费者的提议。如果生产者接受，那么提议被执行：生产者以 $c(q)$ 点的成本生产数量 q。消费者消费数量 q 获得 $u(q)$ 点的收益。在货币实验局中，提议的代币量 d 如果是正的，则从消费者转到生产者。如果生产者拒绝提议，则没有交易发生；这一对的两名成员在该轮都得到 0 点，在货币实验局中则代币余额保持不变。在分散式市场结束时，被试者被告知该轮的结果：具体来说，将告知他们提议是否被接受，并更新累积的总点数的变化。在货币实验局中，他们还得知其代币余额的变化。这些反馈信息传达完毕后，该轮分散式市场结束，集中式市场开始。

在一期（阶段博弈）之中，第二轮（CM）把所有 $2N$ 名参与者集中起来，参加同质且易腐的“商品 X”的交易。CM 中交易通过交易站或“市场博弈”（Shapley and Shubik，1977）的方式进行，其中，我们设立的交易站遵循了 Green 和 Zhou（2005）的设计，根据被试者身处 M 或 NM 环境而不同。在集中式市场开放时，所有被试者被询问是否想参加集中式交易。如果同意参加，则他们要决定愿意为交易站生产的商品数量 X，比如说 $y \geqslant 0$。接着，被试者必须决定他们希望竞购的商品 X 的数量，设为 b。在不提供货币的实验环境中，每名被试者被告知，竞购量 b_i 必须小于等于产出量 y_i，即 $0 \leqslant b_i \leqslant y_i$。在提供货币的实验环境中，对商品 X 的竞购必须以货币单位度量，并且，被试者被告知其出价不能超过其货币持有量，即$0 \leqslant b_i \leqslant m_i$。在每位被试者都提交其决策之后，商品X的市场价格为$P = \sum b_i / \sum y_i$。另外将告知被试者的是，如果$\sum b_i = 0$或$\sum y_i = 0$，或二者都成立，则$P = 0$，此时没有贸易发生。CM中实现的收益为$U(b, y, P) = (b/P) - y$，因为，消费由b/P决定，并且，在CM中，偏好是线性的。在提供货币的实验环境中，下一轮DM开始时的货币持有量m'，由前一轮CM开始时的货币持有量加上销售所得并减去出价，得：$m' = m + Py - b$。随着总体大小N增大，理论预测与拉各斯—赖特（2005）模型保持一致。

点数增减与被试者从DM轮获得的总点数一起计算。

CM轮结束之后，将更新被试者的总点数或代币持有量。然后，从集合{1，2，3，4，5，6}中抽取一个随机数。如果抽到的随机数不是6，则序列继续进行另一期两轮博弈。在货币实验局中，被试者在CM轮结束时的代币余额被转入序列的下一期DM轮中。如果抽到的随机数是6，则序列终止。在货币实验局中，如果序列终止，则代币余额被设置为0。

被试者被告知，一旦序列终止，根据剩余的时间安排，可能将会开始一个新的不确定序列。在货币实验局的每个新序列开始时，所有被试者会有$M/14 = 8$代币或$2M/14 = 16$代币，这取决于是M实验局还是2M实验局。然而，总点数在序列之间不会重新初始化，而是从一个序列转入下一个序列。当一个不确定序列结束时（抽到6），实验者将宣布第一部分的结果，这一般发生在实验进行到一半的时候。然后，实验人员将分发第二部分的实验说明，并大声朗读。第二部分也包括一些不确定序列，被试者在第二部分的分散式市场和集中式市场中获取点数，正如在第一部分中的一样；在集中式市场或分散式市场中，消费带来的效用或生产带来的成本没有变化。仅有的变化在于有无货币或流通中的货币总量。第二部分（亦是最后部分）结束后，被试者要回答一份简短的问卷。然后，被试者获得在两部分的所有序列中累积的收益点数，以及5美元的出场费。实验结束时，按照已知的固定比率1代币=0.2美元，被试者累积的总点数被转换为现金。实验平均进行约2.5小时，被试者的平均总收益为24.54美元（标准差为6.06美元）。

8.5 实验结果

本章展示的数据共来自12场实验。由于每场实验有14名被试者，所以我们得到的数据共出自168名被试者。表8-3给出了12场实验的特征描述。如表8-3所示，共有4种实验局，每局对应3场实验。每场的第一、二部分显示在表中，同时也反映于每场实验的名称上，NM表示不提供货币，M表示提供货币，2M表示提供的货币翻倍。因此，“NM-M-1”表示，第一部分不提供货币、第二部分提供货币的第 1 场实验。此外，表 8-3 报告了每场实验每部分的序列长度和总期数。在第一场实验后，我们会记录序列长度与总期数，并使其在不同场实验间保持不变。例如，在 NM-M 实验局中，第一部分总是包括 3 个序列，长度分别为 6、2、7，因而总期数为 15。第二部分总是包括两个序列，长度分别为 4、12，因而总期数为 16。因此，结合第一、第二部分，每场实验包括 31 期，每一期包括 DM 轮及随后的 CM 轮。

表 8-3　12 场实验的特征

实验局	第一部分实验局	第一部分序列长度；期数	第二部分实验局	第二部分序列长度；期数
NM-M-1	NM	6，2，7；15 期	M	4，12；16 期
NM-M-2	NM	6，2，7；15 期	M	4，12；16 期
NM-M-3	NM	6，2，7；15 期	M	4，12；16 期
M-NM-1	M	4，12；16 期	NM	6，2，7；15 期
M-NM-2	M	4，12；16 期	NM	6，2，7；15 期
M-NM-3	M	4，12；16 期	NM	6，2，7；15 期
M-2M-1	M	4，12；16 期	2M	6，2，7；15 期
M-2M-2	M	4，12；16 期	2M	6，2，7；15 期
M-2M-3	M	4，12；16 期	2M	6，2，7；15 期
2M-M-1	2M	6，2，7；15 期	M	4，12；16 期
2M-M-2	2M	6，2，7；15 期	M	4，12；16 期
2M-M-3	2M	6，2，7；15 期	M	4，12；16 期

我们的实验得到一些有趣的结果，总结为几个不同的发现。

NM-M 和 M-NM 实验局

首先，我们分析 NM-M 和 M-NM 实验局中的行为。在这两个实验局中，要么不提供货币（NM），要么提供固定总量 112 单位即人均 8 单位的法币（M）。我们的第 1 个发现是关于生产者对 DM 轮中消费者支付的接受情况。

发现 1　在 NM-M 和 M-NM 实验局中，DM 轮中支付被接受的比例与有无货币或实验顺序无关。

对发现 1 的支持来自表 8-4 的第 2 列和第 5 列，表 8-4 报告了在 NM-M 和 M-NM 的各 3 场实验中，不提供货币（NM）或提供货币（M），对 DM 支付的平均接受频率。

表 8-4 在 NM-M 和 M-NM 实验局每场实验的两部分中，DM 支付平均接受频率、DM 交易量 q 以及福利水平（最优水平的 1 个百分比）

NM-M 场次	不提供货币			提供货币		
	DM 支付平均接受频率	DM 交易量 q	福利水平	DM 支付平均接受频率	DM 交易量 q	福利水平
NM-M-1	0.448	1.506	0.251	0.348	2.100	0.212
NM-M-2	0.343	1.291	0.173	0.295	1.559	0.167
NM-M-3	0.457	2.579	0.358	0.429	1.797	0.288
全部 3 场	0.416	1.792	0.261	0.357	1.819	0.222
M-NM 场次	**提供货币**			**不提供货币**		
	DM 支付平均接受频率	DM 交易量 q	福利水平	DM 支付平均接受频率	DM 交易量 q	福利水平
M-NM-1	0.429	6.565	0.363	0.419	1.117	0.191
M-NM-2	0.446	3.049	0.342	0.295	0.625	0.084
M-NM-3	0.545	4.050	0.444	0.438	1.412	0.242
全部 3 场	0.473	4.585	0.382	0.384	1.051	0.172

针对这 6 对（NM，M）平均接受频率进行的威尔科克森符号秩检验（Wilcoxon signed ranks test）不能拒绝原假设：每场实验的 NM 或 M 部分，其接受频率之间不存在显著差异（$p=0.753$）。对 NM-M 或 M-NM 第一部分接受频率的威尔科克森—曼—惠特尼检验（Wilcoxon-Mann Whitney test）也显示相同结果（$p=0.5$）。

进一步的数据支持来自表 8-5 的第 1 列。表 8-5 报告了对单个生产者在 NM-M 和 M-NM 的所有期里，接受决策的 GLS 回归分析。第 1 列报告了生产者的 DM 支付接受决策对一个常数和两个虚拟变量的回归结果：虚拟变量 M，如果经济中有货币，其等于 1；虚拟变量 OrderM-NM，如果实验顺序是 M 在第一部分、NM 在第二部分，则等于 1，反之为 0。对各被试者数据的随机效应回归分析涉及 6 场实验的聚类稳健标准误差。表 8-5 第 1 列中的结果表明，对 DM 支付的平均接受频率为 37.8%（常数项的系数），而虚拟变量 M 和 OrderM-NM 的系数不显著，这表明有无货币或者实验顺序对生产者的接受决策没有显著影响。

表 8-5 NM-M、M-NM 实验局中处理效应的 GLS 回归分析和 DM 行为

变量	DM 支付接受决策	DM 交易量 q
常数项	0.378***	1.068**
	(0.037)	(0.519)
M	0.015	1.706*
	(0.039)	(0.938)
OrderM-NM	0.045	1.150**
	(0.045)	(0.458)
R^2	0.03	0.17
观察值	1 302	524

注：*、**、*** 分别表示在 10%、5% 和 1% 水平下显著。

我们接下来考虑有无法币（代币）是否会影响生产者同意为配对的消费者生产的 DM 数量，即 DM 交易量。

发现 2　在 NM-M 和 M-NM 实验局中，相较于没有货币，有货币时的平均 DM 交易量更高。然而，与 NM-M 实验局相比，M-NM 实验局中货币对 DM 数量的影响更大。

对发现 2 的支持仍来自表 8-4 和表 8-5。表 8-4 的第 3 列和第 6 列表明了 NM 或 M 的 DM 市场中平均的交易量。注意，在每场实验中，M 的平均 DM 交易量比 NM 的平均 DM 交易量更大，但有一个例外（NM-M-3）。虽然我们没有足够的场次层面的观察值来确认在通常的显著性水平下，这些差异是否在统计上显著，但对来自 NM-M 和M-NM实验局 6 场实验的交易量（以场次层面观察值的聚类标准误差）的随机效应回归分析表明，货币的存在对 DM 交易量具有正向影响。尤其是，表 8-5 的第 3 列报告了 DM 交易量对两个虚拟变量的回归，用以解释交易决策。回归结果表明，基准的 DM 平均交易量为 1.068 单位（回归中截距项的系数），当存在货币时，交易量大幅增加了 1.706 单位（总交易量为 2.774 单位），虚拟变量 M 的系数在统计上显著。进一步可注意到发现 2 中的第二点，即实验顺序也会影响 DM 交易量，正如虚拟变量 OrderM-NM 的系数为 1.15 且在统计上显著。具体地，如果实验顺序为 M-NM，而不是相反的 NM-M，则 DM 交易量会由 2.774 单位进一步增加到 3.924 单位。3.924 接近于唯一的货币均衡预测值，即 DM 交易量为 4 单位。

从直觉上来说，在 NM-M 实验局中，最初没有货币时即该实验局的第一部分 NM，被试者将协调于一个较低的 DM 交易量。然而，在该实验局的第二部分 M，引入货币并没有显著增加 DM 交易量，如表 8-4 所示，在 NM 中总的平均 DM 交易量为 1.792 单位，而在 M 中为 1.819 单位，仅比 NM 中略高。另外，在 M-NM 实验局中，货币的存在使得 M 中的 DM 交易量更高，平均每场为 4.585 单位，再次接近于货币均衡预测值 4 单位，并比 NM-M 实验局第一部分的平均交易量 1.792 单位要大得多。此外，当货币在 M-NM 实验局第二部分被撤出时，平均 DM 交易量出现了急剧下降，从 4.585 单位下降为平均 1.051 单位，再次如表 8-4 所示。更低的 DM 交易量在 NM 实验局中更为典型，并且与 Duffy 和 Puzzello（2014）报告的数量相一致。

作为另一种比较方式，我们仅关注 NM-M 或 M-NM 实验局 6 场中各场的第一部分。利用表 8-4 中的相关数据，图 8-1 对各场第一部分的平均 DM 交易量做出了直观说明。可以清楚地看到，平均 DM 交易量在 M-NM 实验局的第一部分中要大得多，在该部分中，法币量（M）为常数，而在 NM-M 实验局的第一部分没有法币（NM）。

的确，对6场实验平均值的威尔科克森—曼—惠特尼检验证实了这一点；我们能拒绝平均交易量没有差异的原假设，从而支持另一种结果，即在这些实验场次的第一部分中，相较于没有货币，有货币时平均DM交易量更高（$p=0.10$，双侧检验，每个实验局仅有3个观察值时的最小p值）。

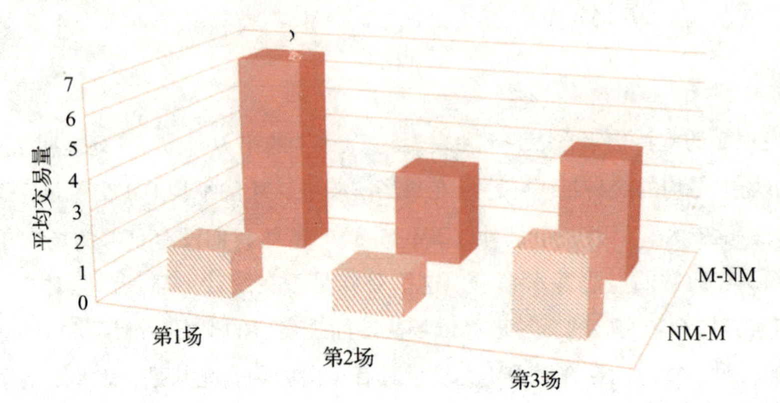

图8-1 在NM-M实验局3场实验和M-NM实验局3场实验的第一部分的平均DM交易量

发现1和发现2的一个推论是，相比于起始就未提供代币物的经济（如NM-M实验局），在起始就提供代币物的经济（如M-NM实验局）中的福利水平更高。这一推论与Duffy和Puzzello（2014）的研究一致。此外，在起始就提供代币的经济类型中，当代币随后被撤出时，福利水平会显著下降，正如M-NM实验局中所发生的。然而，在反向的情形NM-M实验局中，福利却维持在低水平，第一部分NM实验局的低交易量会延续到第二部分M，后者的交易量不会有多大变化，从而福利水平也未见有显著提升。我们将该结果总结如下：

发现3 在M-NM实验局中，货币在第一部分被引入，有货币时的福利高于无货币时的福利。然而，在NM-M实验局中，货币在随后的第二部分才被引入，福利并不因货币的引入而改善。

对发现3的支持来自表8-4，尤其来自“福利”项下的报告，其表明，被试者在NM-M和M-NM实验局的第一、第二部分能够实现的福利水平，它表示为最优水平的百分比。[13]我们观察到，在M-NM实验局中，与没有货币的第二部分相比，有货币的第一部分福利更高。另外，如果经济起始就没有货币，正如NM-M实验局的第一部分，那么货币的引入似乎并不会改善福利。表8-6进一步确认了这些观察。我们使用NM-M和M-NM实验局各场中的每一期福利比率作为因变量，以及场次层面的聚类标准误差，进行了固定效应回归，结果如表8-6所示。[14]

表8-6 NM-M 和 M-NM 实验场次中每期福利比率的回归分析

变量	NM-M 和 M-NM	仅 NM-M	仅 M-NM
常数项	0.197***	0.261***	0.172***
	(0.021)	(0.022)	(0.022)
M	0.086***	-0.038	0.211***
	(0.023)	(0.031)	(0.031)
OrderM-NM	0.040*		
	(0.023)		
观察值	186	93	93
R^2	0.07	0.01	0.34

注：*、***分别表示在10%和1%水平下显著。

第1列的回归使用了来自NM-M和M-NM实验局全部6场的每期福利比率。我们发现，虚拟变量M（代表提供货币的实验局）的系数为正且显著，即货币的存在提高了所有场次的福利水平。我们还发现，与表8-4一致，实验顺序很重要；正如虚拟变量OrderM-NM的系数所示，与实验顺序NM-M相比，实验顺序为M-NM时福利水平更高。表8-6的第2、第3列分别关注了仅NM-M实验局或仅M-NM实验局的数据。可以看到，实验顺序为NM-M时，货币的引入对福利比率没有显著影响。然而，实验顺序为M-NM时，货币的引入对福利比率具有显著影响且很大，以至于第1列中也出现了显著的结果。在NM-M实验顺序下，福利不会因货币的引入而提升，这似乎可归因于NM-M第二部分中DM交易量微不足道的增加，以及从第一部分NM到第二部分M时对DM支付的接受率的小幅下降，如表8-4所示。看起来，低水平礼物交换的社会规范一旦建立，就很难被放弃，即使引入了货币（从而也引入了价格），这种社会规范或许仍旧存续。

关于NM-M和M-NM中的价格，表8-7报告了平均DM交易价格（仅对于每场的M部分），以及CM市场价格（对于NM部分和M部分）。回顾表8-2，对于模型的参数设定，当$M/2N=8$时（正如这些场次的M部分中那样），DM价格p和CM价格P的货币均衡预测值都等于2。

表8-7 NM-M 和 M-NM 实验场次的两个部分的平均（中位数）DM 或 CM 价格

NM-M 场次	不提供货币			提供货币		
	平均 DM 价格	平均 CM 价格	中位数 CM 价格	平均 DM 价格	平均 CM 价格	中位数 CM 价格
NM-M-1	N/A	0.982	0.988	2.403	5.528	4.093
NM-M-2	N/A	0.981	0.994	2.659	13.750	4.483
NM-M-3	N/A	0.977	0.981	3.534	4.576	4.538
全部3场	N/A	0.980	0.987	2.865	7.861	4.371

（续）

M-NM场次	提供货币			不提供货币		
	平均DM价格	平均CM价格	中位数CM价格	平均DM价格	平均CM价格	中位数CM价格
M-NM-1	1.124	1.452	1.259	N/A	0.949	0.967
M-NM-2	2.017	3.028	3.332	N/A	0.966	1.000
M-NM-3	1.310	1.725	1.566	N/A	0.971	0.999
全部3场	1.484	2.068	2.053	N/A	0.962	0.988

在表8-7中，对于M-NM的M部分，平均DM价格为1.484，接近但低于货币均衡预测值2。然而，这些场次M部分的CM价格非常接近2，M-NM实验局3场的平均值为2.067（中位数为2.053）。这不仅证实了货币的使用（否则不会有DM价格），而且表明在M-NM的M部分，被试者接近于协调实现了唯一的货币均衡。

相比之下，NM-M的M部分的价格与货币均衡预测不一致；如表8-7所示，DM价格大于2，平均为2.865，而CM价格相当高，平均为7.861，尽管CM中位数价格相对较低，为4.371。NM-M的M部分中这些大于预测值的价格，的确反映了这个事实：相对于货币均衡预测值每期4单位，NM-M的M部分中DM交易量过低；DM交易量低于均衡值，且货币供给不变，必然地，DM价格和CM价格都将高于均衡预测值。

在M-NM和NM-M的NM部分中，CM价格都非常接近1，这反映了一个共同的策略，即被试者竞购的集中式商品X的数量与其生产的数量一致；在这些场次的NM部分中，没有必要重新平衡货币持有量，因而价格的作用仅在于它作为CM中市场参与者的协调行为的信号。

正如8.1引言中所述，人类历史上事件的自然顺序是非货币的礼物交换制度先于当前的非个人化交换的现代法币制度。然而，当我们在实验室中进行这样一个制度变化时（从NM到M），我们发现，一方面尽管使用了货币且DM交易量略有增长，但被试者的行为与新的唯一货币均衡预测有相当大的偏离，并且福利没有提升。另一方面，如果与历史相反，起始时就提供货币，那么行为更符合对M部分的货币均衡预测，并且，在NM部分撤出货币会导致交易量和福利水平显著下降。我们推测，相比实验研究中被压缩的时间框架，从NM到M的制度调整可能需要更长的时间。进一步注意到，货币交换制度通常包括一个中间过渡阶段，即从纯礼物交换制度到商品货币制度，然后才到法币制度，而不是从纯礼物交换经济直接跨越到法币经济。我们还要说明的是，货币制度通常伴随着要求使用货币的法律限制（如用来支付税收），而本章的研究框架完全未涉及这些限制。这些遗漏在理解实验顺序的影响上是潜在的重要因素。

M-2M 和 2M-M 实验局

我们现在转向货币中性命题，它由 Hume 最早提出，在货币数量论中占据根本性的地位。在这部分的实验局中，总货币存量或者是 M 中的 112 单位（人均 8 单位），或者是 2M 中的 224 单位（人均 16 单位），即后者是前者的两倍。第一个发现是关于这些实验局中 DM 支付的接受率的。

发现 4　在 M-2M 或 2M-M 的第一部分和第二部分之间，DM 支付的接受率没有差异。

对发现 4 的支持来自表 8-8 和表 8-9。表 8-8 的第 2 列和第 5 列报告了在 M-2M 和 2M-M 实验局中，生产者对 DM 支付的平均接受频率；这些接受频率都很近似，平均介于 0.425 和 0.473 之间。的确，对接受频率的配对进行威尔科克森符号秩检验，结果表明没有显著差异（对 M-2M 和 2M-M 实验局，p 值都等于 0.75）。进一步的支持来自表 8-9 的第 1 列，它报告了生产者的 DM 支付接受决策对一个常数项和两个虚拟变量（2M 和 Order2M-M）的随机效应回归结果。如果货币供给为 $2M$，则虚拟变量 $2M$ 等于 1；如果实验顺序为第一部分 $2M$、第二部分 M，则虚拟变量 Order2M-M 等于 1。

表 8-8　在 M-2M 和 2M-M 实验局每场实验的两部分中，DM 支付平均接受频率、DM 交易量 q 以及福利水平（最优水平的 1 个百分比）

M-2M 场次	提供货币 M			提供货币 2M		
	DM 支付平均接受频率	DM 交易量 q	福利水平	DM 支付平均接受频率	DM 交易量 q	福利水平
M-2M-1	0.464	3.477	0.383	0.448	2.865	0.355
M-2M-2	0.420	4.021	0.330	0.476	3.380	0.381
M-2M-3	0.536	4.690	0.457	0.390	5.195	0.351
全部 3 场	0.473	4.053	0.390	0.438	3.813	0.363
2M-M 场次	**提供货币 2M**			**提供货币 M**		
	DM 支付平均接受频率	DM 交易量 q	福利水平	DM 支付平均接受频率	DM 交易量 q	福利水平
2M-M-1	0.505	3.627	0.444	0.536	2.076	0.373
2M-M-2	0.362	2.372	0.302	0.330	2.298	0.227
2M-M-3	0.410	3.884	0.347	0.446	1.850	0.296
全部 3 场	0.425	3.294	0.365	0.438	2.075	0.298

表 8-9 M-2M、2M-M 实验局中处理效应的 GLS 回归分析和 DM 行为

变量	DM 支付接受决策	DM 交易量 q
常数项	0.467***	3.631***
	(0.019)	(0.472)
M	-0.025	0.820
	(0.031)	(0.506)
OrderM-NM	-0.024	-0.972*
	(0.045)	(0.527)
R^2	0.01	0.05
观察值	1 302	571

注：*、*** 分别表示在 10% 和 1% 水平下显著。

表 8-9 第 1 列中的回归结果表明，平均的 DM 支付接受频率为 46.7%，且虚拟变量 2M 和 Order2M-M 的系数都不显著，即货币供给加倍和实验顺序均不会影响对 DM 支付的接受频率。

我们接下来考虑，货币供给的变化是否对 DM 交易量有任何的实际效应。

发现 5 与货币中性命题一致，货币供给为 M 或 2M，对 DM 交易量不具有实际影响。然而，与 2M-M 实验局相比，在 M-2M 实验局中货币中性结果更显著。

对发现 5 的支持来自表 8-8 和表 8-9。如表 8-8 所示，在 M-2M 和 2M-M 实验局的第一部分中，平均 DM 交易量彼此很接近，并且接近于货币均衡预测值 4 单位；全部 M-2M 和 2M-M 实验局场次第一部分的平均交易量如图 8-2 所示。的确，用图 8-2 中 6 场实验的观察值进行威尔科克森—曼—惠特尼检验，结果表明不能拒绝原假设：DM 交易量在 M-2M 第一部分（M）与 2M-M 第一部分（2M）之间没有差异，$p=0.275$，这说明货币供给加倍对 DM 交易量不具有实际影响，至少在这些场次的第一部分中确实如此。

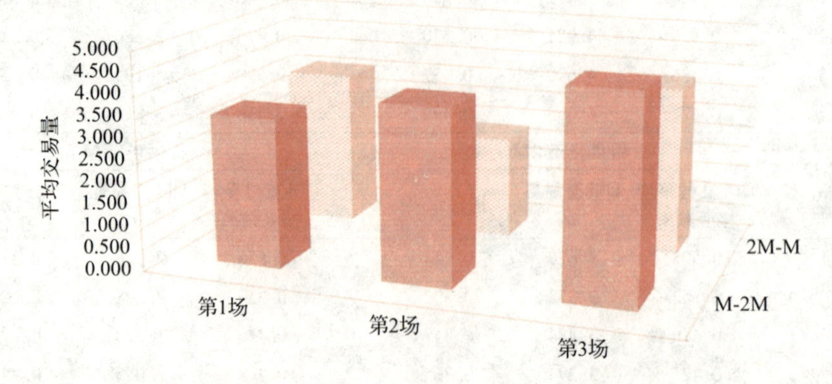

图 8-2 在 M-2M 实验局 3 场实验和 2M-M 实验局 3 场实验的第一部分的平均 DM 交易量

另外，在表 8-8 中，我们观察到，M-2M 和 2M-M 实验局第二部分的平均 DM 交易量都出现了下降，并且相比 M-2M 实验局的第二部分，2M-M 实验局的第二部分平均 DM 交易量的下降似乎大得多，这支持了发现 5 的第二点。

支持发现 5 的进一步证据来自表 8-9 的第 3 列，它报告了 DM 交易量对两个虚拟变量（2M 和 Order2M-M）的回归结果，以理解交易决策。回归结果表明，M 实验局中 DM 基准交易量为 3.631 单位，再次接近于货币均衡预测值 4 单位。虚拟变量 2M 的系数在统计上不显著，这表明货币供给加倍对交易量没有显著影响。然而，Order2M-M的系数显著为负，这支持了发现 5 的最后一点。并且，如果实验顺序为 2M-M，而不是基准顺序 M-2M，那么 DM 市场的平均交易量会降低 0.972 单位。在表 8-8中，相较于 M-2M 实验局的 M 和 2M 部分，DM 交易量在 2M-M 实验局的 2M 和 M 部分都更低，这也确证了实验顺序的影响。

由发现 4 和发现 5 可得：

发现 6　M-2M 实验局中货币供给加倍不会影响福利水平，但 2M-M 实验局中货币供给减少会降低福利水平。

对发现 6 的支持来自表 8-8，可以看到，对于 M-2M 实验局，货币供给从 M 加倍至 2M，福利水平并无太大变化。的确，用 M-2M 实验局 3 场实验的 3 对福利进行双侧威尔科克森符号秩检验，结果表明不能拒绝原假设：福利水平在 M 部分和 2M 部分之间没有差异，$p=0.75$。然而，对 2M-M 实验局的 3 对福利进行相同的检验，结果表明，与 2M 部分相比，M 部分的福利水平更低（$p=0.25$，这是仅有 3 个观察值时可能的最低 p 值）。这主要是由于 M-2M 实验局的 3 场中有两场的 M 部分的 DM 交易量大幅下降，因为接受率在 M 和 2M 之间并没有太大变化。

进一步地，表 8-10 报告了对各场实验的固定效应回归，回归使用了聚类标准误差，因变量为每一期的福利比率（即各期福利水平占 NM-M 和 M-NM 中最优福利水平的比），这与对应 NM-M 和 M-NM 实验局的表 8-6 中的做法相同。

如表 8-10 中第 1 列所示，虚拟变量 2M 的系数不显著，这表明从 M 到 2M 对每期福利比率没有影响。另外，虚拟变量 Order-2M 的系数显著为负，表明如果实验顺序为 2M-M，而不是基准顺序 M-2M，则福利水平会更低。的确，进一步地，如第 2、第 3 列所示，在 M-2M 中，货币供给加倍不影响每期福利水平，但在 2M-M 实验局中，2M 部分的福利高于相同场次 M 部分的福利。这主要是由于 2M-M 实验局的 3 场中有两场的 M 部分的 DM 交易量大幅下降，因为接受率在 M 和 2M 之间并没有太大变化。

表 8-10 M-2M 和 2M-M 实验场次中每期福利比率的回归分析

变量	M-2M 和 2M-M	仅 M-2M	仅 2M-M
常数项	0.367***	0.390***	0.298***
	(0.022)	(0.025)	(0.025)
M	0.019	-0.027	0.066*
	(0.025)	(0.036)	(0.036)
Order2M-M	-0.047*		
	(0.025)		
观察值	186	93	93
R^2	0.02	0.01	0.34

注：*、*** 分别表示在 10% 和 1% 水平下显著。

货币中性命题的进一步含义是，2M 中的价格应该两倍于 M 中的价格。这个预测对于 DM 价格和 CM 价格都应该成立。

发现 7 在 M-2M 实验局中，总货币量从 M 加倍至 2M，则分散式和集中式市场价格也近似地翻了一倍，与货币均衡预测值一致。相比之下，在 2M-M 实验局中，货币供给从 2M 减少为 M，但价格并没有变化，抑或是出现了向相反方向的变化。

发现 7 的支持来自表 8-11 和表 8-12。表 8-11 报告了 M-2M 和 2M-M 实验局的每场实验中 DM 和 CM 两个市场中的平均交易价格。可以看到，在 M-2M 实验局中，M 部分的平均 DM 价格和平均 CM 价格在均衡预测值 2 左右，2M 部分的平均 DM 价格和平均 CM 价格则增至均衡预测值 4 左右（下面将对此做更精确的说明）。相比之下，在 2M-M 实验局中，与均衡预测相反，从 2M 部分到 M 部分，DM 价格上升了，而 CM 价格基本上没有变化。

表 8-11 M-2M 和 2M-M 实验场次的两个部分的平均（或中位数）DM 或 CM 价格

M-2M 场次	提供货币 M			提供货币 2M		
	平均 DM 价格	平均 CM 价格	中位数 CM 价格	平均 DM 价格	平均 CM 价格	中位数 CM 价格
M-2M-1	1.784	3.043	2.859	6.253	7.161	2.859
M-2M-2	1.410	2.925	1.551	3.266	6.227	4.808
M-2M-3	0.964	1.825	1.512	2.569	3.489	3.285
全部 3 场	1.386	2.598	1.974	4.030	5.626	3.651
2M-M 场次	**提供货币 2M**			**提供货币 M**		
	平均 DM 价格	平均 CM 价格	中位数 CM 价格	平均 DM 价格	平均 CM 价格	中位数 CM 价格
2M-M-1	3.100	4.954	4.689	4.429	4.003	3.796
2M-M-2	2.289	4.275	3.337	3.822	5.781	3.784
2M-M-3	2.889	4.916	4.591	3.142	3.006	2.831
全部 3 场	2.759	4.715	4.206	3.797	4.263	3.470

为了更精确地量化这些效应，表 8-12 报告了 DM 交易量 q、DM 交易价格 p 和 CM 市场价格 P 对一个常数项和一个虚拟变量 2M 的回归结果。对于虚拟变量 2M，如果货币量加倍至 2M，则其取 1，否则，如果货币量为 M，则其取 0。注意到，与表 8-5 和表 8-9 中的回归分析相对比，此处的回归分析中没有包括实验顺序虚拟变量，因为，我们感兴趣的是货币量的变化对价格的影响，我们只是根据实验顺序，即或者 M-2M 或者 2M-M，对相应的数据进行了考察。回归结果证实了发现 5，即在 M-2M 实验局中，货币供给从 M 变化至 2M 对 DM 交易量没有显著影响；常数项的系数为 4.12，显著不等于 0，并接近于货币均衡预测 $q=4$，但虚拟变量 2M 的系数与 0 没有显著差异，表明货币供给的变化对交易量不具有实际效应。再次与货币中性命题相一致，货币供给从 M 变化至 2M 导致了 DM 价格的显著上涨，从 1.46 涨至 4.13，接近于唯一的货币均衡预测，即 DM 价格从 $p=2$ 涨至 $p=4$。在 M-2M 实验局中，CM 价格 P 也显著地从 2.597 涨至 5.628，虽然比均衡预测值稍高，但是变化的方向与预测一致，即从 $P=2$ 上涨至 $P=4$。因此，对于 M-2M 实验局，货币供给加倍没有实际效应，但是，确实导致 DM 价格和 CM 价格都大约翻了一倍，这与货币中性命题一致。

表 8-12　对应货币供给变化的数量和价格行为的回归分析

变量	M-2M			2M-M		
	DMq	DMp	CMP	DMq	DMp	CMP
常数项	4.12***	1.46***	2.597***	2.136***	3.955***	4.263***
	(0.350)	(0.254)	(0.390)	(0.093)	(0.532)	(0.816)
2M	−0.283	2.67***	3.028***	1.895***	−1.113**	0.126
	(0.373)	(0.947)	(0.725)	(0.182)	(0.508)	(0.821)
观察值	293	290	93	278	276	93
R^2	0.01	0.05	0.17	0.01	0.04	0.01

注：**、*** 分别表示在 5% 和 1% 水平下显著。

相比之下，在 2M-M 实验局中，如表 8-12 所示，货币供给从 2M 到 M 的变化对 DM 交易量具有一定的实际效应。尤其是，与第二部分 M 相比，第一部分 2M 中实际的 DM 交易量显著更高，平均高出 1.895 单位。对于 p，虚拟变量 2M 的系数显著为负，表明 DM 交易价格在第一部分 2M 中显著更低；对于 P，虚拟变量 2M 的系数不显著，表明货币供给从 2M 到 M 的变化不影响 CM 价格。这也与货币中性命题不一致。这些与 M-2M 实验局中相反的发现可能反映了一个事实，即被试者关于货币供给减少以及相关的通货紧缩的生活经验有限，在各场实验有限的时间框架中，他们无法立即知道如何适应新环境。或者，这些发现可能反映了某种基于行为的对价格下降的厌恶，正如一些使用了实地数据的文献所示，如 Bewley(1999)。这些发现也与其他实验研究大体一致（参见“相关文献”部分），这些实验研究表明，名义价格对正向冲击和负向冲击具有不对称的反应（例如 Fehr and Tyran，2001 和 Noussair et al.，2012）。

8.6 结论

在 Camera 和 Casari(2014)、Duffy 和 Puzzello(2014) 的相关实验研究之后，本章使用基于组内被试者的实验设计，为随机搜寻环境中货币交换的协调作用提供了进一步证据，更仔细地研究了货币制度相对于非货币制度的影响，以及货币供给变化对实际经济活动和实际价格的影响。实验室控制尤其是本章使用的基于组内被试者的实验设计，使我们能更清楚地了解实际经济活动和价格决定的因果机制。此外，我们在此研究的这类货币政策实验，即货币供给加倍或减半，在现实经济中不易实施，这是我们进行实验室研究的另一个动因。

我们发现，与没有货币时相比，货币的存在增加了实际交易活动，但是，整体福利取决于引入货币的顺序。实验发现还表明，与货币中性命题一致，货币供给加倍并无实际效应，仅使价格同样翻了一倍。然而，我们也发现了与货币中性命题不一致的现象，货币供给减半具有实际效应，价格并未等比例下降。

正如引言中所述，人类交易历史上的顺序是礼物交换制度先于货币交换制度。在我们的实验中，从非货币的礼物交换制度向货币交换制度的转变并没有提升福利，理解个中原因是未来研究的一个重要问题。前面也已提及，本章一点明显的遗漏是，在我们的实验中，货币制度没有任何要求使用货币的法律限制（例如，用货币来支付税收），而这些法律限制在从礼物交换向货币交换的历史转变中，或许发挥着重要的作用。第二点遗漏是，任何一种会计记账或借贷分类账的使用可能消除了礼物交换制度中对货币的需要，记账方式在历史上具有意义（参见 Graeber，2011）。第三点遗漏是，我们忽略了一个潜在重要的过渡阶段，即商品—货币交换制度，其中，用作货币的商品除了具有交换价值，还具有一定的使用价值（效用价值）。[15]从仅涉及实际成本和实际收益的纯礼物交换制度，转向使用没有实际内在价值的法币的货币交换制度，需要一个涉及商品—货币发行（例如，金币或银币）的中间阶段，正如我们在人类货币交换的历史中所观察到的。我们将把这些问题作为未来研究的方向。

注 释

1. Eagleton 和 Williams (2007)。
2. 正如 Graeber (2011) 强调的，在人类学的记录中，没有证据表明物物等价交换制度早于货币交换制度。事实上，证据表明事件的顺序恰恰相反：历史上，物物交换主要出现在“习惯于现金交易的人们由于某种原因不能使用货币时”参见，Graeber（2011，P40）。

3. 关于货币的实验研究，Duffy(2014）提供了更详细的文献综述。
4. 也就是说，仅当参与者相信代币有价值时，这些代币（或法币）才有价值，而与任何要求在交易中使用代币的法律限制或预付现金约束无关；这些代币“本质上没有价值”，因为它们不会给参与者带来任何效用。
5. 在最初的拉各斯—赖特模型中，参与人没有被匹配成对的概率为正的（$1-\alpha$），双重巧合交换的概率为正的 δ，参与人被选定为消费者或生产者的概率为 σ。我们对模型进行了简化，设定 $\alpha=1$，$\delta=0$，$\sigma=1/2$。这不影响定性结果。
6. 如果货币供给不是 M 而是 $2M$，则行动集为 $[0,\bar{q}]\times[0,2M]$。
7. 注意，满足 $u(\bar{q})=c(\bar{q})$ 的数量 $\bar{q}\in[21,22]$。为简单起见，我们仅选择 $\bar{q}=22$。
8. NM-M实验局中使用的示例说明参见附录 8A。
9. Roth 和 Murnighan（1978）提出了在实验室中进行无限次重复博弈的随机终止方法。Fréchette和 Yuksel(2013）对随机终止（RT）和其他理论上等价的方法进行了比较；RT 可以在重复囚徒困境博弈中产生最高程度的合作。
10. 序列（超级博弈）长度的变化能影响合作行为的程度，正如 Dal Bo 和Fréchette(2011)的重复囚徒困境博弈实验以及 Engle-Warnick 和 Slonim(2006)的重复信任博弈实验所示。如Fréchette和 Yuksel(2013)那样，在实验局之间保持序列长度不变，有助于使这些变化减到最小，从而任何观察到的组内被试者行为的差异就可以仅仅归因于实验局的变化。我们使用的基于组内被试者的实验设计，也使得这种设计选择成为必需，因为我们必须确保能朗读每场实验的说明，并能在被试者参与每场实验的时间内实行两个不同的不确定重复博弈环境。
11. 虽然我们将涉及代币的实验局称为“货币”实验局，但是我们在实验说明或电脑屏幕上小心地避免“货币”这个词的任何使用。
12. 然而，被试者得到了 20 点初始禀赋，以及出场费。
13. 福利度量方法是，先计算所有被试者在所有超级博弈中积累的效用收益和损失（以点数度量），然后，用该数除以根据最优均衡（分散式市场交易量 $q=6$）可得到的点数。
14. 我们在这些回归中使用了期层面的数据而不是个体层面的数据，因为，在个体层面，DM 中有获益的消费者也有受损的生产者。期层面的福利比率加总了这些个体福利和损失，因此，提供了对每期福利更好的度量。
15. 在实验经济学的语言中，这些商品货币对被试者而言具有固定的、已知的“赎回价值”（正如 Lian and Plott,1998 的研究情形），而使用的代币（法币）没有赎回价值，它仅是实现最终目标（获得消费）的一种可能手段，正如法币制度中的情形。
16. 如果 $-q+b/P<0$，则 $b/P<q$ 或 $b<Pq$，所以 $Pq-b>0$。
17. 如果 $-q+b/P<0$，则 $b/P<q$ 或 $b<Pq$，所以 $Pq-b>0$。

参考文献

Aliprantis, C. D., Camera, G., & Puzzello, D. (2007a). Contagion equilibria in a monetary model. *Econometrica, 75*(1), 277–282.

Aliprantis, C. D., Camera, G., & Puzzello, D. (2007b). Anonymous markets and monetary trading. *Journal of Monetary Economics*, *54*(7), 1905–1928.

Araujo, L. (2004). Social norms and money. *Journal of Monetary Economics*, *51*(2), 241–256.

Araujo, L., Camargo, B., Minetti, R., & Puzzello, D. (2012). The essentiality of money in environments with centralized trade. *Journal of Monetary Economics*, *59*(7), 612–621.

Bewley, T. F. (1999). *Why wages don't fall during a recession*. Cambridge, MA: Harvard University Press.

Camera, G., & Casari, M. (2014). The coordination value of monetary exchange: Experimental evidence. *American Economic Journal: Microeconomics*, *6*(1), 290–314.

Dal Bo, P., & Fréchette, G. R. (2011). The evolution of cooperation in infinitely repeated games: Experimental evidence. *American Economic Review*, *101*(1), 411–429.

Duffy, J. (2014). Macroeconomics: A survey of laboratory research. In J. H. Kagel & A. E. Roth (Eds.), *Handbook of experimental economics* (Vol. 2). Princeton, NJ: Princeton University Press (forthcoming).

Duffy, J., & Puzzello, D. (2014). Gift exchange versus monetary exchange: Theory and evidence. *American Economic Review*, *104*(6), 1735–1776.

Eagleton, C., & Williams, J. (2007). *Money: A history* (2nd ed.). New York, NY: Firefly Books.

Ellison, G. (1994). Cooperation in the Prisoner's Dilemma with anonymous random matching. *Review of Economic Studies*, *61*(3), 567–588.

Engle-Warnick, J., & Slonim, R. L. (2006). Inferring repeated-game strategies from actions: Evidence from trust game experiments. *Economic Theory*, *28*(3), 603–632.

Fehr, E., & Tyran, J.-R. (2001). Does money illusion matter? *American Economic Review*, *91*(5), 1239–1262.

Fehr, E., & Tyran, J.-R. (2014). Does money illusion matter? Reply. *American Economic Review*, *104*(3), 1063–1071.

Fischbacher, U. (2007). Z-Tree: Zurich toolbox for ready-made economic experiments. *Experimental Economics*, *10*(2), 171–178.

Fréchette, G., & Yuksel, S. (2013). *Infinitely repeated games in the laboratory: Four perspectives on discounting and random termination*. Working Paper. Department of Economics NYU.

Friedman, M. (1969). *The optimum quantity of money*. New York, NY: Macmillan.

Graeber, D. (2011). *Debt: The first 5,000 years*. Brooklyn, NY: Melville House Publishing.

Green, E. J., & Zhou, R. (2005). Money as a mechanism in a Bewley economy. *International Economic Review*, *46*(2), 351–371.

Greif, A. (2006). The birth of impersonal exchange: The community responsibility system and impartial justice. *Journal of Economic Perspectives*, *20*(2), 221–236.

Hume, D. (1752 [1987]). Of money. In E. F. Miller (Ed.), *David Hume: Essays, moral, political, and literary* (pp. 281–294). Indianapolis, IN: Liberty Classics.

Kandori, M. (1992). Social norms and community enforcement. *Review of Economic Studies*, *59*(1), 63–80.

Kiyotaki, N., & Wright, R. (1989). On money as a medium of exchange. *Journal of Political Economy*, *97*(4), 927–954.

Lagos, R., Rocheteau, G., & Wright, R. (2014). *The art of monetary theory: A new monetarist perspective*. Working Paper.

Lagos, R., & Wright, R. (2005). A unified framework for monetary theory and policy analysis. *Journal of Political Economy*, *113*(3), 463–484.

Lian, P., & Plott, C. R. (1998). General equilibrium, markets, macroeconomics and money in a laboratory experimental environment. *Economic Theory*, *12*(1), 21–75.

Nosal, E., & Rocheteau, G. (2011). *Money, payments, and liquidity*. Cambridge, MA: MIT Press.

Noussair, C., Richter, G., & Tyran, J.-R. (2012). Money illusion and nominal inertia in experimental asset markets. *Journal of Behavioral Finance*, *13*(1), 27–37.

Petersen, L., & Winn, A. (2014). Does money illusion matter? comment. *American Economic Review*, *104*(3), 1047–1062.

Roth, A. E., & Murnighan, K. J. (1978). Equilibrium behavior and repeated play of the Prisoner's Dilemma. *Journal of Mathematical Psychology*, *17*(2), 189–198.

Shafir, E., Diamond, P., & Tversky, A. (1997). Money illusion. *Quarterly Journal of Economics*, *112*(2), 341–374.

Shapley, L., & Shubik, M. (1977). Trade using one commodity as a means of payment. *Journal of Political Economy*, *85*(5), 937–968.

Williamson, S., & Wright, R. (2011). New monetarist economics: models. In B. M. Friedman & M. Woodford (Eds.), *Handbook of monetary economics* (Vol. 3A, pp. 25–96). Amsterdam: North-Holland.

附录8A

本部分为 NM-M 实验局中使用的实验说明。其他实验局的实验说明相似，读者如有需要可联系作者索取。

欢迎参加这个关于决策的经济学实验。本实验的经费由匹兹堡大学提供。如果你能很好地理解实施说明并做出明智决策，那么在实验结束时你将获得可观的现金报酬。在实验期间，请不要说话。

今天的实验包括两个部分，我们首先阅读第一部分的实验说明，完成之后，你们每人都要回答几个简短的问题，以确保每个人都理解了这些说明。你们也会有提问的时间，以弄清楚问题。然后，你们将使用计算机开始做决策。在第一部分结束后，你们会收到第二部分的实验说明。你们可以从这两个部分实验中获得收益，正如每部分的实验说明中所明确的。

概述：第一部分

今天的实验有 14 人参加。每位参与者将在若干序列中做出消费、生产、购买或销售决策。每个序列包括的期数未知。每期包括两轮。在每期结束时，计算机程序将抽取一个随机数，具体地，将从集合{1，2，3，4，5，6}中抽取一个整数。这 6 个数中的每一个，其被选择的机会都相等，就像掷一个六面骰子。计算机程序会在所有参与者的屏幕上显示被选择的随机数，如果它为 1，2，3，4 或 5，则该序列会继续进行另一期；如果它为 6，则序列结束。因此，一个序列继续进行下一期的概率为5/6，在每期之后结束的概率为1/6。如果序列结束，那么一个新序列将开始，这取决于可用的时间。

实验开始时，你会得到20点的禀赋。在序列进行的整个过程中，根据你的决策和以下所述的规则，你将获得或失去相应点数。你的总点数会从一个序列转入下一个序列。你从所有序列中获得的最终总点数将决定你在实验的第一部分的收益。每一点数等价于0.3美元。

时间安排和随机配对

每一期包括两轮，在第一轮14位参与者将被随机匹配为7对，每对在分散式市场上进行决策。在每一期的第二轮（最后一轮），所有14位参与者将在一个集中式市场上进行决策。我们现在对两轮中的每一轮进行说明。

第一轮：分散式市场

在每个分散式市场（每一期的第一轮）开始时，每位参与者与另一位参与者被随机配对。所有的配对都是等可能的。在每对中，一位参与者被随机选定为**消费者**，另一位为**生产者**。在每轮分散式市场开始时，你被等概率地指定为两者中的任一角色，就像用抛硬币来决定你在该市场中是生产者还是消费者。在分散式市场中，生产的商品易腐坏，但可以交易。商品是“易腐坏的”，因为它不能转入其他轮或其他期。生产一定量的易腐商品会花费成本，这将从生产者的总点数中减去相应点数；消费一定量的该种商品会带来收益，这将增加消费者的总点数。表8A-1总结了相关的成本和收益。例如，如果你是生产者，并同意生产2单位商品，那么你的生产成本为2点。如果你是消费者，并获得了7单位商品的消费，那么你的收益为14.56点。

表8A-1　生产者、消费者的成本和收益（点数），分散式市场

数量	生产者成本（点数）	消费者收益（点数）
0	0	0.00
1	-1	4.85
2	-2	7.69
3	-3	9.70
4	-4	11.27
5	-5	12.54
6	-6	13.62
7	-7	14.56
8	-8	15.38
9	-9	16.12
10	-10	16.78
11	-11	17.39
12	-12	17.95

（续）

数量	生产者成本（点数）	消费者收益（点数）
13	-13	18.47
14	-14	18.96
15	-15	19.40
16	-16	19.83
17	-17	20.23
18	-18	20.61
19	-19	20.97
20	-20	21.31
21	-21	21.64
22	-22	21.95

消费者首先行动，并要决定，希望配对的生产者为其生产多少单位该种商品，如图 8A-1 所示。消费者可以要求 0～22 的任何数量（包括端点值，并可以取分数）。在所有消费者做出决策后，他们的提议（要求的商品数量）被提供给配对的生产者。生产者要决定“接受”或“拒绝”消费者的提议，如图 8A-2 所示。如果生产者点了“接受”按钮，则提议的交易发生：生产者生产消费者要求的商品量，并因此产生成本，点数减少。消费者则通过交易得到相应的商品量，并从消费中获得收益，点数增加。如果生产者点了“拒绝”按钮，则没有交易发生：两位参与者的点数保持不变。

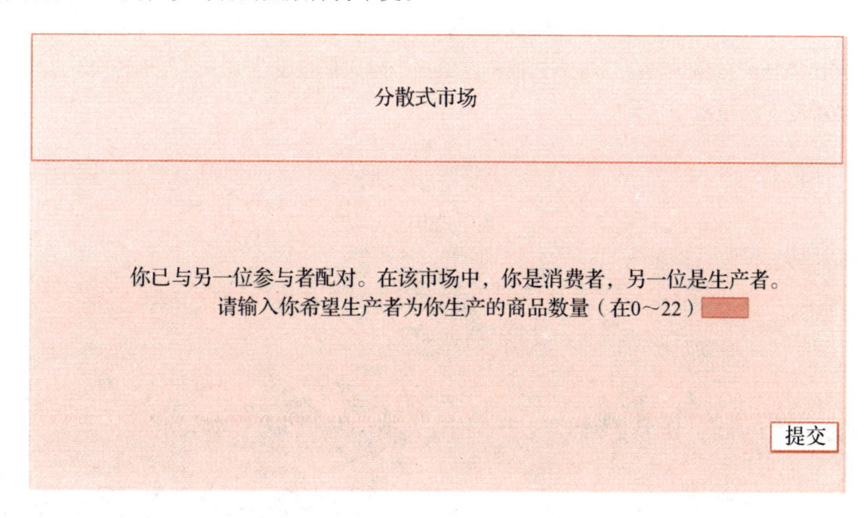

图 8A-1 消费者决策屏幕（分散式市场）

分散式市场（第一轮）的结果会在所有决策都做出之后显示。在所有的交易都执行后，我们接着进入第二轮：集中式市场。

分散式市场

你已与另一位参与者配对。在该市场中，你是生产者，另一位是消费者。
在本轮中，消费者提议的产量为：
生产该数量商品你将减少的点数为：
你想接受或拒绝该提议？ 接受
拒绝

提交

图 8A-2 生产者决策屏幕（分散式市场）

第二轮：集中式市场

在一期中的第二轮，所有 14 位参与者可以在一个集中式市场上进行交易（在集中式市场上没有进行配对）。在集中式市场上，每位参与者可以决定是否生产并销售易腐的“商品 X”。选择生产并销售商品 X 的参与者可以进一步选择购买并消费商品 X。参与者也可以选择不生产或不购买任何单位的商品 X。

你在集中式市场上面对的第一个决策如图 8A-3 所示。你要决定，愿意生产并销售多少单位的商品 X。你可以选择 0 ~ 22 的任何数量“q”（包括端点值，并可以取分数）。如果你不想生产并销售任何数量的商品 X，那么请在这第一个输入框中输入 0。输入你选择的数量后，请单击“提交”按钮提交。

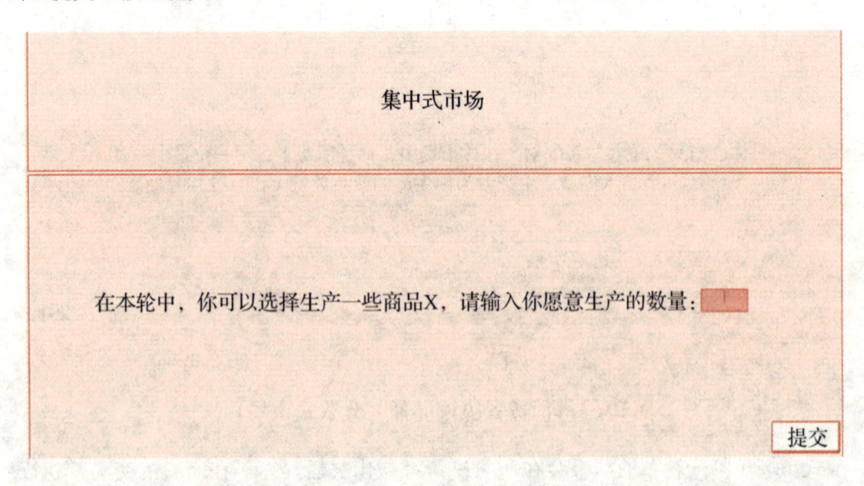

图 8A-3 商品 X 的生产决策屏幕（集中式市场）

如果你生产的数量 $q>0$，那么也许能以市场价格 P 卖出这些单位的商品 X，只要有愿意购买的消费者（如下面所解释的）。在所有参与者选择了生产数量后，那些输入 $q>0$ 的参与者要面对集中式市场上的第二个决策，即是否愿意购买并消费任何数量的商品 X，如图 8A-4 所示。每位参与者可竞购并消费 $0\sim q$ 的任何数量（包括端点值，并可以取分数），q 即其选择的生产并销售商品 X 的数量。你想竞购并消费商品 X 的数量为"b"，$0\leqslant b\leqslant q$。如果你不想竞购并消费任何数量的商品 X，那么请在这集中式市场的第二个输入框中输入 0。在你做出选择之后，请单击"提交"按钮提交。

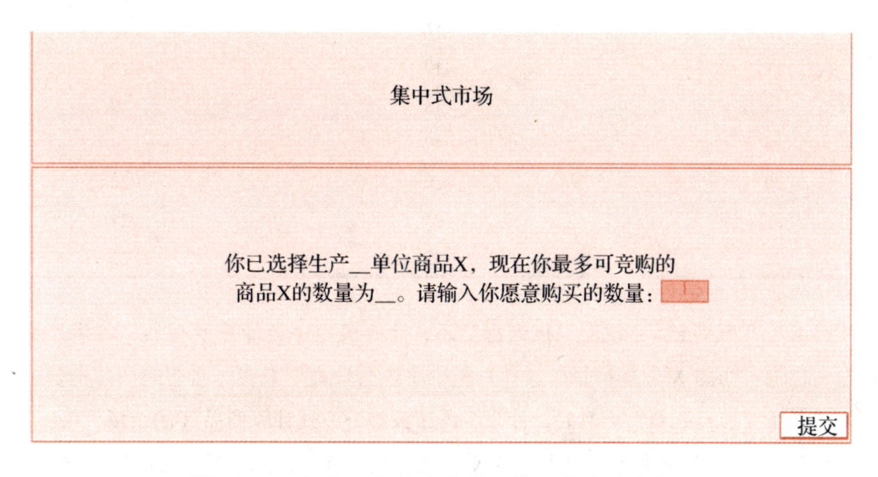

图 8A-4 商品 X 的购买决策屏幕（集中式市场）

表 8A-2 显示了你从生产并销售或从购买并消费中能获得的点数。例如，如果你选择生产并销售 2 单位商品 X，并且你能够卖出这些数量（参见下面内容），那么生产这 2 单位商品 X 将产生 2 点的成本。如果你能够购买并消费 7 单位商品 X（参见下面内容），那么你会获得 7 点的收益。

表 8A-2 生产者、消费者的成本和收益（点数），集中式市场

生产量 q 或购买量 b/P	生产并销售的成本（点数）	购买并消费的收益（点数）
0	0	0
1	-1	1
2	-2	2
3	-3	3
4	-4	4
5	-5	5
6	-6	6
7	-7	7
8	-8	8
9	-9	9

（续）

生产量 q 或购买量 b/P	生产并销售的成本（点数）	购买并消费的收益（点数）
10	−10	10
11	−11	11
12	−12	12
13	−13	13
14	−14	14
15	−15	15
16	−16	16
17	−17	17
18	−18	18
19	−19	19
20	−20	20
21	−21	21
22	−22	22

在所有参与者都单击了“提交”按钮提交后，计算机程序会计算所有参与者生产并销售的总数量，称为“商品X总生产量”。计算机程序还会计算所有参与者想购买并消费的总数量，称为“商品X总竞购量”。然后，计算机程序按如下方式计算商品X的市场价格：

如果商品X总生产量大于0，且商品X总竞购量大于0，则商品X的市场价格 P 由下式决定：

$$P=\frac{\text{商品X总竞购量}}{\text{商品X总生产量}}$$

如果商品X总生产量等于0，或商品X总出价量等于0（或二者都等于0），则 $P=0$。

注意，当你决定生产或购买商品X时，你不知道 P 的值；只有在所有参与人都做出集中式交易决策后，才能决定 P。一旦市场价格 P 被决定，如果 $P>0$，则集中式市场参与者的个人收益（用点数度量）由下式决定：

$$\text{集中式交易收益}=-q+\frac{b}{P} \tag{8A-1}$$

其中，第一项 $-q$ 代表你生产并销售 q 单位商品X的成本；第二项 b/P 代表给定你的竞购量 b 和由市场决定的价格 P，你能够购买并消费商品X的数量。

请注意，第一，如果 $-q+b/P$ 为负（等价地，$Pq-b$ 为正[16]），那么你就是商品X的净销售者，你将从集中式交易中失去相应点数（根据式(8A-1)）；第二，如果 $-q+b/P$ 为正（等价地，$Pq-b$ 为负），那么你就是商品X的净购买者，将从集中式交易中获得额外的点数（根据式(8A-1)）。因此，如果 $P>0$，则离开集中式市场时，商品X的净销售者（生产者）的总点数更低，而净购买者（消费者）的总点数更高。最后，如果 $P=0$，或者，如果你在集中式市场上不生产或不购买商品X，那么你的点数将保持不变。

根据抽到的随机数，如果还进行下一期，则参与者的总点数会转入该序列下一期的分散式市场中。如果不再进行下一期，那么所有参与者的总点数即其在该序列的最终总点数。根据时间安排，接下来将可能开始一组新的序列。

信息

在每轮分散式市场之后，所有参与者会得知自身以及配对参与者赚取的点数。没有人会知道每一轮与其配对的参与者的身份。在第二轮（集中式市场）之后，你将看到你在第一轮（分散式市场）、第二轮以及本期（第一轮和第二轮）的总点数，还有在当前序列中已累积得到的总点数。方便起见，在每个决策屏幕上，你将看见之前分散式市场（DM）轮次或集中式市场轮次（CM）的决策历史。

收益的决定

在本场实验的第一部分结束时，你从所有序列中获得的总点数，其中，包括在实验开始时获得的 20 点禀赋，将以 1 点 =0.3 美元的比率转换为美元。在今天实验的第二部分中，你将有机会赚取额外的收益。

总结

1. 实验开始时，你有 20 点数。你将进行若干序列，每个序列包括的期数未知。你的点数在所有序列上累积，最终得到总点数。

2. 在一个序列中，每一期包括两轮。

第一轮：分散式市场

（1）参与者被随机匹配成对，其中一位被随机选定为消费者，另一位被随机选定为生产者。这两个角色是等概率的。

（2）消费者决定，向与其配对的生产者要求多少单位的易腐商品。

（3）生产者决定，接受或拒绝与其配对的消费者的提议。

（4）如果提议被接受，如表 8A-1 所示，消费者的点数会增加，生产者的点数会减少，因为，生产约定数量的商品有成本。

（5）参与者会知道他们这一对中各自的收益（点数）。

第二轮：集中式市场

（1）集中式市场上的所有参与者要决定，是否生产并销售、购买并消费或不参与易腐商品 X 的市场交易。

（2）选择生产并销售的参与者要输入其希望生产销售的数量 q。输入 $q>0$ 的参与者，随后要决定是否愿购买并消费商品 X。参与者的竞购量 b 可以取 $0\sim q$ 的任意数（包括端点值），其中 q 为其愿意生产并销售商品 X 的数量。

（3）商品 X 的市场价格 P 由商品 X 总竞购量与商品 X 总生产量的比率决定。如果没有购买（需求）或没有产出（供给），则 $P=0$。

（4）如果 $P>0$，则每位参与者在集中式市场上的点数由公式 $-q+b/P$ 决定。如果 $P=0$，则不存在商品 X 的交易，所有参与者在集中式市场上的收益为 0。

（5）参与者会知道市场价格 P 以及自己在集中式市场上的收益（如果有的话）。

3. 在每一期结束时，会从 1 ~ 6 中随机抽取一个整数，这决定了该序列是否会继续进行另一期。如果抽到的数为 1，2，3，4 或 5，则序列继续进行。如果抽到 6，则序列结束。因此，序列继续的概率为 5/6，序列结束的概率为 1/6。

4. 如果该序列继续，则新的一期开始。前一期结束时的点数余额会转入当前期，参与者在分散式市场（第一轮）的新一期中重新被随机配对。如果该序列结束，则根据可用的时间，可能会开始一个新的序列。

5. 点数在所有序列上累积。在实验结束时，每位参与者在该部分积累的总点数将按 1 点 =0. 3美元的比率转换为现金。

问题?

现在是提问时间，如果你对这些说明有疑问，请举手，实验者会过来解答。

测验

在开始之前，我们希望你回答几个问题，以回顾今天实验的规则。这些问题中出现的数仅做说明之用；实验中实际的数可能会不同。当你回答完这些问题后，请举手，实验者会来检查你的答案。

1. 每一期有几轮？ ______

2. 假设现在是一个序列的第 2 期。该序列继续进行第 3 期的概率是多少？ ______如果不是第 2 期而是第 12 期，不是第 3 期而是第 13 期，你的答案会不同吗？ 请选择：是/否。

3. 在每一期的第一轮，即分散式市场，你是否能选择做生产者或消费者？ ______

4. 在每一期的第二轮，即集中式市场，你是否能选择做生产者/销售者或购买者/消费者？ ______

5. 假设在分散式市场上，你是消费者。你提议生产者生产两单位易腐商品，并且生产者接受了你的提议。

a. 你在这一轮增加的收益是多少？ （使用表 8A-1）______

b. 生产者同意你的提议会给他带来多少成本？ （使用表 8A-1）______

6. 假设在集中式市场上，你愿意生产并销售 $q=4$ 单位，并且你希望购买并消费 $b=1$ 单位商品 X。在所有参与者都做出决策后，市场价格为 $P=1/2$。

a. 生产并销售 $q=4$ 单位商品，这给你带来的成本为多少点数？（使用表 8A-2）______

b. 竞购 $b=1$，你能购买并消费多少单位商品 X？（使用公式 b/P）______这等于多少点数？（使用表 8A-2）______

c. 你从集中式市场获得的总点数是多少？（使用公式 $-q+b/P$）______

7. 假设在集中式市场上，你愿意生产并销售 $q=5$ 单位，并且你希望购买并消费 $b=5$ 单位商品 X。在所有参与者都做出决策后，市场价格为 $P=1$。

a. 生产并销售 $q=5$ 单位商品，这给你带来的成本为多少点数？（使用表 8A-2）______

b. 竞购 $b=5$，你能购买并消费多少单位商品 X？（使用公式 b/P）______这等于多少点数？（使用表 8A-2）______

c. 你从集中式市场获得的总点数是多少？（使用公式 $-q+b/P$）______

8. 判断正误：在本场实验结束时，你从第一部分所有序列中获得的总点数将被转换为现金支付给你。请选择：正确/错误。

概述：第二部分

实验的第二部分在以下方面与第一部分完全一样，即有 14 位参与者在序列中做出消费、生产、购买或销售决策，每个序列包括的期数未知，每期包括两轮。一个序列继续进行新一期的概率仍为 5/6，并且在本场实验的第二部分开始时，你仍会获得 20 点禀赋。每一期，根据你做出的决策，你会获取或失去相应点数。你从第二部分所有序列中获得的点数会以 1 点等于 0.3 美元的比率转换为现金，如同第一部分。

第二部分与第一部分的主要区别在于，在第二部分每个新序列开始时，14 位参与者中的每一位将获得 8“代币”的禀赋。代币总数（$14\times8=112$）在每个序列中是固定的。参与者可以选择是否使用代币来进行交易，如下所述。就点数而言，代币没有价值。

如同第一部分，在每一期的第一轮，14 位参与者会被随机匹配为 7 对，并在分散式市场中进行决策。在每一期的第二轮（最后一轮），所有 14 位参与者会在一个集中式市场上进行决策。在分散式市场和集中式市场上都可以使用代币，如下所述。

第一轮：分散式市场

与之前一样，参与者被随机配对。在每一对中，一位参与者被随机选定为消费者，另一位为生产者。每轮分散式市场开始时，你被等概率地选定为二者中的任一角色。

同样地，消费者首先行动。消费者被告知他自己的以及与其配对的生产者的代币量。然后，消费者决定希望配对的生产者为其生产多少单位的易腐商品，并且愿意为这些数量的商品支付生产者多少代币，如图 8A-5 所示。同样地，消费者可以提议 0～22 的任何数量（包括端点值，可以取分数），并选择支付生产者一定量的代币，取值在 0 和他当前可用的最大代币量之间（包括端点值，可以取分数）。在所有消费者都做出决策后，生产者被告知自己的以及配对的消费者的代币量。随后，消费者的提议（要求的商品数量和作为交换的代币）将提供给配对的生产者。生产者必须决定“接受”或“拒绝”消费者的提议，如图8A-6所示。如果生产者单击了“接受”按钮，则提议的交易发生：生产者生产消费者要求的数量，并承担因此带来的成本，如表8A-1所示，但现在，生产者可以收到消费者支付的代币，如果有的话。消费者从商品消费中获得收益，点数增加，但会损失支付给生产者的代币。如果生产者单击了“拒绝”按钮，则没有交易发生：两位参与者的代币余额和点数余额都将保持不变。

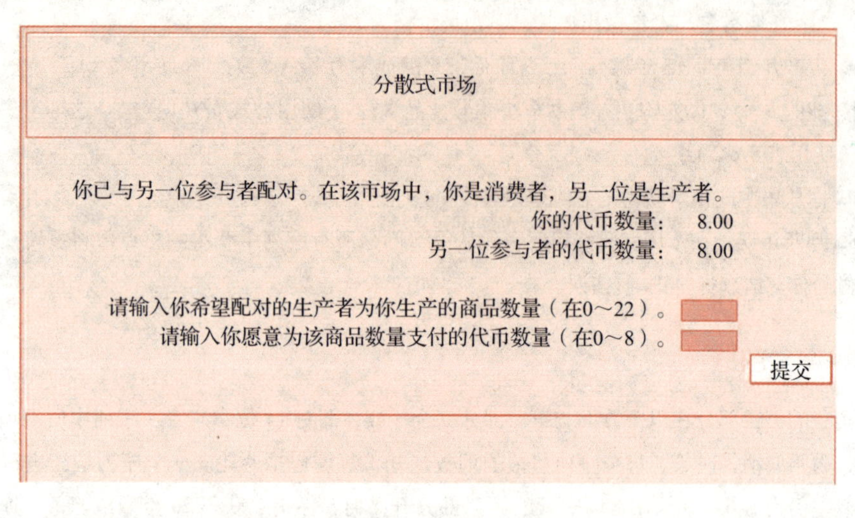

图8A-5 消费者决策屏幕（分散式市场）

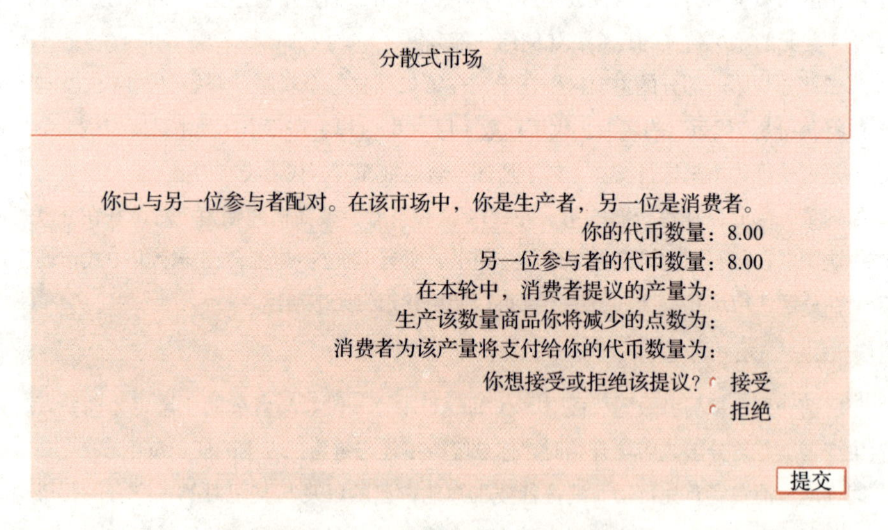

图8A-6 生产者决策屏幕（分散式市场）

分散式市场（第一轮）的结果会在所有决策都做出之后显示。在所有的交易都执行后，我们接着进入第二轮：集中式市场。

第二轮：集中式市场

在一期中的第二轮，所有 14 位参与者再次在一个集中式市场上进行决策。第一轮（分散式市场）的所有交易都完成后，每位参与者在第一轮结束时的代币量都可带入第二轮。在集中式市场上，每位参与者现在要决定是否：①生产销售易腐坏的“商品 X”，换取代币；②使用代币购买商品 X；③同时生产并购买；④既不生产也不购买。通过生产并销售或购买并消费，你的点数变化由表 8A-2 给出，如同第一部分。注意，与第一部分不同的是，如果你生产并销售商品 X，根据表 8A-2，你要承担相应成本，但是，现在你可以收到代币作为售出商品 X 的交换。同样地，只要有供给，那么你现在可使用代币来购买商品 X（市场价格如下所述）。商品 X 的成本、收益如表 8A-2 所示。在集中式市场上，你面对的决策屏幕如图 8A-7 所示。

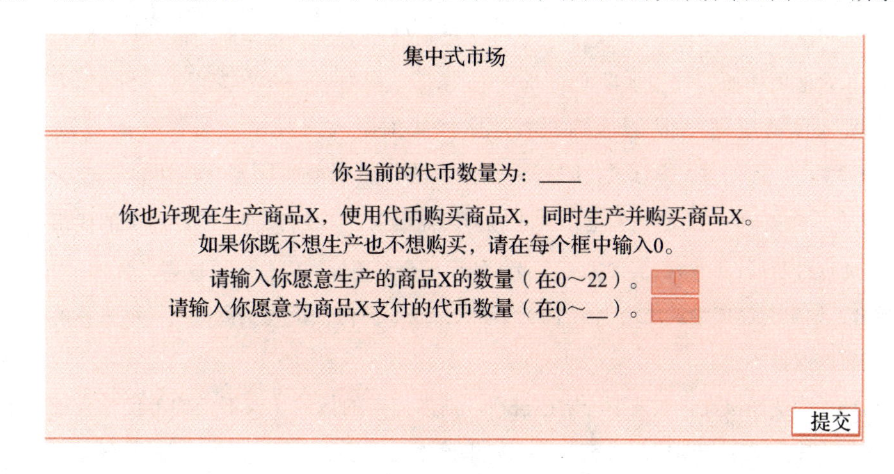

图 8A-7　参与者决策屏幕（集中式市场）

在第一个输入框中，请输入你决定生产并销售的数量；在第二个输入框中，请输入你愿意为商品 X 支付的代币。请注意，你的出价不能超过你可用的代币量。如果你不想生产并销售商品 X，或不想为商品 X 支付代币，那么请在对应的输入框中输入 0。

当所有参与者都单击了红色按钮提交后，计算机程序会计算所有参与者愿意生产并销售的总数量，即“商品 X 总生产量”。计算机程序还会计算所有参与者为购买商品 X 而愿意支付的总代币量，即“商品 X 总代币出价”。最后，计算机程序会按如下方式计算商品 X 的市场价格（用代币度量）：

如果商品 X 总生产量大于 0，并且商品 X 总代币出价大于 0，那么商品 X 的市场价格 P 由下式决定：

$$P = \frac{\text{商品 X 总代币出价}}{\text{商品 X 总生产量}}$$

如果商品 X 总生产量等于 0，或者商品 X 总出价等于 0，或者二者都等于 0，那么商品 X 的市场价格 $P=0$。

请注意，当你决定是否生产或购买商品 X 时，你不知道 P 的值；仅在所有参与者都做出集中式市场决策后，P 的值才能确定。一旦决定了市场价格 P，且如果 $P>0$，那么集中式市场参与者的个人收益（用点数度量）由下式决定：

$$集中式交易收益 = -q + b/P \tag{8A-2}$$

其中，第一项 $-q$ 代表你生产并销售 q 单位商品 X 的成本；第二项 b/P 代表给定你的出价 b 和由市场决定的价格 P，你能够购买并消费商品 X 的数量。另外，如果 $P>0$，则集中式市场每位参与者的代币余额将按下式进行调整：

$$新的代币余额 = 原有代币余额 + Pq - b \tag{8A-3}$$

请注意，第一，如果 $-q+b/P$ 为负（等价地，$Pq-b$ 为正[17]），那么你就是商品 X 的净销售者，你将从集中式交易中失去相应点数（根据式(8A-2)）。但同时，根据式（8A-3），你新的代币余额将比原有代币余额增加 $Pq-b$。第二，如果 $-q+b/P$ 为正（等价地，$Pq-b$ 为负），那么你就是商品 X 的净购买者，你将从集中式交易中获得额外的点数（根据式（8A-2））。但同时，根据式（8A-3），你新的代币余额将比原有代币余额减少 $|Pq-b|$。因此，如果 $P>0$，则离开集中式市场时，商品 X 的净销售者（生产者）的代币余额更高，但总点数更低，而净购买者（消费者）的代币余额更低，但总点数较高。最后，如果 $P=0$，或者，如果你在集中式市场上不生产商品 X，或不支付代币购买商品 X，那么你的点数和代币余额将保持不变。

根据抽到的随机数，如果下一期还进行，则参与者的新的（或不变的）代币余额和总点数将转入该序列的下一期集中式交易中。如果该序列不再进行下一期，那么所有参与者的总点数即其在该序列的最终总点数，其代币余额将被设置为 0。根据可用的时间，一个新序列可能会开始。在每个新序列开始时，每位参与者又将获得 8 代币的禀赋。

信息

在每轮之后，参与者会得知其总点数和代币量。在第一轮（分散式市场）之后，参与者还会得知其配对的参与者的总点数和代币量。所有的市场决策都是匿名的。在第二轮（集中式市场）之后，你会看到你在第一轮、第二轮、这一期（第一轮和第二轮）的代币量和总点数，以及你在当前序列中已累积的总点数。方便起见，在每个决策屏幕上，你将看见你在之前的分散式市场（DM）轮次或集中式市场（CM）轮次的决策历史。

收益的决定

在本场实验的第二部分结束时，你从所有序列中获得的总点数，包括在第二部分开始时获得的 20 点禀赋，将以 1 点 =0.3 美元的比率转换为美元。你在本场实验第一部分和第二部分获得的总收益，加上 5 美元出场费，将通过现金私下支付给你。

总结

第二部分与第一部分一样，除了以下方面：

- 在每个新序列开始时，每位参与者有 8 代币禀赋。在一个序列的所有轮次中，总代币供给保持 $14 \times 8 = 112$ 不变。就点数而言，代币没有价值。
- 在分散式市场（DM）中，现在消费者的提议包括要求生产者生产的商品数量和愿意支付给生产者的代币数量。如同第一部分，生产者可以接受或拒绝消费者的提议。
- 在集中式市场（CM）中，所有 14 位参与者相遇，并各自决定是否生产销售商品 X 并交换代币，而且/或者以其可用的代币支付商品 X。所有商品 X 均以市场价格 P 销售。

在其他所有方面，实验的第二部分与第一部分一样。

问题?

现在是提问时间，如果你对这些说明有疑问，请举手，实验者会过来解答。

作者列表[1]

约翰·达菲（John Duffy），Department of Economics，University of California，Irvine，CA，USA［1(1)，8(1)］

蒂齐亚纳·阿森扎（Tiziana Assenza），Department of Economics and Finance，Università Cattolica del Sacro Cuore，Milan，Italy；CeNDEF，University of Amsterdam，The Netherlands［2(1)］

包特（Te Bao），Department of Economics，Econometrics and Finance，University of Groningen，Groningen，The Netherlands［2(2)］

卡斯·霍姆斯（Cars Hommes），CeNDEF，University of Amsterdam and Tinbergen Institute，Amsterdam，The Netherlands［2(3)］

多梅尼科·马萨罗（Domenico Massaro），CeNDEF，Department of Quantitative Economics，University of Amsterdam and Tinbergen Institute，Amsterdam，The Netherlands［2(4)］

查尔斯·N. 纳赛尔（Charles N. Noussair），Department of Economics，Tilburg University，Tilburg，The Netherlands［3(1)］

达米扬·普法伊费尔（Damjan Pfajfar），Department of Economics，Tilburg University，Tilburg，The Netherlands［3(2)］

雅诺什·日罗什（Janos Zsiros），Department of Economics，Cornell，University，Ithaca，NY，USA［3(3)］

鲁芭·彼得森（Luba Petersen），Department of Economics，Simon Fraser University，Burnaby，BC，Canada［4(1)］

沃尔夫冈·J. 卢汉（Wolfgang J. Luhan），Department of Economics，Ruhr-Universität Bochum，Bochum，Germany［5(1)］

米歇尔·W·M. 鲁斯（Michael W. M. Roos），Department of Economics，Ruhr-Universität Bochum，Bochum，Germany［5(2)］

约翰·斯卡勒（Johann Scharler），Department of Economics，University of，Innsbruck，Innsbruck，Austria［5(3)］

卡米尔·科尔南（Camille Cornand），Université de Lyon，Lyon，France；CNRS，GATE Lyon Saint-Etienne，Ecully，France［6(1)］

弗兰克·海涅曼（Frank Heinemann），Department of Economics and Management，Technische Universität，Berlin，Germany［6(2)］

亚斯米娜·阿里福维奇（Jasmina Arifovic），Department of Economics，Simon Fraser University，Burnaby，BC，Canada［7(1)］

丹妮拉·普泽洛（Daniela Puzzello），Department of Economics，Indiana University，Bloomington，IN，USA［8(2)］

---

[1] 每个条目尾部的方括号内标注的是该作者所著的章节和在该章的署名排序，如［8（2）］表示该作者为第8章的作者，署名第2。

推荐阅读

中文书名	原作者	中文书号	定价
经济学(微观部分)	迪恩 · 卡尔兰 耶鲁大学	978-7-111-55139-3	75.00
经济学(宏观部分)	迪恩 · 卡尔兰 耶鲁大学	978-7-111-55610-7	55.00
经济学(微观部分)（英文版）	迪恩 · 卡尔兰 耶鲁大学	978-7-111-55558-2	79.00
经济学(宏观部分)（英文版）	迪恩 · 卡尔兰 耶鲁大学	978-7-111-55865-1	59.00
经济学（微观）（第5版）	格伦.哈伯德 哈佛大学	978-7-111-55140-1	75.00
经济学（宏观）（第5版）	格伦.哈伯德 哈佛大学	978-7-111-54091-1	55.00
经济学（微观）（第5版）(英文版)	格伦.哈伯德 哈佛大学	978-7-111-55348-1	79.00
经济学（宏观）（第5版）(英文版)	格伦.哈伯德 哈佛大学	978-7-111-54776-1	59.00
微观经济学	奥斯坦 · 古尔斯比 芝加哥大学	978-7-111-54110-3	89.00
中级微观经济学（第4版）	杰弗里 · 佩罗夫 加州大学伯克利分校	978-7-111-27372-1	85.00
管理经济学（第12版）	克里斯托弗 · 托马斯 南佛罗里达大学	978-7-111-58696-8	89.00
管理经济学（第14版）	詹姆斯 R. 麦圭根 JRM投资公司	978-7-111-61105-9	99.00
宏观经济学（第7版）	奥利维尔 · 布兰查德 麻省理工学院	978-7-111-61920-8	99.00
宏观经济学：政策与实践（第2版）	弗雷德里克 S. 米什金. 哥伦比亚大学	978-7-111-56741-7	79.00
国际宏观经济学（第2版）	约翰E.马丁森 百森商学院	978-7-111-57753-9	109.00

推荐阅读

中文书名	原作者	中文书号	定价
货币金融学(商学院版，第4版)	弗雷德里克 S. 米什金 哥伦比亚大学	978-7-111-54654-2	79.00
货币金融学(商学院版，第4版 · 英文版)	弗雷德里克 S. 米什金 哥伦比亚大学	978-7-111-60658-1	109.00
《货币金融学》学习指导及习题集	弗雷德里克 S. 米什金 哥伦比亚大学	978-7-111-44311-7	45.00
投资学（第10版）	滋维 · 博迪 波士顿大学	978-7-111-56823-0	129.00
投资学（第10版 · 英文版）	滋维 · 博迪 波士顿大学	978-7-111-39142-5	128.00
投资学习题集（第10版）	滋维 · 博迪 波士顿大学	978-7-111-60620-2	69.00
公司理财（第11版）	斯蒂芬 A.罗斯 MIT斯隆管理学院	978-7-111-57415-6	119.00
期权、期货及其他衍生产品（第10版）	约翰.赫尔 多伦多大学	978-7-111-60276-7	169.00
《期权、期货及其他衍生产品》习题集	约翰.赫尔 多伦多大学	978-7-111-54143-1	49.00
债券市场：分析与策略（第8版）	弗兰克 法博齐 耶鲁大学	978-7-111-55502-5	129.00
金融市场与金融机构（第7版）	弗雷德里克 S. 米什金 哥伦比亚大学	978-7-111-43694-2	99.00
现代投资组合理论与投资分析（第9版）	埃德温 J. 埃尔顿 纽约大学	978-7-111-56612-0	129.00
投资银行、对冲基金和私募股权投资	戴维 · 斯托厄尔 西北大学凯洛格商学院	978-7-111-41476-6	99.00
收购、兼并和重组：过程、工具、案例与解决方案（第7版）	唐纳德 · 德帕姆菲利斯 洛杉矶洛约拉马利蒙特大学	978-7-111-50771-0	99.00
风险管理与金融机构（第4版）	约翰.赫尔 多伦多大学	978-7-111-59336-2	95.00
金融市场与机构(第6版)	安东尼.桑德斯 纽约大学	978-7-111-57420-0	119.00
金融市场与机构(第6版 · 英文版)	安东尼.桑德斯 纽约大学	978-7-111-59409-3	119.00
货币联盟经济学（第12版）	保罗•德•格劳威 伦敦政治经济学院	978-7-111-61472-2	79.00